寒空中的小星星

于向真

美国华忆出版社
Remembering Publishing, LLC. USA

Copyright © 2022 by Remembering Publishing, LLC. USA

ISBN： 978-1-68560-024-2　(Print)
　　　　978-1-68560-035-9　(Ebook)

Remembering Publishing, LLC
RememPub@gmail.com

寒空中的小星星

于向真　著

封面图案：吴银妮
封面题字：王明泰（5 岁）

出　　版：美国华忆出版社
版　　次：2022 年 3 月　第一版，第一次印刷
字　　数：337 千字

All rights reserved.
No part of this book may be reproduced in any form or by any electronic or mechanical means including information storage and retrieval systems, without permission in writing from the publisher. The only exception is by a reviewer, who may quote short excerpts in review.

作品内容受国际知识产权公约保护，版权所有，侵权必究

目　录

序一　　细节中的历史真相　　胡发云　　　　　1

序二　　仰望星空永葆童心　　曾慧燕　　　　　11

作者自序　顶风冒雪呼唤春天　　于向真　　　　19

第一辑　我亲历的文革十年

1　骤然停课　　　　　　　　　　　　　23
2　迫害老师　　　　　　　　　　　　　28
3　癫狂八月　　　　　　　　　　　　　33
4　第一次串联　　　　　　　　　　　　39
5　第二次串联　　　　　　　　　　　　44
6　京城寒冬　　　　　　　　　　　　　51
7　双亲被斗　　　　　　　　　　　　　58
8　第二个八月　　　　　　　　　　　　65
9　好友素珍　　　　　　　　　　　　　68
10　三首小诗　　　　　　　　　　　　 74
11　上山下乡　　　　　　　　　　　　 79
12　进厂学徒　　　　　　　　　　　　 84
13　大哥整人　　　　　　　　　　　　 90
14　右派室友　　　　　　　　　　　　 95
15　下乡德州　　　　　　　　　　　　 100
16　军管组长　　　　　　　　　　　　 105
17　地下传书　　　　　　　　　　　　 112
18　技工刘榔头　　　　　　　　　　　 118
19　上校的女儿　　　　　　　　　　　 125

20	支部书记	134
21	庆哥和我	140
22	一件血案	148
23	北大进修	155
24	玲子夭折	161
25	文革遗孀	170

第二辑　直言评说

1	60年两个3000万	186
2	决策需要广开言路	187
3	心系瑞丽	189
4	对燃放烟花管理的建议	191
5	庆生随记	194
6	被吹落的红标语	200
7	小贪官的大胃口	201
8	唯有政改能救官	203
9	收买被拐儿童即将入罪	205
10	岁末言说校车之痛	210
11	又见校车超载悲剧	212
12	谁来保护共和国的孩子	214
13	伦敦碗与留守童	215
14	早教的火坑	218
15	守活寡的妇女们	220
16	黄金周的感慨	222
17	可憎的致富捷径	223
18	扑朔迷离的真相	225
19	喝止警察一枪毙命	226
20	垃圾分类考验着我们	227
21	对天津火灾善后的期望	229

| 22 | 生前预嘱推广协会成立了 | 230 |

第三辑　亲情友谊

1	妈妈给我讲越南的故事	233
2	风萧萧兮易水寒 ——我认识的打假勇士高纯	237
3	一本顶好看的新书 ——读阎淮《进出中组部》	247
4	曾慧燕雅作《一蓑烟雨》漂流记	251
5	北美华人大姐大——曾慧燕	254
6	吴银妮描绘的梦幻童趣	259
7	京城环保志愿者	260
8	在美好清晨中暗自垂泪	263
9	天文爱好者小组	266
10	幸福家庭的台柱子	271
11	春运途中的艰辛	273
12	中原乡村那三年	276
13	喜筵归来	283
14	端午节品亲情	284
15	妹妹和我聊德国	286
16	做只柳梢唱春天 ——怀念二妹妹西西	288
17	凶神恶煞过劳死	290
18	祝小妹生日快乐	294
19	小妹学农险丧命	297
20	康梅的伤心婚恋史	298
21	万县来的女理发师	301
22	近邻小嫒	306
23	收废品的河北汉子	309
24	送我师傅一程	311
25	何泽惠与我的七日交往	314
26	李昭阿姨安祥离世的感想	319

	27	怀念爱新觉罗·毓嶦	321
	28	缅怀张虹生学哥	324
	29	携手年轻同事	325
	30	瑜伽冠军汪新军	326
	31	我养过一只属鼠的猫	328

第四辑　快乐成长

	1	不要包办代替	331
	2	与孩子一起探讨人生	333
	3	尊重孩子的长处	334
	4	鼓励孩子的好奇心	335
	5	装钱的抽屉不上锁	337
	6	你说的和我想的一样	339
	7	妈妈向儿子认错	341
	8	儿子的硕士女友	342
	9	母亲节收到一束康乃馨	344
	10	热衷创业的年轻人	345
	11	一次完美的跳槽	347
	12	小泰出新招	348
	13	小泰的求助电话	349
	14	小泰喂流浪猫	350
	15	公平促漂泊之心扎根	352
	16	你家孩子握笔姿势正确吗	353
	17	警惕有"毒性"的母爱	355

第五辑　游历观感

	1	邂逅新加坡议员	357
	2	矮小女工的幸福生活	360
	3	红红火火中国年 ——新加坡见闻之一	363

4	荒漠中的艳粉翠兰	366
5	跨国约谈的奇葩事	368
6	访朝纪实	372
7	斯德哥尔摩的清新之风	383
8	雪山环抱的奥地利小镇	389
9	印度之行的感慨	391
10	管窥印度人的婚姻家庭观	392
11	候机室遭遇的尴尬	394
12	克久拉霍的性爱神庙	396
13	凡尔赛宫百年奢华之后 ——旅欧散记之一	398
14	火车上的乘客	399
15	告别富强胡同6号	405
16	我在华西村的见闻	407
17	雁栖湖畔的夏日	410
18	甘肃乡村见闻	413
19	到北疆看日全食	417
20	我在沈园感受情与愁	420
21	寻访青藤书屋	422
22	在陈半丁纪念馆听故事	423

第六辑　缤纷世象

1	面对红波再度来	426
2	北京有我家	428
3	感悟随年龄在升华	432
4	更高水准的道德	433
5	糊涂难吗　难得透彻	434
6	十八棵挺拔的杉树	435
7	三八节夜晚巧遇女司机	437
8	华夏文物的命运	438

9	水安全重于山	445
10	当回流浪汉	449
11	你活的累不累	451
12	士兵的良心	453
13	看孩子踢球 想大哭一场	455
14	标语和金箍棒	456
15	《大明劫》观感	457
16	供暖有前后 居民怨载道	459
17	冬至的璀璨大礼	461
18	婚姻与子女	463
19	我对红八月的调查与体会 ——文革为什么成了一笔糊涂账	465
20	有关交通的笑话与提案	467
21	跳出与民争利的怪圈	469
22	与进京打工者同庆六一	470
23	提议公园不再收门票	472
24	为"女流氓"正名	473
25	愚人节的实话	476
26	挣脱名利的诱惑	477
27	宋词 短暂的最爱	481
28	依韵效颦东坡词	483
29	在骂声中快乐成长	484
30	自身安全不殃及亲友	486
31	把颂扬换成祈盼	487
32	关注"占领华尔街"行动	489
33	30万吨黄尘降京城	490
34	群龄平均存活不足三天	491

后　　记　　　　　　　　　　　　　　　　493

序一

细节中的历史真相

胡发云

（当代中国站在思想前沿的先锋作家）

中国的官史大多不甚可靠，倒是许多野史，常常可以窥一斑而知全豹。许多治史或读史的人，常常喜欢读点野史，以相印证，也常常无意间发现了足以颠覆官史的真相。所以，官府历来都是极其痛恨野史并竭力将其剿灭之。无奈野史生于野，深山老林之间，小街陋巷之隙，很难一扫而光。许多野史的撰写人既不求闻达也不羡功名，所以这类文字历朝历代生生不息，为后世留下了一笔宝贵的文化资源。还有很大一部分文字——如散文、杂记、序跋、信函、日记、悼文、碑铭……虽然只是随意写下一些世道人心风俗民情，但常常也会留下很有意味的历史印记。

于向真的这本集子，内容涵盖了中共大陆建政之后半个多世纪中的社会万象人生百态，基本上都是作者的亲历，亲见，亲闻及引发的所思、所想、所悟。所写的各色人等，大多是亲属友人街坊邻里同学同事前辈师友或一代新人。语言质朴，感情真挚，有实事求是之心，无哗众取宠之意，读来平和亲近。她用那种拉家常的方式，叙述着往昔岁月，其中有许多令人信服的小细节，于是就出现了我前面所说的管窥效应——那些小细节让我们看到了大历史。

作者用了很多篇幅记录了自己青少年时代的生活。数十年之后，能够重新浮现脑海涌上笔端的，想必总是有它道理的。

于向真的父母都是早年参加中共经历战火的知识分子革命者，49之后，长期在驻外新闻战线工作。1966年，她刚上初一，正值豆蔻年华，6月，学校骤然停课，这个单纯，善良，家教甚严的小姑娘，兀然间就卷入了这场疯狂的运动。作为根正苗红的她，第一批加入了学校的红卫兵：

红卫兵由海淀区传到西城、东城两区后，迅疾扩散到崇文区，8月6日我校也组建起红卫兵，通告加入红卫兵要查三代，我校红卫兵规定，父母是老红军或抗战胜利前参加八路军和新四军的才有资格，我被获准第一批加入，左臂带了一枚窄窄的红袖章……8.18后，我们仗着毛撑腰，猖狂不可一世，红八月中我也曾热病缠身自以为姓赵，记得一次外出执行"紧急任务"，迎面开来一辆小汽车，我们高扬起右手拦车，故意左臂叉腰，将那条窄窄的印有"红卫兵"三个字的袖章显露出来，当时佩戴红卫兵袖章的人还很少，迫于毛如日中天的权威，汽车一见到佩戴红卫兵袖章的人，无不被迫赶紧停车，红卫兵说去哪里司机不得不放弃原来的路线，哪怕调头也得先送"革命小将"。是的，八月中下旬"红小将"们仗着红司令，嚣张如匪！

没有外敌入侵，没有政权更迭，即无兵器也无武艺的一群丫头片子毛小伙子，仅凭胳膊上的那一道红箍，就可以喝停大街上正常行驶的车辆并命令司机开往指定的方向。这样的情形，即便是在十月革命或纳粹时期也不会常见。在紧接着的《迫害老师》一文中，她写到了关于一桶浆糊的故事：

大操场上乌泱泱站满了人，被划为"走资派"的女校长、校党委书记，有"反动言论"的教导主任，被学生反剪着臂膀押上半米多高的主席台，有人用高音喇叭带领喊口号，"XXX不认罪就踏上千万只脚，让她永不翻身，打到XXX！"震耳欲聋。我站在离主席台不远处跟着喊口号，旁观校领导被羞辱受折磨，耳膜都被震疼了。有人用剪刀当众将女校长和教导主任的头发一缕缕剪掉，故意剪成凸凹不平的怪样子羞辱落难者。突然，有人拎着贴大字报用剩下的半桶糨糊，炎炎夏日，桶里剩下的糨糊已经腐败酸臭，那人风风火火大步流星上了台，一路扬播着酸腐不堪的臭气。接下来的情景让我忍不住"啊——"叫出声，紧忙捂紧嘴巴，只见那人上台直奔女校长，抬起手臂将臭糨糊倾倒在大约和他妈妈差不多年纪的女校长头上，连噎带呛心力交瘁，女校长一下子瘫倒昏晕过去。

1966年8月30日傍晚，她在崇文区公安局听到的那一声"给点水喝"的垂死呼唤：8月30日那天傍晚，12个红卫兵拎着刚印好的一捆捆传单出了校门，走进学校对面的崇文区公安局，小飞让年龄最小的我留下来，他们分头去找车。彼时暮色初降，我站在区公安局大门南侧篮球场旁边的小路上守着一捆捆传单，突然听到有人用嘶哑之声朝我喊话："给点水喝，给点水喝……"循声望去，我见到了一幕惨绝人寰的恐怖场景，那个满头满脸血污的重伤者，在他身后卧着一片死于和平年代红色风暴的冤魂，偌大一个篮球场，近五分之四的地方被横七竖八叠放着的死尸覆盖了，刺鼻腥气与微微腐臭随风飘来，催人欲呕。吓得我一身鸡皮疙瘩、心扑通扑通狂跳，魂飞魄散之时，海云回来了，她也看见那瘆人的惨景。2006年8月6日，49中老同学聚会时，我俩还回忆起那血腥一幕，尽管事情过去40年，我俩还是忍不住打起寒颤。

这样无声的场景，让所有"十年文化大革命是一次艰辛探索"之说成为荒谬。那些躺在公安局篮球场上死去的或即将死去的人们，没有任何反抗的意志与能力，他们早已对胜利者表示了臣服与崇拜，其中很多人正在努力悔罪争取早日加入到这个革命的队伍中去。对他们这类没有任何法律程序的虐待与屠戮，也是在世界进入现代以来少见的。

在革命大串联的列车上，这个一直受到书香门第文明熏陶的女孩，开始跟着高年级男生学习骂人：上了火车我们特别兴奋毫无睡意，坐在硬座上谈笑风生。初二的刘胜利（合影中后排右一）嘲笑我不会骂人"革命斗志不旺盛"，我就跟这位当年的大帅哥学起骂人，他一字一顿教我："你他妈的少他妈的找他妈的茬（挑刺），小他妈的心他妈的剋（揍）他妈的你。"开始我说不顺溜，周围人笑得前仰后合。骂人，是文革期间的时髦，两次串联途中我学会骂人，一张口就妈呀妈的，直到年底回到家被姥姥好一通修理才扳过来、净了嘴。几年后进工厂有段时间旧病复发，嘴里又不干不净，交男友后才彻底根除。

本原很容易产生温馨感的车厢里，也上演着阶级斗争的活剧：……次日上午醒来，迷迷瞪瞪听到敲盆敲碗声伴着"我是地主婆，我该死；我是地主婆，我该死……""我是反革命，我有罪……"的喊声，原来列车上其他中学南下串联的红卫兵，连夜逐个车厢查访并虐待打骂遭遣返的"地主婆"和"反革命家属"，强迫那几个老年妇女顶着破报纸糊的纸帽子，在窄窄的过道里敲盆敲碗喊着自己该死、有罪，一节节车厢地被押解着游走。我们守着将去散发的传单，没参与火车上的迫害，也没制止"黑五类"车厢游。

当时我无论如何都想不到同一时期我最亲爱的姥姥，也被郑州造反派强行注销户口遣返回原籍，途中姥姥经一好心乘客告知"那边车厢有人被学生在脑门刻上'地主婆'，血顺着额头往下流，眼睛都被血糊住了。"生性刚强的姥姥闻言，赶紧悄悄溜到厕所里将身体钻出半截小窗，当车转弯速度慢下来时姥姥一松手让自己跳下去，脚脖子扭坏了，爬着回到老家……

她那不愿受辱刚烈跳车，拖着一条伤腿爬回老家的姥姥，这位从年轻时代忠心耿耿追随共产党，跟随早年参加革命的丈夫出生入死的老人，就因为她出身于河南一个大户人家，为革命奉献数十年后，变成了革命的敌人。

书中多处写到自杀，一次就在作者居住的楼栋：

我住的新华社宿舍皇亭子大院，文革中至少有十多人自杀，有一次我小妹妹正在楼下跳皮筋，从楼上跳下的新华社名记者杜叔叔脑瓜崩裂、鲜血迸溅，惨死在我小妹妹面前，吓得她接连几夜在睡梦中惊叫不已。

还有一位同小区的邻居，她丈夫是农业展览馆的馆长，1966年被打倒：

……白天强迫"牛鬼蛇神"干脏活累活百般羞辱，晚上换班接着批斗毒打，终于在一天深夜，不堪屈辱的馆长乘人不备逃出牛棚，一头扎进农展馆后面的湖水里。第二天被拖出水面时，馆长的脸被锋利的冰碴儿和水塘里的尖木桩刺破已面目全非，扭曲的肢体惨不忍睹，馆长夫人被叫来，见状即刻昏死过去。苏醒后，她将满腔愤恨倾泻到住在她家阳台对面那座楼一层的某人，那人也在农展馆工作，据说以前曾受到馆长信任与重用，文革初期开始造反，挺能折腾。神志半昏的馆长遗孀把怒火集中指向他，天天站在阳台上冲他家方向大骂"老奸巨猾大坏蛋！两面三刀大坏蛋！杀人不见血的大坏蛋……我要杀了你呀大坏蛋！"没多久，那家伙慌忙搬了家，据说他舍近求远，新家离单位很远很远，他从此退出派性斗争，变得沉默寡言。仇人已搬家的消息，馆长的儿女一遍又一遍告诉妈妈，但她完全不理会，依然每天站到阳台上，冲着固定的方位，亮开嗓门高声叫骂。

大串联中，作者从广州返回北京，途经武汉：

又遭遇到一起卧轨自杀的事（之前去上海，我们坐的火车刚驶离北京站不远就在丰台附近紧急刹车，我把头探出车窗见司机下车勾出一名卧轨者摆在铁轨旁，车迅疾驶离，没想到武汉又遇到一起）。著名的武汉长江大桥就在眼前，我们索性下了车，走到大桥上看滔滔长江似磷光万点。在桥头堡，一位工人模样的男人阻止我们靠近大桥围栏，并解释说"每天都有人寻死往下跳"，伸头朝下一看才知道，从这里跳下去不是江涛而是水泥路面，必死无疑。

读到这里，作为一个老武汉人，作者文中提到的地点立刻出现在眼前——那就是万里长江第一桥的蛇山桥头堡，近三十层楼高，下面是一片开阔的水泥地面，是文革中自杀最多的地点，从那里往下一跃，没有一个活得下来。桥下那片临江的广场，多年来都是附近居民夏夜最好的纳凉地，我儿时常和邻居小伙伴们各自夹了一卷凉席到那儿睡觉。1966年夏季的一个夜晚，我们睡到半夜，突然听到附近传来汽车爆胎一样的轰响，接着听到有人喊：跳下来了，有人跳下来了！我们跑过去，看见一个不太完整也不成人形的决绝寻死者……

以革命的名义，摧毁一切被认为是资产阶级的东西，是文革的一大发明。文革高潮时期，她的父母也遭受了批斗，并搬出自己的居所，数年后当她家再搬回来的时候，她写到了那些金鱼缸——

文革时，养宠物被认定为资产阶级生活方式，我爸妈遭难时我家被迫搬迁到皇亭子大院东南角一老旧楼房狭小的顶层，几年后"落实政策"搬回皇亭子21号楼时，一进门我们都惊呆了，屋里满满全是没收来的大大小小的金鱼缸和几个鸟笼子，金鱼缸竟达上百个，我和妹妹费了好大劲才清理出去。这样的场景类似于奥斯维辛焚尸房堆积如小山的眼镜、皮箱、高跟鞋……这每一个蒙满灰尘的金鱼缸,都来自一个遭难的家庭。我在《迷冬》第一部结尾时曾写到"独立寒秋宣传队"从大西北返回途中在西安解散,有人返家,有人赴京,有人南下进川,我就是那一次和几位队友入川去了成都,住在川大体育馆楼上的一间办公室里,从房间的窗户望下去,一整个室内篮球场堆满了各种高档家具、钢琴、乐器和艺术品及古董字画,还有各种各样稀奇古怪的东西……看着看着,突然生出了一种毛骨悚然的感觉。物品无言,但老天有眼。

作者还写到1966年她在上海亲历的一件事:

一天清晨我们列队途经淮海路某弄堂口时,有位中年妇女站在路旁先是看着我们,随后跟着走在最后一个的我身边,小声问"侬是伯京来的红威军?"我使劲点点头,她一把拉住我,把手里攥着的一大串东西塞进我手里,说了句"主教的宝贝,上交国家。"说完扭头就跑了。我赶上队伍低头看,手里是长长一串黄白两色双股金属链子,中间镶嵌着十几颗色彩各异的宝石,在旭日的柔光下闪烁着妙不可言的璀璨。"主教的宝贝""上交国家",其中必有沉甸甸的含义,我警觉地提醒自己:不能装进裤兜!我就用手使劲攥着,停止行进后赶紧汇报情况并交给领队荆小飞。

直到2007年,有一次我们那帮老同学在花市大街钱柜聚会,唱KTV间歇时聊起大串联的事,我向两位同去上海的男生追问主教的项链,那宝贝的下落让我大跌眼镜,敢情我们12人离开上海和广州后,逗留武汉期间,几个男生一拍即合,跑到汉正街一家古董铺用项链变现,买了12张武汉到上海的船票,"余下的钱我们几个吃了顿好饭"。

文革中后期,大规模的群众运动渐渐消停,从中共九大之后,权利重建,社会秩序逐渐恢复。一批文革中产生的政治骨干进入各级政权,一批被打到的干部再度出山,一批文革中接管地方政权的军人,则成为新政的核心骨干力量。一度收敛的权利腐败再度抬头,作者当时已经进入一家企业,她在后来的很多篇章中,写了她当年经历的往

事,在那些真切的描述中,我们又看到很多有价值的故事:

1975年我被调到工厂劳动工资科当劳资员,那之后十年,是北京第三通用机械厂鼎盛时期,已有4000多、近5000名职工。我厂每月厚厚一册工资表最后几页,是无科室车间编制、只领工资不见人影的工资名单,这好几十人从来不上班,每月按这份表到工厂财务科出纳员那里直接领钱,或者由熟人代替领取。记得1983年我曾为此气愤而找科长提出异议,科长很为难,最后的结局是我不再负责工资管理……我对面办公桌的老张负责人员调配,他让我看过一些资料表,从上面我清楚地获知文革期间在我厂参加军管的几位军人,陆续将好几十名亲友安排进我厂,其中安插人最多的就是军管组组长门双成,他介绍来的人全被安排在最优岗位。

在这里,我们是不是看到一些熟悉的套路?

还有一些故事,是作者父母亲那种特殊职业才能知晓的:

1975年春节,河内分社忽然来了十几位不速之客,一听他们中有人会说标准的普通话,分社雇员就热情地把他们让进会客室,我妈妈闻讯从二楼下来,刚请他们落座,就见一位中国驻越南大使馆的馆员急匆匆跑来招呼我妈妈出去讲话。他告诉我妈妈,这些人原来是南海的中国岛民,后来这个岛被中共领导人"赠送"给越南了,"这些人已经是越南人了,尽快让他们离开,以免惹出外交事端。"妈妈让使馆的人走了,进屋环视一周,一下就被那些人眼睛里流露出的感情打动了,马上亲自为这些人沏上好茶,并殷勤地拿出从国内买的高级糖果,剥开糖纸一一递到他们手中,转一圈回过头时,妈妈惊讶地发现他们不论男女每个人都激动得热泪盈眶,有几位年长者更是双泪长流,哽咽不已。妈妈又劝他们喝茶,耐心地等他们慢慢平息激动之情。

"好久没喝过这么好的茶了,真香啊!""好久没吃过祖国的糖果了,真好吃啊!"他们开口说。然后七嘴八舌地告诉我妈妈,自己原来是白龙尾岛的中国岛民,以打鱼为生,岛屿被赠送后成为越南公民,抗议无效,不久岛上的人都被输送到越南大陆,分别安置在不同省份地区。"现在生活大不如前了,非常艰苦……",我妈妈劝他们:

"仗快打完了,以后该搞生产建设了,日子会好起来的。""哎——",他们叹着气说:"日子苦点倒没什么,我们很多亲戚都在中国呢,再也见不到了!""把我们分散的哪儿都是,过年了好不容易聚起这些人,每逢佳节倍思亲呀,今天可好了,我们总算见到祖国的亲人啦,还吃上祖国的糖果、喝上祖国的茶了。"说到这儿,老人的眼泪止不住又淌了下来。

她也写了在那不可理喻的年代,驻外的机构如何进行文革运动;一个好友一心要嫁干部子弟而受骗,最后发现已经怀孕而自杀;写到从家里小保姆那里听到她的家乡是如何以偷盗倒卖自行车为生;写到饿死数以千万计的三年大饥荒——一直被掩盖的这一段痛史,在作者笔下成为亲历者的叙述,饿死人近些年被越来越多的人提及,但是在1961年,稍微松绑后的秋收,竟然还撑死过人:

那几年可是把我饿怕了,刘魁庄死人少一些,可也没少死人呢,谁也不敢打听死过多少人,连说都不敢说,谁提起这些事就被戴上坏分子帽子,马上要挨批斗的。其实都知道死的人太多太多了,我姥爷还有多个亲戚都是59、60年饿死的。那两年,从来没听说村里有人生孩子,连二连三听到的都是谁又"病"死了,没人敢说是饿死的。开始死了人用炕上的草席一卷,很快席子就用光了,后面死人只能就那样光着,扔沟里或扒个坑一埋就算了。

60年太苦了,幸好我们村挨着那条河,能捞点杂草充饥,就那还是饿死一些人,我也差点被饿死,人饿狠了那滋味忘不了,到现在想想都吓死人啊。怎么也没料到,第二年1961年秋天收成了,我哥哥和好多人却被撑死了。那年秋季收下粮,公社食堂终于开始做数量大的饭,人们吃了还想吃,哪知道肠胃不中了,饿的时候太长了,肠胃变得精薄,猛一吃多,人就不中了,那一下撑死不少人呢,我们村撑死的竟比前一年饿死的还多!

再说回60年,那时候孩子饿得嗷嗷哭,我姥姥下地干活时偷偷往腰里别了两小块红薯,收工时一紧张顺裤腿掉出一块,被发现了,薅到场院挨批斗,人被抬回家就不中了,很快咽气了。那时经常批斗人,我村旁边不远的刘庄村,有个壮汉陈文德说了句"西北出了扫帚星，怕是要翻天了。"为这一句话，他挨批斗挨了半个月。那时上头有精神，发动各村批斗坏人，"坏人"站当间（中间的意思），上去一群人，你一拳我一脚，倒下去马上被薅起来接着再打。

所有这些，都是细节！细节！细节！没有耸人听闻的渲染，没有宏大的理论阐述，这些有名有姓有时间有地点有的还配有当年的照片，这些细节，像小小的针尖，足以让自我宣喻的伟大崇高壮丽辉煌像肥皂泡一样破灭。

如果说，历史的真相在细节中，那么人性的善恶就在文字的情怀里。可以说，是勇敢与真诚护卫了作者的良知。作为中国红色革命的女儿，作为二十世纪那场最疯狂最暴虐的运动参与者，她完全可以像她那些当年的红卫兵战友一样，依然恪守着他们的理想、信念与一套自己也不相信了的说辞，继续为这样的事业这样的制度做最后的辩护士与守卫者，也依然像当年那样心安理得地享受这个制度给予的各种特权……令人欣慰的是，于向真选择了做一个人——一个有思想，有道德，有忏悔、自省与悲悯之心的普通人。

因此，我向读者推荐这部真诚好读的小书。

胡发云
2022年2月18日

序二

仰望星空永葆童心

曾慧燕

（香港最佳记者、世界十大杰出青年）

读完于向真以网络日记形式发表的30万字文集《寒空中的小星星》，深深被她笔下鲜活的人物故事、多样化的题材、位卑未敢忘忧国、家事国事天下事事事关心，以及悲天悯人的情怀吸引。难得的是，她已逾"古稀之年"却童心未泯，字里行间，无论写景抒情，感时伤怀，均跳跃着一颗纯真的赤子之心，荡漾一股浩然正气。

最初向真姐在征询书名时，似乎对"小星星"情有独钟，希望以此为主题。看了书中内容后，我恍然大悟，原来她在小学时就爱好天文，迷恋冬夜星空，当时就冒出个想法："将来写本书，书名叫《冬夜星空》。"

向真姐在中国少年报当记者和编辑25年，长期从事少年儿童新闻工作，与孩子们打交道，为孩子们说话，白天为小读者办报，晚上编写少儿故事和科普书籍。出于对民主的追求，1980年代中期，于向真加入民主党派—中国民主促进会，开始履行参政议政职责，参与社会调查，撰写过一系列有关民生与教育改革的两会提案，她形容自己"一直童心未泯地具有参政议政的热情"，社会责任感空前持续高涨。2006年春，她下决心"所有付稿酬的约稿一概谢绝"，开始经常性地在网上发表博客文章，起名"老儿童栽培的一棵苹果树"，有意识地让自己与功利、奴性划清界限，保持童心未泯的状态。她把生活中所见所闻的人和事以及所思所想，随时记录下来在网上与读者交流。现在朋友鼓励下，她决定把那些年发表过的文章汇集成书，为自己人生留些雪泥鸿爪。

此书收集 150 篇文章，是她在日常生活中针对各种事物有感而发的真情实感。书中第一部分内容"我亲历的文革十年"，是她在 2016 年文革爆发 50 周年后的反思，由于机缘凑巧，她在共识网周志兴老总支持下，连续刊发文革系列文章，大多是她的亲身经历，引发热烈回响，并以文会友，结交到一批同道中人。她在收录于书中的《共识网访谈记》中表示，当时写这些文章的目的，是期待看到更多文革亲历者一起反思文革，让没有经过文革的年轻人多了解一些文革真相，特别是一个个普通人在十年动乱中的坎坷历程。

她语重心长指出，"我写文革往事，盼望读者从点点滴滴细节中，能领悟出每个人都拥有无可剥夺的选择权，遇事不可盲目跟风，一定要遵从秩序，恪守良知，善待别人就是尊重自己。更多人不违法、不作恶，不再像 1966 年到 1976 年的人们那样愚昧与癫狂，二次文革才真的没戏了。"

书中提到，和她要好的女同学的邻居容国团（乒乓球名将、中国体育史上首位世界冠军）在文革中不堪受辱自杀后，她俩曾站在楼与楼之间的树下，同情地看着容国团的妻子抱着孩子、垂首悲凄地走进单元门，"那一刻我心很疼"。她写到，她住的新华社宿舍皇亭子大院，文革中至少有十多人自杀："有一次我小妹妹正在楼下跳皮筋，从楼上跳下的新华社名记者杜叔叔脑瓜崩裂、鲜血迸溅，惨死在我小妹妹面前，吓得她接连几夜在睡梦中惊叫不已。"

于向真在接受"共识网"访谈时也提到，文革的狂暴蛮横确实使我疑虑，血腥恐怖使我惊惧，但当时不敢怀疑，更不敢往深里想。1966 年 8 月 25 日晚上，我在崇文区榄杆市大街参加迫害黑五类活动时，因下不了手用带铜头的武装带打人而逃跑，心中充满惶恐与羞耻，感觉自己是战场上的逃兵。第一次大串联，在北京到上海的火车上，见到红卫兵侮辱迫害被赶回乡村的"地主婆"，作为旁观者心有恻然，却责令自己适应。4 个月后回到家，见到有相似经历的姥姥，得知她在被遣返回乡途中为逃避脸上刺字，跳下火车扭坏脚骨，暗自庆幸自己没有参与迫害，领悟到迫害人太缺德。

她说："我不是文革受害者，不可能唉声叹气地诉苦，而是客观如实记述当时的所见所闻所思所想。只要有人存在，任何力量也无法彻底扼杀人性。扭曲人性、破坏秩序达到高峰的荒唐岁月，人类本能地同情弱者、互爱互助星星点点依然闪烁出幽光，我曾被温暖惠及过，自然愿意如实记录出来。"于向真人生还算顺遂，其父母都是抗战初期从军的老干部，父亲是《法制日报》创办人，早在1953年河南省委升任他当宣传厅厅长时，"他马上背个小包到了郊区新建的国棉一厂，辞官不做回归基层"。1958年于父又辞掉郑州市委宣传部部长一职，到新华社当记者，"文革期间他是驻外记者，算不上官员，侥幸躲过当权派。文革后他辞掉司法部司长、党组成员职务去创办《法制日报》，又一次不当官了。"于父不屑为官的品质，让他逃过了后来历次政治运动的厄运。

于向真传承了父亲的高贵品质，关心底层民众命运。她自小衣食无忧，吃喝不愁。婚后她和先生都是体制内正式员工，收入稳定，这辈子很少为钱发愁，但她不认为自己是"红二代"。

在书中"缤纷世象"部分，她写到"华夏文物的命运"，看到网上流传的一份文革期间文物被毁的清单，列出42项，都是国宝级文物，"谁看了都会心疼，但只是被那场浩劫毁掉的文物的一部分，远远不是全部。"于向真在中国少年报当记者20多年，看到太多被损毁过的古迹，不少建筑被复原或重建，一些文物被修补过，但文物有不可再生性，无论如何也不可能恢复原有面貌与价值。她的先生曾任职国家文物局，有人举报原国家文物局局长王冶秋私藏文物，让他配合来人连夜检查局里的文物借条，但彻查结果是王冶秋没"借"过任何一件东西，倒是文革中包括当时诸多领导人都有份。领导叮嘱她先生"此事绝对不能对人说！"

事隔多年，她先生才对她透露，这些领导打借条拿去国家级文物珍品，美其名曰鉴赏，却十之八九有去无回。她强调，文革中全国各地馆藏及民间文物古董藏品被毁坏的不计其数，惨不忍睹。

于向真也听说过一件有关文物珍品的故事。她谈到2006年7月底，报社派她到浙江绍兴出差，她为避雨耽搁在陈半丁博物馆中，讲解员给她讲了一个故事：与齐白石齐名的大画家陈半丁有两块著名的古董鸡血石。1966年8月,康生借中央文革之名指使红卫兵到陈家抄家,点名要拿到"两块国宝鸡血石",第一次没找到,康生不甘心又派出一队小将上门翻个底朝天,终于搜出来被康生窃取。1976年后陈半丁子女曾从美国回来追索鸡血石,却无功而返。

于向真关心民间疾苦、悲天悯人,在她笔下随处可见。她指出,城乡鸿沟触目惊心,每一个有良知的人都痛心疾首。她的家人和亲友都生活在大城市,但文革中她几次路过乡下,在报社当记者20多年里,采访过农村小学、到农村小学生家探访,多少了解到一点农村情况。她当工人时,有一次护送老工人回乡,以及参加徒步拉练走过京郊和河北省的农村,村里的脏乱穷让她震惊。"人太穷确实不开化,懒惰与愚昧使人丧失尊严与进取心。比如我参加野营拉练第一站是海淀区一个村,院子和农舍里竟然脏成那样;途经延庆县住过的两个村,井台是极原始的状态,冬季井台四周结满冰,一不留神水桶沉下去,听说也曾有人滑落进去,当时我就发牢骚怎么就不知道安护栏呢?起码应该在冰面上铺一层防滑的稻草或石子吧?居然什么安全措施都没有。"

1994年秋季,于向真到甘肃定西、陇西两县采访几所农村小学,老师告诉她:"最怕过冬!一到冬天,老师在前面边跺脚搓手边讲课,孩子们在下面用嘴朝小手哈气,冻得哆里哆嗦写不成字。"接着,于向真到一个面临辍学的男孩家走访,"他穿的棉袄袖子破成条。我进门管他妈妈叫大娘,看上去她很苍老,交谈中才知道她竟比我年轻10岁。在那里做客,老乡不招待你喝水,常年无雨,实在太缺水了!""当时县里已经拖欠老师半年多到一年多工资不发,可县里干部仍然热衷公款消费,为此我骂了主管教育的副县长。我走访的几所学校,每周升旗仪式,师生们仰望的是一块块早已褪色的白布,回来后我写了一篇小文,发在《中国青年报》头版读者来信栏目和博客上。"

在"有关交通的笑话与提案"一文,于向真写到,她先生开车走冤枉路时,为缓解情绪,"我对先生说了个笑话,这个笑话在京城有车族中广为流传:美国的路标是'聪明人为傻人设置的',即使是傻子也能轻松地按路标顺利到达目的地;而北京的路标则是'傻子给聪明人下的傻套'。开车人都不胜其烦，特别是外地司机初到北京真是举步维艰，我认识的几个朋友在美国开车多年，回到北京愣是不敢开车了，一是怕街上车流如织、密度过大，二是看不明白各种路标，上了立交桥不知怎么下来。看来治理北京交通秩序任重道远呀！"

　　由此引申出于向真一段不为人知的往事：她为缓解北京交通压力，热心地给政协写过一份提案，其中一条是建议在各主要路口，换上带倒计时牌的红绿灯，便于驾驶人士快到路口时预作准备，减少闯红灯等事故发生率。数月后她收到的回应是"目前无法更换倒计时红绿灯，市政府进口的传统路灯的库存量足够用十多年的。"但她并不灰心，因大城市交通问题日益突出，她仍想继续提交改善交通的提案，并在博客上公开征询大家意见。

　　她行事作风低调，不为名不为利，在关注衣食住行等民生问题和新闻出版、教育及遏制拐卖儿童等社会问题方面，她做出过力所能及的贡献。1980年代末到2015年，为国家进步、民众安全，她积极参与社会调研，认真撰写过众多两会提案，比如1980年代末期参与《新闻出版法改革草案》《敦促教育经费提升至国民收入总值4%水平》；1990年代撰写《建议国家尽快出台面粉不得添加增白剂的法律》等；2015年提交《遏制拐卖儿童案件持续高发现象，法律应将收买被拐儿童者入罪》等。多年前，每年她都坚持为"两会"写提案，利用业余时间搞调研、开会听意见、座谈集思广益，然后呕心沥血认真写好提案提交上去，多次被评上优秀提案，辛苦不足为外人道。尽管与名利绝缘，而且屡遭打击挫折，却无怨无悔。"只希望自己和亲友们生活的城市、国家不断进步。"她抱持这样的胸怀，令我肃然起敬！

　　在人心不古、世风日下的今天，人们道德观念普遍薄弱。我看了书中《小泰的求助电话》，特别感动。此文平实描述小泰在泊车时，不小心把旁边车的后视镜边上弄了一道擦痕。他打电话回家请教父亲（于向真丈夫）怎么找到车主？也不知道人家电话。父亲教他回家写个大纸条塞在人家车把手上，赔个不是，并写上手机号，告诉车主将陪同去检查理赔。当时坐在丈夫身旁听到一切的于向真写道：其实我挺高兴的，小泰不愧是我儿子，出了事故一没偷偷溜走，当时没有人见到，事后谁也说不清责任，况且擦痕并不起眼；二能主动和老爸商量着处理，说明对老爸很信任。儿子买车后，我曾听先生告诫他"万一出了事故，无论大小千万别跑，一定要认真处理好，该救人救人，该修车修车。小刮蹭也得管，老百姓谁家买辆车也当宝。"儿子不错，可管可不管的事情，能将心比心对待别人，当妈妈的当然高兴。既然刚才先生已经叮嘱过儿子"以后要更加小心才是！"我就不必再多说什么了。文章虽然轻描淡写，但见微知著，从中窥见这一家子的高尚人格，父母言传身教，儿子小泰继承了父母的优秀品德。如果换了别人，既然现场没人发现，难保不溜之大吉。

于向真母子爱人及猫，在《小泰喂流浪猫》一文中表露无遗。该文提及，"有天晚上，我在院子里遇到一只流浪猫，可能它太饿了，朝我喵呜喵呜地叫，追着我走啊走的。我回到家找了点吃的赶紧下楼，它又凑近我，吃饱后满意地离去。从那以后，我和我先生经常利用傍晚散步时，带一点猫粮或碎肉喂给院子里的流浪猫。上星期天晚上，小泰发现我们这个秘密后，他居然从家带鱼头鱼尾来喂猫。瞧他喂猫时的神态，低着头连哄带劝的样子，任凭你心肠再硬也会被软化的，我这个儿子呀实在太爱小动物了！"

于向真不少文章，都是如拉家常般娓娓道来，没有刻意的炫耀什么，字里行间不时闪烁着人性的光辉，让我欣喜地看到她一颗金子般的心。她淡泊名利，凡事以平常心对待，踏实努力做好本职工作。

在《挣脱名利的诱惑》一文中，她提到1985年进报社到2009年退休，工作态度从来没有因薪金收入起伏过，每一期报纸都尽心竭力办出高水平、挖空心思提升趣味性，每篇文章的标题都反复思量，做到每版起码有一个"能吸引小读者眼球"的好题目，业务上严格到不允许出现一个错字或一个标点符号。

于向真利用报纸园地，无私地提携了许多小作者。如有个洛阳师范一小的小姑娘，小学三年级时她把她的一封来信刊登在《中国少年报》头版上，从此她喜欢上写作，加入小记者队伍。后来念了高校新闻系，毕业后当了省报记者。"当她把自己获得主任编辑的喜讯告诉我时，我真是百感交集。当时我的职称仍然是20多年前就已经获得的中级，而1985年刊登在《洛阳日报》上那篇'中央大记者和洛阳小学生的感人友情'一文中的小学生，她的职称不经意间竟然超过我了，为自己心酸的同时，也为曾被自己鼓励过的孩子的飞快进步喜出望外，为此我高兴了好多天，也酸楚了好几年。最终当我决定不再为职称评定上的不公而伤心，准备以24年中级职称退休之时，单位职称评定小组终于提交了我副高职称的申请，在我退休前半年颁发给我一本主任编辑的证书。"

她让职业生涯无怨无悔的还有——在做编辑的20多年里，为小读者举办过各式各样趣味活动，为全国小朋友通过课外实践斩获全国性奖励证书及奖品，为老师们荣获组织奖创造一次次良机。通过想方设法争取社会赞助，她曾被报社同事公认为"最善于策划活动"的编辑。从1986年到2008年，经她策划并负责组织的全国性少年儿童益智活动不下数十个，她深有体会地说："人的一生非常短暂，像我这样生活简单的人日常花费很少。能在工作期间，在有能力的时候办几件有益社会的实事好事，到了晚年回想起来依然能非常快乐，为自己没有虚度一生而欣喜，这比钻进钱眼儿里斤斤计较强多了。"

我和于向真最初是通过文字结缘，由于三观相同，遂成莫逆之交。后来向真姐在网上找到我一本绝版的《一蓑烟雨》，写下"曾慧燕雅作《一蓑烟雨》漂流记"，令我引为文字知音人。经过几年的微信往来，我们同声同气，关心国家兴亡和民间疾苦，互相勉励"不为权贵唱赞歌，只为苍生说人话"。我惊喜地发现，多少年过去，向真姐就像天上闪烁的小星星一样，保持她的童心和率真，不改初衷。一如她所言，她一路走来，顶风冒雪逆风前行，"我能做的唯有小心呵护着一颗不被污染的童心，同时尽力呼吁志同道合者坚守良知底线"。也因此，我很高兴为她即将出版的新书写下这些文字。

2022年2月15日

作者自序

顶风冒雪呼唤春天

于向真

上小学四年级时爱好上天文,晚上老师带着我们天文小组的几个学生站在大操场上,在强光手电筒引导下辨识星座。最爱的是冬夜星空,在辽远无际的天幕上,冬夜的星辰格外璀璨,猎户座的三颗亮星象征着胜利与光荣,肉眼能观测到的最亮的恒星是天狼星,闪烁出幽蓝的光亮神秘莫测,十来岁的我们沉醉其中忘掉数九严寒。记不清是哪一年了,很久前我就冒出个想法:将来写本书,书名《冬夜星空》。

时光飞逝,转眼迫近古稀之年,想起迷恋冬夜星空那时,正逢父母远赴欧洲工作,大我两岁的哥哥特别贪玩,周末假日都不肯待在家里。作为小家长的我负责照料三个妹妹,以及给父母、亲戚写信报平安等琐事,使我从小习惯用笔表达心意,小学、中学作文常被当作范文在班里念,16岁进厂当学徒工,写表扬稿,替厂领导写大会发言稿成了推不掉的额外任务,也因为能写在1985年的公开招聘中脱颖而出进入报社。

在中国少年报当记者、当编辑25年直到退休。白天为小读者办报,晚上编写少儿故事和科普书籍,进报社不久,为摆脱几位同事争当我的入党介绍人而加入中国民主促进会,从此忙得不可开交,要完成民主党派会刊的约稿,要完成参政议政的调研项目并撰写两会提案,要给朋友的报纸写副刊专栏文章,直到2006年春下决心"所有付稿酬的约稿一概谢绝",才腾出精力,开始经常性地在网上发博客文章,把生活中所见所闻的真情实感,随时记录下来发到网上与读者交流。2016年文革爆发50周年,因为在共识网等网站连续发出《我亲历的文革十年》系列文章，我站到了反思前沿，并结交到一批志同道合的好友。

我家三代人不约而同都有过主动辞官不做的经历，我爷爷张殿臣在民国时期当过两任淮北地区的县长，"三年清知府，十万雪花银"让他参透官场黑暗，他辞官回到南徐州（现在的宿州市），在北大街买了个三进院办起私塾学堂。我父亲于明是1937年投身抗战的老干部中的另类，1953年春因不肯出任河南省宣传厅厅长，他背个小挎包把自己"下放到国棉一厂当工人"去了；1958年秋，他离开郑州市宣传部部长岗位，和我妈妈一起进京加入英语训练班，学英语后当了新华社驻外记者；1980年在部党委会上讨论魏京生、傅月华能否避开司法程序继续关押一事时，他针对邓指示发表不同意见，说："文革已经结束了，不能再做回避司法程序的事情了"受到上级警告，很快他辞去司法部宣传厅负责人一职，和老战友庄重一起创办了《法制日报》。2003年12月我父亲病故前，对我说的最后一句话是"我这一生很幸福。"其实我知道他很不容易，战争中负过重伤，差点失去右臂，历次运动中"夹紧尾巴"如履薄冰，1966年初连续挨批判导致大量尿血，抢救后长期带病生存。

我先生老王和我也是逆风前行，老王手中有权时拒不收礼，多次拒绝当官，单位同事私下碰面，会伸大拇哥对他说"王哥，你真他妈牛！"60、70年代，我曾努力争取入党，因得罪书记被拒之门外，80年代因不再想入党而加入民主促进会。加入民主党派后，80年代末我第一次面临民进市委领导班子改选，当时各级政权尝试民主投票，我因得票超高，被民进领导决定："一不能进入领导班子，二不能代表民进出席人大和政协两会"，从而将我边缘化。

我始终童心未泯地具有参政议政的热情，80年代晚期到2015年，为国家进步、民众安全而积极参与社会调研，认真撰写过众多两会提案，比如80年代晚期参与《新闻出版法改革草案》《敦促教育经费提升至国民收入总值4%水平》，90年代单独撰写了《建议国家尽快出台面粉不得添加增白剂的法律》，2015年提交的《遏制拐卖儿童案件持续高发现象，法律应将收买被拐儿童者入罪》等等。因敢言被内定不能出席两会，每次写好提案后我都是交参会者代为提交，90年代获得过几份优秀提案证书。之后有了奖金且数额不断增多，所有获奖证书与奖金都归于代为提交者，我写出的数十份高质量的参政提案与名利绝缘。名利心不算重的我基本无怨无悔，但那些精致的利己主义者的厚颜程度实在令人心寒齿冷。

我也有过与方方类似的经历，2009年清明节，因为我发博文反对某高校政教系副教授带头狂喊毛万岁，受到以乌有之乡领头的疯狂咒骂，一个清华女硕士指名道姓造谣攻击我的论文迅速获得全国优秀论文奖，一时间乌云压城……诅咒谩骂并不可怕，那些污言秽语与我不沾边，可怕的是竟有同道友人，她先是告知我博联社如何受我牵连，希望我主动退出不影响博联社的广告收入，受骗的我发了一首小诗《挥别博联》就退出了，心想反正还有几个博客网站可以继续发文章。她不甘心，仍在"清除她（指我）的影响"，有两个朋友气不过告诉我，她四处游说"让于向真永远没脸回博联社"。我想了想，自己没做过亏心事，不存在没脸回去的情况，于是立即重回博联社正常发文，把万岁风波就此翻篇。那个女士给我发了封邮件，道歉加解释，我回了句"都过去了，回归常态吧！"那件事在我快60岁时突然发生，让我在被谩骂被冷落被背叛中趋向成熟。我认识到没必要给人划线分派，对立"派别"中也不乏明理之人，"同道"中也有极端分子，重要的是自己坚持原则，拿得起放得下，不惧怕歪风邪气。

就这样一路走来，顶风冒雪逆风前行，我能做的唯有小心呵护着一颗不被污染的童心，同时尽力呼吁同胞们坚守底线，把中华美德中的勤劳、勇敢、智慧和善良传承下去，彻底抛离独断专行、一手遮天、逆来顺受、任人宰割的大酱缸，让大家敢想敢说敢做敢当，只有这样我们才能脱离苦海，才能让我们的子孙过上有尊严的幸福生活！

本书集结了能收集到的150篇我陆续写的短小文章。第一部分"我亲历的文革十年"，文革是一场人类空前大劫难，不仅破坏了正常社会的公序良俗，也败坏了中华民族的文化根基，十年亲历者日渐老去，我希望更多人留下记录，让子孙后代高度警惕人祸灾难！

第二部分"直言评说"，是我陆续发在网上的时事评论，一家之言为促进国家体制改革、完善管理建言献策，还有我与打假勇士高纯的交往。

第三部分"亲情友谊"，记录了家人、朋友、近邻与我的情谊，后一篇写的是我养过的一只猫，它曾经也是我家的一口。

第四部分"相伴成长"，回忆了我家独生子成长过程中，特别是他踏进职业生涯初期时我们两代人之间的交往，在许多方面我非常感谢儿子、儿媳对我的促进与帮助。

第五部分"游历观感"，记叙的是我在国内国外的见闻与感想。

第六部分"缤纷世象"，我在日常生活中针对各种现象有感而发的点滴心声。

我长期从事少年儿童新闻工作，与孩子们打交道，替孩子们说话，说孩子们能懂的话。2006年春，我开始在网上写博客发博文，给自己博客页面起名"老儿童栽培的一棵苹果树"，也是有意识地让自己与功利、奴性划清界限，保持童心未泯的状态。

感恩命运，因父母都是抗战初期从军的老干部，又长期在国外工作享受双工资，自小衣食无忧。我先生和我都是体制内员工，收入稳定，这辈子很少为钱发愁。但有得有失，我一辈子是操心费力的命，从念小学时就开始当小家长，家里的大事小情、迎来送往、写信寄钱都靠我一手操持。难忘小时候每逢年节，家家团圆喜庆之时，我们四个小姐妹相依为命，结成最亲骨肉情，各自成家后，我们常相往来，互励互助。此生令我痛彻心扉的是二妹妹45岁被过劳死猝然夺去生命，大妹妹60岁患胰腺癌病故，成为我永远无法平复的创伤。现在有同心同德的老伴儿，有哥哥嫂嫂、小妹和小妹夫亲情依旧，有懂事能干的儿子儿媳，还有了一个5岁多聪明可爱的孙孙王明泰，有志同道合的知心朋友们，他们陪伴鼓励着我勇敢地活下去，满怀信心地迎接春风扑面来，万树梨花开那一天！

2022年2月6日

第一辑　我亲历的文革十年

1　骤然停课

1966年6月的一天，北京的中学骤然停课，按部就班念书的少年变成替领袖打乱秩序、击败政敌、冲锋陷阵的"红色小闯将"。

1966年6月初的一天下午，北京49中初一（1）班的38名学生正在教室里上书法课，突然学校操场上的高音喇叭响起来，咔滋滋噪音之后，校园广播站的播音员亮开大嗓门念起《人民日报》社论，紧接着喊道："同学们，我们要紧跟毛主席，不当修正主义小绵羊，走出教室投身文化大革命！"同学们惊愕地听着，继而躁动起来，两个男生带头起身离座，嗷嗷怪叫着跑出教室，我也收起毛笔走到头排座位，拉起好友海云的手奔向操场。

半年多前的1965年9月1日，根据小学毕业成绩以及我个人填报的第三志愿，我被北京49中录取成为该校的住校生。我们初一年级平日上午有语文、代数、英语等主科，下午有珠算、书法、体育或自习课。50年后我依然记得那堂没上完被打乱的书法课，当时我正在老师的指导下一丝不苟地按照柳公权体字帖用毛笔写着大字，那是我未满一年中学生涯最后的一节课。

　　北京 49 中是一所接收女住校生的、拥有模范教师的好中学，位于幸福大街路西，马路对面是崇文区委和区公安局。一进校门墙后是有一座标准足球场、两座篮球场的大操场。1966 年 5 月当我和海云来到操场时，不少同学已聚集在操场国旗杆旁的主席台周围，对"文化大革命"和新成立的"文革小组"这两个新词议论纷纷……

　　从那天起，北京的中学骤然停课了，我们那群 13 岁到 18 岁按部就班念书的中学生变成替领袖毛泽东打乱秩序、击败政敌、冲锋陷阵的"红色小闯将"。后来，我们那批人被统称为"老三届"，原本该 68 年初中毕业的我们是"老三届"最低一级，加上我提前 9 个月上小学，文革爆发时我 13 岁零 5 个月。50 年后，老三届纷纷白了头，很多人拒绝谈论文革，那十年实在不堪回首，有些事难以启齿。2016 年 1 月 11 日傍晚，63 岁的我鼓着勇气、硬起心肠，打开电脑开始写十年亲历，颇感腰酸背疼眼发花。

　　文化大革命全称"无产阶级文化大革命"，指 1966 年 5 月至 1976 年 10 月在中国大陆由毛泽东发动和领导、给中华民族带来严重灾难的政治风暴。有学者将文革的过程分为三个阶段：一，1966 年 5 月文革的兴起到 1969 年 4 月中国共产党第九次全国代表大会召开；二，从 1969 年 4 月九大召开到 1973 年 8 月中国共产党第十次全国代表大会召开；三，从 1973 年 8 月中共十大召开到 1976 年 10 月抓捕王张江姚"四人帮"。而对"文革闯将"的中学生来说，我感觉文革的第一阶段是 1966 年春天停课到 1968 年、69 年老三届上山下乡或参军、进工厂，从学生变身工农兵；第二阶段是老三届相继离开学校走向社会到 1971 年 9 月林彪事件披露，从盲目到惊醒；第三阶段是 1971 年"9.13 事件"因林彪摔死、中央下发包括《五.七一工程纪要》系列文件，促使渐渐懂事的我们在内心反感并消极对待文革，直到 1976 年 9 月毛泽东离世，文革戛然而止。这是我个人的感受，因为毛泽东是文革的发起人和总导演，文革随着他的死亡而终止，林彪和"四人帮"只是毛泽东的大喽啰，文革初期我们那批红卫兵、造反派，后来的工宣队员、解放军代表等是毛的小喽啰。

1963年秋，父母离京赴欧洲前，我们一家在北京香山公园游玩时的合影。

文化大革命的指导思想和运动性质，在1981年6月27日中国共产党第十一届六中全会通过的《**关于建国以来党的若干历史问题的决议**》中被正式定性，决议认为毛泽东对文革应负主要责任，具体表述是："文化大革命是一场由领导者错误发动，被反革命集团利用，给党、国家和各族人民带来严重灾难的内乱。"

1978年12月13日，叶剑英在中央工作会议闭幕式上宣布：中央经过两年七个月的调查，核实"文革"有关数字是：七百四十五万人受迫害，四百二十万人被关押审查，一百七十二万八千人自杀，其中高级知识分子被逼跳楼、上吊、投河、服毒的死亡人数达二十万人。1970年"一打三反"运动，被"从重从快"判处死刑的"现行反革命"有十三万五千余人，武斗死亡二十三万七千人，七百零三万人伤残，七万一千二百个家庭彻底被毁，非正常死亡者至少七百七十三万人。据不完全统计，全国遭受残酷迫害的人高达一个亿（占当时全国总人数的九分之一），含冤致死的人数超过两千万，造成八千亿人民币的经济损失,使国民经济面临崩溃的边缘。

是的,叶帅言之凿凿,文革是人类历史上最疯狂的社会大灾难。我父母是抗战初期加入中共的老干部,文革前和文革中父母长期派驻国外拿双份工资,我家的生活条件在京城也算是特别优越的了,但那十年我家的伙食也很差,五毛钱的肉馅、半棵白菜是全家人吃面条的菜码,窝窝头就酱豆腐或咸菜并不新鲜,逢年过节我五兄妹并不总有新衣服可穿。记得1975年春节前的一天,我去会城门银行取钱准备分寄给亲戚们,手拿存折小本在柜台前被排在身后的一位60岁左右的老伯伯瞄见700多元的余额,他竟然大呼小叫道:"呀,姑娘你怎么有这么多钱呀!"可想而知,那时候家家户户尽管省吃俭用也几乎没多少存款。

文革期间的1972年,我哥哥和我大妹妹从云南部队回北京探亲,我家人在玉渊潭公园的合影。(新华社摄影记者 萧翔 拍照)

更重要的是那十年间,我亲眼见到过一系列迫害、自杀、毒打等暴力场面,1966年8月30日傍晚一个被剃成阴阳头、满脸血污的中年男人爬向我,哑着嗓子朝我讨水喝,他身后是几乎码放满一篮球场的被打死的"黑五类";文革中我姥爷、我爸妈挨批斗的经历,造反派曾破门而入到我家里开"家庭批判会";我姥姥为躲避额头被刺"地主婆"跳下火车摔断脚踝、爬回老家;从小学三年级养成看书习惯的我,在16岁时成为一个悄悄传书偷偷看的"书乞儿";1974年我因看小仲马的《茶花女》半本残书,被车间书记勒令停工写书面检查,差点被开除团籍;1976年4月因拒绝参加工人民兵到天安门驱赶悼念活动,我曾被全厂大会点名批评并记过,年底总结会上又被点名表扬并撤销记过处分……总之我这一系列回忆文章,写下的是自己真真切切亲历过的往事,绝不是掺过水的小说。

补记:我校停课到底是哪一天?当初我错记为1966年5月中旬,联系中学同班同学,有人说"那之前我们刚刚过了最后一个儿童节",我才想起66年6月1日学校给初一年级放半天假,那天下午我和海云戴着红领巾去故宫免费看了钟表馆,也就是说停课在6月1日之后。停课因大喇叭里念的是《人民日报》哪一篇社论?经过询查,了解到1966年5月28日中央文化革命小组成立,两天后组长陈伯达带人进入人民日报社,夺了吴冷西的权力,6月初接连炮制出《横扫一切牛鬼蛇神》《触及人们灵魂的大革命》两篇社论,文革大幕正式被拉开,学校停课,社会秩序大乱。记得我住的皇亭子新华社大院里十年中最早自杀的一对年轻夫妻,就是因为听了这两篇社论后,因"出身黑五类"畏惧被整肃而走上绝路,他俩都是刚工作几年的高校优等毕业生,双双服毒自尽在邻里间引起轰动,之后大院里接二连三有人自杀,人们居然习以为常了,悲乎!

2022年1月10日

2　迫害老师

批斗迫害老师是天下最无耻的行径，文革初期我们那些喝了阶级斗争狼奶长大的中、小学生犯下此罪。后代当牢记此深刻教训，尊师重教天理良心。

自从"5.16通知"一播出，京城中学停课，一大帮正能折腾又不管不顾的半大孩子好像突然被卸去缰绳与嚼口的马，性子野的就开始尥蹶子踢踏甚至胡撕乱咬了。

北京49中位于城南，清朝和民国年间这一带云集着底层的杂役、小商贩，"东富西贵，南贫北贱"并非虚言，其中的南贫，刚好包括我校地处的崇文区榄杆市南面那一片平房区。49年之后，各部委机关、部队大院争相抢占长安街及以西一线安营扎寨，我家住的新华社宿舍皇亭子大院就在其中，紧邻空军、海军总部、军事博物馆和冶金部、铁道部、国家税务总局等军政要地。相比之下，崇文区冷清多了，1966年，我校附近仅有国家体委和空军北京分区指挥部（简称北空），再无其他大机关了。

体委和北空的子弟比平民子弟生猛，风暴一来势必成为闹事领头羊，我和初一的"小屁孩儿"们跟着他们折腾。文革初，我的第一件"革命行动"是跟着学哥学姐20多人跑到北京市政府门前请愿，要求尽快给我校派驻文化大革命工作小组，闹到天黑才罢休。不久工作组进校了，指导师生们"揭发校领导"，有人想起半年前中共中央办公厅委托49中校党委书记交给我和海云一封信的事，几个高中生贴出大字报质问书记，标题是《掩盖毛主席的关怀和指示，罪大恶极！》，校广播站高音喇叭把我和海云叫到工作组办公室，两个高中生和工作组副组长细细追问那件事，我俩如实道出事情原委：

海云和我是小学同班同学，一起考进49中并住在同一间宿舍，自然成为要好的朋友。我俩1965年9月上中学时，海云爸妈是中国驻法大使馆的参赞，我爸妈在新华社驻布加勒斯特分社，父母长期不在身边使我俩感到孤独，小升初没被第一第二志愿录取的挫折，加上之前持续高调宣传爱国主义，我俩窝在学校里感觉憋屈，恨不能赶紧穿上军装开赴抗美援越前线保家卫国。作文课上我写了给毛主席的信表达急切当兵的心愿，海云的字写得比我娟秀，她认真誊写好，我俩签了名，装进信封后感觉意犹未尽，又把一只用彩色塑料丝编好的精致的小花篮装进牛皮纸大信封。深秋的一天，我俩来到天安门发现投送无门，又闯到新华门被卫兵拦住，值班门卫看了信和小花篮，指着西边不远处的电报大楼"到那里写好地址，贴足邮票，毛主席就能收到。"我们在信封写上：中南海毛主席办公室，敬爱的毛泽东主席亲收，落款：永远忠于您的XXX、XX。

回来后把这事放一边了。大约一个月后，突然校领导传话我俩过去，详细询问"给中央写信"的事，然后从抽屉中拿出中共中央办公厅的回信，要求我们当着书记的面念一遍回信，我照办后，只见书记紧张的表情释然了，我猜刚才书记可能怀疑我俩给中央写信状告学校？她多虑了。那封回信是一张半透明的打字纸，四号蓝色的字用中文打字机打成，大意是"你们的信和亲手编织的小花篮我们很快会转交给毛主席。""你们年龄还小，要努力学习，锻炼好身体，将来参军上战场争当毛主席的好战士！"然后是鼓励安心学习的两句话，总共半页字，下面是落款和复信日期，还盖了中共中央办公厅的红章。

海云和我读了又读，都想由自己保存，只得从中间裁开各自保存一半。同宿舍有人把这事说出去，事关红太阳毛主席，中央还回了信，这事在校园传得飞快，结果文革初期有人据此贴出大字报质疑校领导，工作组要检查原件，我俩很不情愿地把各自保存的半页信交出去。没料到工作组很快被冠以"刘少奇修正主义路线"的执行者而赶出学校，中共中央办公厅给我俩的那封回信随之不翼而飞。好在那件事我俩都没有落井下石，没有跟着指责学校领导，连对书记曾怀疑给毛写信是告状都没有说，质疑校领导掩盖毛关怀学生"罪恶"的大字报很快就被覆盖掉了。

我上小学时的班主任朱凡老师,那几年我父母不在国内,周末有时都不能回家,朱老师给予我慈母般的关照。这是朱老师去世前最后一次与我们几个同学欢度教师节的合影,中间是朱老师和我。

文革初期学校以及各单位的大字报用四个字形容最恰当——铺天盖地。我们49中的大字报、大标语同样花样百出,层出不穷,工作组撤走后,揭批校领导的斗争不降反升,连不少普通教师也被欲加之罪的大字报搅扰得苦不堪言。我也曾做过揭批班主任老师的坏事。

我们的班主任名叫张基兰,一位仁慈和蔼的中年女老师,她教授中文语法中规中矩,阅卷作文尽职尽责,不足一年她两次在班上当范文念过我的作文,评语多为肯定式的鼓励以及恰当的指正。当运动来袭,我竟然稀里马虎随波逐流恩将仇报,在班级揭批张老师的会上胡乱发言,当有人说"张基兰出身剥削阶级家庭,名字中的基,证明她信仰基督教,名字中的兰,证明她信仰伊斯兰教,说明她仇恨共产党。"这纯属牵强附会,我当时却据此认为张老师是藏在教师队伍里的阶级敌人,指名道姓跟着喊"打到反革命……"的口号。当我看见同学们踊跃愤怒揭批张老师"罪状"时,我竟然把上中学后的负面情绪推责给无辜的张老师,当时自己胡说些什么已经记不得了,总之是煞有介事义愤填膺。我班每个同学几乎都加入到那次缺德的声讨中,越到后面越胡说八道。那次会后,班里几个走读的同学连家都不回了,连夜分工写大字报,有位男生甚至发誓"不写满60页(大字报纸),我就剃秃瓢!"最终他并没能凑够60页"罪状",但我班揭批班主任张老师的大字报的篇幅创了我校纪录,围着教学楼转圈贴出后,舆论哗然,张老师倒大霉了,遭到学校造反派关押并罚做苦工。

这事太缺德了,每次想起来都恨自己,班里其他同学也悔恨不已。1990年10月14日,老同学们凑钱买了一对景泰蓝花瓶,开车到家门口,接上张老师到京郊怀柔慕田峪长城和雁栖湖聚会和游玩,午后我们郑重地献上景泰蓝瓶谢罪,当面向老师真诚道歉,弥合当年愚莽给老师心灵造成的重创。张老师极尽师恩,宽恕我们,说"哪里能怪你们,你们那时还是小孩子!"听到这话,泪水突然涌出,转过头不去擦,让热泪洗涤心底的耻辱。

1990年10月14日,原49中初一一班班主任张基兰老师与学生同游慕田峪长城和雁栖湖的合影。前排中间是张老师,前排左一是我。(李庆国 拍照)

批斗迫害老师,是天下最无耻的行径,文革初期我们那拨喝阶级斗争狼奶长大的学生们无可饶恕地犯下此罪,天人共怒百身莫赎!后代当牢记此深刻教训,尊师重教天理良心。

停笔细细回忆,当年我们49中大操场西边是整齐的4座楼房,最北边一层是教工宿舍，二层是女生宿舍；依次向南是办公楼、初中教学楼、高中教学楼。1966年到67年，除了宿舍楼外，另三座楼全被层层刷新的大字报覆盖着。我校的大字报充满对校领导和老师的无端责难与恶毒谩骂，大体有三类：一是乱扣帽子，污蔑历史老师"为封建帝王树碑立传"；外语老师教英语是"为美帝唱赞歌"，教俄语是"培养修正主义苗子"；数理化老师是"鼓励学生走白专道路"等等；二是小题大做、无限上纲，比如老师批评学生被定性为"欺压无产阶级后代"；三是公报私仇、毁人清誉，一些人趁乱揭发校领导或某老师出身不好，或爱人是右派，再或是有海外关系等当时可怕的身份；还有人疑神疑鬼造谣某老师和某某有不正当关系，让被害人无以辩驳。这类混蛋逻辑与无聊内容充斥在不断刷新的大字报上，越看越无聊，使刚开始热衷围观大字报的师生们渐渐没了兴趣。

　　文革初期，头一回让我寒心的是那次全校批斗会，大操场上乌泱泱站满了人，被划为"走资派"的女校长、校党委书记，有"反动言论"的教导主任，被学生反剪着臂膀押上半米多高的主席台，有人用高音喇叭带领喊口号，"XXX不认罪就踏上千万只脚，让她永不翻身，打到XXX！"震耳欲聋。我站在离主席台不远处跟着喊口号，旁观校领导被羞辱受折磨，耳膜都被震疼了。有人用剪刀当众将女校长和教导主任的头发一缕缕剪掉，故意剪成凸凹不平的怪样子羞辱落难者。突然，有人拎着贴大字报用剩下的半桶糨糊，炎炎夏日，桶里剩下的糨糊已经腐败酸臭，那人风风火火大步流星上了台，一路扬播着酸腐不堪的臭气。接下来的情景让我忍不住"啊——"叫出声，紧忙捂紧嘴巴，只见那人上台直奔女校长，抬起手臂将臭糨糊倾倒在大约和他妈妈差不多年纪的女校长头上，连噎带呛心力交瘁，女校长一下子瘫倒昏晕过去。

　　"真臭！""真臭！"台下观众纷纷掩鼻，队列散乱开来，高音喇叭传出咄咄逼人的批判口号。实在看不下去了，我低着头气喘不匀，想不明白为啥要如此虐待女校长？不久前我们不是还恭恭敬敬向她打招呼吗？干吗要把她整成人不人鬼不鬼的？胸口憋得愈发难受，我溜出操场回了宿舍。

3　癫狂八月

　　红卫兵仗着领袖撑腰猖狂不可一世，红八月中我也曾热病缠身狂喊万岁，参加破四旧，在公交车上念语录，随后被惊呆、遭羞辱，还被血腥的场面吓得魂飞魄散。

　　昨天，我的微信同学圈，中学和小学同班同学开始传看我写的文革回忆。有两名同学先后电话对我说"那时我们未成年"、"真不怪咱们"、"不怪咱们"？可咱们是当年迫害教师的急先锋呀！是未成年，但最小的已经13岁多，应该知道不能打人、栽赃别人。怪也不怪，不怪也怪，于是，在正写的段落中才加上"无可饶恕""百身莫赎"两词。如果文革亲历者把责任一股脑推给林彪、四人帮，或加毛"五人帮"，用什么鞭策自我良知？又拿什么警示后人呢？

　　接着回忆我亲历的文革十年，时间进入1966年8月：

　　1958年底，因父母工作调动我们全家来到北京，接站的车刚驶出前门火车站，妈妈就招呼我们兄妹："快看，那就是天安门！"岁月葱茏，转眼间我已63岁，每年8月18日或每次途经天安门广场，一种穿越时空的恍惚油然而生，50年前的经历磨盘般碾过心头，沉重而苦涩，那句箴言如雷贯耳：不懂反思的民族没有未来……

　　前两集说的是1966年5、6月，我在北京49中念初中一年级，随着气温上升，文革的烈焰也持续蹿升。无法上课，一大群学生整日跟着两报一刊（人民日报、解放军报、红旗杂志）社论瞎胡闹。先是围观大字报、刷大标语、开批斗会，从批三家村到批斗校长和班主任。混乱中，北京中学生拉开了中国红卫兵运动的大幕。

　　1966年5月28日晚，清华附中几名学生写了一篇大字报，商量后以"红卫兵"署名。次日5月29日下午，他们在圆明园开会，"红卫兵"组织正式成立。6月2日，清华附中红卫兵贴出大字报《誓死保卫无产阶级专政，誓死保卫毛泽东思想》，宣称"凡是毛主席指示的，我们就坚决照办，坚决执行，就是上刀山、下火海也在所不辞！凡是违背毛泽东思想的，不管他是什么人，不管他打着什么旗号，不管他有多么高的地位，统统都要砸得稀烂。"6月24日，他们又贴出《无产阶级的革命造反精神万岁》的大字报，8月1日，毛泽东给清华附中红卫兵回信："向你们表示热烈的支持"。

红卫兵由海淀区传到西城、东城两区后，迅疾扩散到崇文区，8月6日我校也组建起红卫兵，通告加入红卫兵要查三代，我校红卫兵规定，父母是老红军或抗战胜利前参加八路军和新四军的才有资格，我被获准第一批加入，左臂带了一枚窄窄的红袖章。

8月18日凌晨，49中红卫兵近20人，由发起人刘向群大哥带领列队徒步走向天安门广场，站在东观礼台上接受"红司令"毛泽东接见。毛一出现在城楼上，整个广场立即沸腾了，万岁声声震天动地。当毛走向西观礼台朝下面招手时，站在东观礼台的我们急不可耐，恨不得马上把毛喊过来，情急中我大喊一声："毛主席快到东边来，我们要见毛主席！"周围的人都喊叫起来"我们要见毛主席"，进而东观礼台和广场东面的人群齐声呐喊"我们要见毛主席！"声浪震天响，广场上和城楼上的人全都听到了，毛来到城楼东侧，摘下军帽朝我们挥舞，瞬间东观礼台和整个广场沸腾到极点，"毛万岁、万万岁"嗓子完全喊哑了，个人崇拜的痴迷仿若施过魔咒一般。

8.18，毛泽东穿着军装首次接见红卫兵，据说有百万人参加。林彪站在毛身边，高声讲话："我们要打倒走资本主义道路的当权派，要打倒资产阶级反动权威，要打倒一切资产阶级保皇派，要反对形形色色的压制革命的行为，要打倒一切牛鬼蛇神。""我们要打破一切剥削阶级的旧思想，旧文化，旧风俗，旧习惯，要改革一切不适应社会主义经济基础的上层建筑，我们要扫除一切害人虫，搬掉一切绊脚石！""这次是大战役，是对资产阶级和一切剥削阶级思想的总攻击。我们要在毛主席的领导下，向资产阶级意识形态、旧风俗、旧习惯势力，展开猛烈的进攻！要把反革命修正主义分子，把资产阶级右派分子，把资产阶级反动权威，彻底打倒，打垮，使他们威风扫地，永世不得翻身！"

紧接着我们投入"破四旧",打砸抢烧如火如荼开始了。8月20日上午,我们几个初中红卫兵在前门南面集合,沿街察看小店铺售卖的"四旧物品"。啥是四旧?谁也说不清,只要瞧见带福、富、寿字的物件,就喝令店员:"收起来,不准再买了!"走到大栅栏时,见到有人抡着铁锤狠狠敲砸前门大街干道上的白瓷路牌,"路牌也属于四旧?"一时理解不了;接着一群东城区红卫兵从店铺里拿来剪刀,冲到大街上将烫大波浪发卷的妇女或留长辫儿的姑娘,不由分说剪成"革命短发";还有人把行人穿的瘦腿裤的裤脚用剪刀豁开;喝令穿尖头皮鞋的"脱下资产阶级的火箭头!",唬得那人赶紧脱了鞋、穿着袜子跑开了。此情此景令我们三个女孩惊诧莫名,站在路旁发呆,盘算着何去何从,亚萍问:"那咱干什么呢?总不能这样回学校吧。"这时,一辆公共汽车开过去,灵光一闪,我掏出口袋里的小红书——毛主席语录,提议:"咱们到公共汽车上念语录去吧。"亚萍和海云都同意。接下来的几天,我们站在公交车上为乘客们念语录,第二天,同班的王娜娜也加入我们的行列,很快有更多各校的红卫兵也加入公交车念语录的活动。

北京49中红卫兵8.18原班人,1968年的合影。上排右三是刘向群大哥,右二是荆小飞,中间右一是王征(王娜娜),右二是我。

我们四个主要在崇文门到动物园那条公交线，随车来回穿梭，多数司机、售票员和乘客们会用谄媚的笑容迎向我们，使我沉浸在"宣传标兵"的虚妄自豪中。如今回首，心有愧疚，身为学生不能正常念书，却积极散布暴力歪理邪说，也是一种罪过。

破四旧期间，红卫兵为表忠心，纷纷更改名字，将原来文质彬彬或家族按辈分起的名字，更换成突出革命的名字。比如：我先是为自己起名"张雪松"，到派出所警察不允许改姓，我就把父亲给我的"弘"字改为革命色彩的"红"；好友小妹改名"海云"；王娜娜改名"王征"。最著名的是北京师大女附中的宋彬彬，8.18她在城楼为毛戴了红卫兵袖章，毛说"要武么"，次日《光明日报》记者替她更名为宋要武。

在发热病的日子里，我们唱的是造反歌"拿起笔做刀枪，集中火力打黑帮。谁要敢说党不好，马上叫它见阎王。杀！杀！杀——！"在公交车上，我们除了念小红书上的语录，经常背诵的是"革命不是请客吃饭，不是做文章，不是绘画绣花，不能那样雅致，那样文质彬彬，那样从容不迫，那样温良恭俭让。革命是暴动，是一个阶级推翻另一个阶级的暴烈的行动。"经常唱的是当时的流行歌曲"马克思主义的道理千头万绪，归根结底就是一句话：造反有理，造反有理！根据这个道理，于是就反抗，就斗争，就干社会主义。"

8.18后，我们仗着毛撑腰，猖狂不可一世，"红八月"中我也曾热病缠身自以为姓赵，记得一次外出执行"紧急任务"，迎面开来一辆小汽车，我们高扬起右手拦车，故意左臂叉腰，将那条窄窄的印有"红卫兵"三个字的袖章显露出来，当时佩戴红卫兵袖章的人还很少，迫于毛如日中天的权威，汽车一见到佩戴红卫兵袖章的人，无不被迫赶紧停车，红卫兵说去哪里司机不得不放弃原来的路线，哪怕调头也得先送"革命小将"。是的，八月中下旬"红小将"们仗着红司令，嚣张如匪！

张狂几天就遇到麻烦，我住的学生宿舍楼紧邻教学楼，教学楼一层是我校红卫兵总部，每天都有一些从附近拉来的"牛鬼蛇神""地富反坏右""走资派"在这里惨遭毒打。这些"阶级敌人"的名单是附近街道派出所和我校对面崇文区公安局提供的（据说毛授意后有公安部部长谢富治的口谕），红卫兵按照警方提供的门牌号闯入私宅打砸抢翻抄，并随意将一些人押到学校私设公堂、严刑拷打。曾有同学叫我一起去龙潭湖住宅区抄家，我以"要去公交车上念语录"为由拒绝了。站在车上念语录，往返不停从早到晚，一天下来感觉很累，晚上睡觉时，对面楼里不时传来尖利的惨叫声，一声比一声凄厉，吓得我一次次从睡梦中惊醒，熬过两夜后，我搬到宿舍楼另一侧的房间，大热天关紧屋门，声音才稍微小了点儿。

8月25日傍晚，念了一天语录的我和王征（王娜娜）刚进校门，迎面遇见红卫兵一位负责人，神情紧张地叫住我，说："女、女15中红卫兵被、被资本家砍、砍伤了，形势严重，咱们赶紧去支援！"不由分说，晚饭都没吃，我俩随即去了位于崇文区榄杆市大街，那晚我亲眼见到红卫兵打人和分赃的恶行。

火速赶到增援地时，崇文区榄杆市大街路北121号小楼的李文波家已被围得水泄不通，指挥者让我们去马路斜对面李文波哥哥的家，说"李文波哥哥的资产比他弟弟多得多，是个更重要、更狡猾的阶级敌人。"

进入李文波哥哥李月波家的院子，同去的人一起走进关押李家人的南屋，我校一个初二的女生（她的名字我就不说了）正抡圆了皮带狠狠抽打李家的"当家媳妇"，吱哇的惨叫令人不忍听闻，我和王征躲了出去，藏进北房李家客厅的大布幔子后面。过了一会儿，意外见到两位刚抄家的女15中红卫兵分赃的场面。

两名身穿军装、戴着印有"女十五中红卫兵袖章"（凡印有校名的组织都成立于8.18之后，袖章较宽；与老兵三字窄袖章有区别）的女生进到布幔子后面分东西，起先她俩没看见我和王征，专注地从衣裤兜掏出黄色条块、绿色圆环等物件逐一分成两份，各自装进衣袋里。分完后才发现了我俩，恶狠狠地训斥一通（她们是高中生，明显比我俩年龄大），又把我俩强行推回拷打人的南屋，我俩马上逃跑了，背后传来"叛徒""胆小鬼"的咒骂，心中充满惶惑与羞愧，战场上的逃兵大约也不过如此。

许多年后，我了解到李文波事件的真相：因有人揭发他49年前是一名国军校官、划为历史反革命，66年他在刚毅胡同口修自行车养家。1966年8月下旬，女15中红卫兵抄他家，没抄出黄金、珠宝，李文波老两口被关在楼上，一整天不许吃饭、喝水、上厕所。老太太憋急了硬要下楼，被红卫兵推倒踢了几脚，老头儿李文波上前理论，被棍子打出血，急了抄起菜刀，伤到人，把红卫兵吓跑了。次日上午，被污"持刀行凶"的李文波被打死。当天夜里，红卫兵把关押在校园中已经被剃了"阴阳头"、折磨多日的女十五中学校长梁光琪打死。随后，无辜老太太李文波的妻子也以反革命罪被枪毙，而那天参与抄家迫害的女15中红卫兵反倒成了功臣，被请上天安门城楼，陪同"红司令"毛泽东第二次接见红卫兵。李文波事件后，红卫兵提出口号："以血还血，以牙还牙，红色恐怖万岁！"抄家打人之风迅疾蔓延开来，以崇文区、大兴县最为酷烈。

在八月杀戮中，北京大兴县13个"人民公社"进行过屠杀。从1966年8月27日到9月1日，325名所谓"四类分子"以及他们的家属子女被杀害，22个家庭被灭门，受难者中有81岁的老人和出生38天的婴儿。有人统计八月下旬，全北京市抄家3万多户，抄家中抢劫现金、存款和公债券高达428亿元，黄金118.8万两、古董1000多万件。打死约1700人，有被红卫兵活活打死的，也有不堪凌辱自杀身亡的。

那晚，我从榄杆市回来一夜无眠，对面教学楼被毒打者的哀嚎格外撕心裂肺，刚才在李家院子被惊呆、被羞辱的场面锥子般扎心。第二天遇到我校红卫兵领袖之一荆小飞，我说自己好几夜睡不成觉的苦恼。小飞说："你跟我们去外地串联吧。"串联？我很好奇，一问原来京城的红卫兵誓将战火烧遍全国，有人提议到外地传播革命火种。小飞说，只要有带公章的证明信，红卫兵乘坐火车不用买车票。能尽快躲开拷打人的惨叫折磨，我愿意跟小飞他们去外地串联。

接下来几天，我们跑誊印社，印了十几捆传单，有谭立夫的《血统论》，有人民日报社论《将无产阶级文化大革命进行到底》，还有《革命造反精神万岁》，都是煽动暴力、背弃文明的文章，在"红八月"风行一时。

8月30日那天傍晚，12个红卫兵拎着刚印好的一捆捆传单出了校门，走进学校对面的崇文区公安局，小飞让年龄最小的我留下来，他们分头去找车。彼时暮色初降，我站在区公安局大门南侧篮球场旁边的小路上守着一捆捆传单，突然听到有人用嘶哑之声朝我喊话："给点水喝，给点水喝……"循声望去，我见到了一幕惨绝人寰的恐怖场景，那个满头满脸血污的重伤者，在他身后卧着一片死于和平年代红色风暴的冤魂，偌大一个篮球场，近五分之四的地方被横七竖八叠放着的死尸覆盖了，刺鼻腥气与微微腐臭随风飘来，催人欲呕。吓得我一身鸡皮疙瘩、心扑通扑通狂跳、魂飞魄散之时，海云回来了，她也看见那瘆人的惨景。2006年8月6日，49中老同学聚会时，我俩还回忆起那血腥一幕，尽管事情过去40年，我俩还是忍不住打起寒颤。

那天晚上，我们一行12人从北京火车站登上去上海的列车，那是我第一次到外地串联。

4　第一次串联

北京红卫兵率先冲上台，指着曹荻秋市长狂喊乱叫"走资派不投降就让他灭亡"。不用花钱买车票、免费食宿的红卫兵大串联，就这样将暴力的"火种播向全国"。

今天微信圈热议族群内部民众的撕裂的现象，对民间观点势同水火般的撕裂，我的看法是：民意撕裂，对票选集团而言是双刃剑；却是专制集团乐见的，韭菜们死掐刚好替利益集团提供了游刃有余的时空。我不参与削尖刺向同胞之矛，哪怕因观点对立，时被群起攻之、恶语相向而遭受屈辱，被迫选择隐忍乃至悄然退出，也绝不得理不让人地与攻击我的人对骂。道理讲得通才讲，讲不通或压根不跟你讲理的人，跟他掰扯既挨骂又浪费时间，何苦来哉。相信有"千树万树梨花开"那一天，动辄骂人"汉奸带路党"的人群赖以支撑的土堡瓦解了，他们不能再仗势欺人了，到那时，看似不可调和的尖锐对立与民众间的撕扯，要么偃旗息鼓，要么波澜不惊，如同毛一咽气，文革派系之争立马偃旗息鼓。

下面回忆我第一次到外地串联的经历。"革命大串联"是十年动乱初期，红司令恩准发给带头造反学生的一把糖豆。1966年8月下旬开始，各地红卫兵陆续进京接受伟大领袖亲切接见，异地串联开始了，坐火车、乘汽车都不用花钱买票，住进串联师生接待站的食宿费用也一概免单。七千人大会后刘邓主政推行宽柔政策，经济略微好转积攒下几个钱，领袖一高兴，让小将们体验一把老毛我年轻时游历湖南考察农民运动的革命浪漫吧！

1966年8月30日晚，我们12名红卫兵拎着一捆捆油印的传单，挤在崇文区公安分局找的车里赶到北京火车站，凭一张盖着"北京49中学红卫兵总部"红印章的介绍信就上了开往上海的火车。

这是我有生以来第二次坐火车，第一次是1958年深秋随进京工作的父母从郑州到北京，那次是从前门火车站下的车，当"庆祝建国十周年北京十大建筑"之一的、位于崇文门东边的北京火车站落成后，前门火车站关张了。上了火车我们特别兴奋毫无睡意，坐在硬座上谈笑风生。初二的刘胜利（上期合影中后排右一）嘲笑我不会骂人"革命斗志不旺盛"，我就跟这位当年的大帅哥学起骂人，他一字一顿教我："你他妈的少他妈的找他妈的茬（挑刺），小他妈的心他妈的剋（揍）他妈的你。"开始我说不顺溜，周围人笑得前仰后合。骂人，是文革期间的时髦，两次串联途中我学会骂人，一张口就妈呀妈的，直到年底回到家被姥姥好一通修理才扳过来、净了嘴。几年后进工厂有段时间旧病复发，嘴里又不干不净，交男友后才彻底根除。

次日上午醒来，迷迷瞪瞪听到敲盆敲碗声伴着"我是地主婆，我该死；我是地主婆，我该死……""我是反革命，我有罪……"的喊声，原来列车上其他中学南下串联的红卫兵，连夜逐个车厢查访并虐待打骂遭遣返的"地主婆"和"反革命家属",强迫那几个老年妇女顶着破报纸糊的纸帽子,在窄窄的过道里敲盆敲碗喊着自己该死、有罪,一节节车厢地被押解着游走。我们守着将去散发的传单,没参与火车上的迫害,也没制止"黑五类"车厢游。当时我无论如何都想不到同一时期我最亲爱的姥姥,也被郑州造反派强行注销户口遣返回原籍,途中姥姥经一好心乘客告知"那边车厢有人被学生在脑门刻上'地主婆',血顺着额头往下流,眼睛都被血糊住了。"生性刚强的姥姥闻言,赶紧悄悄溜到厕所里将身体钻出半截小窗,当车转弯速度慢下来时姥姥一松手让自己跳下去,脚脖子扭坏了,爬着回到老家。

1996年,我兄妹五人从北京到郑州看望姥姥姥爷。

到上海后,我们被引到复旦大学红卫兵接待处,安排我们住进一间阶梯教室,第一次见识宽敞漂亮、层层递进的教室,睡在铺了毯子的一阶阶的木质地板上,新鲜有趣。上午我们到南京路、淮海路散发传单,下午到天马、海燕电影制片厂看大字报,那些闻名遐迩的影星们被人把各种不堪的糗事写在糊满摄影棚的大字报上,喜欢看电影、悄悄崇拜电影明星的我心中五味杂陈,说不清该相信揭发者还是该同情被卷入风暴眼中的倒霉蛋儿们。

在上海时遇到过一件小事。一天清晨我们列队途经淮海路某弄堂口时，有位中年妇女站在路旁先是看着我们，随后跟着走在最后一个的我身边，小声问"侬是伯京来的红威军？"我使劲点点头，她一把拉住我，把手里攥着的一大串东西塞进我手里，说了句"主教的宝贝，上交国家。"说完扭头就跑了。我赶上队伍低头看，手里是长长一串黄白两色双股金属链子，中间镶嵌着十几颗色彩各异的宝石，在旭日的柔光下闪烁着妙不可言的璀璨。"主教的宝贝""上交国家"，其中必有沉甸甸的含义，我警觉地提醒自己：不能装进裤兜！我就用手使劲攥着，停止行进后赶紧汇报情况并交给领队荆小飞。

直到 2007 年，有一次我们那帮老同学在花市大街钱柜聚会，唱 KTV 间歇时聊起大串联的事，我向两位同去上海的男生追问主教的项链，那宝贝的下落让我大跌眼镜，敢情我们 12 人离开上海和广州后，逗留武汉期间，几个男生一拍即合，跑到汉正街一家古董铺用项链变现，买了 12 张武汉到上海的船票，"余下的钱我们几个吃了顿好饭。"气的我要骂人："好呀你们几个坏家伙，我按三大纪律八项注意上交了宝贝，你们却拿去解馋！""哎，别不讲理啊，大头可是买船票用了，你不也坐东方红二号江轮了吗？再说，那时人慌马乱的，我们想上交给谁去呀。"此话一出，我没词了，主教的宝贝，文革时会认定是帝国主义走狗用过的邪恶之物，用它换革命小将的船票，这一是非岂是我能妄加评判的？

回头再说我们在上海停了几天后，荆小飞决定继续南下广州。离开上海前的那天下午，我们参加了批斗上海市长曹荻秋的大会。2007年 11 月，在今日美术馆看徐唯辛教授《历史众生相 1966—1976》画展时遇到同在博联社写博客的博友王端阳先生，他送我一本书《一个红卫兵的日记》，端阳先生一直保持着写日记的好习惯，从那本书中我获知：那天批斗曹荻秋时，天津来的红卫兵王端阳也在同一会场，他把当时的见闻记录下来。看着端阳先生文革初期的日记，回想起那天我先是坐在会场的第一排靠右边的座位上，后来我们北京来的红卫兵率先冲上台，一群人指着曹荻秋市长狂喊乱叫："走资派不投降就让他灭亡"……不花钱买车票、免费食宿的红卫兵大串联，就这样将暴力的"火种播向全国"。

接下来，我们到了广州，传单没了，批斗的热情也退去了，12个人在广州最开心的事就是买香蕉、买杨桃解馋，那里的香蕉真便宜啊，每斤九分到一毛三，杨桃的价格更低。那几天我们努力找机会想见到心中的英雄麦贤得却未能如愿，就上了火车回北京。半路火车在武汉停下来，又遭遇到一起卧轨自杀的事（之前去上海，我们坐的火车刚驶离北京站不远就在丰台附近紧急刹车，我把头探出车窗见司机下车勾出一名卧轨者摆在铁轨旁，车迅疾驶离，没想到武汉又遇到一起）。

著名的武汉长江大桥就在眼前，我们索性下了车，走到大桥上看滔滔长江似磷光万点。在桥头堡，一位工人模样的男人阻止我们靠近大桥围栏，并解释说"每天都有人寻死往下跳"，伸头朝下一看才知道，从这里跳下去不是江涛而是水泥路面，必死无疑。那一刻，我意识到刚经过的八月，竟然空前绝后发生如此密集的自杀惨案，他们满怀绝望离开魑魅魍魉横行的世道。

那时自杀不是个案，很快我们就忘了，反倒是汉正街的繁华留下深刻印象。一天后，我们上了东方红二号江轮离开汉阳驶向上海。重回上海连码头都没走出去，荆小飞、刘胜利、李冀平三人跟停泊在码头的运送鱼苗的一艘海轮的船长套磁，船长居然破例应允带我们去大连！喜滋滋连蹦带跳我们搭上这艘海轮，为报答船长的慷慨，在船上的两天，我们轮流帮着拉绳索，让装着鱼苗的大木盆里的水不停地被绳索系着的一根根小木棒不停地搅动，船员说"水不流动，鱼苗很快就会成批死去。"于是我们更加不偷懒地一直拉呀拉。船长和船员对我们非常好，腾出地方让我们休息，免费提供我们饭菜和水，路过鸟岛附近时，还特意指给我们看。

在大连港登岸时，我们个个脏得跟小鬼儿似的，海上行进途中一度遇到强风，颠簸非常厉害，晕船呕吐睡不好，加上帮船员干活卖力，感觉精疲力竭。终于到达大连港口，上岸后想起已经临近国庆节了，没心思观赏海滨，也懒得逛大连市容，直奔车站洗把脸后赶紧上火车，国庆节前回到北京。我的第一次外出大串联结束了。

5　第二次串联

第二次串联，三个女孩转了大半个中国，打算朝拜过领袖故乡韶山后再从广西出境，奔赴越南投身抗美援越的战场，一度陶醉在虚妄的幸福中难以自拔。

上次说到1966年国庆节前，我们12个北京49中红卫兵结束第一次串联回到北京。在大连回京的火车上，我们就相约过完节接着出去串联，但下次去哪里，12人意见不统一，只能分头出动。10月6日，我和海云、亚萍三个初一（1）班的女孩前往西安，去"革命圣地延安"朝圣。

我们第一次在南方串联时，林彪陪同毛泽东二次、三次接见红卫兵，全国各地的学生陆续进京接受检阅，为让更多人近距离感受红太阳的温暖，毛改为乘坐敞篷车从夹道迎接队伍中缓慢驶过。

1966年8月18日至11月26日，毛相继十次在天安门广场检阅游行队伍，日期分别在1966年8月18日，8月31日，9月15日，10月1日，10月18日，11月3日，11月10日、11日，11月25日、11月26日。由此，个人崇拜沸腾到极点，红海洋现象成为文革标志。

我们在西安没停留，一大早爬上去延安的大卡车，一个紧挨一个挤在拉货的没有车棚的卡车上，向陕北山区进发，一个急转弯接着一个急转弯，不久我就严重晕车趴在车帮上呕吐起来。快到铜陵时，好心的司机停了车，把面色惨白的我扶进副驾驶座位上，因祸得福，一路上近十个小时我尽情观赏了陕北高原壮丽的景色。

中间有一次停车休息，我看见前方聚集着很多老乡，司机告诉我"这里逢5一集，老乡们来赶集"，我表示想下去看看，司机应允多停几分钟，一卡车人兴冲冲跳下车到集上转。我花几分钱买了好几个梨，分给亚萍、海云吃，也分享了她俩买的新鲜的甜枣。集市上一派喜洋洋的，物美价廉，那是文革发端之初陕北山乡走出饥荒后短暂的好年景。三年后我热切盼望去陕北插队，原因就是这次赶集留下过美好印象。但是阴差阳错我被分进工厂没能如愿再去陕北，数年后听1969年到陕北插队的同学说起那地区赤贫的疾苦，与我看到的山村集市的繁荣喜庆已经完全对不上号，一场又一场运动给农村造成的劫掠太酷烈啊。行文至此忍不住叹一声：农民真苦！

1969年3月5日我被分配进北京第三通用机械厂当工人，1985年6月8日我通过社会公开招聘进入中国少年报当编辑，这是2011年秋中国少年报60周年报庆上的我。

我们在延安没见到像样的楼房，上世纪从这里中转离去的要人热衷各式各样的残酷斗争，无暇也无心为"圣地"输血换旧貌。66年秋我登上清凉山，围着宝塔转了两圈，见有许多新刻上的名字，不用问就知道出自各地串联者之手。我在枣园买了两幅陕北剪纸，刻工精致，红红的特喜兴。在延安的时候我还想起一件事：我姥爷抗战初期任睢西泰游击大队队长时，刚从延安到中原不久的彭雪枫提议他去延安念抗大，但魏凤楼舍不得放要好的发小而被一票否决，姥爷后来的路极其曲折，九死一生。

折返西安后，我们去成都，在火车上我随口念了句"蜀道难难于上青天",邻座有位戴眼镜的老先生居然流利地背诵出"噫吁嚱,危乎高哉!蜀道之难,难于上青天!蚕丛及鱼凫,开国何茫然!尔来四万八千岁,不与秦塞通人烟。西当太白有鸟道,可以横绝峨眉巅。地崩山摧壮士死,然后天梯石栈相钩连。上有六龙回日之高标,下有冲波逆折之回川。黄鹤之飞尚不得过,猿猱欲度愁攀援。青泥何盘盘,百步九折萦岩峦。"他告诉我这是唐朝大诗人李白的名篇,我很是敬佩,他谦虚地说:"我念书时课本上学的,同学们都会背。"可见他接受过比我好很多的教育。

1966年10月上旬,我和海云、亚萍在延河大桥,以宝塔山为背景拍的纪念照,中间是我。

在成都,我没留有太多印象,主要是在大街上看话语泼辣的四川人写的大字报,一个景点都没看,又赶往重庆。重庆火车站大串联接待处见我们三个女孩是从首都北京来的,挺客气地问"想住在哪里?"我能想起来的就是看过的小说《红岩》,说想去参观白公馆和渣滓洞,于是被分配住进离那里不远的磁器口某中学。接下来,"带着深厚的阶级感情"我们真诚地参拜了江姐、华子良被关押过的监牢，在杨虎城和宋秘书遇害的地方祭奠了一同遇害的小萝卜头。

重庆的饭菜太辣，不由分说每人碗里给盛进一大勺辣酱，辣的我们直流眼泪。第三天实在无福消受了，我们去到繁华的磁器口商业街，靠近十字路口闻见令人馋涎欲滴的浓郁香味，一个小摊位上支着一口大铁锅，里面用老汤炖着十来只柴鸭，明码标的价格低得让我们欲罢不能，于是一人买了一只卤鸭，分别是5毛9、6毛2和6毛3，把我们三人吃得顺嘴流油。在山城重庆，我们还去了江边名胜朝天门码头，在那里每人花5分钱坐了吊车，沿着倾斜的山坡乘车而上，俯瞰山城的美景。

然后我们到了贵州省会贵阳市，半个世纪后，我依稀还能记得两件事：一是贵阳人用大米磨面做成的米糕很好吃，白白软软的，不似馒头胜似馒头。另一件事是到贵阳的第二天早晨醒来，光线很暗，一束光斜射在大房间正面灰色水泥墙上挂着的一排7幅领袖画像，正中间是毛、刘和朱德，周恩来和邓小平。因为周、邓都曾与我父母拍过合影，我认得出来，其他两人我叫不出名字，看到右边那幅惊出我一身冷汗，当时被吓坏了，怎么看怎么是光头蒋介石，直觉告诉我绝无可能，不敢说也没敢问，憋在心里。年底回到家问我爸爸"七个领袖都是谁"？爸爸告诉我是1965年的7个政治局常委"毛刘周朱陈邓林"（毛泽东、刘少奇、周恩来、朱德、陈云、邓小平和林彪），很好记就记住了。在贵阳一时错觉我竟然把林彪误以为蒋介石，庆幸自己没冒冒失失往外说，不然把红得发紫的林副统帅说成"人民公敌蒋介石"，还要不要小命了？这件事我暗存心间，1971年林彪摔死在温都尔汗我都没想过这事，此时此刻写到贵阳串联的往事，突然想起这事，第一次说出来。

当时因为大串联，全国铁路运行乱了套，根本没有准点，列车经常走走停停。我们好不容易上了贵阳到昆明的火车，那条线刚开通不久，列车开得慢如蜗牛，眼看着旁边公路上的汽车忽忽驶离，我们坐的火车慢的比步行快不了多少，整整三天才来到昆明。

第二次串联，最让我们懊悔的事就是平白错过了在昆明游历的机会，当忍饥挨饿、坐在火车过道三天终于到了美丽的春城，仅仅住了两个晚上，白天去市中心一家商店买了点路上吃的食物，哪里都没游览就急慌慌离开了。怎么会犯这么低级的错误呢？因为在来昆明的路上，遇到4名北京财政金融大学的大学生，其中一人口才超棒，一通忽悠把他的家乡南京说成天堂一般，莫愁湖美得如梦如幻，中山陵是炎黄子孙必游之处，雨花石奇妙的纹理天书般的迷人，燕子矶气势磅礴不感受一番枉来人世，如此这般把我们三个女孩彻底侃晕了。有个大学生姐姐告诉我们，北京已经有几个红卫兵趁大串联之机从广西越境到了前线，直接参加抗美援越战斗了。她的话让一年来热切期盼穿着军装上前线打美国鬼子的我们简直是醉了！

在昆明发现一个可怕的情况，上厕所战战兢兢，那时昆明很多公共厕所都是草席围着一个大深坑，上面架着几块木板，如厕时提心吊胆生怕脚下一滑掉进粪坑里。听人说"掉下去的不止一个两个呢"，更吓得我们不敢上厕所。尽快逃离的念头油然而生，我们三人达成共识：尽快去南京看看，再去韶山朝拜红太阳升起来的地方（毛的家乡），然后义无反顾地奔赴广西凭祥去越南，"牺牲在抗美援越第一线多么光荣啊！"好几天里，我们三个小傻瓜陶醉在虚妄的幸福中难以自拔……

离开昆明，从西向东，去南京途中火车出故障停了两天，刚巧停在桂林站，就在桂林逛了七星岩和芦笛岩后，爬上一座不高的山，时值金秋，在小山顶上闻着香飘满城的桂花芳香，三个女孩快活似神仙；经人指点，还品尝了香甜的糖桂花和汤汁鲜美的米粉。多年后的2002年暑假，我所在的报社编辑部到桂林开通讯员会，我再次游览桂林，说起上次大串联阴差阳错火车出故障逗留于此的经历，我正带的那名年轻记者羡慕极了，"哇，天底下竟然有此等美事，不花钱转遍大半个中国？我要是早出生赶上文革就好了。"我都不知道该从哪里说起才能解释明白"赶上文革不是啥好事，对国家而言是一场浩劫，对个人来说是一场噩梦。"

赴南京的漫长途中还有一些小插曲，我曾看到坐在身旁的一个女学生脖子上有一只鼓鼓的黑虱子，不好意思告诉她，顿时觉得身上到处痒痒，怀疑自己也有虱子；之前在桂林站重新上火车时拥挤不堪，别人托举着我从车窗往里爬，一伸手一茶缸子水翻了，茶叶和水倒了我一头一脸狼狈不堪；车厢里拥挤不堪，上厕所十分困难，洗脸刷牙都省了，更别提洗头了，到上海没出车站直接换了西去的列车，南京下车时，三个脏丫头浑身都散发着馊味。

南京城确实美丽，按大学生哥姐指点的名胜去游玩，但越来越觉得根本没有想象中那么激动人心。我们很想在雨花台挖几块漂亮的小石头，一块也没找到，倒是我在一棵松树下发现一株淡粉色的蘑菇，鲜嫩可爱，用手拔出来把玩，一不小心蘑菇柄折断了，中间居然有几条细细的线虫在使劲蠕动，吓得我忙不迭松手扔掉，从此不敢去碰色彩艳丽的蘑菇，不是怕有毒，反正不入嘴，是害怕里面有蠕动的虫子。怀着少年时对雨花石的憧憬，我一生都喜爱美丽的小石头，在报社当记者二十多年全国各地采访间，退休后30多个国家游历中，我捡拾、购买并收藏各式各样精美的小石块，其中当然有一些雨花石，大约为的是弥补串联时留下的缺憾吧。

辞别南京，按原计划该去湖南韶山了，海云提出先折返上海，再从上海去湖南。到了上海，我们陪海云去看望她姑姑，第一次串联到上海时她没好意思提这事，前几天途经上海没停留直奔南京又没能看望姑姑，不久后我们铁了心要去前线打仗，无论如何得去向姑姑辞行，海云幼儿园和小学一到三年级时父母长年出国在外，蒙姑姑多方照料。海云姑姑用香甜的油炸红薯片款待我们，那时油很金贵，能吃上油炸食品，香的难忘。

这次到上海，我们被安排住进外滩的冶金大厦，大约二十层高的大楼，属于前摩登时代的外滩洋楼群之一。能住这么高的大楼，出门只隔一条马路就是美丽的黄浦江，让我喜出望外！特别好玩的是，那时大厦里没有卫生间，只有马桶间，上厕所只能蹲马桶，马桶是木制的，有的带有马桶盖。在这里住，不可能睡懒觉，每天清晨，楼下响亮的音乐声宣告收马桶的车来了，电梯就成为马桶专用梯，人是不可以跟马桶争电梯坐的。

这时遇到一件烦心事，从姑姑家回来后，不知何故，亚萍和海云开始疏远我，外出不再叫上我，落单儿的我抑郁寡欢。在红卫兵接待站统一睡地上的大通铺，几十人同住一室，来自北京丰盛女中初二的常虹和另一个姐姐见状，好心地开导我，"三个女孩总有一人被出局，何必刨根问底找原因呢！"常虹姐姐还多次陪我去不远处的城隍庙玩，每次我们每人买半斤五香豆回来吃，感觉常虹就像亲姐姐似的。与常虹两女生同行的还有北京六中的几名男生，他们是北京红卫兵西城纠察队的成员。队长中等个儿，大眼睛，一脸豪气，接触几次体会到他特别仗义。有天在接待站食堂，我和常虹姐姐一起吃晚饭，队长端着碗又加入我们，临离开饭厅前他突然走到我跟前说"等会儿想问你点事，今晚八点半在大厦门口的江边等你。"说完他快步离开。对他心有崇拜，也好奇到底他要问什么，回房间后心情忐忑，快满14岁的女孩头一次赴男生之约，期待中也有些惴惴不安。

时间过得好慢又突然飞快，我提前十分钟出了大厦门站到江边扶栏处，等了两三分钟队长来了。他先问我何时加入的红卫兵，又说"常虹告诉我，你很反感学生打人，这点咱俩不谋而合。我们六中有个关押犯人的'牛棚'，有几个纠察队员下手极狠，文革小组的领导陈伯达来我校视察鼓励了他们，他们更臭来劲，不光打老师还打死过我的同学。我不主张打人，阶级斗争也要讲策略，攻心为上。"我使劲点头赞成他，他又说"咱们有共同点，你是革命的好苗苗。我跟常虹说了，让她记一下你的地址，以后保持联系，没准学校之间也能联合行动。"我在心里掂量"学校间的联合行动"是什么，当时没弄明白，看见队长很真诚的表情，喜欢看小说的我，心里有点打鼓了，故意大声说："好吧！江边风大，我回去了。"说完扭头就走，在大厦门口回望一条马路之隔的江边，队长还独自站在那里，我为"自作多情"红了脸，接下来一直很小心回避着队长，那之后好几年对异性不敢有任何想法。至于"联合行动"，数月后京城抓捕"联动"，老红卫兵大闹公安部，这个词曾经不期然闪现在脑海里，"联合行动"没实现，却与自己喜欢的队长擦肩而过。

第二年开春，闲来无事曾给常虹姐姐写过一封信，很快接到她的回信，回信中有句话因熟悉而感动，常虹信中唯独这句我记住了——"无疑，你是革命的好苗苗"，那晚在江边队长当面这样鼓励过我，常虹姐姐竟然和队长都说出相同的话，深深鼓励了我。

　　与西城纠察队几人邂逅于上海冶金大厦没过几天，大约在1966年12月中旬，文革小组下达"停止大串联"令，所有接待站开始忙于往原籍送回串联学生。滞留在上海的我们三个女孩，既无法实现前往湖南、广西去完成抗美援越的誓言，又因滞留上海的人太多暂时回不了家，这时身上带的钱已经告罄，等待回家的日子里我给爸妈发了电报，很快收到妈妈"下了班一路小跑到邮局"汇来的20元钱。我取出钱后，马上还了从接待站阿姨处借来的钱。大约半年后，我陆续接到好几封各地来信，要求归还"在接待站入伙欠下的粮票"，都是我们三人共同欠下的，但回京后海云和亚萍疏远了我，她俩退出红卫兵加入"共产主义战斗队"另一学生组织，我不好意思跟她俩掰扯这么多粮票怎么还？只好对父母说清原因，结果一辈子不向人借钱的父母从原本紧张的家庭用度里将省吃俭用积攒的全国粮票，在三个月内全数分别寄还给接待站。这件事，让我一辈子觉得对不起爹妈。

　　1966年12月下旬，我们三人终于得到通知，挤在一节闷罐子车厢里离开上海。回到北京那天，正赶在我14周岁前一天的12月25日，一进家门见到带大我的姥姥，和姥姥说了一宿话，给她讲我的见闻，也听她说被遣返回乡的痛苦经历，前些天，姥姥刚被一位叔侄军人护送来京。

6　京城寒冬

　　寒冬深夜我救回被抓走的姥姥，姥姥是我最崇敬的人。此生有最好的姥姥姥爷，我感激命运！也因为姥姥姥爷在文革中饱受磨难，我旗帜鲜明地反思文革。

刚才见有网友跟帖质疑我写回忆文革的动机，简复如下：

文革如果仅仅是发动者一人和他有数的簇拥者：林彪、四人帮的一番兴风作浪，而没有被熏染奴性与暴力的愚民们的参与，可能上演"史无前例的大浩劫"吗？发动者及他的主要喽啰们已经作古，但文革的阴影却一直徘徊着。前几年"西南王"薄熙来在重庆一挥手，红歌骤然唱响、比黑更黑的"打黑除恶"立即大行其道。不管是局部文革的死灰复燃，还是文革式的大规模互害模式再掀狂飙，其实都在我们周围蓄势待发。究其原因，正是培植文革的气候与土壤至今仍未被认真清理，未被铲除。连日来，老于我忙里偷闲、剖肝沥胆，一边回忆一边写出《我亲历的文革十年》系列，目的只有一个：前事不可忘，滋养健康人。

上次说到66年离开上海回到北京，正是我14周岁前一天的12月25日，一进家门见到带大我的姥姥，和姥姥说了一宿话，给她讲我串联见闻，听她说遭遣返回乡后被一位叔侄军人护送来京的经历。

66年底到67年初春，那个冬天极为严寒，有多冷？举个例子：姥姥牙不好，一大早我去羊坊店副食店买豆腐，排长队勾画了家里的副食本（那时买什么好吃的都凭票或凭本）买到两块豆腐，没手套端着小铝盆往回走，一路寒风刺骨，到家后双手疼了好久好久，痛得钻心，见姥姥高兴，手疼也值，真的疼了好久。

那时不仅各机关单位疯狂批斗走资派，连守法居民也毫无安全保障，我们住的皇亭子大院里隔些天就上演一次敲门查户口的闹剧。半夜三更睡得正酣，咚咚咚门被拳头砸得山响，呼啦啦几个大汉冲进来，强光手电筒冲着床上的大人孩子一通乱照，晃得睁不开眼。有人大吼："拿出户口本来"，妈妈赶紧将户口本递上，他们翻一页用手电比划着找出相对应的那个人，逐一核对。忽听一声断喝"这老太婆没户口，带走！"不由分说，两人上前把姥姥从被窝里拎出来，来不及扣好衣服就被连推带搡地带走了。

我慌忙套上外衣，尾随他们到了皇亭子家属委员会办公室，只见原先摆放好的桌椅摆放在角落堆起老高，空出的地方已经蹲着抓来的几十人，我姥姥正被喝令蹲下。我拉开门走进去，问"谁是领导"，然后对那人说:"我姥姥的户口过去一直在这里,当过三年家属委员会的治保主任,我家墙上还贴着几张她得的奖状呢。前些年跟随我姥爷工作调动,姥姥才把户口转出北京。我爸妈长年在国外,姥姥只得经常来京,我兄妹都是她一手带大的。您放她回家吧!"好说歹说,那帮家伙咬定没户口一律需要带去总社严查并遣返,勒令我闭嘴。好啊,有人敢指我鼻子,我急了,大喊道:"毛主席说'谁是我们的朋友,谁是我们的敌人,这是革命的首要问题,必须搞清楚!'你不听毛主席的话?""我姥姥过去为共产党出生入死,被国民党吊着打过、活埋过,抗美援朝立过功,功臣居然被自己人关起来,让她像犯人一样蹲在地上,太不像话了!太没有阶级感情了!"我反复这样大喊大叫了两三遍,有人过来说情:"刘姥姥确实是这个院里的积极分子,户口转走后,人长期住在这里,我们都认识她。"这话很给力,加上我闹得太厉害,领头那家伙不耐烦地放走了我姥姥。

我扶着姥姥,祖孙二人像打了胜仗一样兴高采烈回了家。次日清晨,我哥哥和院里好多人都看见满满一大车"户口不在本地"的人被拉走,将被强迫送回户籍地,其中有些进京躲难的人又要遭殃了。听哥哥一说,

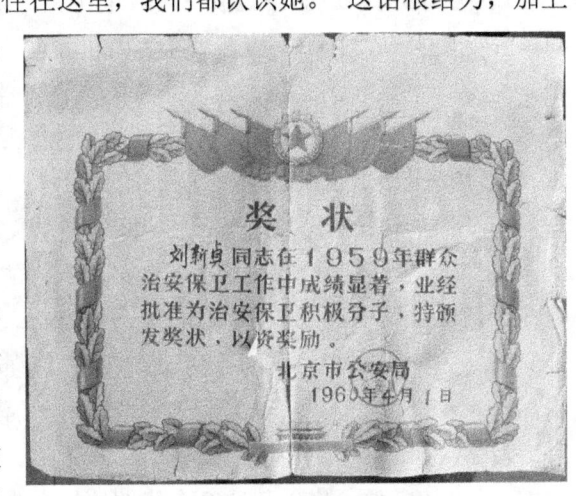

姥姥年轻时是中共河南西华县地下联络站负责人,为党做过贡献。49年后她一直热心社会服务,奖状一大摞,这是较早一张。

姥姥和我那叫一个庆幸啊!不然姥爷正被批斗,姥姥的户口已被注销,送回原籍咋办呀?

我之所以壮着胆子在文革寒冬里豁出去也要救姥姥,因为姥姥刘心贞是我这辈子最佩服的人!她给予我的精神财富说不完,从两岁

起，就是姥姥带大了我，上学前我一直是姥姥的小尾巴，最喜欢听姥姥讲故事（姥姥的事迹附在下面，有兴趣的网友可以看看，便于您进一步理解我刚说的大闹看守站的缘由）。

　　姥姥善良、热情而能干，无论在哪里很快就成为大受欢迎的人。在皇亭子大院，"刘姥姥做的病号饭"名声颇佳，谁家有了没胃口的病号，只要上门提出请求，姥姥一准按时备好，分文不取送上门，那家人再三感谢她并不在意。住我家楼上301号的谢文清叔叔，他一不舒服就让家人"去，求刘姥姥给我做一碗胡辣汤。"姥姥听了二话不说，和好一点面醒在那里，过会儿用水把小面团分几次将面筋和淀粉分开依次煮，卧个软黄鸡蛋，撒点胡椒粉和细盐，再加一点点香菜、绿叶菜，一碗热腾腾、香喷喷、辣乎乎，令人胃口大开的胡辣汤；或者用手焊点面条、不加胡椒粉只放蛋花和青菜，病号饭就做好了。我家兄妹五人，加上舅舅和姨每家各两个常住我家的一大群孩子，因都是姥姥一手调教出来的，面对香气扑鼻的病号饭，再馋也只是吸溜着鼻子说句"真香"，从没人动过尝一口的念头。

　　从1985年到2009年我上班期间，报社只要有去姥姥晚年住的郑州市采访的机会，我都当然不让，每次去了我和姥姥聊不完的知心话，我睡在姥姥隔壁屋的小床上，姥姥比我早醒，每天一睁眼看见正守在跟前笑眯眯的她老人家，我也不急着起床，姥姥坐到我旁边聊起天。姥姥的话我刻在心头的有两句："人要自强不能靠别人，靠山山倒靠水水跑"；"我这辈子知足，虽说50岁以前没吃过饱饭，但50岁以后没生过气。"这两句话够我受用一辈子的。

　　在郑州时，见到80多、90多岁的姥姥，依然保有好人缘。邻居们谁家有了纠纷，习惯"让刘姥姥给评判评判"，好几次我看着她们苦着脸正闹气的妯娌或婆媳，没几句话就被姥姥给逗笑了，乐哈哈一连声谢着离去。轻而易举化解"清官难断"鸡毛蒜皮的家常小矛盾，透出活得明白、做人爽亮的高龄老太的大智慧。我曾由衷地当面夸姥姥"别看你没上过一天学、没挣过国家一分钱工资，可你要当上国家总理，没几人能比！"这是真心话呢。老天爷有眼，姥姥和姥爷双双活到101岁无疾而终，姥姥比姥爷大一岁，姥姥走后我家人变着法儿瞒着姥爷,说姥姥被我妈妈接到北京住啦,开始姥爷还信,念叨着"我耳朵不好,你们打电话告诉她我出院了,让她赶紧回家。"后来姥爷不信了,不肯吃饭了,姥姥走后一年姥爷再次被送进医院,怎么都不肯吃饭,拒绝服药,接连拔掉打点滴的输液针头,静静躺在床上闭着眼睛直到停了呼吸,晚姥姥一年辞世,却同为101岁高寿。

为有这么好的姥姥姥爷,我无限感激命运!同样为姥姥姥爷,我旗帜鲜明地反思文革,因为太多这样的好人都在文革中饱受磨难。

附:姥姥和姥爷的故事

我姥姥名叫刘心贞,她是河南西华县刘魁庄大户农家的二女儿,13岁时当地遭严重蝗灾,加上土匪猖獗民不聊生。万般无奈,姥姥领着比自己小两岁的妹妹,一步步从乡下逃难进了县城,顶替投奔到姐姐曾被指腹为婚的理家。理家大院位于西华县北大街中段,当家老爷少年时从湖北来西华县城务工,在理家开的厂里吃苦耐劳技术出众,加上相貌堂堂,被没有儿子只有两个闺女的东家相中,入赘改姓理、成了掌门大女婿。东家长女婚后连生三女又没儿男,50多岁的理老爷已将家业翻了倍,还花钱捐了个晚清地方钱粮道虚名官职,可出入于西华官绅交际圈,财大气粗后纳了夫人贴身丫头为妾。

这个妾室从端屎端尿、夜里蜷缩在主人夫妇雕花大床前那块踏脚板睏觉的小丫鬟,因怀上孩子、继而为老爷生下渴盼已久的长子而被收房成为二夫人。好事多磨长子幼年夭折,扶正的小妾已生下第二个男孩,取名理至善,就是我姥爷。原先的女主人眼见昔日任凭使唤打骂的小丫鬟乌鸡变凤凰、两胎两子后又鼓了肚子,气不过很快撒手人寰,姥爷母亲生的第三个是女孩,不久老爷因连续灾年业务骤缩遭打击也去了阴间。理家丧期未满,13岁的我姥姥淌着泛滥的洪水、左臂扛个小包袱、右手拽着妹妹进了理家大院。姥姥说"姐俩落汤鸡似的,一路趟泥剐水,长裤子下半截已经破烂成缕,把理家人都看呆了。"

早年理老爷败落前,与刘魁庄大户、姥姥的父亲指腹为婚,刘家两子之后连生三女,理家长子夭折尚余一子,两家当年商定刘家长女、既我姥姥的姐姐与理家次子联姻,正应了"女大三抱金砖"。结果我姥姥的姐姐不肯进城,灾年乱象中,刘家让二女儿领着小女儿、妹代姐嫁去理家作童养媳。理家主母一眼相中比儿子大一岁的我姥姥,收留了小姐俩,等土匪和大水退去街面安宁了,理家派人把小妹送回刘魁庄时,我姥姥和婆婆已亲如母女,遂在理家站稳了脚。姥姥的大名刘心贞,源自患难与共的婆婆晚年的一句"凤珠(姥姥小名,因双眉间有颗痣)改名心贞吧,天下数你最心善最贞洁。"

姥姥进理家不久,亲戚们合伙欺负丫鬟出身的主母,一度将之扫地出门,姥姥找到家族最有威望的老者,请他主持打赢官司,判给理家大宅的旁院和几块地,姥爷16岁时与姥姥圆了房。1931年3月8日我妈妈出生时,姥爷在县中学当教师,之前他在开封市河南省立一中上学时,受到该校老师、北大毕业的中共党员潘田言的器重,被秘密发展为两名中学生党员中的一人。1927年潘老师被捕前,帮一学生跳窗急去报信"让理至善快跑",姥爷连夜逃回家乡。

1937年中原抗日力量聚集起来,我姥爷曾与延安来的老红军张爱萍搭档,张爱萍任政委,我姥爷任大队长。一年后姥爷被派打入国军,因与冯玉祥干将魏凤楼将军两人是老街坊,被委派卧底投身正面战场的激烈搏杀,九死一生。中条山战役中,魏凤楼身负重伤,蒋介石急派私人飞机护送魏将军到大医院抢救;中条山激战,我姥爷所在的团伤亡极其惨

姥爷理至善是老中共党员,这是1939年他受中共河南省委派遣打入国军魏凤楼部卧底时的一张照片。

重,仅余时任军法处长的我姥爷在内的四人。抗战刚一结束,国共争夺魏凤楼部进入白热化,我姥爷机智地派兵把几位国民党铁杆锁牢屋中,他举着军旗走在最前面将队伍带到解放区。随即延安的《解放日报》头版头条刊出"魏凤楼率部起义",带动一连串华北地区国军向共军投诚事件。魏凤楼起义背后,实乃我姥爷理至善卧底多年建此功勋,也为他后来连遭被整肃埋下伏笔。

在艰苦的战乱期间,我姥姥陆续变卖了所有家产支持姥爷念书及贴补地下党活动,主持中共西华县地下联络接待站,同时奉养婆母、养育五个子女(夭折了两个),特别是内战中国共拉锯,我姥姥两次被捕,第一次被已经是国军军官太太的幼年邻家女设计放走,第二次姥姥被活埋齐腰后,被赶来的共军挖出脱险。1949年,我姥爷南下在广东佛山当市长后,写信让姥姥过去住,姥姥一时脱不开身,姥爷来信催"不来就离婚",姥姥倔强就离了。姥爷娶了如花似玉的美娇娘蔡玉莲,数年后,姥爷越发觉得还是原配德才称心如意,又休了后妻,在我父母(我爸爸与我姥爷也算老战友)和我舅舅帮助劝说下老两口破镜重圆。

姥姥文革中东躲西藏,许多年后才重新恢复城市户口;姥爷从48年的开封军区司令员,南下当市长后,每一次运动降一次级,文革挨打被批斗之后,押送到黄河边放了几年羊,退休时莫名其妙又被降级为"副科级"。好在他心胸开阔,身为"傅氏太极剑"首席传人,习武一生,与老伴儿双双得以高寿。

2010年我姥姥百岁,姥爷99岁,那次姥姥坚决不让亲友为她百岁庆生,几番拒绝

我姥姥和我姥爷百岁时的一张合影

后同意了附近照相馆的请求,和姥爷一起补拍了几张结婚 83 周年纪念照。那时姥姥姥爷貌似还相当康健,有说有笑经常坚持散步,但一两年后,他俩都在 101 岁谢世。

7 双亲被斗

1968 年的一天,我爸爸在家提醒我哥哥和我"学会用眼睛看世界,用头脑分析问题",他的及时点拨,使我哥哥和我在动乱中不再跟风作恶。

上文开头我提到文革之所以酿成空前浩劫,绝不是毛一人之力,而是包括我们在内的"举国愚民"推波助澜所致。亿万"愚民"里必有异数,我爸爸就是其中一个。

1968 年一个周末,妈妈带妹妹们出门了,爸爸关起两道门,先是表演京剧《宇宙锋》中赵高的女儿登殿骂君斥父那段唱腔与道白,他一人饰演三角,一会儿饰装疯卖傻的花旦赵珍,一会儿饰昏庸的秦二世,一会儿又饰奸臣赵高,把哥哥和我逗得哈哈大笑。突然爸爸停下表演,正襟危坐,严肃地说:"今天我不是单纯过个戏瘾(爸爸是京剧爱好者,会唱不少折子戏)。你俩是中学生,该懂得用头脑想问题了。现在全国人害

我父亲于明中年时期的照片

热病似的拥戴一个人，而我在家关起门骂皇上……"一听这话，吓得我直吐舌头，从小信赖爸爸，他这样说一定有道理，虽然害怕还是认真地听，原来爸爸对当时越来越癫狂的个人崇拜充满疑虑。

爸爸是1937年投身抗战的中共党员。9.18后，爸爸和李昭（耀邦夫人）、石笑北等几名安徽青少年在安徽宿县街头演出抗日活报剧。1937年爸爸考上国民党航空学校，临近毕业时被航校一名教官，实际身份是中共地下党员看中，把他和另一名同学秘密移交到正在筹建的新四军游击大队。几十年来，不管战争中受重伤、打败仗，即便后来看不惯官场歪风、数次辞官不做，也没有动摇过"报效祖国"的坚定信念，但毛泽东的一句话却重创了这位老党员对领袖的信赖。

文革前后带有保密性质的首长讲话、国内国际动态等文件，对民众封锁，只传达到"某一级别干部"，文革前机密文件规定13级以上干部可阅。1966年8月文革爆发初期，我父母从驻欧洲分社回到北京，爸爸需"补课"，关在屋里看他在国外工作三年间漏掉的重要文件，其中一份是文革前夕毛泽东在政治局会议上斥责彭真的话，老毛原话大意"彭真算老几，我用一个小手指就能打倒他！"这句话，严重伤害了我耿直的爸爸。爸爸与彭真并无交情，没在彭真手下工作过，老毛指责彭真怎会伤害到我爸爸呢？

原来这之前，时任北京市副市长的万里作为北京市代表团访欧时与我爸爸有过交往，爸爸推荐石化加工、家用塑料、流水线养鸡等多项适宜在京城开办的企业，并陪同万里副市长一处接一处参观，两人因见解趋同，颇有相见恨晚之感，万里回国前诚邀我爸爸"一回京你就去找我，我带你好好看几个地方……"万里还曾对我爸爸透露了北京市一些情况和诸多难处，爸爸感觉北京市领导敢作敢当。回国后面对毛如此武断责难彭真，很反感这种家长式的蛮横作风。

那天爸爸的原话："彭真算老几？彭真是政治局委员，国家重要领导人之一，北京市委第一书记。他居然说用一个小手指把他打倒，这是共产党员该说的话吗！一个党的领袖对老战友就这态度呀！实在想不通，无法容忍这种家长式作风！"爸爸当时愤愤难平，又说"我虽然出身封建家庭，但我参加革命就是要彻底铲除封建，共产党是为人民服务的，不能搞家长式的一言堂！"爸爸那么激动，我情不自禁地替他担心。爸爸很快平静下来，嘱咐哥哥和我"出去千万不要提这些事"，"学会用眼睛看世界，用头脑分析问题，为人处世要站在理上"。正是爸爸的点拨，使我比多数同学更早清醒，在动乱中不再跟风作恶；必须写大批判稿时只照抄两报一刊、不肆意发挥；再开批斗会时不诬陷、戒狠毒；早请示晚汇报时不大嗓门；跳忠字舞时能溜就溜。

父母 60 年代在莫斯科克里姆林宫前的合影（王殊 拍照）

我爸爸挨批斗是在 1966 年春季，中国驻罗马尼亚大使馆的刘放大使本是他新四军时代的老战友，因对罗两任总统及如何发展两国关系的看法不同，周恩来采纳了我爸爸的建议，在乔治.乌德治死后迅速赶去参加国葬，与刚接棒的齐奥塞斯库建立起信任，在中苏对峙时抢到一粒棋子。周接下来频繁访罗，有事不跟大使商量却与新华社记者讨论，大使不爽在情理之中。但从那之前的四清运动起，国人盛行批斗，刘大使动员留学生们参加使馆组织的批斗新华社驻外分社首席记者的斗争会，批斗会一次接一次，繁忙的报道任务加上连续遭一帮年轻人批斗，无法睡觉写的检讨书一再通不过，不久爸爸就尿血住院了。周恩来很快得知情况，表态"支持新华社记者"，又通过陈毅外长迅速召回刘大使，改派曾涌泉大使急飞布加列斯特任职，才将驻罗马尼亚使馆与分社关系捋顺。1972 年，新华社的戴邦叔叔对我说过"使馆与分社不和，从来是外交部占上风，唯有一次例外——你爸爸为新华社赢过一次!"爸爸没得理不让人,1967年,爸妈回国半年后,听说刘放被外交部造反派迫害进了医院,爸爸妈妈大老远跑去看望并真诚安慰,手紧紧相握时两年前的纷争不快顿时消解了,新四军老战友的情谊得以修复。

1965年春,周恩来、谢富治与我父母的一张合影。

1966年8月中旬,爸妈一回京又被卷入风暴眼。爸爸的双肾结石加重又开始尿血,妈妈陪他到宣武医院挂号,走近挂号窗口被几个红卫兵拦住喝问"什么出身?"那时候多数人不会说谎,爸爸如实告知"城市贫民","城市也有贫农?"又问妈妈,妈妈说"他出身城市贫民,我出身是革干,父亲是27年的老共产党员。"几人闪开身允许挂号。爸爸后来对我说过"真感谢你爷爷,要是他继续当县长,我连挂号治病的权利都没了。"

新华社大批判开始了,礼堂里轮番批斗总社领导,批斗右派,批斗各分社社长,台上站得满满的,前排主要目标被反剪双臂、挂上打着叉叉的大牌子、被强按着头坐"喷气式",后面陪斗的人压力轻些,低头站着就行。我爸爸"老于明"是总社有名的孩子头儿,说学逗唱篮球乒乓都在行,尤其是一肚子笑料,年轻记者们喜欢围着他玩闹。文革初期正是这帮人闹得欢,明里暗里没少帮"老于明"解围。那次各分社社长逐个被吼上台，马上有人上前三把两把将我爸推拉到后面，压着声说"正病着，往前充什么大个儿？"也有些造反派跟老于明没交情，要求布加列斯特分社的年轻记者们和司机也"上台揭发罪行"，分社年轻记者兼译员张汉文（1989年，张叔叔和夫人周荣子时任分社首席记者，罗马尼亚转型期的现场见证者，也是畅销书的作者）仗义地替我爸妈说好话。比如造反派问"这几年于明发了那么多稿件和内参，他一个大老粗哪里会写什么文章？是不是你们写了署他的名？"张叔叔说"绝无此事，于明抗战时期就是老战地记者，我们发回的那些文章都是他亲笔写的，不好意思的是每次不容商量他都署上我的名字。"造反派就卡壳了。

批斗最厉害的时候，那些长期驻外的分社社长们争相以交党费的名义上交各自家庭的存款，我爸妈也把那几年国家发给驻外人员的双薪和我家人省吃俭用节省下来的两千多元上交了，皇亭子大院里传说"最多一份是李延年"，据说李叔叔交了四千多元，在当时是一笔巨款，那些上交的钱后来下落不明。

文革初期我妈妈挺受重用的，从巴西载誉归国的英雄记者、"九颗红心心向党"的领头人王唯真被推上新华社领导岗位。爸妈和王叔叔是外训班的老同学加好友，王叔叔调我妈妈当了办公室主任，帮他打理一应事物。有个原总社领导在三里河家里上吊了，我妈妈赶紧过去处理这事，安抚家人并联系好火化，回来后与王唯真商定"不提自杀，只说心脏病突发。"那位遗孀特别感激。妈妈还告诉我，那时她经常被要求去国家信访局领人，妈妈并没有按程序将他们带回总社，而是苦口婆心劝说各省区分社的上访人员"别惹麻烦，回去躲避为上策。"尽可能保护了一些自投罗网的人。没料到两年后，王唯真也倒霉了，我妈妈也跟着被倒霉，大小会挨批判，每天很晚才回家，每次要连夜写检查，整的我妈妈苦不堪言。好在有我爸爸暗中帮衬，我爸爸替她写好检查草稿，叫醒我妈妈抄写时爸爸才去睡觉。

1969年秋天，新一批造反派竟然把批斗会开到我家里，那时我在工厂当学徒工，厂革委会通知我"马上回家参加批判你妈妈的会"。我急忙赶回家，过道和走廊站满了人，我妈妈可怜巴巴低头站在中间,"打到理锐"的口号一声接一声,妹妹抱着我的腿一个劲地筛糠。我爸爸被迫带头揭发我妈妈,爸爸检讨"自己阶级觉悟不高,水平有限,对老理帮助不够,对她问题的严重性认识不足,辜负了革命群众的信任。"引来恶语斥责"呸!哪里是揭发,休想蒙混过关!"有人指着我说:"让女儿揭发,看她是怎么培养修正主义接班人的。"

我不怵,我很小就当家主事,刚才从东郊往西回家途中又想了一路,所以一字一顿地张嘴就说"我妈妈是天底下最好最好的妈妈。"接着加快语速历数妈妈从小如何教育我五兄妹(那年春天我哥哥去云南参军了)尊敬师长友爱同学、学雷锋做好事、艰苦朴素节衣缩食,"我进工厂后,妈妈要求我苦活重活抢着干,见困难就上见荣誉要让,叮嘱我:有啥事情宁肯不跟父母说、也绝不能向组织隐瞒……"那天我硬是把之前爸爸曾说过的话、别处听来的话统统安到我妈妈身上,可劲把我妈夸成一朵花。我这招挺灵,一时间众人光顾着听我声情并茂的发言,造反派们像被霜打了似的泄了气。我刚说完,有人小声嘀咕道"理锐(我妈妈的名字)确实是个好同志。"这下批斗会无以为继了,刚才凶巴巴的主持人马上宣布"今天的会开到这里,散会。"那之后,我妈妈改变策略,不再一味来回来去检讨自己,而是借助两报一刊社论唱高调,比造反派更左更革命,那个公报私仇的领头者也变换整人对策,命令我妈妈去锅炉房装卸煤块、烧了一冬天锅炉。烟熏火燎后,我们母女二人一起出门,再也没人打趣"咋看都像姐妹俩",妈妈一下子憔悴苍老了许多,当时她却满意地对我说过"不用再夜夜写检讨,也不再被连番批斗了。"哎,文革要多缺德有多缺德,把人整成这个样子!

再说一件小事作为此篇结尾:1967年初春的一天晚饭后,我家突然来了一个衣衫不整、眼神迷离的中年男人,我父母下班后还没回到家,一听是父亲的老战友我就让他进了门。我给他打了一脸盆温水请他洗掉满面灰尘,又叫妹妹帮着择菜,我炒了两盘菜,热了一碗饭,一转脸的功夫我发觉他狼吞虎咽的样子像几天没吃饭似的。

晚上爸爸回来他俩关起门谈话,妈妈一个一个叮嘱我们出去不准对人说。来客原来是当时洛阳拖拉机厂的老厂长、改革开放后任国防科工委副主任的马捷叔叔，67年厂里派仗正酣，哪派都不肯戴保皇派帽子，两边比着劲折磨他，一天凌晨两位老工人帮他上了一列货车，逃到北京来我家避难。妈妈让我和妹妹负责他的饭食，告诉我他是回民，要想办法买牛羊肉给他吃，我这才想起自己刚给他炒的菜里放了猪肉，他竟吃得那么香！若不是受了大罪可能不会那样。

我家住的机关大院，人员复杂，造反派时不时来骚扰。战战兢兢勉强住了一段时间，马叔叔怕连累我们执意要走，父亲把他转移到相对安全的部队大院去住，于是带上我去四师老战友丁永年伯伯家探路。丁伯伯家住西郊军事科学院院内，时任该院战史部部长，正军级干部，一栋三层小楼，比我家条件强多了。后来我才知道，丁伯伯和爸爸商量后，马叔叔并没转移到他家，而是去了另一位住在三里河的老战友家，部队表面平静其实蕴藏着更大险情，彼时军队已被卷进动乱中。

2003年12月7日，爸爸病逝后的追悼会上，由于尽量不愿打扰别人，哥哥和我基本没对外发布通知，来的人不多，老战友只有两三位。不知谁告诉了马捷叔叔，他颤颤巍巍由警卫员搀扶着出席了追悼会。我妈妈握着他枯干的手，埋怨道"这么冷您不该来呀！"马捷叔叔说"要来，要来。"谁知那天回去后，马叔叔很快就故去了。马捷叔叔在我父亲之前，当过两年新四军四师政治部主任吴芝圃的秘书，我爸接他的班当了六年吴芝圃秘书。两位老战友不仅前后脚担任同一领导的秘书，居然前后脚病逝。文革最黑暗时，马捷叔叔选择投奔我家，那是对我父母多大的信任啊！

补记：我于2011年认真写好，发在凤凰播报、博联社、博客日报和新浪博客等几家网站的《三代不做官》一文，曾获很高点击量及许多友人的赞扬，可惜因博客网站突然被关闭没能保留下来。

8 第二个八月

参加崇文区合唱团的排练与演出,是停课后一段愉快的经历。当我们巡回演唱并在京城小有名气时,合唱团的四位核心成员因私下反对江青而被捕入狱。

文革爆发学校停课后,学生们流散于社会或选择"逍遥"躲避家中。1967年春,北京49中十多个老红卫兵参加了"崇文区红卫兵合唱团",合唱团由北京26中(汇文中学)、女15中和49中三校老红卫兵联手组成。

一所男校、一所女校加上49中男女生混合校,三校联合组成一个相当正规的合唱团,在两个多月力求专业化的严格排练后,我们开始在京城巡回演出斩获好评。这件事印证了我们崇文区老红卫兵的素质与合作精神,也证明合唱团几位核心成员,主要是半年后被捕的那4位学哥,他们不仅爱憎分明,而且有很强的领导力。一群血气方刚的中学生,那拨共和国军干子女的基本素质非一般意义上的"纨绔子弟"可类比,我们父母少年时怀抱着"为穷人打天下""创造新中国"的愿景闯过枪林弹雨,进城后多数父母能严格管教子女、不许家人沾染骄娇二气,与二十一世纪后国人宠溺独生子女的做派有天壤之别。文革之初,全中国人除了愚忠,普遍还没有学会势力与油滑,干部子弟中,后来被特权加铜臭堕落成脏心烂肺还痴迷坐江山的"红二代",只是其中的败类而已!

来自三校的几十人,齐声在合唱团讴歌父辈长征之艰巨,人人努力个个争强。说起当年推崇的俭朴,那时人们特别强调衣着的单一老旧,我们合唱团第一次排练,为彼此相识,先逐一点名,点到谁的姓名,谁就起立让大家认识,女15中一名女生名"剑",仅仅因为她穿的衣衫稍微鲜艳、说话有点"嗲",点名到她时,不知谁竟然小声说了句"是够贱的"引起哄笑,弄得那个女生面红耳赤下不来台。这件小事也说明,文革时期抵制"爱美"之人性,竟然如此决绝。

崇文区合唱团虽是文革初期的草台班子,却十分努力仿照总政歌舞团的音准效果,按每人音色高低分出四声部,认真排练了两个月才于1966年8月18日首次亮相。我校初二女生、老红军女儿、气质高雅的江滨担任朗读,男生朗读是26中一个高中帅小伙儿;26中两男生领唱"过雪山草地";我在女高音部,并和孙安娜两人共同领唱"苗岭秀";我校荆小飞、白安丹领唱"祝捷"。排练由合唱团的指挥、26中的李大康领衔主持,年轻指挥相当了得,威信颇高,记得刚开始排练四声部合唱时,大家表情紧张,李大康轻轻摊开双手,再挥挥拳头说了句"放松,提神,拿出红卫兵的志向来!"大家立刻精神抖擞找到了感觉。

团里还有一位姓左的男生,也是多才多艺,一人会好几种乐器,排练时我们依据着他吹奏的不同乐器来确定音高音准,反复推敲不断摸索后,合唱的效果简直可与专业队一拼高下!

1967年8月18日,北京49中召开庆祝红卫兵及该校几个主要学生组织成立一周年的大会,"崇文区红卫兵合唱团"表演《长征组歌》。前排左一军服颜色较深的是朗诵者江滨,左三是于向真。(白赛佳 拍照)

演唱"过雪山草地"时,两名男生领唱,其他人再现出过雪山草地的造型。(白赛佳 拍照)

这次演出结束时,大操场上掌声经久不息,从此我们开始四处客串巡演,所到之处皆受欢迎。1978年我与老王(我老伴儿)相识后,有一次聊起红卫兵合唱团,他说他看过我们在汽车局大院礼堂的演出,"我们院的孩子全体出动,把礼堂挤得水泄不通,能立足的地儿全挤满了人……你们的演出非常精彩!"我听了特高兴。老王是个实诚人,他所言并不夸张。每次演出,看到观众聚精会神和羡慕的眼光,我们怎能不唱得格外卖力呢?夏秋之季,唱到后几首歌,一排紧挨一排、站在高处两排的男生们表演动作时,大滴大滴的汗珠滚落下来,滴落溅撒到我们前两排女生的身上。演出接近尾声时,大家很累了,这时李大康会用各种夸张的表情,甚至故意扮鬼脸逗我们开心、刺激我们振作精神再加一把油。

指挥李大康出身音乐世家,他在中学时代就展示过出类拔萃的音乐天赋,日后果然成为我国著名音乐人,我刚百度了他的资料:"在录音专业领域里默默耕耘,用青春、智慧和真诚的努力,创作了一部部给人们留下美好记忆的经典音乐作品。代表作有《金色庆典》《金笛》《音乐之门》等。"

李大康的父亲是著名作曲家、指挥家、音乐理论家李焕之。李焕之生于香港,1938年到延安在鲁迅艺术学院学习指挥、毕业后留校任教,指挥过大合唱《黄河》、歌剧《白毛女》演出。代表作有"民主建国进行曲""新中国青年进行曲""春节组曲"等。

心齐气盛是我们崇文区红卫兵合唱团的特点,当我们初出茅庐开始巡回演唱并小有名气时,突然传来合唱团的四位核心队员被捕的坏消息,我们极其沮丧又无计可施,搞不明白到底因为什么一下抓走四人。许多年后,北京 26 中的吴正民(四人之一)和另一位学哥在聚会时透露了原因:他们被举报私下议论并反对江青。

文革到了 67 年,老红卫兵中不少人开始讨厌江青,看不惯文革小组四下挑拨离间的无耻做派,我自己和好友素珍也一再诅咒江青,多次悄悄传抄反江青的诗歌,只是没有被检举告发而已。下次我会说那些往事。

1967 年参加崇文区合唱团的经历,是我十年记忆中难能可贵的一抹亮色。在写这段回忆前,特意打电话给我当时的好友张素珍,我因在 1980 年接连两次严重煤气中毒大脑受过损伤,素珍的记忆明显优于我。本文述及李大康的名字和合唱团的几处细节是素珍帮我重新清晰完善起来的。

9 好友素珍

好友素珍热忱干练,她的贤惠大度,对丈夫前女友的菩萨心肠,对久卧病床婆婆的悉心照料,对独子教育有方,以及帮助带孙,都是我学习的榜样。

文革爆发那年的 8 月 6 日,北京 49 中初二的张素珍和初一的于向真,不约而同第一批加入红卫兵,1967 年我俩一起参加崇文区红卫兵合唱团在京城巡演《长征组歌》。素珍性情温婉,天资聪颖,人缘极好。学校里有架旧手风琴,大家闲着没事你拉几下我拉几下丢到一旁，唯有素珍越拉越好，很快能上台担任伴奏了。素珍从东北兵团回京后务工多年，退休后开始练钢琴，如今弹得一手好钢琴。

前文说过 49 中是男女生混合中学，却只收女生住宿。我俩是住校生，宿舍门对门，因为 66 年 8 月下旬宿舍对面的教学楼夜夜有人拷打"黑五类"，被惨叫声惊扰的夜不能寐，我就换到对面宿舍与素珍同屋，从而走近情同姐妹。

我俩成为好友时的张素珍，1967 年

1967 年开春时节，分别从外地串联回京在家休养之后，素珍和我重回学校宿舍。那时无课可上，大字报早看腻了，躲在宿舍小屋的我俩却有说不完的话。特别是 67 年时我们的合唱团因四位核心成员突然被捕，京城巡演戛然而止，合唱团成员们心照不宣猜测并被证实 4 人因不满江青而被刑拘，素珍和我心里更恨江青了，恨她翻手为云覆手为雨打压老革命和红卫兵，看不惯文革小组那几个坐直升机发迹后到处扇阴风点鬼火唯恐天下不乱的家伙。

一天，素珍拿出她在人大附中抄录来的诗词给我看，我俩在宿舍一遍又一遍地吟诵后背熟。那首词的词牌叫《蛮江青》，是人大附中一位老红卫兵写的："风雷激，鏖战急，陈官溃，骚人溢。四十余年廉颇将，今日拜倒茶花女……昂首待鸡啼！"这首词表达了我俩的观点，抒发了相同的心意，以致我俩一再吟咏，还一遍遍抄写在小纸条上，暗中传递给自己信任的亲友们分享。

1968 年初冬张素珍去了东北兵团，次年初春我被留京分进工厂，我俩通了好长时间的信，她的信每次都是厚厚一沓，事无巨细娓娓道来，兵团生活令没能如愿逃开城市的我无限向往。其中有一封素珍的来信，我保存了许多年，厚得简直可以印成一本小书，我反复读过好几遍，透过她貌似轻松地叙述和乐观的调侃，使我能设身处地揣摩好友远在北疆任劳任怨、夜以继日从事着在一望无垠的田垄薅草收麦，在暴土扬尘的场院里清除麸皮，在猪圈里挥大铁锨起粪沤肥，在冰天雪地中捡拾豆子手指被冰碴割出道道血痕……心疼素珍这样一位部队大院高级军官家庭出身的瘦弱姑娘正经历着的苦寒场景，不知不觉间心喀拉拉裂成了碎片片。

　　1970年底，一次周末我参加单位民兵冬季野营拉练，周六（1995年5月1日，中国因加入世贸组织而改为双休日，之前每周只放一天假，文革中经常被接连不休的政治名目或生产任务没完没了地加班，8小时工作制名存实亡，失去每周一次的休息日也是寻常事）上一天班之后，我们连夜徒步百里强行军，下半夜我回到工厂集体宿舍，躺下就睡着了。上午有人轻轻把我摇醒，睁眼一看，哇，竟然是张素珍坐在我身边，感觉跟做梦似的，双手紧握泪眼相望我俩哭得稀里哗啦。那是她第一次离开北大荒回京探亲，没顾上回西郊父母家，先到东郊工厂打听到我的宿舍找到睡的跟死猪似的我，怎么也叫不醒只得把我摇晃醒。我和素珍坐上往西开的公交车，我俩的家都在京西海淀区，路上告诉她，我"已基本联系好了要去武汉军区当兵"，分手前我俩约定：等我换了通信地址跟她联系。而不久后我被父母阻拦，没当成兵留在工厂，素珍回去就换了连队没收到我的信，我俩失联多年。我经常想念她，上世纪80年代晚期，我曾在"中华读书报"上登过寻友广告试图大海捞针找到她，可惜渺无音讯。

　　直到2006年春天，刘向群大哥发起、素珍负责联络，筹备红卫兵成立40周年聚会。一天我正在报社低头改稿，电话响了，是在国家体委工作的孙丽娜打来的，聚会通知后，我赶紧询问我的好友素珍现在哪里，哈，当时素珍就站在丽娜旁边，随即听筒里传出素珍的声音，我高兴得差点蹦起来！第二天上午，素珍就赶到报社看我，从1968年我在北京火车站送她远赴东北兵团，中间70年短暂一见，我俩阔别38年啦！她居然变化不大。办公室只有我们两人，你一言我一语想问的、要说的话题往来碰撞，一气儿聊了3个半小时。惊喜的是，多年之后我俩依然秉性相投，观点相近。

北京49中红卫兵四位发起人1967年在人大会堂前，从左至右：高国勤、肖克军、刘向群、荆小飞。刘向群被我们尊为老大哥。注意：1967年人大会堂挂有毛像，广场植有柏树墙。49中老红卫兵的友谊延续到2015年建立微信群，后因三观严重分歧而决裂。

素珍的丈夫高国勤是我校红卫兵发起人之一，在素珍之前曾和另一同学小宁有过一段恋情并同赴北大荒，不久小宁不辞而别，外交部驻某国大使的父亲把小宁调回北京安排工作，高国勤被丢在东北，此事却成全了素珍的好姻缘。大高和素珍相濡以沫，儿子好学上进，上海同济大学毕业后赴德国深造，又被德国一家著名公司录用，与一位中国赴德的医学女博士结婚后儿女双全，素珍和大高荣升奶奶爷爷。说起儿子儿媳和孙孙，素珍脸上喜不自胜。我俩重逢后，前些年她拿出一叠彩照让我看，后来改用手机让我分享，巧的是我俩的儿子都是从事计算机软件的同行，只因一南一北一东一西（素珍儿子在德国，我儿子在新加坡）相距太遥远，我和素珍期盼下一代也做朋友的愿望至今没能落实。

说起素珍的热忱干练，真让我自愧不如，就拿近年一次次的同学聚会来说，多少繁琐的筹备、联络工作，每次都是她一肩挑。2006年老红卫兵大聚会后，她分别为几十个参会者每人冲洗了一套聚会时的照片，还一一送上门。有同学提出保留一本纪念画册更好，素珍又忙着将数百张照片、对照每个人、分别做成个人专属的画册。为了让每个同学都满意，她不怕麻烦，对每位同学一视同仁，先做出图片小样，经本人挑挑拣拣定稿后，再一趟趟跑图片社分别制成个性化画册。记得有一天，她来看我就是专为帮我审核为我特制的那本纪念册的样本，看着她不厌其烦地任我选来换去，不禁心想"天下有这么任劳任怨、不怕麻烦，自己搭钱费时耗精力为别人提供无微不至服务的好人，我等何其有幸！"只想没说，说出来我俩不见外了吗？

让我体会她贤惠大度还有一件事：素珍夫妻二人从东北回京后，有一天大高没回家吃晚饭，说是小宁在某饭店请客。儿子不高兴了，埋怨妈妈不该让爸爸赴前女友之约，素珍说："爸爸如实告诉我，咱们才知道他在哪儿；要是他不说，咱还不蒙在鼓里？"大高回来说"小宁要出国，想把几只箱子寄放在咱家"，大高和素珍家屋小紧紧巴巴，这事连大高都不太乐意，素珍却一口应承下来。大高不理解，素珍说："咱们是老同学加兵团战友，不放咱家让她放哪儿呀？"

有一次，小宁从澳大利亚回国，本想住在妹妹家，妹妹的孩子不欢迎大姨，连大姨打个电话都不让接。听大高说起这事，素珍赶紧张罗着租了间房，帮小宁安下身。没过几天，小宁又把大高约出去，这回素珍有点担心了，可大高回来明显表露出对前任女友颇为不满，原来小宁加入一个以卖树为幌子集资的皮包公司，搞起变相传销，说破嘴皮儿想让大高出几万块钱买树苗，这下可把大高惹烦了。大高没上套，小宁灰溜溜又回了澳洲，从此基本断了联系。倒是素珍惦记着小宁，几年后辗转打听到小宁在澳大利亚被老公前妻的子女赶出家门，不免动了恻隐之心，跑来报社跟我商量想把小宁接回北京一起养老，被旁观者清的我赶紧说"打住"！

实话实说，素珍对待大高前女友一事表现出的菩萨心肠，我虽然一票否决过，但内心是高度认同的，要是我遇上会不会如此这般呢？起码没有素珍这般淡定。交往50年来，我深知素珍鄙薄金钱、权势、名利这些当今众人热捧的东西，看重的是友情、爱情、真情。我俩一致的是，都恪守俭朴生活的态度，简单从容过最平凡的日子。我俩对彩票、基金等貌似赚钱的事从不感兴趣，街上遇到送小礼品啥的，我俩都会绕开走，这样不容易上当受骗，因为不贪图任何小便宜，不希冀天上掉馅饼。我们不约而同地不参与跳广场舞和街道组织的有奖活动，我们不讲究吃穿，平日里素珍喜欢弹钢琴，我习惯看书写文章，都是知足常乐的人。

几天前，收到素珍的微信，告知"我家老太太今晨逝世，大高和我的任务完成了。"我马上回了句"你们终于轻松了，好好休息一下。向高家两位功臣致敬！"十年了，素珍的婆婆因海默氏综合症晚期卧床，依靠鼻饲就7、8年了，两位小姑力不从心、都说不如嫂子伺候得周全，这重任就落在素珍夫妻肩上，个中辛苦没多年亲身经历的人绝难体察。而我知道素珍夜里总要起来照看婆母，每逢有阳光的天坚持用轮椅推老太太外出晒太阳，还力排众议坚持给老太太使用最贵、吸水性最佳的进口尿片，后一条开始小姑子极力反对，我也质疑，但素珍说"老太太说不出话，但是有感觉，用不太好的尿不湿会沤着皮肤，不舒服还容易引起湿疹，引起感染患上褥疮怎么办？省钱也不能打老太太的主意。"小姑子和我马上闭嘴了。

去年秋季，我和素珍又一次同病相怜，她姐姐患了白血病，我妹妹查出胰腺癌，我俩正隔三差五照顾患大病重病的姐妹而整日疲于奔命，只能抽空打个电话通报一下情况，彼此安慰鼓励几句。前两天电话中，从1966年至今保持着友谊的素珍和我有了新的约定，一句新约，深深鼓励着我顽强地活下去——"咱们健健康康相互陪伴着力争长寿"！素珍，这话我要搁在心尖尖上暖着，世上还有比这更美丽的约定吗？

补记：素珍和老高的独子从上海交大毕业后赴德国留学工作，娶了留学德国的哈尔滨姑娘、女医学博士，婚后育有一子一女。孩子小时，素珍和老高多次去德帮助照顾孙子孙女。见她这样不辞辛劳，原本害怕带孩子的我，之后也鼓起勇气飞到新加坡，帮助工作忙碌的儿子儿媳照料孙孙到4岁多。

10 三首小诗

文革初期京城流传着三首小诗，从文学角度看无足轻重，但流传很广，活灵活现反映出动乱时的一些真实事件和学生们在社会大动荡中的一些真情实感。

1967年，文革进入第二年，动乱急剧蔓延，中央文革小组几个别有用心的人四处煽风点火，拉一派打一派；社会上各色人等纷纷登台表演，一出出荒诞怪剧纷至沓来，学校复课又停课，工厂或停产或怠工，行政机关处于半瘫痪，批斗之声不绝于耳，派别争斗狼烟遍地，整个中国乱象横生。此情此景，毛泽东认定降服刘邓时机已到，他的喉舌两报一刊随即发出"揪出中国头号走资派""批倒批臭中国赫鲁晓夫"，刘少奇彻底栽了。

想当年延安整风之初，毛电令远在江苏北部的新四军指挥员刘少奇去延安。刘少奇离开苏北时，随行人员中有他指名道姓的"新四军机要快手"王剑青（我公公）等人，一批人进入山东后被阻挡在把守极严的铁路线以东，如武力硬冲不仅伤亡巨大且难保刘少奇绝对无恙，经联络铁道游击队及混入日伪军的中共，护送化妆后的刘少奇巧妙地穿过铁路，长途跋涉后抵达延安。没能穿越铁路西去的随行人员有的留在山东纵队或其他中共领导的地方武装，有些人（包括王剑青）则返回苏北新四军军部。

刘少奇作为整风运动的过河卒，力挺毛将严酷肃杀的整风运动如火如荼开展起来，随后刘登上二号交椅。文革中刘少奇落难并客死开封，不知他内心有多么纠结，当年不正是他（后来的林彪亦如此）将毛泽东捧为至尊至圣，使毛获得了予取予夺、无人能施加制衡的绝对权力，等刘少奇意识到这一点时已经太晚，印证了那句名言：搬起石头砸自己的脚。

1959年，刘少奇与毛泽东在一起，当时的刘少奇正志得意满。

1967年夏，造反派在中南海内批斗刘少奇，身为国家主席的刘手握宪法试图护身，但为时已晚。（百度图片）

我们一家人对批判刘少奇无动于衷，甚至对铺天盖地以丑化人格的批刘文章及漫画有些抵触，有理说理何苦把外形样貌并不比毛差多少的刘贬损为烂鼻头、大龇牙，冠上叛徒工贼重婚罪等无聊的帽子呢？从外面带回家的批刘传单一律迅速被扔掉。至于二号走资派，因两年前我爸爸在接待邓出访时有不愉快经历，加上多年前获知邓1957年的一件秘闻后，他对邓小平心存抵触，当有人报信说"马上要入户抽查"，爸爸妈妈赶紧翻出在欧洲工作时的相册，一张一张筛选，把与邓小平合影的照片统统在邓的脖子与胸口上画个黑叉叉。结果来人在我家搜查很不细致，看到墙上有毛画像、桌上有毛石膏像，家里没养猫养狗养鱼饲养宠物，那帮人只是顺手牵羊搜去一束绢花，就去下一家了。

文革时，养宠物被认定为资产阶级生活方式，我爸妈遭难时我家被迫搬迁到皇亭子大院东南角一老旧楼房狭小的顶层，几年后"落实政策"搬回皇亭子21号楼时，一进门我们都惊呆了，屋里满满全是没收来的大大小小的金鱼缸和几个鸟笼子，金鱼缸竟达上百个，我和妹妹费了好大劲才清理出去。

1967年10月25日，《人民日报》发表"大、中、小学校都要复课闹革命"的社论，要求各校"由停课闹革命转入复课闹革命，集中力量进行本学校的'斗批改'运动。"于是我回到49中初一（1）班，上了两节英语课，反复将四个伟大和万岁万万岁背到滚瓜烂熟，其他课只能是落实"毛主席最新最高指示"和全班同学斗私批修，每个人都把自己狠批一顿，变着花样把自己糟改成一个自私自利的小坏蛋，借此感激涕零地向毛表忠心。

不久，某校有学生贴出大字报，说"复课闹革命"是资产阶级教育路线"复辟"，教学改革是"改良主义"和"复旧"，是"走回头路"，能出来任课的少数教师本已是惊弓之鸟不情愿地回来教课，学生刚一提出异议，老师们干脆停课不教了，静等中央出台新政策。于是，我们再度被放任自流。

刚过完14岁生日的我，之前两次外出大串联跑遍了大半个中国。大串联虽然免了火车票，不用花住宿钱，能吃各地学生接待处免费提供的餐食，钱省了，可是四个月的舟车劳顿、风餐露宿，加上旅途卫生条件恶劣，使在优越环境中长大的我难以适应，回到北京不久就大病一场，小脸黄巴巴的瘦了一圈。天暖后我痊愈了，返校重新开始了住校生的快乐生活。就在那段时间，我和高我一年级的初二住校女生张素珍结为挚友，我俩不愿意整老师，也不参合各派争斗，整天躲在宿舍小屋里聊天、唱歌，相互把大串连的经历详详细细讲给对方听，说到高兴处我俩笑得嘎嘎的，眼泪都出来了还乐个不停。

我俩也不甘当逍遥派，除参加老红卫兵组织的各项活动，比如到街上散发过油印传单，还到大街上争抢或捡拾过油印小报。我俩都喜欢诗词，见到小报上有诗词就不厌其烦地抄写一遍又一遍，把抄下来的诗词分发给其他红卫兵战友，在文学艺术极度匮乏的时刻，传抄诗词自己好玩快乐，也让更多人通过诗词的韵律分享只可意会不可言说的含义。

那时我和素珍传抄过不少于 10 多首诗词，那时只有毛泽东诗词被允许公开传播，油印小报及口口相传或用小纸片私下传抄的诗词，原则上讲都属于地下违禁品，更有些是除了家人、好友外绝对不敢传播的"反动诗词"。印象最深的，也是 50 年后我和素珍仍然能记住的只剩下面三首：

第一首

遥忆当初献沙果，
江青阿姨真爱我。
今日且看献果人，
戴上手铐牢中坐。

这首诗表达了 1967 年春，对公安部抓捕反对江青及中央文革的老红卫兵组织"联动"成员的不满。

第二首

《蛮江青》

风雷激，鏖战急，陈官溃，骚人溢。
四十余年廉颇将，今日拜倒茶花女。
甘地慕，慈禧嫉，金声盖旨御可愚。
蓝氏嫩手抽龙筋，老臣畏主施穷计。
无奈神塔压顶火中立，昂首待鸡啼！

第三首

满天风雨满天愁，
革命何须怕断头，

> 留得西纠豪气在，
> 三年归报三司仇！

2006年岁末，我意外得知第一首小诗的作者是和我同在博联社发博文的一位博友写的。一次我给她留言，鬼使神差把40年前的两首小诗敲打在跟帖里。很快，女博友发了一篇博客"40年前的一首打油诗"，文中说"40年前，当时我和几个同学从新疆、延安转了一圈回到北京，直接回到学校，听说北京已经是天翻地覆。几个月前红透半边天的红卫兵已经被打下去，中央文革又有了一帮新宠。红卫兵们都觉得很压抑。更令我吃惊的是，当年7月底红卫兵刚刚开始脱离工作组打压的状态时，在北京展览馆剧场的一个支持红卫兵的集会上，海淀区一所中学的红卫兵头头激动地把军训时采回的沙果献给亲临会场的江青，请她转交给毛主席，表达红卫兵对领袖的敬意。当时江青对他的亲切真是溢于言表，仅仅几个月后，这个献沙果的红卫兵竟锒铛入狱，而且还戴了手铐。"

"听了伙伴们愤怒的诉说，我对这样巨大的反差实在难以接受，便写了这个打油诗。马上就有人刷了出去，当然没有署名。但是，想不到会从海淀区传到崇文区，让此前我素不相识的于向真记到现在。"后来我知道，她因为在1967年随手写下这首小诗，文革中还招来一些麻烦呢。

第二首词是当时人大附中高一女生自创词牌填写的，我在上一篇"好友素珍"中提及此事。2007年，从这首词作者发在网上的文章中得知，这首词是她在1966年底，听说江青组织一帮人要批斗外交部长陈毅，她对能文能武、刚正不阿且功勋卓著的陈老总充满敬意，故而忍无可忍填写了这首词。为此，她曾两度被捕入狱，直到1977年才重获自由。半个世纪过去了，素珍和我依然对这首词情有独钟，赞赏作者当年的勇气与才华。

第三首小诗反映了当时社会上派系争斗已日趋激烈，逐渐充斥着你死我活的火药味，其后武斗逐步升级，有资料证明四川、青海、贵州、广西等地两派武斗最血腥，在武斗中竟然用上真枪真炮，酿成一场场烽烟四起的全面内战,局部地区伤亡惨重。这三首小诗从文学角度考究无足轻重,却活灵活现印证出文革初期的真实事件以及人在动乱中的真情实感,如果有人写文革史,我建议不妨把这三首小诗收录进去。

11 上山下乡

在发"喜报"通知书时,我被分配下乡同学的家人强烈的抵触吓到。在把去陕北插队的行装准备就绪时,我被公布在留京"接受工人阶级再教育"的榜单上。

继1966年学校停课后,67年和68年,中学生持续复课无望、前途渺茫,很多同学如断了线的风筝六神无主。我校当时有个姓高、家住崇文门外的初二女生,原来是走读生,67年秋天,她乘无人管理之机,夹着个被子住进女生宿舍,住在素珍和我对门那间小屋。我曾去她屋里与她搭讪,她说自己祖籍山东,村里人鸡鸭鱼肉全不沾,属于"清素族",说国家划分56个民族时,因"清素族"人口少被"少数民族"漏划了,她还眉飞色舞说了些有关这个族群种种匪夷所思的族规,最主要的是全族人"绝对不沾荤腥"。闲聊中,她问我有什么志向,我说"想去前线参加抗美援越。"她一撇嘴说"当炮灰没劲!"表明自己是个有远大理想的人,要"做一个顶天立地的英雄"!并认真地对我说"以后有人问起我,你就说小高是少数民族,从小有大志向。"

那次闲聊,使我顿感自己太渺小了,于是没再去高攀。68年春节前,突然一则惊人的新闻传来,我校初二女生高某某成为灭火英雄,还没等到她载誉归校,又传来她已迅疾被捕的雷人消息。原来她家附近仓库夜间那场不大不小的火,是她自己先点燃再喊人一起"英勇"扑灭的。真是悲剧啊,一个15岁的女孩子,为了"做一个顶天立地的英雄"沦为纵火犯而弄巧成拙地锒铛入狱。从此再也没有她的任何消息了,之前她对我说过的话我没有对外透露过,也没人问过我。出了这事,不久前她有鼻子有眼儿对我描述的"清素族",我立刻判定她是撒谎捏造,至于她为什么撒谎,干吗非要造假冒险当英雄,我实在理解不了。

心里还是盼着当兵,68年初秋,我换乘两次公交车,到位于颐和园西面的厢红旗车站附近的总参三部宿舍院,到爸爸的老战友徐树森叔叔和张阿姨家住了几天。抗战时期,丁伯伯、徐叔叔和我爸爸同在新四军四师师部,一个是作战参谋,一个是机要科长,我爸爸办着两份报,三人同住一屋,关系特别好。丁伯伯最幽默,徐叔叔最厚道,爸爸说:"老丁的衣服常常是老徐和我帮他洗,他把衣服往盆里一泡,嬉皮笑脸地说'我的衣服不用洗,三天不洗自己干',其实还不是我们帮他洗。"但丁伯伯智勇善战,无论对日遭遇战、淮海战役,还是朝鲜战场他都曾立过战功,是粟裕麾下一名得力干将。

我爸爸2003年12月2日去世,丁伯伯早他多年病逝,三位最要好的老战友中徐叔叔最长寿。爸爸病故后,我一次次去看望徐叔叔,感觉亲如家人。这是2007年深秋,我为徐叔叔拍的一张照片。

徐叔叔记性特棒，是四师和后来三野的机要大牌，1949年随军南下，在广西剿匪建功立业后被调到解放军长春机要学院任政委兼院长，我舅舅曾是那所学校的学生，他和几名成绩拔尖的同学刚毕业就被派往朝鲜抗美援朝司令部，在彭德怀身边当机要员直至停战。上世纪90年代，家人提起徐院长，舅舅还曾挑过大拇哥。长春回京后，徐叔叔任职总参三部政委，文革期间托病在家休息，闻讯我赶紧登门找到他。徐叔叔有一女三子，我和晓华姐姐住一屋，晓华姐姐是联动发起人之一，68年我在她家时，她也正盼着当兵，所以我俩颇有共同语言。周日我陪晓华姐姐到附近葡萄园参加义务劳动，平日我帮张阿姨踩踩缝纫机，帮徐叔叔浇花浇菜，一有机会我就磨着徐叔叔央求他帮我联系当兵的事，徐叔叔应承下来后，我才离开他家。

那年秋季，军管组负责初中部的女军人给我们住校女生派活，让我们挨家挨户去送"上山下乡通知书"。那时刘少奇已被彻底打趴下，毛泽东感觉学生们闲在城里净添乱，于是一声号令："知识青年到农村去，接受贫下中农的再教育，很有必要"，紧接着历时十多年、约1600多万中学生被分期分批赶去农村。1968年秋天，接连几天我拿着一摞、半页纸油印的《喜报》走街串巷通知我校同学"光荣分到某县（我校是山西和吉林）某公社插队。某月某日乘火车前往某公社……"落款是"北京49中革委会、军管组"接到通知的同学和家长，很少能保持客气，大多数人立即显出失望与愤怒，有的要求我回校替他（她）讲明家庭困难，请求留在北京"干什么都成"，有个别人替我开脱"甭废话了，她是发通知的，跟她说管个屁用？"弄得我特别狼狈，感觉亏欠人家似的逃出去。好歹把手中的通知发完后，好几天我不敢在学校露面了。

1968年底和1969年春，我一次次前往北京火车站送别去边疆兵团或去陕北、吉林下乡插队的同学。有一天从火车站回到家，躲在家里翻看破四旧后留存下来的几本书，莱蒙托夫诗集里有首小诗《帆》，触动了我，看了又看：

蔚蓝的海面雾霭茫茫，孤独的帆儿闪着白光，它到遥远的异地寻找着什么，它把什么抛在故乡？！下面涌着清澈的碧波，上面洒着金色的阳光……

不安分的帆儿却祈求风暴，仿佛风暴中有宁静之邦！呼啸的海风翻卷着波浪，桅杆弓着腰在嘎吱作响……唉，它不是要寻找幸福，也不是逃避幸福的乐疆。

背下这首小诗，即将年满16岁的我变成"不安分的帆"巴望着离京自立。徐叔叔那边还没音讯，爸爸妈妈干脆挑明不让我去当兵："你哥哥是正式招兵体检合格、戴着光荣花入伍的，你去走后门是错误的，要服从学校分配。"好友素珍已去北大荒，成了一名兵团战士，孤独而失望的我着手准备下乡插队，探听到我校68届要去吉林，而我串联时对陕北留下好印象，就联系了一所能去陕北的东城区中学，商量好和他们一起去插队。回到家我把存钱罐里的25元钱钢镚换成纸币，为下乡做好物质准备，拆洗了一床被子一个褥子，买了小闹钟。1969年2月下旬突然接到学校通知，我被分配到"工业一组"，赶紧回校一问，原来我和另外90多个同学被分到北京第三通用机械厂"接受工人阶级再教育"。

我马上找到军管组，表示自己已联系好随东城某校去陕北插队，军代表断然拒绝了我的请求，"不得无组织无纪律，你的档案已交给工厂，只能按时去报到！"出校门前被一人追上说"没见过你这样的，大家挤破头都争着留北京。"心情纠结回到家，爸爸妈妈和妹妹喜出望外，我才知道家人那么不愿意我离开北京。

1969年3月5日，我走进位于现在国贸桥（那时叫大北窑）以南两公里的北京第三通用机械厂，成为一名学徒工，当了5年钳工、12年劳资员，直到1985年6月7日离开工厂，一天都不愿耽误，6月8日进中国少年报当了一名编辑。是的，69年到85年，也就是说文革中、后期，我一直是在工厂度过的。

1968年，我曾到爸爸的老战友徐树森叔叔家住过几天，央求他帮助我走后门入伍当兵，徐叔叔说到做到，联系了他时任38军副军长的大弟弟。1969年的一天，徐叔叔大老远来到我家，那时我父母被迫把家搬到大院一角的旧楼房的顶层,徐叔叔好不容易等到很晚才回到家的我父母,告知我可以和他女儿小华一起去保定当兵。这个对我来说天大的好消息却被爸妈扣下,因为不久前我刚刚进了工厂。好多年后有一次妈妈说漏了嘴,我才恍然大悟。我像爱亲爹一样爱徐叔叔,他生命最后几年,我一趟趟往家住西山部队院里跑,去跟徐叔叔、张阿姨聊天,有时小华姐姐两口和徐叔叔的儿子儿媳也过来相聚,热热闹闹的亲如一家。

2007年秋,在徐树森叔叔位于京西玉泉山附近的家里,徐叔叔给我讲他参加1939年"六一战斗"激战后如何死里逃生,又讲了1949年在广西十万大山剿匪的惊险往事。(老王 拍照)

回想1969年,我进了工厂后还是想当兵,最初误以为徐叔叔把我忘了,70年秋我鼓励大妹妹去找军事科学院的丁伯伯,结果15岁的大妹妹很快高高兴兴地到云南当兵去了。1971年初春,在外交部当大使的黄叔叔和夫人王效平阿姨来我家,听说我想当兵,王阿姨就给老首长张震打电话,王效平阿姨和黄叔叔曾是"佛晓剧团"的两位童星,时任武汉军区司令员的张震与四师师长彭雪枫(牺牲于抗日战场上)及许多老战友一样喜欢他俩,就爽快地同意接受。很快,我接到王阿姨打到工厂的电话,让我尽快买第二天去武汉的票,告诉我张震伯伯已经安排她女儿小娟和我在军区总医院当护士。我马上请假到北京车站买票，长长的队排得让我心焦，终于快到我了，突然想起应该先通知爸妈一声，他俩正被整的度日如年，不能再受刺激。我赶快坐公交赶往宣武门，把爸妈叫来新华社的传达室，他俩坚决不同意我入伍，我说买晚两天的票再离京，爸妈说"你哥哥、大妹妹都去云南当兵，两个未成年的小妹妹全靠你呢！"又告诉我他们随时会再度远赴国外分社，家里必须有个能主事的人。我只得垂头丧气地回工厂干活去，心里明白参军的梦破灭了。

12　进厂学徒

　　毛泽东把工人捧为领导阶级，可工人收入低，日子过得很窘困。我有收入后买过几次廉价的茶叶末，并让工友们分享，竟被指责为"资产阶级生活方式"。

　　老三届中学生在文革进入第三年时陆续离开校园、步入社会，出路无非是工农兵。那时人人争当解放军，穿上军装吃上军粮是众人向往，人称"光荣花"；留城就业的不必离家，免被发配边疆乡下，中签般令人羡慕，人称"幸福花"；整批被送到黑龙江、内蒙古、云南兵团农场，超强劳作艰苦卓绝，但有固定工资可拿，人称"朝阳花"；很少有人自愿到农村插队，一撸到底工分微薄破衣烂衫形似叫花，人称"苦菜花"。

　　其实我们老三届在文革第二阶段，刚步入社会最初几年，那批中学生一水都是"苦菜花"，光荣也罢，幸福也罢，还是向日葵般地在兵团、在乡村做苦工，几人没有一肚子苦水？比如我们北京49中68届进工厂的那批人，老高一的19岁，初一的我刚满16岁，进厂后很快不分男女投入一线重体力劳动,加班加点是寻常事,吃苦受累被欺负只能逆来顺受。这里我把进厂后印象深刻的人和事介绍一些吧:

1969年3月5日,93名北京49中学的初、高中生被分配进北京第三通用机械厂做学徒工,不叫参加工作,叫"接受工人阶级再教育",意思是中学生有点知识,臭味比高级知识分子略微小点,但必须回炉接受工农兵再教育。在上山下乡浪潮中,老三届中只有66届和68届少数学生留城进了工矿企业,结束了游手好闲的"红色闯将"生涯,眼看大多数同学远赴他乡,自己幸运留城并能自食其力了,哪个不是感激涕零地迈进厂门呢?

进厂先办新学员班,政治调门和学校一样高,都要绝对服从,心无旁骛奋力苦干,当时喊得震天响的毛语录"一不怕苦二不怕死",被洗脑后我们开始劳动体验,拿粗砂纸将一根根锈蚀严重的铁条打磨出亮光来,又脏又累没人敢吱拗一声。接下来分配工种,我被分到组装车间钳工一组,师傅名叫王知仁,七级钳工,组里的技术大拿,人特别厚道。在工厂那些年,王知仁等优秀工人师傅感动过我,帮助我从一个半生不熟的少年逐渐成熟坚强起来,同时我也用自己的特点影响感染过周围的一些人,我要如实地用具体事例描述一下我眼中工人的种种形象。先从我自己说起吧:

钳工一组车间紧邻工厂北大门,离厂部办公室很近,车间厂棚外面是大钢板铺成的室外工作台,一架威武高大的龙门吊穿梭往来,见有工人上到驾驶室上层,激起我的好奇心。到钳工组第一天下午的公休时,趁工友们去喝水休息,我赶紧走出车间,快速沿着狭窄曲折的铁梯子爬上龙门吊的最高处极目远眺,下面有人发现后冲我大叫,招来不少人一起朝我高喊"危险危险,当心漏电,

进厂两年时,我到照相馆拍了一张小照片。注意,我的短发是同组女电焊工秦师傅帮我剪的,带花纹的毛衣是妈妈在国外穿过的。

赶紧下来"。双井一带当时是东郊工厂区，实在没啥好风景，却闻到焦化厂排出的浓烈臭气，失望之余在一片惊呼中我慢慢退回到地面，大组长和我师傅声色俱厉对我好一通修理。再回想此事，老于我忍俊不禁，那天一鼓作气登上龙门吊最高处极目远眺，很是自豪，虽然闻一鼻子臭味，挨一顿批评，却溢满喜悦之情，就算是我的童年收官之作吧。

2007年11月18日徐唯辛教授的《历史众生相1966-1976》在北京今日美术馆展出。在徐唯辛画的文革时的人物油画肖像前，画家徐唯辛教授与画中人的我合影。（老王 拍照）

经龙门吊一事，我安分下来，勤勤恳恳跟着师傅干活，不仅卖力，还很努力很主动，王师傅不善言谈，我尽量完成好每一项任务，要求自己做到他需要什么工具或零件，师傅不张嘴我马上递过去。师徒如父子，做徒弟我不把自己当外人，周末很乐意地往师傅家跑，师傅师娘生了四女两男全家八口挤在广渠门一间不大的屋里，大女儿王雪丽和我同龄同届，她被分配在公交集团当售票员。曾有两次周末加班我因家远来不及回皇亭子，就跟师娘、雪丽姐妹挤在一个大板床上，侧着身睡一夜，旁边小床上王师傅打一夜的鼾声我们都不当回事，俩男孩子打地铺睡在白天家人吃饭时支起的折叠桌那块小空地的水泥地上，我夜里到走廊尽头处的公共厕所得特小心才能不踩到哥俩。我跟师傅一家相处得很好，师娘疼我，家里做点好吃的，会让师傅用小饭盒带给我一份。有一两次，我师娘实在续不上粮菜，悄悄找我借两块钱应急，开支后赶紧让闺女先还钱给我。许多年后，雪丽跟我提到这事"我爸（王知仁师傅）跟我妈（我师娘）不依不饶的，不让跟徒弟借钱"。

机械行业学徒年满三年出师，学徒期第一年月入16元，第二年18元，第三年21元，出师后工资34元，评上二级工40.1元，然后只能等到啥时候国家发文后，企业才严格按规定给部分职工调薪，幸运者才有可能升一级多几元钱。比如我从1973年到1979年六年只长过一级，工资增加了7元2角，高兴了好几天。工人的收入非常微薄，每月15日发薪那天，车间门口早早排起长队，师傅们的孩子一大早就来排队，拿着爸爸的小图章在工资表盖了章、领了几十块钱，就像兔子似的飞跑回家，让妈妈（师娘们多数都没工作）赶紧去买米面买油买菜。那时我厂工人家庭每月人均只有6到8元钱，超过人均6元的家庭，即便有困难也领不到互助会借款。工友们非常节俭，自行车出毛病了自己修；家里用的衣服架以及各种能自己做的用品，统统用厂子里的铁丝等材料做成，能省一分绝不多花一分钱；连理发也是互相帮着解决，大家每人掏几分钱买把推子、剪子，用完后赶紧锁到组长柜子里。那时领导阶级工人老大哥们，日子过得就是这么窘困。

出过攀登龙门吊一事，王师傅对我遵守劳动纪律管得很严，并时常提醒注意安全，但他不热心教我技术，他曾跟与自己关系最好的工友刘宝文师傅说过"小于迟早会离开车间"。不久我果然被调去医务室，派到301医院新医门诊部学中医，回厂后留在工厂医务室，刘师傅才告诉我。我不喜欢医务室的环境，不满一年就央求组长和王师傅把我要回车间接着当工人，好多人不理解我，但我和组里工人师傅们相处融洽，也有人不喜欢我，还有人讨厌我那股子倔劲。

进厂不到两个月，一天下班后，我在工厂宣传栏看报纸和图片，一张张看过去走到尽头回过身，见同组一人迎面靠近我，怪模怪样嬉皮笑脸朝我伸过手来，水泥墙宣传栏近旁停放着一大排组装好的拖斗车挡住路人的视线，那人放肆地试图轻薄一把，哪知小小年纪父母就远走高飞当起小管家的我可不是好惹的，啪地一下打歪了伸过来碰到我胸口的胳膊，接着一拐胳膊肘狠狠将他往旁边一推跑了出去，此事我没声张，但很长时间不给他半点好脸色，那人再也没惹过我，慢慢我原谅了他，彼此相安无事。这种事有过三、五起，同样横眉怒目毫不示弱，一回合就把没安好心的家伙打个措手不及、永不敢犯。动不动想占女孩便宜，活该自讨没趣！

相同态度的女工并非我一个，我之前的团小组长赵润兰也同样倔强，没人敢欺负她，论相貌她顶多算中等，选的丈夫却很出色，结成美满小家庭，每每想起赵姐我就开心。有的女工因一时胆怯结果吃了大哑巴亏，比如同组一个比我大几岁的女工，样貌秀丽，因爱占点小便宜，吃人家嘴短，新婚之夜被丈夫赶到院里冻得哆嗦了一夜，后来两口子总干仗，婚姻不幸，当然用现在的观念衡量，是她丈夫缺德。

北京第三通用机械厂，1970年曝出过一件匪夷所思的桃色传闻：同期进厂的49中刘姓高中女生，曾在我们新学员培训班任班长的那个学姐，因为受到军代表兼厂革委会主任门双成（后面我会专文介绍他）的器重，被分进令人羡慕的维修车间电工组，"紧车工、慢钳工、溜溜达达是电工"，同时进厂93人只有她一个当上电工。匪夷所思的稀奇事在进厂仅一年后就爆发了：电工组总共十几个人，党员占多数，为发展积极要求上进的刘姓女工为新党员，短短半年内居然4个男工与这名女徒工有染！此事如同氢弹爆炸后的冲击波，疯传全厂乃至北京市机械局机关的每一个角落。

进厂后我很努力，但也有负面评价。我不习惯邋里邋遢，工装上的油泥污渍，我会马上擦掉并经常换洗衣服，有褶皱会随手用湿布擦平；爸爸夜间改写文稿有喝茶习惯，我从小喝爸妈的剩茶根儿，自己挣钱后买过几次0.16元一两的茶叶末，放在更衣间明显处，工友们谁喜欢就抓点"咱也沾光沏点茶喝"，不曾想这毛八分钱的小事也能招致不满。年终总结会上,有人批我"小徒工居然喝茶",入档案的鉴定书上赫然写上"资产阶级生活方式"。抄写的人悄悄告诉我,我当即找到大班长质问:"一月挣 16 块钱,我怎么资产阶级了?"大班长说:"班委里不止一人说你喝茶,还说工装数你干净,怕脏怕累当然是资产阶级。"我据理力争,"班长您心里明白,脏活累活我总抢在前面,加班加点从没落空,出黑板报、写表扬稿不都靠我吗?"大班长说:"30 多号人只给 9 个名额,大家评你当了年度先进职工,你居然还提意见!"我说:"两码事,我省吃俭用买包茶叶末还是全组共享。您要不给我改过来,对得起天地良心吗?"大班长投降了,"好好,我马上让人给你改过来。"我也不知道改没改,反正我维护了自己的尊严,剩下的爱咋咋地。

  2002 年春季,家里装修收拾东西,我找出两大叠 50 多份奖状,果然发现最早一张是 1969 年在工厂被评为"先进职工"、印着毛闪光头像的那张旧奖状,还有一张 1974 年"北京市三八红旗手"的奖状,看来我当工人那几年很不惜力呢。1970 年我入团时,会上颇多赞扬,突然我们钳工一组的党小组长发言,先肯定一句又说"小于的小资产阶级意识强,个性十足,党性不足。希望入团后提高无产阶级觉悟,克服小资产阶级作风。"我半起身想反驳,被走过来的团支部组织委员两手摁下坐回去,她赶紧抢着说"好啦,咱们表决吧。"如今已经猜不出那天若是没人阻拦,我会怎样为自己辩白?结果我获得多数票入了团,迅速当上团小组长和团支部宣传委员,不久成为车间团支部书记。扪心自问,当年党小组长没说错,我确实个性强,不具备批评与自我批评的雅量,多年后我拒绝入党也是因为自己不认同"批评与自我批评"。公开这样说过,被嘲笑太傻,我坚持认为有啥缺点自己心知肚明,所以一再态度明确地拒绝别人当众拿我刻意保持的"特点"说事。

13 大哥整人

文革中工人老大哥也是内斗不停歇，无论是有出身、历史或作风问题，还是犯过错误，统统难逃被无情整肃的噩运，大哥整自己人下手也狠着呢！

文革期间进厂的老工人，大多念旧，与当年被发配边疆的荒友相似，"青春无悔"将风华正茂嫁接为体制美好。一些老年人观念难以更新，至今对毛感恩戴德，依我看虽可笑但不难理解。文革中，毛先是用中学生破局搅乱天下，再利用解放军和国企工人收拾烂摊子，一度将工人捧为"领导阶级"老大哥，国企工人虽收入低微但基本福利健全，没有后顾之忧，政治地位和生活待遇都优于农民和知识分子。有一批人还被委任"工宣队"进驻大专院校和各机关、事业单位，号令、整肃过干部、专家及学者，学富五车的庙堂之辈不得不低三下四唯工人马首是瞻，那份得志千载难逢好不快哉！

邓小平主政，朱镕基改企，1993 年开始大批工人下岗，沦为弃子，社会地位、经济状况都今非昔比，于是有人感念毛泽东旧情。其实他们搞错了：不满现状应呼吁进步而不是后退，有意无意淡忘了文革中老大哥也是内斗不停歇，整自己人下手狠着呢！

1969 年 3 月之后的五年，我在北京第三通用机械厂组装车间钳工一组当工人时，全组 30 多人中有 4 名技术员，一名北京地质矿业学院的毕业生，一名天津大学的毕业生，两名北京工业学校毕业的中专生，大中专生现今算不上高学历，但在 80 年代前属于工厂技术科的工程师和技术员，正儿八经的知识分子。从 1957 年反右，"唯有读书高"被毛（他年轻时在北大红楼当见习图书管理员时，月薪 9 块大洋，进出红楼的年轻教授们则月薪都在百元以上银元，从此他开始憎恶高级知识分子）颠倒成"知识越多越反动"，文革期间工程师和技术员统统下放生产一线劳动，搞设计、画图只能在班组开会的小屋里挤时间完成，更多时间要和工人一起出大力。

谁都看得出"戴眼镜人"的憋屈，他们除了干体力活，还得早来晚归加班加点画图纸，每次运动（文革中不间断插入各式各样的运动，大运动中套着一连串小运动）先拿他们过筛子。早请示晚汇报，班前会班后会、全厂或车间批判会、动员会、总结会，工程师和技术员靠后边站，趾高气扬的是没读过书的大老粗。有一回，组里有个技术员闲聊时一时得意，不小心说了句什么话，有个中年工人不爱听，头一歪张嘴道"呸呸呸，真臭真臭，还是毛主席说得好——臭知识分子，比大粪还臭！"那技术员一脸尴尬，下不来台又不敢辩解。

2009年9月，李振盛先生在徐唯辛画的肖像上加注个人简历，联系图片社总裁罗伯特.普雷基帮他的好友李振盛写了英文简历后，徐唯辛老师为李振盛、普雷基和我拍了张合影。李振盛文革肖像旁，是毛第四位太太江青的肖像。（徐唯辛 拍照）

1995年我家从三里屯搬到东三环外，新邻居有一位过去同在三通用厂的赵作玮先生，我请他和夫人来家喝茶聊天，对昔日同厂的右派多了些了解。反右后，三通用厂安置了16名右派，老赵是其中一个。1948年北京在傅作义掌控时，老赵是故宫青年职员，到了叶剑英当市长后，老赵加入共青团，成为故宫团委书记，几年后以调干生进入人民大学专修马列主义理论。老赵心直口快，工作有魄力，这种性格的知识分子，遭遇1957年"大鸣大放""引蛇出洞"顺理成章地被戴上右派帽子。

戴帽后，他与另外15人下放到三通用厂劳动，16人中北京大学几人、人民大学几人，还有北理工、北师大几所高校的师生右派。有位先生在随后的运动中被人逮住小辫子，押送到茶店农场劳改，60年悲惨地饿毙，其他15人一直在三通用各车间干重体力活"改造思想"。几年后，老赵被摘掉右派帽子，回避掉"反右"谬误，只承认"错划"，总之变回人民内部矛盾，恢复了他的干部身份、月薪涨到大学毕业最初的57元，当了车间统计员。

老赵说：他们16人从57年到76年，一直是工厂政工部保卫科重点监控对象，谨小慎微夹着尾巴拼命干活，时不时被提溜出来批一通。老赵由衷感谢三通用保卫科的王天喜科长，感激王科长在充满敌意的环境中曾对他有过一次保护性的提醒。文革初期，工人造反派用墨汁在白布上写"右派"两字，强令老赵他们缝在劳动布制服外面，对外自我昭示"人民公敌"身份，任由人打骂。一次，老赵骑车到广渠门工厂宿舍办事，家住在那里的王科长看到了，第二天把老赵叫去"训话"，王科长厉声呵斥"以后只要离开工厂，就不要再穿这件（指缝有右派标识的）衣服，你给我记住喽！"为这句话，老赵对王科长"感激不尽"，动乱中战战兢兢那滋味令无辜受难者刻骨铭心，不知文革拥趸们想不想尝一尝？

我问过老赵"当年总共有多少右派下放企业劳动？"老赵说每年春天，朝阳区都组织召开一次大会，地点在人民机械厂（双井南一公里处）礼堂，把下放朝阳区企业劳动的右派们集中"政治学习和传达上级精神，其实是反复给我们洗脑，再三训示我们不要乱说乱动，每次到会的右派大约300人左右。"看来57年下放朝阳区各工厂劳改的右派人数约为300名，这仅仅是北京一个区，其他区和周边农场呢？北大荒呢？甘肃夹边沟呢？好友曾慧燕的父亲原是广东某中学教师，57年被错划右派，差点丧命于青海劳改盐场，还有我表舅跟我描述过的令人谈之色变的河南周口右派劳改营呢？58年表舅的母亲不同意离婚，正被婚外恋鬼迷心窍的表舅的继父说了句"那好，送你去周口右派劳改营"，吓得时任西华县妇女主任的他母亲（已有一儿一女的我的姨姥姥，表舅的生父牺牲于1947年内战中，他继父和我姨姥姥育有一女）马上在离婚书签了字，可想而知周口右派劳改营是何等的人间地狱！夹边沟被记录过，青海劳改盐场、周口右派劳改营和更多右派劳改农场的真实历史存在，就该被全然抹杀掉吗？

与老赵一起下放三通用厂的右派中，有个名叫彭诚的阿姨，进厂初期我住集体宿舍，三年间她与我同住一室，我俩相处融洽，下次再详细说。彭诚对我透露过文革中"车间里有两个中年男人特狠毒，多次无来由打骂欺负"她，她不肯说出两人姓名，我没多追问，这会儿很想记下那两人姓甚名谁。

文革中工厂里挨整的不光是右派和知识分子，还有各式各样被划归"非无产阶级"的人，比如和我同组的郝师傅，民国时期他在崇文区"伪区委"当过文书，小楷写得极工整，人老实的近乎窝囊，因为上学时"集体加入三青团"这种不是事的事，成为老运动员，车间批斗会总少不了站着弯腰低头陪斗。我把郝师傅发展成"地下读书会"（后面会介绍）成员，难忘第一次借书给他，郝师傅激动得手直哆嗦。

我组大邱，人称"流氓诗人"，中专毕业生，却不能享受中专待遇，原因是读书时在校刊发表过一首"格调低下的爱情诗"，又被初恋追求的女生告发，戴上疑似"流氓"的虚无帽子进厂改造。大邱壮实有把子力气，工友们都喜欢和他搭帮劳动，重活甩给他就是了。我刚进组一次班后会，组长说起白天去同仁医院看望急诊室抢救过来的邵师傅，工友们议论纷纷，替突患重病的邵师傅担忧。大邱是邵师傅的关门徒弟，他激动地站起来说"健康和友谊一样，失去了才能体会它的宝贵。"我赞赏这句话，从此主动接近与流气不沾边的大邱，接纳他加入"地下读书会"。聊诗词我俩是组里唯一知音，他会背许多诗篇，受大邱影响我迷恋起宋词，年轻时我写过几首自以为像模像样的词，不能不感谢大邱。大邱也感谢我，他说过"有你做朋友，心情和境遇好很多，XX不再轻易拿我开刀了。"

我组高中毕业生小许，绰号"瘦腿裤"，是大钻床小组骨干，瘦高个儿，人品没啥毛病，家住东四，出身书香门第，单一特点爱穿瘦腿裤，厂里发的统一制式的劳动布工装，裤腿被他改成窄小后再穿。他是文革期间我们"地下读书会"的准成员，我俩关系不错，我问过他"瘦腿裤难看，干嘛犯傻！"他光笑不回答我。他也被批斗过，因为他和钳工三组开大钻床的几个年轻人走得近，1972年有人揭发他们几个私下议论枪支（约等于现在的军迷），周末在家悄悄搞来两只鸟枪，还画了左轮手枪的图纸，被派出所抓去拘留后送回工厂批斗实行"管制性劳改"。几个小伙子曾撅成虾米状被工友们喊打喊灭，天天上夜班（开大钻床是苦累活儿，清一色壮劳力，抬上搬下大螺钉紧固使劲往下压大直径钻头，任务重工期紧三班倒，出了"枪支案"后，夜班被小许几个倒霉蛋承包好长时间），原本瘦弱的小许，经这么一折腾快细绺儿成麻竿了。

即便"红五类"受重用的人，文革时也不保险。钳工三组团小组长常姑娘，出身好表现也好，她比我大几岁到了谈婚论嫁时，与组里的技术员、新分配来的北工大毕业生小徐，两人谈恋爱不久就登记了。照理说登记后就是合法夫妻，文革时不讲法律，工厂约定俗成"大伙儿随了份子、摆桌请客"后才能正大光明入洞房。她在的三组有人缺德，跟踪常姑娘到小徐家盯梢并"抓奸在床"，车间书记兰文开命令二人停职写检查，团支部大会让她当众念检讨书，"少儿不宜"的内容让常姑娘尴尬至极，逼得我们姑娘们捂紧耳朵。这还嫌不够，还撤掉了她团小组长的芝麻官，与常姑娘要好的我被气得咬牙切齿又无可奈何！哎呀呀，这样的荒唐事不止一件两件，后面我要写《上校的女儿》，是高度类似的事情。

文革中，工厂里的精神病人和生理有缺陷的人更是可怜，我厂有两位貌丑的女孩儿，简直成为全厂羞辱的对象，"四心"（看着恶心，出门放心，后两句更阴损不说了）的低俗顺口溜（三通用的老人无不耳熟能详）四处流传，内容下流缺德，最初我跟着咧嘴笑过，明白后恶心坏了，不但不再跟风，只要有机会就会叫停，公开侮辱人格太不像话。今天你默许羞辱他人，明天被羞辱的就是你自己！

如今怀念文革的大有人在，真想提溜着耳朵让他们看看我这篇回忆文章，若能认清真相，弄懂自己随时也会处于失去基本保障，连脸面和小命都难保，再傻再笨的人也不可能愿意回到比中世纪更黑暗的文革吧？

14 右派室友

我在集体宿舍与彭诚阿姨同室而居三年，她是1957年反右运动中55万名被戴上右派帽子中的一人，在漫长的下放劳改中理想破灭，知识荒废，蹉跎一生。

近日一有空就接着写文革回忆，坐在电脑前把思绪推回久远的过去，凝神思索着故交旧友的往事与姓名，每次都不忘提醒自己：键盘敲出的字要心平气和，尽量还原彼情彼景。

署名"欧洲网友"的人还在追着看我这次系列的博客文章，一期不落，不厌其烦地在我的园子里骂我，发现他不光骂我也骂其他敢讲真话的博友，不知这样辛苦丢面五毛五毛挣的钱够买几斤面，可怜啊！前日删掉他下流骂贴并向管理员建议煞一煞污言秽语的歪风，网站必须惩治这类肆意人身攻击的邪气。很快见他发出的新帖不再用脏字，换成造谣与贬损，也罢，只要不爆粗口，随他去吧。他说我自夸自大，我不在乎，有一说一有二说二，难道我亲历过的人和事就该抹杀？被扭曲？在我的提醒下，我的老同学、老同事们已有更多人在追着看这个系列，一旦我胡编乱造美化自己贬低他人，熟人会跟我急或指出来，前面文章里有的人名我记不清，多亏老同学帮我确认，好在刻骨铭心的往事我还记得住。

更重要的是：我不认为简单把文革的恶果一股脑推给发动者毛

一人就算了事，不！我认为那一切是我们所有亲历者、包括我在内共同造成的，反思文革首先要检点自我，自己和周围熟人错在哪里？对在何方？都要实事求是不能混为一谈。

上回说到1995年，我搬家后遇到同住一楼的赵作玮先生，他与我原来都在北京第三通用机械厂工作，赵先生50年代在人民大学攻读马列主义理论，他和另外15名青年学生被戴上右派帽子后，下放到北京第三通用机械厂劳动，除一位先生随后被人抓住小辫子、押送茶店农场后悲惨死去外，其他右派文革前后一直在重工业工厂卖苦力"改造反动思想"。老赵告诉我文革初期，造反派用墨汁将右派两字写在白布上，强令文革前已经摘帽的右派缝在制服外面，厂保卫科王天喜科长明训斥实保护的一句话，让赵作玮先生一直感恩在心。

从赵作玮先生那里，我了解到57年反右运动后下放北京朝阳区工厂劳改的右派人数约为300人。与老赵一起下放三通用的右派中，有5名女性，其中有个名叫彭诚的阿姨，三年时间曾与我同住一间宿舍，我俩相处得很融洽。那次老赵和夫人来我家喝茶聊天，我一听说老赵与彭诚保持着来往，赶紧拜托老赵给彭诚阿姨带去问候，表示自己有时间会去看望她。那段时间我儿子正在中考，又是我在报社出差最频密的时候，一时没得闲。两年后楼下又遇见老赵，打听彭诚住处地址，想趁暑假之际择日登门拜访。哪里料到，一听我问彭诚，老赵陡然灰暗了脸，"一年多前她病故了。"瞬间我心中悲戚，思绪飞回1969年3月初……

进厂后，我住进位于双井地区的三通用职工宿舍南大楼，我这个小学徒工与两名中专毕业的技术员、一名从高校下放的右派，四人一屋。周末回家，妈妈详细询问我厂里的各种情况，我据实相告。没过几天，爸爸妈妈下班后突然造访我的宿舍，爸爸坐在我的小床上，妈妈坐在对面彭诚床上，妈妈和彭诚聊天，"那年人大给我发过通知，我当然也想去深造，通知书揣了好几天不得已又退回去。"妈妈指着我说，"当时正怀着她妹妹，妊娠反应很重，不然的话我就和你一样进人大读书了……"

妈妈与人大失之交臂这本老皇历我早就知道，那天她对我的室友彭诚阿姨说这话时，我突然明白了父母的来意，他们得知有个右派与我同宿舍，放心不下特意来探看。送爸妈走时在车站等公交，妈妈嘱咐我"彭诚是个老实人，你不要歧视她，要和她好好相处。"

我听爸妈的话，彭诚是49年后国家最急需人才时念的大学，该对她高看一眼。与她相处久了，发现她是非分明恪守本分，但口风甚严，不像我那时嘴上缺个把门的。我还发现她的床底下摆着一摞摞书，磁石般吸引着我。她的脾气柔和，安于静默独处，说话和风细雨，搞不明白凭啥把这样一个没有棱角的人划为右派？或是当了右派后身上的棱角被削磨掉了？宿舍里就我两人时，我问过她，彭诚阿姨摇摇头说："开小组会师生们参加大鸣大放，挨个表态每个人都得发言，我把之前系里征求意见，我对法律系的课程安排提过一些建议，在小组会又说了一遍。唉，怪我多嘴，一时忘了出身成分高（成分高，指父母不是贫下中农或工人），结果引火上身。"我听后直吐舌头，"啊，提个建议就能惹祸？像我这样动不动爱给领导提意见的，肯定被戴上右派帽子。"彭诚说"你不一样。谁都愿意被表扬，都不爱听批评，你说是吧？"性情直率，提意见尖锐确是我的特性，彭诚阿姨这样说出来，这样委婉地提点，我乐于接受。

能遇到彭诚做三年室友，是我的荣幸，对初出茅庐的我起到润物细无声的作用。相比之下，同室的两名中专生面和心不和，一人嫉妒另一人，冷嘲热讽把对方的不爽当乐趣。后来被嫉妒的嫁人离开，隔壁宿舍铸造车间翻砂女工找我帮她搬过来，她已经不是第一次换宿舍了，彭诚听说她要来，第一反应是皱眉头，张开嘴却把话咽回去，我一时没明白，去帮着翻砂工搬来我屋。新来的姑奶奶真厉害，搅得宿舍里空气比先前更紧张。她阶级觉悟比谁都高，敌情观念特别强，"地富反坏""摘不摘帽也是右派"随口就说，心里不痛快就拿彭诚指桑骂槐，急脾气的我跟她对着干，可每次我刚一火急，她就偃旗息鼓了。受欺负后，彭诚低头不言语，一副受气包样儿，见状我也生彭诚的气，不久之后，彭诚结婚离开了集体宿舍。

老姑娘彭诚经人介绍嫁给一位丧妻的老技工，搬到家住朝阳区水锥子的那户人家去了。她结婚前，我给她买了一对绣花枕套两条枕

彭诚阿姨送给我的一张小照片,我一直珍藏着。

巾,她谢了又谢,告诉我"老头儿性格不错,知道心疼我,但他那几个孩子明显对我怀有敌意,也不知道以后好不好相处?"就这样,40岁的彭诚阿姨,喜忧参半地把自己嫁了出去。

彭诚刚走,清砂女工提出宿舍里"闹臭虫,周六下班后你们两人别急着回家,"她指着自己床下一个小瓶子,说"我领来了敌敌畏,周末咱们在屋里洒一遍,关上窗户彻底熏一熏,以后能睡踏实觉了。"我也怕臭虫,积极响应,周六下班后没像往常直接回家,回宿舍等了又等不见那两人,等不及后我自己拧开小瓶盖,往每个床下、每面墙壁上和犄角旮旯里都仔细撒下几滴毒液。这是我这辈子唯一做过的投毒之举,没掺水的敌敌畏气味呛人,紧闭门窗的小屋里迅速无法耽搁了,我屏住呼吸拧紧瓶盖,快速逃离宿舍回家去了。

周一上班后,清砂女工气咻咻到钳工车间找我来算账,当着众工友不依不饶朝我吼道:"没见过那么缺德的,把敌敌畏洒到我被褥上,害得我昨晚根本没法儿睡觉,你是不是想毒死我呀?""今天你不赔偿我,我就不走!"好冤枉啊,我可不是凭白任人栽赃的软柿子,针锋相对反驳道:"你血口喷人!说好周六下班后一起灭臭虫,你跑哪去了?我非常小心根本没洒到被褥上,敌敌畏呛人,被褥里有味是必然的,打开门窗通通风不就好了吗。再说,敌敌畏是你领的,你提议的事反而倒打一耙诬赖我,你才缺德呢!"她没占到上风,灰溜溜走了。晚上回宿舍,已经没什么味儿了,我又开窗通通风,然后拿起我的小暖瓶去楼下灌开水,开水一流进暖瓶,立刻一股敌敌畏的呛鼻子味道冲出来,仔细再闻,明显被人动过手脚,回屋一看,周六晚我放回翻砂工床下的那个小瓶子不见了，不需要福尔摩斯来推理探案，准是她一怒之下把瓶子里余下的毒液倒进我的小暖瓶里！

冷静下来，我下楼把自己用第二个月工资（我兄妹工作后，第一个月的收入都是寄给拉扯我们长大的、做家务没收入的亲爱的姥姥）买的铁皮小暖瓶使劲砸坏，扔进楼下垃圾站，改用杯子接水喝。坐在小床上慢慢喝着水，思忖着社会复杂、人心险恶，突然怀念起彭诚阿姨，我俩同室三年，感觉那么温暖，即使我偶尔闹小孩脾气冲撞她，她一如既往对我和颜悦色。又想起前些日子她听说我同意让翻砂工搬来欲言又止的表情，蓦然醒悟到其中的含义，后悔、委屈与思念一股脑涌上心头，眼睛又湿了。

与彭诚阿姨同室而居的三年，我俩彼此的最大收获是交换书籍，在她的允许下，陆陆续续我把她码放在床底下的书翻看了个遍。彭诚50年代在人民大学读的是法律系专业，那些教科书、参考书她一本都没舍得丢弃，文革期间我有机会看了个遍，使我读到一批50年代中期大学法律专业教科书，记得其中很大部分是前苏联的各种案例专辑，透过苏联斯大林时代假冒司法之名、行整肃之实的现场对话记录，可以看到明枪暗箭射进那些与独裁专制者政见相左者，或者仅仅被无端猜疑者们的悲剧。投桃报李，每次我从地下读书会工友手中借到书，只要时间许可，我会紧赶慢赶看完后也让彭诚分享一下。

总的来说，我看她的书多，借给她看的书没几本，我对彭诚阿姨心怀感激。好多年后，当我遇到和彭诚一起下放工厂的右派赵作玮先生，终于有闲暇想去看望她时，昔日因提个建议就被扣上右派帽子耽误了青春、曾经的人民大学法律系的调干生彭诚阿姨已不幸病故了，我再也见不到她了。

听老赵说，他们这批人，改革开放后处境虽然好转，但组织上并没有为他们重新安排工作，离开三通用工厂、进事业单位的几个人都是自己托关系找熟人才办成调离的。比如老赵是通过上大学前在故宫工作时的朋友推荐进了文物出版社，同批下放的女右派、北大外语系的姚阿姨是由亲戚推荐到外国语大学任教而离开工厂的，其余多数人始终没有遇到机会。在大学生极其稀缺的时代，成千上万高校师生因一项右派帽子被高校一脚踢出去，他们年轻时的热情、理想与志向，伴随寒窗苦读掌握的专业知识，在1957年后漫长的劳动改造中荒废殆尽，蹉跎一生，彭诚阿姨只是其中一人。

15　下乡德州

孟师傅胃癌晚期，临终前恳求将他送回老家，我在执行这项任务时看到城乡巨大差别，听到"咱城里人上辈子烧高香了"的感慨后，浮想联翩，夜不能寐。

1968年上海《文汇报》发文介绍"赤脚医生"，《红旗》杂志和《人民日报》转载，第一次把农村半医半农的卫生员正式称为"赤脚医生"，毛泽东随即批示"赤脚医生就是好"。

文革期间，每隔一段时间毛泽东就会发出"最新最高指示"，每次谕旨一下，人们都要敲锣打鼓、载歌载舞上街游行庆贺，紧接着卷起落实的巨澜。据官方报道，文革期间全国涌现出102万乡村赤脚医生，经过县、乡级医院简单培训，背上装有几小包药、一个听诊器、一支针筒和几块纱布的小药箱，走村串户送医送药。在基层极度缺医少药的时代，赤脚医生采用简易疗法和针灸等土方，填补民众医疗保健的巨大缺口。

照葫芦画瓢，文革中工矿企业的赤脚医生叫"红医工"，红医工多为半脱产、甚至不脱产的工人，我是其中一个。1969年3月我进厂，1970年秋，我被厂革委会推荐到301医院学习新医疗法，为期三个多月，成为一名红医工。

1970年10月到71年1月，我到解放军301医院新医门诊部学习，负责培训我的军医姓陈，他的拿手绝活是用两根加长针治疗胃下垂，疗效比较显著，患者坚持两三个月病情会有明显好转。我当陈医生助手，与病人们渐渐熟悉起来，发现他们有共同的职业特点，都是各机关企业负责搞外调的干部，从反右倾开始，接下来四清和文革运动，他们一直奔波于被列入黑名单者的原籍、原单位，从事基本情况与"政治表现"的调查取证，在全国范围内东奔西走，吃饭没准点，按国家统一规定外调人员享受出差补贴，有条件花钱吃好的，饥一顿饱一顿，胃部肌肉张弛失衡，时间久了很容易造成胃下垂。

胃下垂病人饭后胃疼、呕吐失眠、明显消瘦，没有特效药，陈医生用两根加长针接连穿透好几处主管消化的穴位给予强刺激，随后双手捻动加长针的针柄，向上提拉带动胃肠肌肉蠕动，遏制并改善下垂趋势、恢复正常消化机能。"以阶级斗争为纲"，一个接一个运动，施害与受害两方都没好果子吃。外调干部是组织信得过的党员骨干，在陈医生那里，我相继遇到几十个因外调致病的胃下垂患者。这之后我根据厂医务室郭主任的要求，又学了耳针与穴位灸疗，然后回到工厂医务室。我在医务室的经历，下次在"我亲历的文革十年（16）军代表门双成"里还有进一步介绍，总之我很快厌烦了工厂医务室的环境，请求组长和王知仁师傅找借口把我要回钳工一组。

离开医务室后，我没有放弃履行红医工的"神圣责任"，钳工的活儿照常干，下班后和星期天业余时间游走于工厂所辖三处宿舍区，手持银针，心系工友，随叫随到，免费医疗，为患病的工友和他们的家属针灸治病。不久，有传言说"小于医生擅长治胃病，还有个绝招能治孩子尿床，手到病除"，几年后我还听到有人在传说"三通用的春苗（一部反映赤脚医生的电影女主角的名字）"。其实哪里有那么玄乎，情况是不少工人和他们的家属缺乏健康饮食常识：刚开支几天吃饱吃撑、鱼肉解馋，后半月瞎凑合，剩饭剩菜馊了、腌菜变质舍不得扔；不少家庭没有饭桌、习惯像农村人那样蹲着吃饭，大口扒拉入口，狼吞虎咽进食过快；也有的人图省事长期吃泡饭。我只是用短细针疏通内关、足三里、中脘、胃腧等穴位，主要是提醒患者养成好习惯，帮他们克服消化不良。至于治疗儿童遗尿症（俗称小孩尿床），是我在301医院时跟冷医生学的一招，冷医生与陈医生相邻为病患治病，他祖上是通州祖传的名医，他的病人特别多，实在忙不过来时我会去帮忙，冷医生因而传授给我两手绝活：治疗头疼与遗尿。

1990年2月，在福建团省委开办《知心电话》期间，我作为从《中国少年报》来的知心姐姐为少年儿童提供所需要的各类建议。这位小朋友跟我聊天后，第二天从很远处赶来，将她心爱的卡通兔送给我表达谢意。

有些孩子，幼年时神经系统发育尚不健全，夜里有尿不能及时醒来，用针刺激几个相应穴位，一般两三次便足以唤醒那部分神经，小孩子就能提前克服令家人烦心的尿床毛病。这些雕虫小技一点就破，我对外解释过不被理解，却被要求在车间大会上介绍经验，还被奖励机械局先进、北京市三八红旗手等，我立即嫌麻烦，不打算放弃读书与休息而一直奔波下去，荣誉证书拒绝领取，声明要专心学技术，谢绝掉所有送医上门的要求。

刚才说了我想离开医务室，让组长和师傅借口"大会战"组里人手不够，把我要回去当工人。紧接着有了被派山东德州乡村的那次经历，让我实地感受到文革期间山东德州附近、连电灯都没有的孟村农家的窘困，那里的一穷二白完全出乎我意料之外。

第一辑　我亲历的文革十年

2010年7月，刚退休的我应聘到中华杰出女性协会工作，出任该协会创办的会刊《剑兰》杂志主编。

组装车间老党员、6级工、铆工一组党小组长孟师傅胃癌晚期，临终前提要求将他"送回老家，我不接受火葬，要和孩儿他妈埋一起。"半年多前，孟师傅的老伴儿同样死于胃癌，老伴儿是家属没有工作，不火葬说得过去。孟师傅不同，按当时规定，党员只能火葬，但车间党支部会上，多数支委替孟师傅求情，车间书记和主任不得已同意了，决定不请示厂部领导、避开职工尽快将老孟送回老家。执行这一任务的人选再三掂量后确定：两名孟师傅关系最好的铆工负责搬抬病人，与组装车间关系特别好的医务室郭主任负责路上病人的治疗。郭主任提出"让小于和我去，她能给老孟打止疼针。"车间书记通知我时，已经帮我想出理由跟组长请了一天假，告诫我"明早天亮前悄悄出发，回来后不能对任何人透露实情。"

次日周六（那时周六无休，每周只休息一天）一大早，我跟着郭主任被孟师傅的徒弟拉上带棚子的大卡车，中间担架上躺着重病垂危的孟师傅，他两个爱徒、郭主任和我蜷着腿坐在担架两旁。路上，郭主任对我进一步讲清"党纪要求我们党员死后火化，孟师傅因表现好，车间党支部破例准许他与妻子合葬，厂里上下都不知道这件事。"

103

我理解并表示遵守，我们执行那次任务的5个人（包括司机）都没有对外泄露过。

那时没有高速公路，一路颠簸，怕重病人受不了，不能开快车，北京到德州不算远却走了一整天，天黑后才进孟村。孟师傅的弟弟是老农民，我们到之前孟家已接到加急电报，四处张罗客饭招待送他哥哥回家的"北京大工厂来客"，所以我们到之后没久等就吃上了晚饭——每人半碗清水煮挂面，没有任何菜，汤里微微有一点点咸味。孟师傅的弟弟和弟妹一个劲对郭主任和我赔不是"不知道你们两个女人来家，跑了好几家才借来这把挂面，咸菜没有了，对不住呢。""没关系，谢谢你们啦！"看到他们家徒四壁的窘况，豆大的油灯捻子忽闪着，把因回到家而睁开眼睛的孟师傅的脸照的半明半暗……

吃了挂面，摸黑出门爬上卡车，心中感慨"离德州这么近，连电灯都没有"。那天夜里我们5人到大队（乡）接待站投宿。睡着后被咬醒，见大家闺秀的孟主任开了电灯（乡里通了电）正在抓虱子、逮臭虫，她哭丧着脸说："鬼地方脏死了，虱子臭虫滚成蛋，被子硬的从没拆洗过，褥子都没有，破床单下只铺了层稻草。"我比她更娇气，发现身上已被咬了好几个痒痒包，于是比郭主任抱怨得更厉害，我俩互相宣泄着没有暄床暖被的不爽，颠簸一天却没办法睡觉。郭主任对我说："农村一穷二白，59年我在胶南乡下某工作队工作时饿个半死，那两年例假都不来了。"她感慨道"咱城里人上辈子烧高香了。"

后半夜躺着睡不踏实，郭主任和我的肚子比赛似的咕咕叫，那半碗挂面早没影儿了。我联想起插队的同学，他们要在同样穷困的地方扎根一辈子吗？阴差阳错我没去成陕北插队进了工厂，虽说干的是男人活儿，劳动强度大，毕竟生活有保障、卫生条件强。辗转反侧一夜无眠，兵团好友素珍，还有几个关系特别好的下乡插队的同学，她们的脸庞逐一闪现在我脑海中，我揣度着她们是不是也正被虱子困扰得夜不能寐呀？

16　军管组长

军管组成员在我厂干了不少坏事,还将众多亲友安排进厂占去最优岗位,带头的是军管组长门双成,工人干部敢怒不敢言。军威滑坡第一波发端于文革军管。

我姥爷、我父母、我公公、我舅舅,我老伴儿、我哥哥嫂嫂、妹妹,都曾是中国军人,我对军人有种天生的崇拜与追随。1966年初春,我给毛泽东写过信,表达的就是想早日参军报国的热望。但是在我参加工作不久,从单位革委会主任、军代表门双成身上,认识到军人也是普通人。

1969年3月5日,93名北京49中学的初、高中生被分配进北京第三通用机械厂做学徒工,当时不叫参加工作,叫"接受工人阶级再教育",不管叫啥,结束了停课近三年游手好闲虚度青春的无聊,有工作能自食其力了,我们高高兴兴迈进厂门。

三年前,由中学生打头阵停课闹革命,大批判、破四旧、大串联、胡折腾,完成了文革发起人赋予的使命,沦为社会治安的害群之马,领袖一声令下"知识青年到农村去,到边疆去,接受贫下中农再教育。"66—68三届高、初中学生纷纷上山下乡,我刚把下乡所需的被褥衣物备齐,突然接到入厂通知,全家人为我意外留城而欢欣。后来得知,在上山下乡浪潮中,老三届中学生只有66和68届近三分之一的学生留城进了工矿企业。

外表厚道

进厂第三天下午,工厂革委会主任、军管组组长门双成到新学员班接见我们,老门50岁上下,中等偏高的个头儿,圆胖大脸,一笑眯成缝儿的双眼,加上一身黄绿色军装,显得威武又慈祥,他代表军管组欢迎我们加入首都产业工人大军,鼓励我们努力接受工人阶级再教育,把自己锻炼成无产阶级革命事业的接班人。

接见的气氛相当活跃,散会后,老门没有马上离去,亲切地和我们交流,有同学问他"门主任,您说我适合干哪个工种呢?"老门上下打量后,对她说"你学车工吧,车工技术强。"我们即将面临分配工种,都盼望自己被分到技术强的岗位,所以那位同学听后乐开了花儿。最后轮到我问"您看我适合干车工吗?"老门打量我一下,笑着回答"我看你适合当个电焊工。"话音一落,同学们都笑了,我臊了个大红脸,那天上午我们刚参观过各车间,见到身手敏捷、工装洁净的车工,大家都羡慕;观看厚重防辐射工装被火花迸溅成千疮百孔的电焊作业时,没有人想干这一行。

第二天公布分配方案,我果真被分到有电焊班组的装配车间,见我垂头丧气的样子,新学员班班长找我谈话,劝解道"别心烦,电焊工有技术,工作也不太累,这是照顾你呢。"到装配车间报到后,因钳工一组大组长点名要我,理由是"需要一名能教唱歌的学员",之前我是红卫兵合唱团的领唱,曾随团四处巡演,在新学员班上也领唱过,从而我被分进钳工组。有个女生临时被调换为电焊工,她好长时间跟我闹别扭,她的心情我理解,我俩都没有决定权,只能服从分配,文革结束后她第一个离开工厂,家人把她安排进党校工作了。

三通用机械厂位于北京东郊双井地区,钳工一组大车间紧邻工厂北大门,离厂部办公室很近,军管组组长老门和厂部领导时常来我组视察。老门和几位师傅熟悉到能彼此开玩笑的程度,使我对这位军管组组长的印象更好了。

为父刻薄

1969年4月,中共九大召开后,巴基斯坦总统叶海亚.汗谋求连任,来中国访问,毛泽东会见了他,叶海亚.汗想连任不能差钱,就尽力奉承毛,毛一高兴,慷慨地许诺给他5个亿,毛伟人语调轻松地对叶海亚.汗说:"我们扫扫仓库,5个亿就有了。"金口一开,全国开始清仓扫库,"清仓扫库"是文革大波澜中的一朵小浪花。

我厂是文革中北京市工业战线的一面旗帜,历次运动冲在前,这次也不例外，为此工厂举办了"清仓扫库展览"，从各车间抽调能写善画的人筹办展览，包括3名美工和4名讲解员，我作为讲解员脱产进入筹备组。

第三天，门代表来视察，先鼓励了美工，再与我们4名年轻女工逐一单独谈话，他的注意力马上集中到小刘身上，指示让小刘担任讲解组小组长，负责解说第一部分，门代表三番五次找小刘单独指导工作。18岁的小刘，身材苗条，容貌清丽脱俗，一笑两个浅浅的小酒窝，言谈举止十分可人。我很快知晓老门不仅关心展览进度，更是替自己儿子做媒，不出半年小刘就嫁入老门家成为军代表的儿媳妇。按说老门是军管组组长、革委会主任，3000多员工国营企业一把手，小刘的好运该被工友们羡慕才对，可事实却相反，婚后，小刘甜美的笑容消失净尽，连当初嫉妒小刘的女工们也纷纷起了恻隐之心。

和小刘一起办展览相识，展览结束后因我俩的车间紧挨着，她时常找我说说心里话。一天，小刘红着眼来找我，我引她到更衣室，刚一坐定她就抽泣起来，我抚着她的肩表示安慰，哭了会儿她告诉我，婚姻令她极度失望。老门的儿子过于木讷，不懂得体贴，小刘的婆婆、老门的妻子没工作，是前几年从乡下进城的随军家属，话很少总板着脸，让儿媳妇无所适从。老门在单位说一不二，回到家也独断专行，最让小刘难受的是这家人出奇抠门，日常花销细算到分厘不差。"每天晚饭做好了，家人坐下先不开饭，要结清当日全家的开销。昨晚因差一毛四分钱对不上账，老门气得直拍桌子，他越急家人越慌神，怎么也想不起来，婆婆死盯着我，弄得我回了里屋，连晚饭都没吃，最后婆婆终于想起自己上午买过一瓶醋忘了记账，这才完事。夜里我又气又饿睡不着觉，听缺心少肺的丈夫打了一夜呼噜，恨死我了。"小刘的一番话，令我无言以对，只能傻傻地冲她苦笑。

一提起军代表，上点年纪的人会立即联想到文化大革命，文革时期的军代表给人们的印象太深了。我觉得军威滑坡，第一波起于文革军管时期；第二波事发80年代末大家心知肚明；王守业、谷俊山、徐才厚、郭伯雄、房峰辉等一大批军中老虎落马是第三波了。

肆意做虐

1966年春季动乱初起，学生停课闹事，夏秋两季打砸抢烧掀起红色恐怖，到了年末，全国各类学校、机关厂矿的领导秩序均被摧毁，地方各级党组织和政府机关处于瘫痪或半瘫痪状态，公安、检察、法院等无产阶级专政机关形同虚设，工矿企业停产或半停产，国家陷入无政府状态。1967年初，毛泽东支持并推广上海的"一月夺权"，造反派夺权胡来，"打倒一切""全面内乱"引发的乱局难以收拾，到1967年夏，派别冲突发展到血腥内战，重庆、青海、广西等地两派群众组织悍然动用军械，死伤惨重，甚至有人对死难者剖肚食肝。

为掌控局面，确保大权在握，毛决定派人民解放军介入地方，发出"三支两军"的指示，派解放军到各地各单位执行支左、支工、支农，军管、军训五大方面的任务。"支左"就是支持革命"左派"；"支农""支工"是派部队统领工农业生产；"军管"是派部队对地区、部门、单位、系统等实行军事管制；"军训"是派部队对大、中专院校师生进行军事训练。自此，解放军全面介入文革，先后派出280多万名干部和战士参加"三支两军"，我厂军管组组长门双成只是其一。老门是一名河北籍老兵，作为北京军区某部营职干部，来我厂当军管组组长、革委会主任之前的职务是团部后勤物资科科长，负责日用品（被褥、墩布、扫帚等）的保管与发放。

上篇回忆过我在工厂当红医工的往事，红医工是工厂里的赤脚医生，农村缺医少药，文革中把半农半医的乡村卫生员改叫赤脚医生，文革期间因得到毛的赞扬而普及。工厂照葫芦画瓢，兴起红医工，让学过一点点皮毛医术的工人从事医疗保健工作。

1970年，我厂革委会从生产一线、每车间各选派一个年轻人当红医工，装配车间选了我，从中优选出三人派到301医院"新医门诊部"学习针灸，3个多月后回厂，同去的两名学员回车间担任不脱产的红医工，我被留在医务室为病人打针。原先注射室的瑞护士带了我半天，她就去门诊部当医生了。

我厂医务室大致像现在的一所小型社区门诊部，分内、外、中医、理疗科、药房和注射室。我被分在注射室负责给病人打针，打针是简单技术活儿，比当钳工轻松多了。注射室分内外两小间，外间有一把椅子、一个半高台子，病人坐着或趴着接受臂膀、臀部的注射；里间有张医用小床和桌椅，供静脉注射或打点滴用。我立即发现一个怪现象，军代表老门隔三差五往注射室跑，其他工友来都是我给打针，老门一来身后必定跟着瑞护士，瑞护士客气地把我让到外间，自己请门代表进入里间，随即门销一插。每当这时，我在外间相当于给他俩望风，凡来打针的一律需要在走廊等候，17岁的我离开不是，不离开也不是，一头雾水、如坐针毡地听着里间的杂音和门外的催促。

医务室郭主任与我关系好，私下告诉我，瑞护士是老门的相好。老门替瑞护士说了话，瑞护士被提拔成瑞医生了，"别的红医工都不脱产，要不是瑞，哪轮着你留医务室啊"，她又说："看吧，就瑞那水平，不把人治出毛病才怪呢。"一听这话，我顿感自己处境不妙，再不肯充当守门儿的角色，只要瑞护士和老门锁上里间的门，我马上借故溜走，注射室外屋就空了。于是有人听到并传扬出去，军管组组长兼革委会主任老门和漂亮护士的绯闻不胫而走。

郭主任猜对了，两个多月后，瑞护士果然闹出医疗事故，她给一位工人开错了药方，剂量高出数倍，服药后那人上吐下泻送去同仁医院救治。郭主任息事宁人，打发瑞护士回注射室，我被调到理疗室协助针灸师小郑医生工作。又过了半年，眼里难揉沙子的我，无论如何忍受不了医务室那些半公开的泡病假、假职工之名替厂外亲友开药等一堆龌龊，就拜托我师傅王知仁和钳工组成敦大组长，他俩叫上装配车间主任找到厂部，借口"大会战"生产任务重把我调回原车间。重新当工人，突然感觉工人师傅们如此淳朴可爱，干活都不觉得累了。

曝光劣迹

大约在1972年前后，社会上掀起一股"反对不正之风"的浪潮，那时我厂大门口突然贴出一长排大字报，密密麻麻的毛笔字揭露了工厂领导拉帮结派、多吃多占、走后门等歪风邪气，矛头集中在革委会主任门双成等人身上，列举出大量事实，说老门和几位军代表短短几年内，往我厂安插了数十位亲友，连不识字的农村亲戚也陆续占用解决职工困难的宝贵名额，被安排户口进城，霸占了工厂最轻松或享受补贴的岗位；列举了革委会和军管组成员吃拿卡要工厂食堂、仓库物资的事例，详细到某月某日某人；列举了军管组成员伙同几名科室干部三伏天工人们挥汗如雨干活时，他们躲进阴凉的地下防空指挥大厅里"敲三家"打扑克的劣迹；列举了军管组成员某干事来厂不到两年，搞到手好几位女工，并把某护士（复员女兵）从某电工手里生生抢过去、弄大肚子后不得不娶回家等等，当然也没放过老门与瑞护士那些人尽皆知的风流韵事。

　　大字报一贴出，观者呜呜泱泱前三排后五排的，厂区顿时舆论大哗，我所在的车间班组大伙儿都无心干活了，三五成群聚成一堆堆议论纷纷，发泄着对军管组的强烈不满。很快，那一长排大字报就被人泼上水、用竹笤帚刷掉了，各车间召开紧急会议，传达上级精神"走后门等问题，留待运动后期解决，现在大家要抓革命、促生产，再议论这些事，将以破坏文化大革命论处。"方兴未艾的"反对不正之风"戛然而止。

　　这一年8月底，上级发布通知，"军代表在文革中支左立下赫赫功劳，密切了军民鱼水情，圆满完成军管任务，光荣地回归原部队……"老门们悄无声息黯然地"载誉"撤离工厂，此后我们再也没有见到过老门和陪他一起荣耀过的军官干事们了，"留待运动后期解决"的那些乌七八糟也无从查处、不了了之。现实告诉我们，老门他们那些缺德事没有被及时清理并清除，久拖不决势必滚雪球般以几何态势膨胀，直至癌症晚期束手无措一朝毙命。

　　接着说那十年，1975年我被调到工厂劳动工资科当劳资员，那之后十年，是北京第三通用机械厂鼎盛时期，已有4000多、近5000名职工。我厂每月厚厚一册工资表最后几页，是无科室车间编制、只领工资不见人影的工资名单，这好几十人从来不上班，每月按这份表到工厂财务科出纳员那里直接领钱，或者由熟人代替领取。记得1983

年我曾为此气不愤找科长提出异议,科长很为难,最后的结局是我不再负责工资管理,改为核算职工奖金系数兼全厂劳资统计。

我对面办公桌的老张负责人员调配,他让我看过一些资料表,从上面我清楚地获知文革期间在我厂参加军管的几位军人,陆续将好几十名亲友安排进我厂,其中安插人最多的就是军管组组长门双成,他介绍来的人全被安排在最优岗位。工友们虽略知一二,但不明就里,根本分不清哪些人是谁的关系,又怎样侵占了众人眼馋却不得其门而入的职位。哎,即使工友们明白了,即便很多同胞们都清楚了,又能奈他何?

我在北京第三通用机械厂一直工作到1985年6月7日,第二天我就到过五关斩六将考进的中国少年报上班去了,中间一天都没有休息。三通用厂坐落在双井十字路口西面,到90年代中期它与许多国营工厂相继被关停为止,里面发生过许多令我终生难忘的故事,接下来我会继续回忆并写出来。

(附信一封) 这篇文章曾发表在电子期刊《记忆》第278期,原标题"军代表老门",我发到中学同班同学群,张群力帮我想起老门的名字,我加上名字时给《记忆》主编写了这封信。

吴先生:您好!

我从小受的教育,许多年确实一直在神话军人,那时年轻人都渴望参军。所以对于我辈人,说军人是人不是神,确实不算过分。现在的年轻人可能难以理解,改一下也好,只要是中性就行,以免读者先入为主。

比如:军人也是有七情六欲的人。另外,当时刚开始"反对不正之风"工厂贴出大字报揭发军代表,马上就被毛泽东一句"留待运动后期处理"而紧急叫停,人们的不满情绪被最高统帅突然叫停。

我写老门,没有褒也没有贬,只是如实道来。我感觉老门算不上坏人,说是个小人,比较贴切吧。文革期间,小人得势是普遍现象。

前晚我在邮箱已发邮件中找出这篇旧文,转发给中学老同学,1969年3月我班曾有十几个同学一起被分配进同一个工厂,他们都了解老门，其中张群力（央视新闻台资深编辑）替我回想起老门的名字——门双成。

我希望老同学看后提意见，没人提异议，夸赞的话就不必记了。看来，他们对老门的看法，与我高度相似。

很高兴我们坦诚以待，真的很棒！

于向真 2020.6.25 新加坡

17 地下传书

我当工人时积极参与地下传书，得了个"书乞儿"的外号。尽管小心谨慎避人耳目，还是引起过一场不大不小的风波，差点背上处分，还遭遇过变相劳改。

昨天又穿城而过，去照顾病重的妹妹。妹妹三个月前最终确诊胰腺癌晚期，妹妹的儿子儿媳上班辛苦，妹妹的亲家提前退休赶来北京，我俩替换着帮助妹妹的儿子照料深陷病痛中的吾妹，累是次要的，主要是满心哀伤，妹妹对我非常敬重，从没顶撞过我，现在眼看救不了她，内心时常冒出"怎么不是我"！上月11日那天晚上从妹妹家回来，路上坐公交照例两小时左右，突然感觉浑身酸痛，心想"自己很可能也不久人世了"，又想起"今年是文革50周年，不如死之前把那十年的所见所闻留给后人，少留遗憾吧。"回到家随便扒拉几口饭，打开电脑写下《我亲历的文革十年》第一篇，该写第17篇了。

今天是除夕，好多人这会儿正睡午觉呢，晚上需要熬夜看春晚，我刚才躺了会儿，没睡着。今天上午洗衣服和准备新年饭食，跟妹妹的儿子通了电话，我俩互相鼓励过好春节，心如刀绞却不得不面对残酷现实，祝我的好妹妹最后一个春节病痛减轻些。心在流泪，找点事做，接着写文革回忆吧。

想起文革期间地下读书会的事，我跟老伴儿说起这个话题，他告诉我："70年代初我在部队当兵，也参与私下传书，有个手抄本'一双绣花鞋'私下传看，左盼右盼到了师部开大会那天，终于传到我手里。我悄悄看完后，编个理由说要去师部办事，私下里把手抄本传给上家指定的下一个战友。""传书看的都是最信得过的人，万一被发现，不只是勒令复原那么简单，弄不好得受处分、开除军籍。"老伴儿的话鼓励了我，看来文革期间顶风而上，背着领导和老左们私下传阅"禁书"的人不算少呢。那我就说说文革期间北京第三通用机械厂地下读书会的事吧：

2014年6月，我和两个妹妹在北欧旅游，这是在丹麦首都哥本哈根一处民宅前的合影。中间是我的大妹妹理丰，左一是我的小妹妹理炎。（陈荣 拍照）

我出生在建国初期，父母十几岁出来抗日，我家日常生活极其简朴，粗茶淡饭，连件像样的家具都没有，家中唯一能体现知识分子老干部身份的只有两个摆满书的柜橱。打小我就对书报有兴趣，常翻看爸爸看过的报刊，也时常搬个凳子在书柜前找书看，看不懂也翻翻看。小学四年级时，我开始看爸爸的大参考（装订成册的内部《参考消息》），无论爸爸变着地方藏在哪里，我总能三下五下找出来迅速翻看一遍。

　　文革爆发后，我家被迫从皇亭子大院新楼二层的套房搬到院子东南角那栋旧楼顶层小两居房间，折腾过后，书柜早丢了，原来的书也所剩无几。刚满16岁，我进厂接受工人阶级再教育，白天和老少爷们一起干超强体力活，业余爱好就是看书，三通用厂有个小图书馆，我主动申请当上义务图书管理员，小图书馆藏书太有限，《牛田洋》《金光大道》不久被扫荡尽净，于是开始满世界借书看，得了个"书乞儿"的外号。

　　懒得管这外号好不好听，渐渐地，我周围聚拢起十几位书迷，俺们号称：三通用地下读书会。当时允许看的书少得可怜，根本无法满足我们饥渴的精神需求，就千方百计寻找一切能到手的书，然后悄悄地、迅速地相互传阅。你别说，还真借到过极好的书，都是经过横扫四旧被主人冒险保存下来的中外名著等经典著作。我和书友们像地下工作者那样，煞费心机地将书藏在工装外衣里，或者裹在《人民日报》中、《红旗》杂志下，假装闲聊避开众人视线偷偷把书传递给对方。尽管如此，偶尔的蛛丝马迹还是引起一些人的猜疑和误解。党小组长多次规劝我"别看封资修的书，少给自己惹麻烦"，我表面诺诺，实则倍加珍惜到手的每一本书。

　　我看书的习惯是不折角、不涂写，还不厌其烦地为每本书都包上牛皮纸或画报纸的封皮。除了爱惜书，守信用也特别重要，讲好什么时候还，绝对按时归还，为此常开夜车，有时一本厚厚的书只给我一天时间，上班时即使拿到书也不敢看，心头像揣了只小鹿，手里忙着活儿，脑子却惦着那本勾魂的书，一下班赶紧借故飞奔回宿舍，废寝忘食也得先把书里的字吞进去，第二天一早黑着眼圈儿将书完璧归赵。正因为如此，在书迷中我的人缘、口碑都不错，谁有了书愿意借给我。没料到因为传书看竟引起一场风波，我差点背上处分，还遭遇了半年变相劳改。

　　那是1975年，当时我正迷恋着摄影和冲印，一到星期天就背着相机四处去照相，回家后自己冲洗放大，同院邻居有两位叔叔在新华社图片社工作，进口的放大用相纸，主要用于放大各单位宣传栏用的毛主席照片，通常会裁下一条，那些放大相纸的下脚料纸边100张内部卖两毛六一捋，双层黑纸包着，美物价廉，我成为一个固定小买家。我家和亲友的底片统统放大冲印好以后，开始帮同事们放大照片，在替一个工友放大多张照片后，对方表达谢意，借给我一本珍藏多年的《茶花女》，这件事被另一个"要求入党"的积极分子告发给车间党支部兰文开书记。

不巧这之前，兰书记分别托两人劝我和他的侄子"交朋友"，都被我婉言谢绝，得罪了他我并没有察觉，这回被他逮个正着。您别一听是工厂的车间干部而小瞧了他，好几百人的大车间，党支部书记是一把手，当时可是个八面威风、跺脚乱颤的角色，冬日里，兰书记经常披件棉军大衣，派头十足，与他有过结，必有苦头吃！

兰书记派人传我到办公室问话，语气梆梆硬，"最近你干了什么坏事？"我当时是车间团支部书记，与车间几位领导很熟悉，我以为他开玩笑，于是笑答："我干的坏事多了！"他一拍桌子跟我急了："你给我老实交代，某某给你看了什么书？"我一下明白问题出在哪了。当时北京市还在严肃查禁《曼娜回忆录》《一双绣花鞋》《第二次握手》等手抄本，各团支部专门开过会追查此事。《茶花女》虽不在其列，但属于封资修，看这类书无疑是违禁行为。我说："最近我看了好几本书呢，没看坏书呀。""敢说不是坏书，是欧洲人写的吧！"我强词夺理"欧洲人写的也不全是坏书呀。""欧洲是老牌儿资本主义，欧洲人写的书是歌颂臭资本家的……"年轻气盛的我和领导顶撞起来："书记，您这话可就反动了，马恩列斯都是欧洲人，《共产党宣言》《资本论》就是欧洲人写的，那可是革命的指路明灯，怎么能说是坏书呢？"这句话一出口，书记的脸已经气歪了，只见他咬着牙直喘粗气，大声吼道"你看的是非常下流、非常反动的坏书，我已经查明，写的是妓女的下流事。一个姑娘家竟然看这种不要脸的书，你简直不可救药了！"

他越说越气，"你给我好好反省，把经常传看坏书的那伙儿人都给我写下来，不然我给你记过处分，在车间大会上宣布，并撤了你团支部书记!"呀,问题严重了,撤职我倒不怕,受行政处分可不行,会记入个人档案成为人生一大污点!我费了好大劲儿,说明那是一本控诉资产阶级虚伪道德的世界名著,里面并没有污言秽语,试图打消文盲领导的误会。他认为我中毒太深、态度恶劣,拿出纸笔坚持让我把所有传看书的人的姓名都写出来,厉声道:"念你年轻出身好,交待彻底饶你这次,不然叫你一辈子翻不过身!"

好为难啊,书友们的面容一一闪现,写出他们的名字就意味着出卖与背叛,尤其是有个出身不好和有"历史问题"的人,为此他们有可能挨批斗。"还不快如实交代!"在呵斥声中,我只得提起笔违心地写起检讨书,说自己阶级斗争观念淡薄,抵制资产阶级腐蚀自觉性不高等等。党支部书记一把抢走撕了,软硬兼施逼我交待,"你忍心看着一个个同志在资产阶级泥坑里越陷越深吗?你有责任挽救他们,这也是挽救你自己的唯一机会!"我越来越觉得左右为难,幸好这时有人把他叫走,我才得以脱身,冷静后横下心不出卖别人。后来兰书记在车间大会和团支部会上分别把我狠狠数落了一顿,行政处分和撤销团支部书记他没有再提,我自然巴不得他已经忘记。

1955年初,小女孩于向真站在郑州国棉一厂工人宿舍前,爸爸给我拍了张照片。(于明 拍照)

紧接着,兰书记下令把我从钳工组调到铆工组最累的工序干活,瘦小的我一手托着沉重的大块厚钢板,另一手用大号扳子拧着比自己的大拇指还粗的螺丝钉,将一块块钢板固定在两三层楼高的风扇式磨煤机内壁上。隔些天还要干一轮铆扇页的苦活儿,一天下来浑身都被大号风枪震酥了,下班回到宿舍,筋疲力尽瘫软在床,有时连洗脸洗脚的劲都没有了。有人告诉我兰书记在党支部会上说"她这个人骄娇二气,必须到艰苦的岗位上打磨打磨。"后来,钳工组的师傅们死活把我要了回去,才结束了超重体力对瘦小的我的惩罚。嘿嘿，在"坏的头顶长疮脚底流脓"的兰文开面前，当年的小于我没怂包！

忽如一夜春风来，一年后毛逝世了，后来党的十一届六中全会召开了，改革开放大旗一举，祖国迎来勃勃生机，我们终于可以正大光明地借阅书刊了。工会组织恢复后，我们厂的图书馆陆续购进不少新书，我是那里的常客，不光看书，还写书评或读后感，向工友们介绍好看的新书。有点积蓄后，见到心爱的书也能买本回家，开始拥有个人藏书了。看书看报积累了一些知识，虽然只念到初中一年级，但在1982年春天参加中央广播电视大学经济管理班招生考试时，我以相当高的成绩被录取。三年后，中国少年报公开招聘编辑、记者，我顺利闯过笔试、面试几道关，成为156个应试者中唯一被录用者，开始从事自己钟爱的儿童新闻工作。

我刚进报社时编写《情况简报》，及时向党和国家领导人提供全国少年儿童的各种重大实情，随后进总编室六年半中按时高质量完成每一期《中国少年报》的审阅与付印；然后采写编发《中国儿童报》头版、二版新闻报道。由于我个性较强，到报社后公开声明"我在报社一不入党二不做官"，在一次独闯总编办公室提意见后，领导一怒决定"不能再重用，让她去办科学版，量她吃不消很快就得走人。"惩罚性调我去编辑科学知识版，却没料到我心里挺高兴的，当今社会最大的特点不就是科学技术日新月异吗？为了跟上时代步伐，把最新最好的知识奉献给全国小读者，我加紧补习知识空白，把每天读书看报的内容增加了高新科技。那时年轻精力充沛，从1988年起，我白天给孩子们办报，业余时间为小朋友和青少年写书，平均每年出版两、三本，直到1999年停止。

如今新书多得令人目不暇接，我的藏书也在增多，还专门请鲁迅博物馆的馆长潘德延先生刻了一枚相当漂亮的藏书章！吃穿能省就省，节余点钱买书多爽气。亲友每逢去香港总帮我带回一两本好书；几年前好友李士岗先生卖掉京城住房移居温哥华，走之前还特意两次请我餐叙，分两次带来两背包因他喜欢、舍不得扔掉的好书送给我，把我感动得不知说什么好。送我那么多好书，还请我吃饭，第二次装书的那个双肩背包，后来每次出国旅游我都背着，遗憾的是我至今从没帮李士岗先生做过任何事情，纯属欠债！我只能东施效颦，把自己看过的好书，看后送给好朋友们分享。爱书的人都知道：捧起心爱的书，立刻进入轻松愉悦的境界，充盈着精神富翁的自豪感！

回望人生历程，从偷偷摸摸借书看，到如饥似渴地借书、买书，再到尝试写书、出书，与朋友们分享好书；写书也从用钢笔写了改改了抄，到用电脑打字轻松排版；用的电脑也是从学习机、286、486升级到奔腾机、笔记本，在互联网上写博客，再到用手机分享各类图文资讯，变化多大呀！感谢时代进步，感谢科技发展！

18 技工刘榔头

技术出众的刘师傅，不仅踏实肯干，还是受人滴水之恩涌泉相报的实在人，因为有生理缺陷而备受欺辱，最后一次打击太过残忍，导致他高烧不退，含冤早逝。

1969年3月5日，16岁零两个月的我被分配到北京第三通用机械厂，前后共当了5年工人、一年红医工、10年半劳资员，共16年半。1985年6月7日，经社会公开招聘，我进中国少年报社当了编辑。我在工厂时，结识了许多工人、技术员和干部，其中一些人给我留下深刻印象。前几天，我写过"右派室友彭诚""军管组长门双成"，今天写一名外号"刘榔头"的六级技工的往事。

秉承自己的习惯，我写人和事从不含水分，全是自己亲见亲闻的事情。技工刘师傅的故事有两个看点，一是他技术出众，但处世懦弱；二是他有生理缺陷，没有生殖能力，俗称"二椅子"（也叫二性子、两性人），他为此蒙受了莫大羞耻，一生充满悲情。

大字报上写着，要砸烂他的狗头

我进厂时，文革迈入第四年，大批判正如火如荼，"喜迎中共第九次全国代表大会"，阶级斗争如火如荼，厂房内外墙上不断刷出新的大字报，互相揭发"罪行"，充满恶狠狠的人身攻击。刘师傅的名字，还有他"刘榔头"的外号，我是从大字报上先于其人见到的。揭发并攻击他的那几张大字报的标题为红色大字，赫然写着"革命的铁榔头砸烂刘榔头的狗头！"内容极尽嘲讽之能事，比如："你刘榔头技术再好，也没有革命的铁榔头硬"；"不突出政治，走白专道路，假装老好人，一心想当技术大拿，没门！"，"革命群众要造你的反，把你的狗头砸个稀巴烂！"

大字报的内容有好几张，却全然看不出刘师傅有任何"罪行"，一个普通技术工人被这样公开羞辱谩骂，给我留下深刻的印象。看了大字报，我得出的结论是：这个要被人砸烂狗头的"刘榔头"，他的技术一定不错！

几天后我就见到了刘师傅本人。那时我刚被分到组装车间钳工一组当学徒工，师傅叫王知仁，7级工，是钳工组技术组长。王师傅喜欢搞发明，厂里许多自行研发的革新设备好多台都出自他的手。那时他正潜心研制一台多功能半自动钻孔机，派我去机修组找刘榔头取回一个零件。"刘榔头？不就是大字报上说的那人吗？他怎么叫这个名字呀？"王师傅说："刘师傅有绝活，能用榔头敲平薄钢板，得了这个外号。他技术全面，车钳铣刨样样拿得起放得下。"我不由对此人肃然起敬，兴冲冲去了机修组。

机修组人不多，不用打听我就找到目标。刘师傅高大壮实、单眼皮小眼睛，正俯身在机床前用砂纸抛光一个零件，他的新徒弟小赵是我的中学同学，小赵告诉我"快好了"，然后拉我到一旁，皱着眉头说："我真倒霉，摊上个二椅子师傅，在咱同学面前都抬不起头。""什么二椅子呀？"这个词让我丈二和尚摸不着头脑。小赵说"别问了，反正特恶心，我是倒八辈子霉了！"

刘师傅将打磨得光亮如镜的零件交给我，把转告王师傅的两个注意事项交代得一清二楚，我对他的印象非常好。小赵把我送到车间门口，我对他说："我师傅说刘师傅技术特别好，脾气也这么好，你别再瞎抱怨了。"后来看到，他师徒俩关系果然处得不错，小赵也成为一名出色的技工。

技术好靠钻研，出好活需静心

几年后，我所在的班组因组装发动机增压泵遇到难题，刘榔头调进我组，成敦组长让我给他当助手攻克这项技术难关。搭档期间，我更感受到刘师傅的技术和脾气都是一等一的好，我跟他学会精密零件研磨等技术，他喜欢边干活边听我讲故事，各有所获。

各种难活儿在刘师傅手里似乎都玩得转。他的工具箱与众不同，其他师傅箱子里都是从库房领来的统一制式的工具，刘师傅箱子里的工具多是自制的专用工具，除了工具还有一些技术书，他爱琢磨那些在我看来很无趣的技巧，休息时，他独自猫儿在角落里抠搜着干点零活儿。他性情孤僻，总躲开人多的地方，但我发现他其实挺爱说话的，有时他嘴巴不拾闲，说起各项技巧如数家珍。一旦开始做研磨等细活时，他能长时间一言不发、眼都不眨，他说"心不静，不出好活。"我揣摩那种意境，排除杂念，八字旋转时专注于手中活计，果然也能将泵芯的两个小齿轮研磨得严丝合缝了。中国最缺的不是工程师，优秀的技工严重短缺，人心浮躁（不好意思也包括我），像刘师傅这样肯钻研又静得下心的人太少了。

我也发现刘师傅的毛病——猜疑心过重。欺软怕硬，是许多大陆同胞的通病，所以常有人爱欺负他，讥讽他的生理缺陷，有人很阴险，有些话相当露骨，出其不意戏弄他个脸红脖子粗。刘师傅太窝囊，不会还嘴，气极了扭头离去，还得听身后缺德的坏笑。有两次，我发现他站在车间小门的门缝外面，伸着脖子往里听，一个身高粗壮的人这等做派太栽面了，我瞪他一眼径自推门进去，里面几人正聚在一处说三道四。

有人告诉我"刘榔头是个假男人，他的生殖器像孩子一样，连胡子都没有，他从来不在工厂洗澡。"这话令我吃惊，三通用厂有个温泉大澡堂，下班后去洗温泉澡是我们一天最惬意的事。我留心观察，果然刘师傅不去澡堂子，二椅子的传言莫非是真的？

红颜薄命与缺陷人生的悲凉

为此，我去了我师傅王知仁家，王知仁师傅和王幼珍师娘有四个女儿两个儿子，大女儿与我同龄，师娘和姐妹几个对我很亲热，有自家人的感觉。我向师娘打听刘榔头的事，他们两家是多年的邻居，师娘给我讲了一个悲惨的故事。原来，刘榔头是河北农村人，很小被送进京城铁匠铺学徒，技术出类拔萃，49年后评定技术等级时，凭他掌握的几项绝活，评上最高的8级是应当应分的，可惜他因懦弱遭人白眼儿，只评个6级工。

他父母在老家给他说了个媳妇，挺漂亮的，他把媳妇接来北京，户口也上了，两口子相安无事。1958年大跃进，有劳动能力的家庭妇女纷纷进了街道工厂。刘师娘那时身材苗条、容貌端丽，还是个唇红齿白的大姑娘呢，在一大帮黄脸婆中很是惹眼儿。上班后，几个多嘴多舌的老娘儿们拿她乱开玩笑，甚至不分场合地当着她的面议论夫妻间的私生活。

领班的班长是个中年汉子，眼前来了只楚楚可怜的玉兔，他动了歪心，骗奸了她。一回强迫，二回半推半就，三回如鱼得水，柔弱的刘师娘初尝妇人滋味，像被施了魔咒般以心相许，哪知缺德的班长只想尝个鲜儿，不愿背上包袱，随即调走了事，人间蒸发了。

火焰乍燃便被冰霜砸熄，被抛闪的人一下子疯了，数九寒天竟脱光了衣裳在外面疯跑疯叫，两三个人都拉不回来。刘师娘的工作丢了，刘师傅花光了积蓄才把媳妇治好，因服用大量激素，她变得臃肿不堪，几年下来已判若两人。刘师傅家有个叫小颖的女孩，是刘师娘病情稳定后，她妹妹过继给他们的。

刘师傅夫妻的遭遇令我唏嘘不已，从此无法容忍对他生理缺陷的讥讽，再有人当我面说他"二椅子""连个崽儿都下不出"之类的刻毒话，我会立即毫不客气地大声斥责："刘师傅招你惹你了？少缺点德吧你！""再说这种话别怪我骂你！"几次下来，没人再公开拿刘师傅寻开心了。

我收获了实心实意的回报

那时我已经看过《水浒》《警世恒言》等老书，路见不平拔刀相助的话能张口就来，暂时没人公开欺负他了，刘师傅虽无感谢之言，却以行动表达了谢意。他为我自制了一套小巧实用的工具，悄悄放进我的工具箱；他捡来废钢丝，做成一款多用的晾衣钩，怕我拒收，就做了好几副分送给几个女工。不久，我被厂部借调到劳资科参与工资改革试点项目，离开车间后，有一次刘师傅站在厂门口等我，把一只小饭盒塞到我手里，匆匆跑开让我无从推却，打开一看，是一小盒糯米豆沙糕，以前一起干活闲聊时，我说过爱吃糯米豆沙糕。

1975年春，父母来信说不久要回国述职，我四姐妹们兴高采烈准备给父母一个惊喜，每人画一幅墨竹、写一句话凑成四幅挂在客厅中间四扇屏风上；买来丝绵亲手缝制两床柔软轻薄的丝棉被等父母回来享用；买两大束绢花，装点父母卧室。最大一项工程是粉刷三个房间的墙壁，那时不懂有家装公司，征询了内行人后决定自己动手。买来白粉、色粉和胶，准备好桶和排刷，我姐妹各请了一天假，调制出淡蓝色的粉浆后就开工了。

我父母在新华社驻外分社工作时的一张照片。

不干不知道，干起来真叫累。我们住的房子开间很高、很大，我姐妹四人分两拨轮换着刷墙，没多长时间就感觉脖子和胳膊又酸又疼，更要命的是发觉两把椅子摞着还不够高，屋子顶棚只有最高个儿的二妹一人能够得着，发愁之际，刘师傅突然不请自来，让我大吃一惊！原来，早晨一上班他听我师傅王知仁说我今天请假、家里要刷墙，他担心我和妹妹难胜此任，赶紧请假坐车赶过来帮忙。刘师傅高大强壮，一个顶我们仨，有他加入，进度快多了，特别是三间屋顶的粉刷他一人包圆了。原打算挑灯夜战的活儿，下午就提前刷完了。

刘师傅谢绝吃晚饭，刚完工就回去了。他走后，二妹不住口地夸他，连说："阿弥陀佛，刘师傅简直是天兵天将。"大妹说："刘师傅太好了，没见过干活这么卖力的人。"刘师傅诚心诚意的帮助，令我姐妹非常感激。

遭受打击，含冤早逝

至今许多人还在怀念 80 年代。上世纪 80 年代初，平均主义大锅饭遭到公开贬斥，国家顺势出台职工工资按百分比上调的政策，各单位按在编职工总数的 20% 下达涨工资指标，就是 100 个人中有 20 人可以上调一级工资。1949 年后，仅有文革中期一次工资普调，很长时期人们无不盼望涨工资，以改善拮据的经济状况，20% 的比例对应 100% 的巨大期盼，竞争空前激烈。我厂采取各车间、科室根据出勤、完成任务情况，在征求群众意见的基础上，采取三榜公布的方法确定上调工资人员名单。

那时我是厂部劳资员、工资调整办公室骨干成员，各车间、科室分三次上报的调资名单我要及时统计并上报厂长和机械局劳动处。刘师傅工作成效突出，所在车间前两次报上来的名单中都有他，最终名单却把他换作别人。不久，有人告诉我刘师傅住进了同仁医院，我一愣，心想"他身体那么棒，怎么生重病了？忙过这阵，去医院看看他。"几天后没等我去，就传来他病逝的消息。

事情是这样的，刘师傅同车间一男青工，妻子是农村户口没工作，有两个小孩，他说自己"一到下半个月家里就揭不开锅"。因孩子生病他请假超时,眼见前两榜自己名落孙山,涨工资没戏,他急了,拿了把刀冲进办公室威胁车间书记,声言"如不给我涨工资,白刀子进红刀子出!"车间书记吓得哆里哆嗦就应承了他。必须去掉一人才能加进这个人,书记掂量来掂量去哪个也不好惹,就把生性软弱的刘榔头除了名。

刘师傅的女儿刘颖正上中学,妻子没收入还需要长期服药,日子很紧巴,两次张榜公布已然手拿把攥、必涨无疑的那级工资,没有任何解释就不翼而飞了!刘师傅急得嘴上起泡、牙床子红肿、嗓子也哑了,他的大徒弟小赵跑去质问车间书记,书记无奈说出真相,小赵气不忿找那人评理,男青年气急败坏破口大骂,掐着生理缺陷的七寸狠狠当众羞辱刘师傅。蒙受这番奇耻大辱,老婆女儿也没法交代,刘师傅一病不起,高烧不退,住进医院没几天就亡故了,终年50出头。

刘师傅病故后,我去他家看望刘师娘和他的养女,刘师娘使劲拽着我的手,洒泪相告,刘师傅病中曾对女儿小颖说"以后遇到难处,去找你于姐。"

听闻此言,泪水盈眶。当时有政策,老工人退休或病故,可以安排子女中的一人进所在单位接班,顶替父母享受国家正式职工待遇。据此,我跟主管厂长说了刘师傅的遭遇,厂长动了恻隐之心,我赶紧叫刘师傅女儿来面见厂长,厂长见姑娘文静秀气的模样,就准了接班一事,安排小颖进厂部办公室当了打字员。

小颖上班后,表现不错,因家庭环境比较特殊的缘故,性情有些内向。刚来时,我去她的办公室看她,她朝我笑笑,马上低头继续练习打字,我就放了心。随后,她来我办公室串门,我说起她爸爸刘师傅技术全面,脾气也特别好。我对面办公桌是负责人员调配的大张(就是为她办理接班手续的人)接我的话茬对她说:"你爸爸啥都好,就是太窝囊了。"此言一出,她马上站起身,变色道:"他不是我爸爸,以后别提他!"从此她再也没来找过我,即使走路碰个照面,小姑娘一偏头赶紧走开,好像从来不认识我。不久,我参加中国少年报的公开招聘,调离工厂进入报社,没再去看望刘师娘,也没再见过刘师傅的女儿小颖。

顺便说一句，我过去供职的、位于京郊的三座大厂：起重机械厂、建筑机械厂和第三通用机械厂，作为北京市工业改革的首个试点，三厂合并成一个万人大公司，迅速失败三年后被拆分，再后来大批工人纷纷下岗，当年人气、产值俱旺的东三厂，早已不复存在，如今连个影子都不见了。

19 上校的女儿

在1971年长途拉练中，我和钉结为朋友。回厂后钉因谈恋爱无端受迫害，被逼得差点自杀。此后她郁郁寡欢，沉默不语，后沦为下岗工人，命运多舛。

文革中，多数人的运程靠赶拨儿，吉顺好赖，需要依托赶上哪一拨儿，个人即便再努力，大抵也是事倍功半。如身在元帅府、部长家，或就职于国家机关、垄断性国企，即便身无一技，并不勤奋，照样能享受超国民待遇；若生在穷乡僻壤或供职于小企业，混迹于个体户，任凭你拼力奋争，也难免为生计犯愁。这拨儿或那拨儿的境遇，同处一隅却天渊之别。

文革期间老三届及后几届学生的命运，更是与赶拨儿息息相关。部队大院的子弟托个门路，便能入伍参军；底层平民的子女随波逐流，凭个人奋斗难上加难；"黑五类"家庭的子女命运多舛，忍气吞声抬不起头来。当时学生毕业分配，一律被标上文革特色"某届"（实则某一拨儿）的烙印。唯独高校毕业生，沾了毛伟人讨厌的"老九"气味，一律下到基层工矿企业；中学生的走向参差不齐：66届、68届的中学生，少部分"出身好"的留城进厂，其余下乡务农；67届、69届整锅端到边疆开荒，名曰兵团战士，实为对苏战备二梯敢死队；

70届那拨儿"最走运",因厂矿叫喊缺劳工而整批留城进厂当工人;接下来,国家财政不支,为节省安置费,后几届中学生毕业后就近分在城市郊区插队。

下面讲的是我和一个名字叫钉的女工的交往。我俩分别是北京市68届和70届的中学生,相隔一年半被分到北京第三通用机械厂当工人,1971年初在长途拉练中我俩结为朋友。后来,钉因谈一场再普通不过的恋爱,竟遭受迫害,被逼得差点自杀;受此打击后她郁郁寡欢,终日沉默不语,40来岁又沦为下岗女工,蹉跎了一生。

1969年3月,我和93名同学被分配到北京第三通用机械厂,在组装车间一组当了钳工。第二年秋天,厂里又分来一批70届的学生,名叫钉的女孩就在其中,她被分到组装车间二组,也是钳工。车间开会时,钳工一组、二组列纵队毗邻而坐,钉就坐在我旁边,眼睛正看着我,我马上点头跟她打招呼,她却故意转过头,不搭理我。

1970年,毛泽东两次批示从严治军,并号召"全国学解放军",部队兴起野营拉练,全国工矿企业、各地学校都紧随其后,部分工人、学生停工停课,打起背包去急行军,参加长途行军和野营,用"吃大苦""耐大劳"来"炼红心""表忠心"。我在的车间,先组织一次几十人的郊区拉练,周末下班后紧接着强行军快速走到通县再返回城里,接下来是数百人长途野营拉练,两次我都参加了。在长途拉练中,我和钉彼此走近,成为朋友。

长途拉练

在那之前,我被工厂送到301部队总医院新医门诊部学习,回单位留在医务室工作,因不喜欢泡病假者云集等乱象,在我多次恳求下,车间主任和钳工组长终于把我要回车间重新当工人。回车间不久,我作为"三排卫生员"参加长途拉练,钉和我分在一个女兵班。行军途中,钉举着小红旗,我背着小药箱,我俩并肩走在三排女兵班队列最前头。第一天从东南郊走到西北郊厢红旗宿营,我们班16个女兵分在一间农舍过夜,烧了一壶热水大家喝,剩下一点儿加上凉水,16个人轮流用那小半盆温水洗脚,我洗的时候水已经浑浊不堪呈灰黑色了,班长在我之后才洗。

　　班长把脚丫子放进刚能浸湿脚底的盆里,钉突然说:"应该轮流洗脚,今天最先洗脚的,明天最后一个洗。"班长说:"我可以最后洗。"我和几人支持钉,于是决定以后轮流洗脚,今天最后洗的人,次日最先洗,顺势还规定轮流挑水、烧炕、搞卫生。躺下睡觉时,难题又来了,普通的一张农家炕,挤不下16个从事重体力劳动的大姑娘。大家面面相觑时,钉又开口了:"都侧身躺着呗。"已经躺下的纷纷侧过身子,沙丁鱼罐头般一个紧挨一个侧身而卧,勉强塞进16条躯体。拉练第一天发生的这两件小事,让我对钉刮目相看,她看似古灵精怪,却机智又聪明。

　　第二天,我和钉依然走在女兵班最前排,我直言不讳表达了对她的欣赏,消除了她对我这个"团干部"的戒心,聊起有趣的话题我俩都很开心。我说起刚来北京那几年哥哥带我去树林里抓鸟,去玉渊潭捞小鱼;说起少年时父母不在家自己如何当小家长,教妹妹们算数、背诗、养兔子、玩捉迷藏的事,钉羡慕我有个哥哥,说:"我要是有你这么个姐姐就好了"。钉是衔着银汤勺降生的女娃,父亲是一位上校军官,母亲是名国家干部,但父母重男轻女,钉懂事后,愤恨于被视为"眼中钉"的歧视而自作主张更名为"钉"。钉给我讲她如何跟弟弟明争暗斗,由于父母齐心合力、明里暗里偏袒小霸王,加上那小子刁蛮任性,钉一次次败下阵来。我不理解身为军人和干部的父母,封建意识怎么如此浓厚?

　　钉说她父亲是爷爷奶奶的独子,1945年入伍,时任北京军区空军司令部上校。钉的母亲是崇文区文化馆的图书管理员,面容、身材、学历都很优越,只是家庭成分较高,为前途计,嫁了黑胖的空军军官。钉出生前名字就起好了,父母一心盼望生个男孩,提前给孩子起名"丁",生下女婴也冠名丁,丁的肤色黑,眉眼都随爸爸。父母紧接着要了第二个孩子,落生一看如愿了,男娃长得像妈妈,细皮嫩肉双眼皮,父母比着劲儿宠爱宝贝儿子。受冷落的丁,文革初期赶上改名风潮,自行改名为"钉",变相提醒爹妈:我是你们的眼中钉。

　　钉自幼习惯独处,看书、刻剪纸、练毛笔字是她的爱好,举手投足间透着干练聪慧,弥补了面貌上的缺憾,乍看此女呆板不美,细品颇为灵动刁钻。钉的妈妈在机关工作借书便利,钉很喜欢外国文学,所以我俩的话题经常围绕着外国名著。钉最爱狄更斯、陀思妥耶夫斯基和左拉,我偏好托尔斯泰、巴尔扎克和勃朗特三姐妹。她和我读书口味不同,个性也迥异,一个深沉机敏,一个率真开朗,倒也互补。

多日的长途拉练,军事化管理,每天起大早、披星戴月忙着赶路,半个月没见荤腥,顿顿玉米面粥、窝头馒头,能吃上新鲜蔬菜时大家就很开心,多数时间只有咸菜。一路上,我们调侃最多的话就是"拉练,拉练,拉的是面,练的是做饭。"现在想想这句话依然感觉很有趣。每天都是炊事班先行,从工人里选拔出来的炊事员比我们更辛苦,不仅要背着自己的被褥、毛选,还要背着大锅等炊具,走同样多的路途,必须比大部队更早到达目的地,每到一处立即挑水、支锅、生火、做饭,食材的单调令他们只能愧对"战友"们。记得在最后宿营的村庄里,炊事班奉命买来一大块肉,炖了一锅肥墩墩、白多红少的肉丁儿,给我们每人盛了一小勺,之前声称不吃肥肉的钉,分明和我一样吃得那叫一个香啊!

部队官兵在冰天雪地中野营拉练的老照片。

拉练,每天鸡没叫、天不亮,紧急集合的号声就吹响了,"战士"们以最快速度穿衣、打背包、集合、列队、点名后即刻开拔。离开村庄前，要像正规部队一样，宿营地的农户家里必须缸满院净，轮流扫院子、挑水的人会被队伍落下，干完活儿后一路小跑追赶上大部队。半个月来天天如此，一走就是一整天，仿佛奔向淮海战役主战场那样急迫。途中，有人要不停地带头背毛语录或喊口号，"下定决心，不怕牺牲，排除万难，去争取胜利。""苦不苦累不累，想想万恶的旧社会；累不累苦不苦，想想红军长征两万五。"疾行数十里后实在累了，就没人喊口号了，人人心里只剩一个念头——"宿营地快到了吧？"

每次黑灯瞎火中望见前面闪烁出几盏昏黄的灯光，啊，那是一天中最愉悦的时刻，可爱的村庄终于出现了！赶到宿营地，个个饿得饥肠辘辘、累得东倒西歪，作为卫生员，我要在大家休息时背着小药箱各班查看一遍，给发烧、拉肚子的队员送药，给一大堆磨出水泡的脚底板穿线引流，忙得不亦乐乎。我们宿营的村庄里几乎都缺医少药，听说来人中有卫生员，总有人找我寻医讨药，我带的药极为有限，除非急症，其余一律采用针灸疗法。每当我回到住处，见到钉为我留了热水和空的铺位，疲惫就随之化解，入睡前我俩还会逗几句贫嘴，聊几句贴心话。

我俩一组，一起扫院子，一起到井台挑水，一起跟偷懒、多吃多占的人斗嘴。那次急行军穿过山口，刺骨的北风裹着沙砾抽打得脸蛋生疼、迈不动大步，我和钉走在队列最前面，眯缝着眼、侧着身紧紧拉着对方的手，奋力为女兵组开路。还有一次行军途中下起大雪，风卷着雪片扑进耳鼻，视野迷茫睁不开眼，一个趔趄后，我大声唱起歌："漫天皆白，雪里行军情更迫，头上高山，风卷红旗过大关。此行何去，赣江风雪弥漫处，命令昨颁，十万工农下吉安。"刚唱过一遍，钉就会了，也和我一起高唱。

走到河北某地的一天，又赶上我俩值日，早晨打好背包，赶紧一人整理房间，一人扫院子，然后一起去挑水。到井台吓了一跳，没有辘轳，光秃秃的井台满是凹凸不平的冰面，玻璃般溜光水滑，战战兢兢接近井眼儿，往下一看更傻了，水面离地很深，扁担加上两头的铁钩子勉强够到水。我说"我的胳膊长一点，我来吧。"钉站在我身后使劲拉着我棉衣的下摆，我站成马步，用铁钩挂住水桶的提梁，往下探再往下探，直到弯着腰撅成大虾米状，好不容易才晃着铁桶盛满了水，往上拉时一使劲，前脚在井台的冰上一打滑差点摔跤，幸亏只滑溜一下没摔倒，倒霉的是水桶突然脱钩，沉入井底。钉马上跑去向每天最后离村的连长求助，留在井台不知所措的我急得差点哭出来。连长来后，让我俩赶紧去追赶队伍，他负责善后。

一上午我忐忑不安，钉安慰我"连长能解决，你别难过了。"到中午才见连长追上大家，他借来多面钩，将水桶捞上来送还给老乡。我暗自松口气，嘴上难免发牢骚，"大冬天井台井沿全是冰，弄不好人会掉下去的，这个破村子的人竟然不知道安个扶手栏杆啥的，太危险了！"钉劝我别多话："野营拉练有规定，不许议论村民的事"，我只得长叹一声作罢。

记得我们宿营过的村子，基本上都很穷，村民的住房大多已经破败，只有在延庆靠近河北处，有个叫"三眼井"的村庄例外。那个村子规模较大，主街道很直，街面也平整，美中不足是缺水，偌大的村庄只有三眼井，两眼能饮用的"甜水"和一眼只能浇地的"苦水"。房东大嫂告诉我们，村里有严格的节水规章，村民们"成年论辈子都不洗澡"。

那年正月里，我们长途跋涉从北京东郊走到西北郊延庆，深入到河北境内再折返回京，吃了苦受过累，因为有新朋相伴我俩得以淡化一些漫漫征途的疲惫。有一天行军途中，钉和我一人做了一首小诗，钉的诗句比我的精彩，可惜我已经忘了；我应和的那四句回到工厂后补写在日记中，被重温过所以还记得。如同行军路上唱歌要唱毛主席语录和诗词一样，当时写诗也少不了"征途""理想"等文革用词。那首小诗：

　　　　回溯成败雄心阔，笑谈征途荆棘多。
　　　　同述理想姊妹情，共谱新曲友谊歌。

遭受迫害

拉练回来后，车间团支部改选，我由宣传委员改任组织委员。我找到钳工二组团小组长小何，要和她两人一起介绍钉加入团组织。小何是与我同时进厂的中学同学，曾动员过钉入团，钉未置可否，小何说"只要她写申请，我自然乐意。"我去动员钉，"你家庭出身好，表现也好，干吗不入团呢？"她说"懒得写"申请，我取来纸笔，一句一句说，让她一句一句写。很快，钉成为一名共青团团员。

文革期间，我厂是北京市工业战线一个标杆，政治与生产任务都压得非常紧，加班加点搞运动、赶生产进度是家常便饭。1971年9.13事件之前，早请示晚汇报是雷打不动的程序。下班后不让回家，天天以班组为单位政治学习，念不完的两报一刊社论或中央红头文件；开不完的批斗会，被揪出来的人低头站着念检讨，然后被大家无情批判；还经常搞斗私批修、批评与自我批评，人人自危，处处树敌。每周公休一天也得不到保证，被各种任务随时挤占。因没有空闲，我和钉很少碰面，偶尔在大食堂遇见，只是打个招呼或相视一笑，拉练时朝夕相处的亲热变成一根若即若离的虚线。

后来，钉因初恋遭遇一场无端迫害，姑娘的自尊被践踏成齑粉。钉所在的钳工二组，有个大龄青年名叫呈，身材瘦削，性格内向，但技术过硬，是钳工组主要设备大型摇臂钻床的主力。呈的父亲49年前是私营业主，母亲也因中学期间参加过三青团被列入家庭出身有"历史问题"的非主流队列。

我所在的组装车间团支部，根据党团组织的要求，对各班组的青年工人进行分列排队，分为"骨干青工""中间人物"和"落后青年"三队，呈被划入三队之外、寥寥几名"有严重问题"者之一。行文至此，我因曾积极参与给年轻工友划线列队而深感愧悔。除了家庭出身遭歧视外，呈还顶着疑似"现行反革命"的帽子。据说他和几个青工业余时间在家私画了一幅枪支图纸，改制过一支鸟枪，被邻居告发，挨家搜查并在"局子"里蹲过小号。呈和他的朋友坚称用的是在工厂废品库捡拾的废料，利用业余时间改制的枪只打过一两次鸟，绝无行凶杀人恶念。听说警局承认枪的口径很小，从某青工家中翻出来数量不多的子弹，仅仅能对付几只小鸟，最后因"私造武器枪支罪"不成立，逐以"疑似现反"遣送回厂"监督劳动，以观后效"。上校的女儿钉与"劳改"期间的呈同组劳动，喜欢并爱上了这个被时代划入另册的哥哥。

据说是钉主动追求呈，然后两人陷入热恋，有人在东单的路灯下看到过钉挽着呈的臂膀谈笑漫步；有人在班组更衣室的暗影中撞见他俩相拥亲昵。一天，拉练时三排女兵班的班长来找我，告诉我有关钉和呈的传闻，神秘地说："钳工四组的大刘，给他俩编了几句顺口溜，特逗。"我皱着眉头问："大刘就喜欢编派人，他又胡诌些啥？"她忍俊不禁，说出四句让我至今未忘的顺口溜，"又白又高真叫坏，又黑又矬丑八怪。长安街上比高矮，林荫道中赛黑白。"第一句说的是呈，第二句丑化的是钉，气得我直咬牙；后两句更阴损，拿外貌特征挖苦人。再次遇上大刘，我狠狠瞪他一眼，不客气地回敬道"吃饱了撑的，缺德吧你就！"

我正为钉的初恋是好是坏理不清头绪时，意想不到的事发生了，晚10点过后，车间书记兰文开派人盯梢，把亲热中的钉和呈抓了个正着，说他俩犯了流氓罪，当下被分别关押起来，连夜突审后责令二人深刻检讨。他俩"认罪书"的细节被肆意扩散开来，大刘那个缺德顺口溜借势疯传开来。一天我借故去车间办公室，里面半间小黑屋里看到被专人看押的钉，钉正面朝墙壁，席地躺在一块草帘子上，我压低声叫她的名字，她动了动但没有搭理我。我又打听到呈被关在厕所旁边的小仓库里，兰书记多次分头审问他俩，声称"绝不草率过关"，不分昼夜要他们写书面检查。

我体验过两次严寒的滋味，一次是1971年初在风雪中徒步野营拉练；另一次是1997年3月初在漠河北极村采访。北极村位于北纬53.5°，这张照片坐在"神州北极"石碑前的我，背后是中俄边境冰封的界河黑龙江。（柴念军 拍照）

随后，团支部开会讨论钉和呈的事。兰书记到会斥责他俩"悔罪不深刻"，说要让钉在全体团员会上做检查。团支部干部对此意见不一致，我不赞同，说："呈和钉都到了适婚年龄（当时的婚姻法规定男20周岁，女18周岁可以登记结婚）"。团支部书记认为有必要，他跟随兰书记的定调说："呈进过局子，有反动言论，又腐蚀拉拢身为团员的革命军人后代，这是阶级斗争新动向。他俩写的检讨我看了，非常可耻下流，你们传着看看就知道了。"我说"让钉当着我们这么多没结婚、连对象都没处过的人说那些破事，影响好吗？"团支书反驳道："怎么不好？前年小常在会上痛哭流涕检讨后，咱车间好久没发生过未婚同居的事。团员和青年的作风问题，是咱们的工作重点，不抓紧点儿还不乱了套。"支委们有赞成支书的，也有认同我的，散会时我打定主意，非要开这个会也行，反正我不参加。

钉的"检讨"传到我这里，我断然拒收，被拿走往下传了。钉的检讨会没开成，原因有二：一是钉受到在会上念自己检讨书的威胁后，声言绝食并做出要割腕的架势；二是厂党委书记也不认同兰书记的提议，兰书记再也挤不出他想要的"罪行"的实锤材料，只得罢手，把钉和呈放了出来。

至于团支书说的小常在团支部会上检讨那事是这样的：常是67届中专毕业生，进厂年龄已经不小了，她在协助车间技术员（现在称工程师）小徐完成设计任务时，两人相恋后领了结婚证，在结婚仪式举办前，被几个人踹开小徐住的屋门，将二人"捉奸在床"。小徐是大专毕业生，小常是中专，无论学历、年貌都非常般配，况且二人已领结婚证、只差结婚仪式与分发喜糖，大家对此看法不一，但完全扯不上"公愤"。兰书记一口咬定"未婚同居"引起了公愤，定性小徐和小常"提前开炉"是"作风败坏"，"给组装车间抹黑"，让他俩停职数天写检查。

小常是团员，被迫在团支部召开的团员大会上念检查、挨批评，一些人借用当时正流行的革命样板戏《龙江颂》里的一句台词，反复嘲弄诘问"提前开炉对不对"？我和小常平日走得很近，她对我痛陈过自己的委屈："那天下班后，我找小徐商量婚礼的事，走时赶上下雨，小徐说别走了，咱都登记了。万没想到外面有人盯着呢，关了灯不久，几个人破门而入……"常告诉我，从此她最怕听"提前开炉"那句台词，不管是否针对她，只要有人当她面说这句台词，她就"恨不能找个地缝钻进去"。

钉从被关押的小黑屋放出来，虽数日功夫，竟然憔悴了许多，从此性情极为沉默，对工友们不理不睬，我找她搭讪她连头都不抬一下。后来我所在的钳工一组从北厂搬到南厂，钉还在北厂，再后来我结婚生子、不脱产上电大，手忙脚乱不识闲，基本见不到她。1985年6月通过社会招聘我辞别工厂进了报社，再也没见过钉。跟老工友打听，只言片语说钉"像个哑巴"，是个"老病号"，下岗大潮中第一批就有她，其后的艰辛不言而喻。

此时此刻，我敲打着往事的追忆，涌上心头的不仅有对文革的反思，也有当年对钉爱莫能助的酸楚，作为在长途野营拉练时结下友谊的朋友，在钉遭难后，我没帮到她，自有愧意，唯愿钉遭遇过的不幸，永远别再重演了。

20 支部书记

我遇到两个党支部书记，一个叫兰文开，擅长算计和整治人，阴损地把手下能整治的人都收拾个遍；另一个叫刘淑慧，能言善辩，体弱多病，做事中规中矩。

今天回忆我在工厂时遇到的两个党务工作者，一男一女，他俩是曾经有权决定我能否入党的党支部书记。

擅长整人的兰文开

文革中，工厂搞军事化管理，"支部建在连上"，当时组装车间叫"三连"，支部书记兰文开是专职脱产干部，车间一把手，300多人的领导。印象中，漫长的冬季他永远披着一件军大衣，头虽然总低垂着，气势却威风八面。他时常幽灵般游走于各班组，有人老远见到他慌忙躲开，也有人一瞅见他就像见了亲爹似的点头哈腰连声恭维，兰书记对此并不买账，照常飘忽着眼神四下打量，颇有一番居高临下的傲色。

我师父王知仁叮嘱我"别得罪"兰书记。兰书记50年代从河北农村进京务工，车钳铆焊的技术从没认真学过，却另有一套本事，会把领导们"摸搽"的特别舒坦。文革初期他是车间造反派头头，入党后进入革委会成了脱产干部，手中有了权，阴损整人的特长得以施展开来。兰书记擅长算计人、整治人，手下人能整治的被他收拾个遍。

上次说过兰书记迫害钉和呈、迫害常姑娘和小徐，他主持开过一连串的批斗会，被批斗者身心俱创；他办公室旁边那半间小黑屋私设的公堂关押过一个个工人，被整治的人叫天天不应叫地地不灵。常姑娘对我说过兰书记强迫她写书面检讨过程中，一次次挤牙膏般得寸进尺"详细交代"逼她写出难以启齿的细枝末节，兰书记当着她和几个参与抓奸、看押她的人的面，念她和小徐之间最私密的情事，胁迫她在会上当众宣读，还指使人一遍遍当众羞辱质问已经登记结婚而后因下雨偶尔留居的年轻人"提前开炉对不对？"脸皮被抓破的难堪与羞臊令常姑娘没齿难忘。钉和呈被关押期间同样分别被迫写检讨书，也是兰书记指示后被很多人传看，那些情色段子被添油加醋在工友间肆意传播。试想：未满20岁的姑娘钉当年在那间小黑屋里，在兰书记的淫威之下，被迫一次次戳烂自己的脸皮，一次次剜剖着脆弱的心，女孩的自尊就这样被践踏被扯碎。

我也挨过他整，是另一番境遇。进厂两年后，我18岁那年，有两人前后脚找我提亲，听了介绍不难理解说的是同一个人"去年复员，在首都机场工作"，我以"还在学徒期，不想过早谈婚论嫁"为由谢绝了。接着,我师傅也受托跟我提这个人,我才知道是兰书记为自己的侄子提亲,赶忙谢绝,师傅并无一句规劝之词。第二天上午,兰书记亲自来了,先表扬我工作努力,又夸自己的侄儿如何有出息,我先恭顺地谢了又谢,再表示"国家提倡晚婚晚育,先不考虑个人问题",兰书记笑了笑离去。

这之后,党小组准备发展我入党,等待开发展会时,兰书记让党小组长捎话给我"让小于下班后到我家去一下,有事交代她。"并把街道门牌号告诉我,这要求莫名其妙,只能假装没听见。几天后,兰书记请我到他办公室,话题绕了一圈,突然说"给你父母写封信,请他们在国外帮我买一辆凤头自行车",那时我还不会骑自行车,也是第一次听说"凤头自行车",直言相告办不到。他又说"不行的话,托你父母帮我买一辆带加快轴的自行车,其他牌子的也行。"我对他说"我写信只报平安,从没向父母要过任何东西",何况"自行车这种大件不便携带,张不开口呀。"

有了这两档子事,我算是把兰书记彻底得罪了。随后,在推荐工农兵大学生,在工厂自办721大学的提名中,尽管我得票很高,每次都被兰书记一票否决。1975年,有人向他告发我看了小仲马的《茶花女》,他认为这是一本"反动下流的书",责令我反省并把传

我出生时,国家实行干部供给制,有孩子的家庭公费支付保姆工资。这是照顾过我哥哥和我的"雪嫂"(我爸妈这样称呼她,对我说过好多次"安阳的雪嫂"如何好),1954年改为薪金制,离开我家前妈妈让雪嫂和我兄妹拍的合影。这之后,姥姥来我家,我变成姥姥的小尾巴。

看"坏书"的人的姓名"一五一十都给我写出来",威胁撤掉我团支部书记的兼职,还说要在车间大会上宣布给我记过处分。我没有屈服,他也未能得逞,只是在会上把我狠狠数落一顿,勒令我换工种用重体力劳动惩罚我。

兰书记身为工厂车间党支部书记,是中国社会基层脱产干部中最小的小官。但一滴水能映照出大海的风貌,他借文革之力,"和尚打伞无法无天",肆意迫害工人的这些事与毛泽东迫害彭德怀、刘少奇、彭罗陆杨;林彪整贺龙、杨成武;江青整孙维世、郑君里、赵丹,何其相似!有区别吗?不同之处仅为兰书记官太小,整人的手段有限而已。权柄在握却没有监督,对不肯臣服屈从或心怀顾忌者,不整治心里不舒坦,这是人性与文化使然;想整谁就能整谁,想怎么整就能怎么整,法律和舆论约束制衡缺位,恶念成恶行且不受制裁,是落后制度使然。

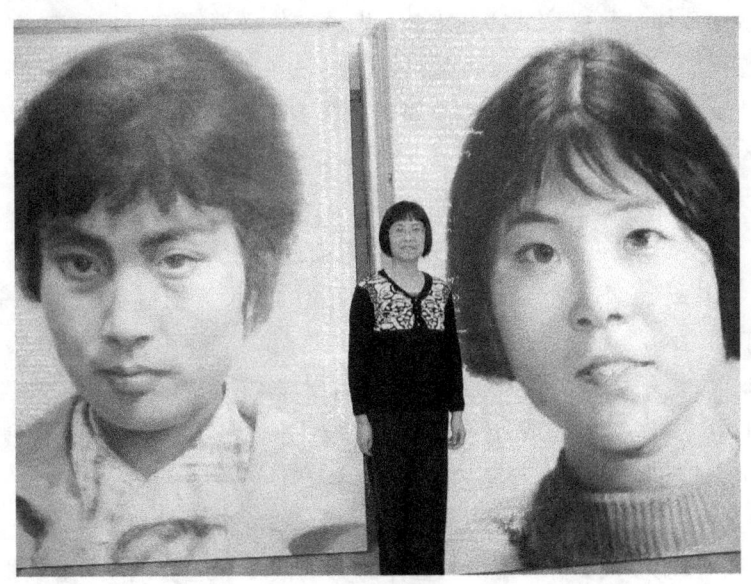

2009年秋,我在徐唯辛院长画的文革肖像的画布上标注自己的简历,然后与自己的油画肖像合影留念,左边是徐唯辛教授为文革殉难者水天光女士画的肖像。(老王 拍照)

三通用厂的人都知道兰文开特别喜欢窥视别人的私生活,也都知道他自己的私生活很不检点,他结婚后老婆没有生育,婚外情人不止一个,可没人替他传宗接代。公开的秘密是他最宠爱工厂伙房的胖女小郭,人称胖郭,大约 1972 年前后,胖郭离开炊事班调到兰书记手下任车间文书,坐在办公室里整理点文件、悠闲得很越来越胖,没人敢招惹她。胖郭老大不小了从不谈婚论嫁,我离开工厂时我儿子已经三岁半了,比我大好几岁的胖郭还单身呢,不知她对兰文开是感恩多呢还是怀恨多?

如今想想兰书记这种人,在加害别人的过程中也否定了自己。正义,虽然经常迟到,幸好不会永远缺席。善良可以宽恕罪恶,但必须在审判与道歉之后。文革十年,有数不清的人被迫害致死,有更多像钉、常姑娘被无辜迫害的人,至今没有获得安抚,哪怕是最高领导人公开的一句道歉也没有。先进制度,成全着包括反对它的人和众多弱者;极权体制,害了包括拼命维护它的人在内的所有人。反思文革,深感宪政体制势必取代极权专制,先进文化必然覆盖封建糟粕,在这个过程中,最需要警惕与避免的是人性恶导致的大规模暴力,说白了就是反对开历史倒车,警惕文革卷土重来。

中规中矩的刘淑惠

刘支书名淑惠,文革前是厂部党委办公室的干部兼科室支部书记,很传统的一位老党员,文革初期厂里的造反派把科室干部统统赶到车间劳动,一度除了革委会、军管组之外,没有其他脱产干部。文革十年,老干部刘淑慧女士下车间当了十来年工人。我断断续续当过五年钳工,与她同在钳工一组,与刘支书同组劳动,"学生时期就入了党"的她能言善辩,说起大道理一套一套的,大组长成敖师傅和两位副组长都敬她三分,还推举她当了党小组长。

她体弱多病,身体虚胖,重体力劳动根本不适合她,全组数她请病假最多。但她为人热情,身上有一股锐利的率直,曾使我敬而远之。1970 年,在发展我入团的会上,大家纷纷表扬我,突然她站起来批评我"小资产阶级意识强,党性不足,个性十足",要不是团干部及时拽了我一把,我差点站起来反驳她。随后,我到解放军总医院新医门诊部学习时，她让我帮她到那里找专家治病，冷医生帮她治好了一种很难治的病，我俩关系得以缓和。我离开医务室重回车间当工人，工友除了不太理解并没说什么，唯独刘支书点着我的脑门说"傻透了！等着后悔吧。"我没解释，一笑而过。

是刘支书带头提名发展我入党，钳工一组党小组通过此议，两次报送党支部，均遭车间党支部书记兰文开一票否决。再后来，我调入厂部劳资科当干部，文革结束后刘支书恢复了干部身份，但已经没有合适岗位，厂里安排她到文具库当管理员，负责为大家领取文具，聊以安慰的是她恢复了科室支部书记的身份。她了解我，又提出发展我入党，但多方努力也找不到我入团后上交的入党申请书，以及数年间我一次次认真写的"思想汇报"，刘支书说"以前我在钳工组当党小组长时，你写的申请和汇报归我保管，装在一个牛皮纸袋里，积极分子们写的思想汇报顶数你的最多，厚厚的像一本大书"，居然不翼而飞了。刘支书断定"小于得罪过人（指兰文开），准是被故意销毁了。"

一天午休时，刘支书到劳资科找我，屋里只有我两人，她让我重新写一份入党申请书，说："你的入党问题成老大难了，赶紧解决吧，不然啥好事也没你的。"我傻得不透气，问："能有啥好事？"她说："你不想当科长？你不想去外地出差？"见我还是不明白，她想想说："也是，你出身好，入不入党关系不太大。可你过去不是一直积极要求入党吗？你写的思想汇报比任何人都多，那你为啥要入党呢？"那时特单纯，好像要求进步与积极争取入党是一回事，所以我想都没想就说"因为我信仰共产主义！"一听这话，她皱起眉头还连连摆手："呀呀呀，以后你再也别说这个，谁信呀？太虚伪了。"我马上愣住了，"不信仰共产主义，我入党干嘛呀？"刘支书坚决地告诉我："早就没人因为这个要入党了，你以后再也不许说这话。"我还在发蒙，只能答复她"入党的事，让我再想想吧。"

那次谈话犹如一瓢冷水兜头浇醒我，从此后我有意识地扩大自己读书思考的范围，特意请教过几位有学识的长者，了解到马列主义学说只是近现代诸多学说中的非主流的一支而已，突然领悟到许多知识等待我去认知，原来人生的路径不止一条，要努力向全方位拓展。我没有补交申请书,也不再写新的思想汇报。1985年春,我偶然在《北京日报》副刊上见到小豆腐块大小的一则广告,就报名参加了《中国少年报》面向全社会的招聘,过五关斩六将进入报社。

离开工厂前那天,刘支书闻讯急慌慌找到我,对我说:"小于你一定听我的,晚走两周,把组织问题解决了再转人事档案。"她那样诚恳,我非常感激,但我真的不把这件事当事了,我真诚地向她道谢道别,并毫不迟疑地办好所有调出手续,离开了工作16年半的工厂。

走出厂门我不由得笑出声,在这里能做的事情我都尽量做到了,比如每一次参与调整工资,只要沾点边能给涨工资的人,我全都就高不就低尽力为每个人争取提升了工资。记得文革中唯一那次涨工资,文件规定涨一级的包括"66年以前参加工作的中专毕业生",我计算并上报调资人员的表格中,将我厂几位同年高中毕业生也纳入名单。事后机械局劳资科长把我叫去好一通批评,我理直气壮对他说"文革前,成绩好的为上大学而优先报考高中,成绩中等或家庭困难的才报考中专,何必让同一届成绩好的人吃亏呢?"这句话居然说服了主管领导,几位高中学历的工友得以涨了一级工资,国家又不缺这么一点点钱,不是挺好吗?最让我满意的是,在三通用厂待了16年半,虽说没入党,临走前居然刘支书打保票"晚走两周就能解决组织问题",她这话对我是莫大的肯定呢。

21 庆哥和我

庆哥60出头就病故了,我俩深情厚谊却无缘,说不遗憾终有憾。他病重时的心意令我柔肠百转,在生命的终点站,他心里惦记过我这个老友,足够了。

文革爆发时我13岁半,16岁进厂当工人后正值情窦初开的韶华青春,与多数少女一样开始憧憬美妙的初恋,尝试暗恋阳光帅哥,我的初恋充满文革气息,差点误入歧途,幸好二人及时合力拔出双脚,没伤筋动骨只珍藏了一份深挚的友情。感谢我的庆哥!

一转眼,庆哥病故好几年了。噩耗传来时,是工友们为他举办追悼会的那天下午。庆哥最要好的一个哥们打电话告知我,如同平地惊雷,我木讷得不知所云,也忘记自己怎样关了手机,短暂失忆,之后若无其事做完当日的编辑工作,然后骑车回家,好似一切照旧。

两三天后,独自在家,庆哥灿然的笑容蓦然浮现,与他有关的往事一一闪过,瞬间,忆念汹涌,潮水般淹没了我……

爱出轨,背弃婚姻伤配偶

与庆哥相识于1969年初春,16岁的我被分配到第三通用机械厂"接受工人阶级的再教育",来到组装车间钳工一组当学徒工。庆哥是钳工组大组长成敦老师傅的爱徒,钳铆识图、电气焊都拿得起放得下,技术全面功底扎实,数年后接替成敦师傅当了下一任大组长。之所以说是大组长,因为钳工一组是全厂第一大组,兵强马壮,30多号技工可资号令,大组长威风劲爆。

庆哥长我6岁,1.78米的个头,阔肩粉面,剑眉亮目,身材挺拔。我进厂第二年,23岁的庆哥结婚了!厂财务科美女、上海姑娘小月慧眼识珠,在3000多人的厂子里将绣球抛给了德才兼备的第一帅哥,女追男,展开立体攻势并旗开得胜,才子佳人喜结连理是1970年三通用厂的一件大喜事,我们都乐孜孜地随

6岁半即将上小学的我。(妈妈理锐 拍照)

上份子吃了喜糖。

转过年，庆哥抱上儿子当了爹，庆哥那叫高兴啊，干起活来简直不知道什么叫累。又过了两年，忽然风传开坏消息——小月红杏出墙了。厂政工办党委书记探听到办公室小K背着新婚不久、怀孕回娘家暂住的媳妇与小月密切交往的消息，率领四名壮汉蹲守在小K家单元门旁，候到小月擦黑时分闪身进了门，党委书记示意先稳住，直到K家卧室灯光一灭，5人冲上楼合力踹开房门冲进去，抓了个全裸现行，臊的俩年轻人死的心都有了，跪在地上磕头如捣蒜的求饶。书记大人大获全胜还不肯罢休，将偷情二人尽情羞辱一番，再押回厂部分别关押，责令写出书面检查，在科室干部会上宣读示众。

好事不出门恶事行千里，这件桃闻插翅一样传遍全厂，起初不知情的只剩两人——庆哥和小K媳妇。不久，庆哥一阵暴怒后突然蔫了，组里的工友私底下议论纷纷，大家都同情他，但很少有人敢当面跟他提这件事。就在这个时候，庆哥出人意料地找到我，唱响了我俩之间友谊的序曲。

那天下班回宿舍的路上，庆哥突然出现在我面前，闲聊几句，我以为是偶然相遇没当回事，接连三天路遇他，就太奇怪了，我直接问："你下班不回家，不去照看孩子，跑这儿干什么？"庆哥喑哑了声音说："心里憋屈，又怕大家笑话，你不会笑我吧？想跟你说说话，你烦我吗？""不会呀，可我帮不上你。你愿意的话，咱们就随便聊几句呗。"我说，"其实，这件事你不必太在意，大家都同情你呢，没人笑话你。谁不知道小K是一斤的鸭子八两的嘴，女人很容易被他侃晕的，不能全怪小月。"

庆哥没想到我会说这番话，瞪大眼睛盯了我好一阵子，说"气得我想把孩子摔死，抱起孩子又舍不得，恨得用拳头砸墙，把手都砸出血来。"他伸出手让我看，他的话让我感到害怕，暮色中没看清他手上的伤。我对庆哥说："没有解不开的扣儿，孩子还小、不能没妈，你主动找小月谈谈，这次她栽了大跟头，以后会好好跟你过的。"庆哥的泪一下子冒出来，他偏开头，半天才说："谢谢你，我试试吧。"说完就走了。庆哥和小月慢慢恢复了常态，小月再见到我也像熟人似的热络，全没了从前科室干部对一个穿工装的小学徒工的轻慢。

情浓时，责任突降来护航

我学徒期满后，庆哥刚接任了钳工组大组长，他技术好、人缘好，是钳工组的领头羊。他负责派活时，赶上重活累活缺人手，我就主动要求去干，比如当时我们组负责组装大型风扇磨煤机，两三层楼高，铆焊巨大的风扇叶片是特别累人的活，以前没有女工干过，我主动干过几次，两名壮汉用大风枪突突突地将烧得通红的铆钉焊死在风扇叶片上，我和另一名工人不停地拧紧着转轮、拼命顶住震动着的铆钉，稍一松懈这颗铆钉就作废了。不一会儿胳膊和脑袋就被剧烈的震动和狂暴的噪音搅得酥麻难耐，一天下来回到宿舍，瘫软成一摊泥，连脸都顾不上洗已沉沉入梦。

之所以无怨无悔抢干累活，除了当时普遍的对党对社会主义的"报恩意识"，于我而言多少也包含为组长分忧的成分。我和庆哥看似寻常同事，深一层的情谊工友们无从知晓，彼此的信任与关切，早在我俩路边"邂逅"就心照不宣了。

有时候活儿很轻松，几个人围坐在工作台前，不紧不慢地研磨或组装着小零部件。每逢这时，庆哥会怂恿我边干活边给大家讲故事，我就把新近看的书里的有趣故事讲给工友们听。讲过"范进中举""小倩离魂"，讲过莫泊桑的"羊脂球"，也讲过托尔斯泰的"复活"，工友说记不住外国人长串的名字，我就把主人翁的姓名简化成一两个字，娓娓道来。这样看了书再讲述，等于自己温习一遍书中情节，也让工友们分享那些世事沧桑。有人把这件事打小报告密报车间支部书记兰文开，兰书记传我去车间办公室威胁道"你大肆宣扬腐朽的资产阶级生活作风"，庆哥赶来把事情揽到自己身上，兰书记又狠狠斥责庆哥纵容"在工人中散布资产阶级思想"，训斥后把我俩分别关在车间办公室的里、外间反省认错。过了会儿，兰书记到厂部开会去了，我俩得以凑到一间屋里聊天，天赐良机，开心极了。

却也坏菜！友情迅速升温发酵变了味。之后的几天，天天见面也思念，干活时晕晕乎乎心不在焉，一心盼着下班后的两人独处。我住集体宿舍，原本习惯较晚离开车间，那些日子下班后庆哥也借故晚走，等工友们都离开后，偌大的组装车间就成为两人四目相视的快乐岛，庆哥和我分别坐在工作台的两侧聊着说不完的知心话。终于有一晚分手前，月光透过车间顶棚大玻璃瞧见两人紧紧地搂抱在一起，庆哥温热绵软的唇吻得我颤抖不已，庆哥也激动的快要失控。不知哪来的一股力量，我突然挣脱，后退两步说："庆哥，还是克制吧！"庆哥像被雷击到似的，不再试图走近我，他转身重新坐下，缓缓说了句："你回吧，我过会儿就走。"我站在那里不知所措地望着他，他起身过来，用双手轻轻地扳着我的肩膀帮我转过身，轻轻推着我一步步向大门走去，就这样，不知是做对了还是做错了的我噙着泪离去。

第二天，冷静下来的我们商定好，停止班后相会，不再越雷池半步，仍然做知心好友。那个月夜唯一一次亲热，镌刻在忆念深处得以保鲜，甜美芬芳历久弥新。

重友情，地久天长留余香

再一年后，我被调到厂部人事劳动科当了劳资员，一有机会，我会去钳工组与师傅们叙叙旧，也为跟自己的蓝颜知己说句话。庆哥和小月的二儿子出生后，我送给小月两条出口转内销的单人全棉毛巾被。庆哥则一次次提醒我"不小了，该找对象结婚了。"在庆哥的催促下，我结束了藕断丝连的一段恋情，见了几个相亲对象，遇到不顺心的事会跟庆哥诉诉委屈，他提醒我切莫求全责备，找个本分人踏踏实实过日子才实惠。按庆哥嘱咐，我遇见一个实诚男孩并闪电恋爱成婚。婚前，庆哥除了跟同事一起随了份子外，还送我一支名牌金笔，他真的懂我，知道我坚持用钢笔写日记。

婚后再碰面，他急于确定好友是否幸福的模样给我留下深刻印象，见我毫不迟疑的点头微笑，他露出兄长般宽厚的笑容。有次在大食堂一起吃午饭，庆哥神色认真、手势精到地传授给我一些性爱技巧，菜鸟的我感觉新奇，调侃他："你经验好丰富哦！"他直言相告："小月经过好几个男人，当然厉害啦！"他的表情使我悟出，他和小月虽然闹过别扭，但夫妻俩兴趣和谐终究不失姻缘美满。我不禁笑道:"你看,凡事都有两面性吧,最酷烈的二战可谓坏到顶点,但二战的电影最是好看。你娶漂亮老婆结果有了意外收获啊!"庆哥嘿嘿一乐,正色道:"当时除了我师父成敦不赞成离婚,其他人都主张休掉她,你是第一个劝我与小月合好的。""事实证明我是正确的吧?""也许吧?"庆哥一脸困惑的模样逗乐了我。

2013年5月,老王和我在圣彼得堡参观冬宫时的一张合影。(理丰拍照)

1985年春季,"东三厂"(起重机械厂、建筑机械厂、第三通用机械厂)合并的北京工程机械公司解体了,是去是留给了我一次跳槽的机会。看到报纸刊登的招聘启事,然后过五关斩六将,中国少年报社聘用了我。调令生猛,限我三日后到报社上班,去意已决,走得匆忙,粗略交接工作后,匆匆与几位最要好的朋友话别,当然包括庆哥。那时他已担任发动机厂主抓生产的厂长,一听闻我将调离,堆起满脸不悦,惹我不高兴,其他朋友得知我有幸进入文化事业单位都表示祝贺,庆哥怎么这样?我扭头走了。

8月底的一天,团中央大楼传达室给我打电话"有人来找你"。一听是庆哥,我立马放下手头的稿件,像一只欢快的燕子冲下楼去。眼前大亮哦,庆哥新理的发、新刮了脸,淡蓝的确良衬衫、浅灰色长裤,我的天,谁见过这么英俊倜傥的哥哥呀!庆哥笑盈盈地与惊讶的我调皮地对视来对视去,俩人喜出望外。我说:"报社在最顶两层,坐电梯去我办公室坐坐吧。"庆哥表示很快要走,我们就坐在一楼大厅电梯前木槅扇间的条凳上聊起家常,委婉表达了彼此的不舍与留恋。

我告诉他自己刚到新单位月余,就有两篇内参荣获中办通报表彰,还有儿子已转到团中央幼儿园全托等好消息,庆哥看着面前等电梯的、来自全国各地的团干们个个年轻干练、锐气勃发的样子,说:"这里才适合你。"庆哥告诉我,小月调到一家大公司当了财务科科长,两个儿子都高大健壮,一家人已经搬进新楼房,让我分享快乐。

他又打听"你先生怎样?"我如实相告,并说"在国家机关有了这点权利,送礼让他吃不消,前几天他去某省出差,为了得到直拨经费,那叫一个前呼后拥、百般逢迎,临走大包小包塞过来,我家小王一生气,让司机先把所有礼品统统送回省文化厅办公室,然后背着自己来时的小背包、铁青个脸儿头也不回地离开了。"庆哥说:"送礼成风气了,好像不送办不成事似的,我也讨厌这个。我名为厂长,其实相当于过去的车间主任,就这也有人送礼,争着把孩子塞进国营大厂,我是能推就推……"我跟庆哥就是这样,永远有说不完的知心话。

阴阳隔,爱留残缺情真诚

接下来若干年,我们各忙各的没再见面。90年代中期,我师父师娘相距三年双双病逝,师父追悼会上与庆哥打个照面,招招手没顾上说话,最后一次见面是师娘王幼珍病故当天下午,我急忙请假先去工厂找到庆哥,我俩一起去王知仁师父家里慰问师傅师娘的子女们,其间我俩的谈话竟成永诀。庆哥与我师父师娘感情非常好,那天大家都很悲伤,我俩最后那次对话也裹满凄凉。

庆哥悄悄对我说:"一晃你离开工厂好多年了,哎,上班再也找不见过去的感觉了。"我说:"不思量,自难忘,我永远是你的好朋友。"沉默了一会儿,他又说:"我只有一个女人,当年咱俩也太守规矩了!"这话令我顿生哀戚,想了想,后悔管啥用?何况我没怎么后悔,于是坚定地说:"毕竟相知这么多年了,一夫一妻制下这是规矩。婚姻里,爱和忠实是两条基本原则。好在小月迷途知返,还有你我这么多年彼此的信任。"庆哥抬起头,款款对我说了四个字:"多亏有你。"我一把攥紧了他的大手。

居然就没有再见面!直到庆哥最要好的哥们打电话告知我他病逝的消息,我被意外惊呆了,第一个念头:要知道他早逝,该抽空去看他,当面跟他道个别,起码应该去殡仪馆送送他。次日抽空打电话追问庆哥铁哥们,原来庆哥"突患重病住进同仁医院,第一次去看他,他说过让我转告你他的病房和床号,我离开前他又变卦了,不让对你提这事。他病情快速加重,再去医院,他嘱我追悼会后再通知你。"庆哥病重时这份周折的心意让我柔肠百转,他对我的情谊无需猜度,在生命的终点站,他心里惦记着我这个老友,这就足够了。

庆哥60出头就走了,这个年龄离世距现代人均寿龄还很遥远,但在机械厂老工人中并不算夭折,所有那些长期卖过大力的老工人基本上都是退休不久就纷纷病故,长年累月的重体力付出透支了他们的命程,过多早逝的工人为国营工矿企业节省了海量退休金。庆哥、我师傅还有许多老师傅们对工厂、对国家的贡献与所得的回报实在不成比例啊!此时此刻,我含泪为他们的早逝惋惜,天国中的庆哥你能有所感知吗?

泪眼婆娑中,庆哥的音容笑貌清晰如昨。庆哥啊,你我深情厚谊却无缘,说不遗憾终有憾。人生一世,谁人不是苦渡慈航,你我相遇相知亦是缘分,情与缘的分水岭前,退缩是负责而不是胆怯。庆幸你我情越兄妹,文革黑幕中,人心叵测,人情险恶,难得与你相知同德、相互扶持,还经历过一次电光石火般拥吻亲昵,浅尝辄止倍觉珍稀。我的庆哥,因为你有一颗高贵的心灵,天堂的百合会环绕绽放在你周围,我的友情如百合之清香伴随于你,阴阳难阻,不离不弃。

22 一件血案

1974年我厂一对工人夫妻演双簧,讹诈一位技术员和一位男工按月交钱,男工拒绝一次次被榨取之后,竟被夫妻俩用刀严重伤害,酿成骇人血案。

这次回忆的事情发生在1974年,那件血案估计连北京第三通用机械厂的老职工都少有人知。那场血淋淋的纠纷从一个侧面折射出人性的奸诈与虚弱,也反映出文革期间工人普遍收入过低,以致有人萌生歹意以极端手段讹诈逼抢同事的钱财。

2007年秋在北京今日美术馆举办的《历史众生相》画展开幕式上,我见到多年崇拜的偶像遇罗克烈士的胞弟遇罗勉先生,询问他家人的生活状况,然后请他在画册上签名。这是老友、著名摄影家贺延光抓拍的一张照片。(贺延光 摄)

十年文革动乱,是刑事违法犯罪高峰期,有人竟然说"文革时,刑事案件一年没几起",因为那时公检法被砸烂,公安机关从上到下都实行军管,那期间公安机关办理案件往往只需一锤定音,不用移交检察院批捕和法院定罪，完全不被记录在案。比如下面我说的这件严重伤人案，从头到尾毫无司法程序介入，工厂领导最小范围不分青红皂白地自行了断。想问问为文革唱赞歌的人，如果你被人重伤，你愿意未经任何追责、赔偿与道歉，稀里马虎就黑不提白不提了吗？

攻关组里两女工

1973年深秋，我所在的北京第三通用机械厂上马5吨自卸式卡车，发动机攻关任务交给组装车间钳工一组。因其他生产任务需要持续，车间主任和三位组长研究决定抽调组里精兵强将12人，临时组成发动机攻关小组，我随王知仁师傅加入此组。全组10名男性、2名女工，我和曼。

曼以"大苹果"的响亮外号被工友们瞩目，她比我大6岁，个高体胖，肤色白嫩，两颊红润，恰到好处地弥补了小眼睛大嘴巴的缺点而彰显年轻女性的丰润迷人。曼是文革前入厂的初中生，父亲49年前是天桥老戏班的杂役、江湖京油子。曼在文革初加入本厂造反派，不久与"红工军团"头头大荃相恋结婚，大荃是机工车间的车工，在造反派头领短暂得志的时日，娶了个出众的媳妇，打派仗被喝停后又回车间干活了。曼的手巧，钳工活干的也好，被选入攻关组。天桥老江湖的爹没白疼她这个独生闺女，曼是个嘴巴甜、有心机、善矫揉造作、性情复杂的机灵妇人。

攻关组在小车间一角为我和曼两名女工，用几个铁皮工具箱围成一个小小更衣室，大荃搬来一个双人座凳子，方便他媳妇更衣和休息，我也能沾光。以前组里十几个女工，我和曼话不投机，关系一般，如今组里仅有我和她两名女工，休息时少不了并肩坐在长凳上聊天，逐渐熟悉了。曼告诉过我一件趣事，"我结婚时收的礼物，真让人哭笑不得，12米小平房里，两屉桌和双人床上堆的竟然是清一色的毛主席半身石膏像，来贺喜、吃喜糖的人跟商量过似的，居然全都送来同样的礼物，气得我和大荃一脑门子大包，不敢也不能埋怨，一点儿辄都没有。"

曼常跟我诉苦，那时她和大荃的儿子刚 5 岁，交给唐山郊区农村的爷爷奶奶看护，爷爷奶奶带孙子，生活费用当然要靠"城里有固定收入的"大荃两口。曼两口子都是 2 级工，月收入加起来只有 80 元，要按月给唐山寄钱，曼爱美，喜欢逛王府井"添新衣"，小日子过得捉襟见肘。每到月中发薪前，她常常会忸怩着跟我说"买菜的钱又没了"，朝我借个三块两块的，我手里只要有钱都会借给她，每次发薪后她都还给我。

出事前的一天，曼约我去王府井买衣服，正巧我的两件短袖衣穿了多年已经很旧了，就和她去了百货大楼。我迅速看上一件的确良蓝白小格短衫，曼不让我买，"多土气呀，要买就买件好的。"我还是坚持付钱买了，她拉我去丝绸柜台，她喜欢色彩艳丽的绸缎衣服，对我说："这料子一看就贵气，穿上它别人才看得起你！"我不以为然，我看重的是好洗易干又便宜，没闲心理会别人怎么评价。我对曼热衷的风月绯闻毫无兴致，她对我感兴趣的新闻和书籍从不来电，曼对我说："赶明儿你谈恋爱结婚了，咱俩就能说到一块儿了。"我撇撇嘴，表示绝不可能。

与毛同天过生日

我与曼关系好转，是在结伴去王府井买衣服之前半年，73 年年底我过生日那天。说起我的生日，文革期间特感谢我妈。1950 年 10 月 1 日上午，我妈妈挺着大肚子参加了老家西华县的国庆游行，回到家后开始宫缩，午夜前生下她第一个孩子——我哥哥；两年后的 12 月 26 日她生下我，我们兄妹的生日都好记，不易被忽略。从小就有人羡慕我的生日，"嚯，这闺女儿有福，和毛主席同一天生日！"这是 1976 年之前的事，改开后绝少有人这么说了。

昔日的"伟大领袖"，曾是大陆人心中光芒万丈的神，尽管他早已走下神坛，但他对我们那代人产生过的巨大影响是无论如何也抹杀不掉的。文革中之所以庆幸自己的生日，因为我沾过毛的光。那些年，每逢毛泽东生日那天，总会笼罩着九州欢颂的喜庆。哥哥的生日被国庆节一锅烩了，妹妹们的生日容易忙中被错过，唯独我的生日想忘都难，一次不落年年过。姥姥在那天早饭会发给我兄妹每人一个红皮鸡蛋，少不了说句"今天是毛主席生日，也是小红生日，全家沾光。"其实是我沾毛的光。

1969年3月我进厂当了工人，正值"喜迎九大"、个人崇拜登峰造极之时，全国上下沉迷于对毛无限崇拜的狂潮中，早请示晚汇报、跳忠字舞、书写颂扬领袖的字画标语成为重要大事。被"政治任务"耽误了生产进度，大家会争着抢着加夜班，最多连续三天三夜不睡觉"连轴转"，工厂大喇叭里使劲表扬连轴转加班的人，厂医务室将一大瓶兴奋剂（一种吃了使人直眉瞪眼、昏昏沉沉却眼皮不再打架的白色药片）送到挑灯夜战的车间，分给连续加夜班的我们吃进肚，使我们似乎有使不完的劲头，拼命干活还感觉"报答不完党和毛主席的恩情"，有一次我和几个工友连续干了三天两夜才回宿舍休息。

我小妹妹在梁思成画像前，让我为她拍照留念。之前中国文化研究所刚举办了"梁思成诞生105周年学术研讨会"，出纪念画册，文字收录、联系家属等都由我小妹承担，梁思成先生的多部手稿由她精心保管，她对梁思成充满敬意。

回想当时，即便愚盲到这种地步，贪图舒适的欲念还是无法除根，在超强的体力劳作中，我特别渴望过生日。每年12月26日，各单位都隆重庆贺毛诞辰,我所在的北京第三通用机械厂一到那天准停产开大会,礼堂里挂上大横幅"热烈庆贺毛主席诞辰某某周年",一边一条竖着垂下来的大标语"敬祝伟大领袖毛主席万寿无疆""中国共产党万岁万岁万万岁"。上午是领导和各车间群众代表发言表忠心,个个慷慨激昂、面红耳赤,感觉就差把心掏出来献上。

下午照例表演文艺节目,各车间文艺宣传队演出八个样板戏的折子戏,还有二胡或手风琴伴奏的独唱、小合唱,我和工友还自编自导自演过三句半、诗歌联唱等小节目。重体力劳动日复一日,好不容易名正言顺休工一日,不管在台上表演的,还是坐在台下看演出的,全场一派轻松喜庆。我美滋滋地被喜庆笼罩着,有数千工友陪伴,欣赏着节目过生日,多幸运啊。掐指一算,毛泽东生于1893年,而我生在1952年,相差59岁,在文革时期我一次次沾老毛的光。

书归正传,1973年12月26日白天全厂停工开会,晚上我们攻关组12个人回车间加班,突然有人说:"小于今天过生日,请客啊!"有人跟着起哄,我说行,同组青工伦提议"给每人买一串冰糖葫芦",他自报奋勇去东单食品店买,我把钱给他时说"买三毛钱一串的啊",伦高兴地说"那你多破费了",骑上车走了。伦回来时,发给每人一大串冰糖葫芦,全组可开心了。曼对我说"从小长大头一回吃三毛钱一串的糖葫芦,两毛钱一串的都舍不得买呢。"看她红扑扑的大脸盘儿上洋溢着真诚与喜悦,突然觉得她挺可亲的。就是从那天起,我不再厌烦她,我俩的关系热络起来。

20元钱引发血案

半年后1974年夏季,一天早晨上班走进车间,我惊讶地见到铁柜子围成的小更衣室入口处拦起两道粗绳子,我无法进去换工装了。探头往里一看,着实惊到我了,长凳和地上血迹斑斑!有人拍我肩膀,回头看是攻关组唯一的技术员老沈,他说"出事了,出大事了!""伦被人用刀重伤,夜里被送医院了。刚才老韩(组装车间主任)来过,让咱们别破坏现场。"我坐到工作台前,心扑通扑通地跳,工友们陆续到了,窃窃私语着。很快,韩主任和厂保卫科科长来了,给我们开会，提出要求"不能耽误攻关进度，会后马上工作，这件事不议论，不外传，相信组织能妥善处理。"我把工具箱钥匙交给保卫科科长，他解开绳子进去，帮我取出工装和女工帽，我赶紧开始干活了。

组里缺了两人，伦和曼，王知仁师傅告诉我"伦大面积皮外伤，正在医院救治，没有生命危险。曼和大荃兄弟俩在保卫科关着，那哥俩用刀伤害了伦。"那一大片淋漓的血迹就在旁边，在我每天换工装的地方，我觉得后背一阵阵发凉。听师傅这样说，我只管点头没有多话，全然理不出大荃兄弟伤害伦的缘由。中午前，保卫科来了人，将更衣室里外彻底清除干净。第二天，曼被放出，回车间照常上班，看不出她有何异样，我闭紧嘴巴啥都不问，刚建立起半年的信任就此完结，只有我俩在更衣室时，我顶多跟她寒暄两句。随后组里有人透露伦想占曼的便宜被大荃兄弟报复，我打定主意：不管怎样，绝不原谅曼，伦流了那么多血，挨了多少刀啊，她丈夫和小叔子太残忍了！

对伦这个人，我多少有些了解。1972年春天，我刚出师时，有一天下班后，他借故跟我说点事，没说两句突然求婚，我大吃一惊，立刻正色回绝："绝不可能！你赶快回家吧！"伦说："你都19岁（那时婚姻法规定女性18岁可以登记结婚）了……"我打断他的话，斩钉截铁地说"绝不可能！即使天底下的男人死绝了只剩你一个，女人都争着跟你好，就算那样，我也不会答应你。"此言一出，伦立刻泄了气，我们就此道别，并没有伤害到彼此。鉴于伦一贯谨小慎微的窝囊相，我不太相信他敢非礼"大苹果"，三通用厂谁不知道大荃护妻严到近乎不可理喻呀！

大约过了月余，伦才来上班，又过了些日子，他找机会把事情的原委告诉我，我猜他也分别告诉组里其他人了。他说，曼向组长提议和他搭伴儿干活，上小夜班时曼先用话撩拨，又把手伸进伦的裤兜里主动示爱，两三回合伦就上钩了，紧接着大荃抓奸逮个正着，要挟"每月开支必须上交工资一半"，伦自知理亏同意私了，每月给大荃20元钱。伦那时已结婚，妻子是东四副食店售货员，伦的妻子正在孕期，伦被迫省吃俭用将半数工资如期给出数月后，借口妻子怀孕食量大实在无力继续交钱给大荃。大荃催了又催没有结果，竟叫来弟弟，两人将伦按在女工更衣室的凳子上，堵住嘴巴、绑住两臂，大荃逼迫伦恢复按月交钱，伦每拒绝一次，大荃的弟弟就用刀片在伦的臂膀或肩背上刺出一道血痕，直到伦的哀嚎被上夜班路过的人听到报告后，厂部来人将行凶的兄弟俩和在门外望风的曼一起扭送到保卫科，伦被送到同仁医院救治。我听后，朝伦点点头示意明白了，又用食指使劲点点他，意思很明白：接受教训吧，你！

很快我再次被调到人事劳动科，与教育科肖老师成为朋友，肖老师的丈夫是我厂保卫科科长，主审大荃兄弟的知情人。几年后，我从肖老师那里获知有关那件血案更多的内情。原来，曼和大荃竟然靠上演双簧戏，除了伦以外，之前还威逼过另一个男性技术员（现在叫工程师）每月交钱，与勾引伦案如出一辙，只不过因技术员家境较宽裕，月月被迫付钱，刀伤伦血案一出，大荃夫妇不得不收手。记得肖老师与我一起用"猪狗不如"来痛骂曼和大荃的丧心病狂！"伦和技术员被讹诈的钱还了吗？"我问，肖老师说"还什么还？他俩不用接着月月往外掏钱了，还不知足？"原来此案就这样不了了之，文革中连名作家杨沫的女儿被杀一案，罪犯因被人袒护，不也是不了了之？

近日，有几人以网名在新浪博客公开诋毁我发回忆文革的文章，他们颂扬毛和文革的功绩，咬定"文革时工农兵是国家主人"。今天我写40多年前的这件血案，想告诉他们：文革时期工人老大哥空有政治地位，经济待遇并不高，"阶级觉悟"更是参差不齐，人性的贪婪懦弱都没被克服，公民的觉悟更是谈不上。没有先进制度的监督约束，大荃和曼那样的人一旦手握权力，能不变成贪官吗？能不欺压良善吗？

23 北大进修

天安门事件后我被行政处分，人生低谷时，有好心人推荐我参加北京大学进修班，我一直在心里默默感激着这位不知名的好心人，让我有机会亲近了北大。

第三通用机械厂是文革时期北京市工业战线的先进单位。1970年，陈祖德率前国家围棋队主力队员，下放我厂多年，几位顶级围棋精英在我厂当普通工人；文革期间，中国舞蹈研究所的专家，文化部顶尖电影评论家一次次到我厂蹲点并参加劳动。他们多次约请三通用工人写作组、工人理论组参加新节目观摩，新影片、新剧目研讨，专家与工人合作撰写评论等一系列活动，我都参加了。

1974年春季，江青授意将原中国戏剧学院改办成左味十足的"中央五七艺术大学"，在工农兵中招收学员。中戏两名老师找我面谈，最后一项是征询我的意愿，问我"愿意以写文艺评论为职业吗？"我不明就里，率直坦言："不愿意。"无意中掐断了唯一一次适合自己特长的专业进修的良机。事后曾有过后悔，文革中能进文科高校深造，对我来说可遇不可求，机不可失时不再来。

那两年，我因上班离家路程太远，曾费力联系好我家附近的量具刃具厂的对调事宜，办对调手续时厂部死活不放行，可见我那时多么盼着离开三通用厂。我自断学路，而当年二选一进入中戏、毕业后一直在中央电视台当编导的那名老同事，2015年7月找到我，旧事重提，我几乎忘了此事，说明我对失去上中戏的机会有遗憾但并无强烈悔意。回顾40年职业生涯，深知自己"不适合在体制内混"。况且与中戏失之交臂11年后经社会招聘，我终于离开工厂进入中国少年报，为孩子们办报是我心仪的职业，无怨无悔。

四五之后被记过

1976年1月8日，周恩来病逝，温和勤勉的总理没了，大家深切悲伤，灵车送周去八宝山那天，我和妹妹连晚饭都顾不上吃，顶着凛冽的寒风站在京西宾馆前的马路边久久守望，只为看一眼灵车送一程亲民总理。接着，工厂和我住的皇亭子大院都举办了自发的追思会，但顶层出了一连串昏招压制悼念活动，激起公愤。3月间到4月初，越来越多的人涌向天安门广场，一场声势浩大的民众运动让我欲罢不能，那些日子，一天不落每天下班后我和老胡（天津大学毕业生，两年前分到我厂的技术员）直奔广场，星期天不休息我独自去广场，流连于人山人海中。到了清明节前，人民英雄纪念碑前的花篮越送越大、花圈越堆越多，有人撒传单、念诗词、做演讲，悼念周恩来，拥护邓小平，声讨王张江姚。

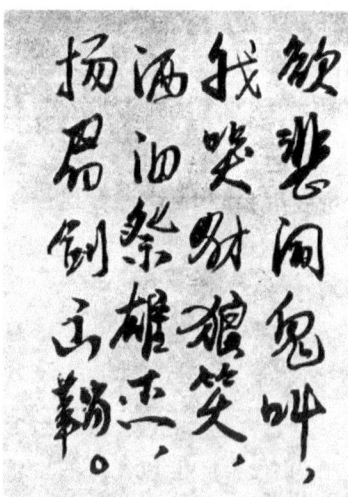

四五期间，流传最广的一首小诗

4月4日，中央政治局开会决定当晚清理天安门广场的花圈，驱赶抓捕广场抗议人群。4月5日，我上班途中在一路公交车上，隔着车窗玻璃惊讶地看到一夜间广场的花篮花圈都被收走了，云集在那里的人群高喊着"还我花圈，还我战友"的口号，悼念变成了抗议。

到工厂后，听了来自中南海的传达：毛远新把中央政治局会议的决定报告给毛泽东。大家都明白了，收花圈和驱赶人群是毛批准的。下午，厂部集合民兵干部，让我"召集三连女民兵排"集合待命，下班后要赶去广场执行任务。我随即说"家里有事，我请假。"政工办公室负责人说"今天谁都不许请假！"我扭头离开，任凭他叫喊，回车间干活去了。

那天一下班，我和老胡再次到广场，天还没黑，人群正呼呼啦啦涌向广场东南侧那座冒起黑烟的小楼，听说"清剿指挥部"设在那里，老胡和我来得晚，根本凑不到跟前，只能隔着很远的距离随着焦虑的人群关注着焦灼的事态。7点多一点儿，老胡和我离开广场回家，心中的牵挂还留在那里。第二天一早从广播里知道：昨晚7时半，也就是我俩离开不久，广场上广播了市委书记吴德的讲话，说广场有坏人"进行反革命破坏活动"，让大家赶快离开。两小时后，1万名工人民兵、3000名警察和5个营的士兵，手持木棍围剿逗留在广场的人，冲突中有人流血受伤，还逮捕了一些人。四五期间，我和老胡一直积极参加广场活动，人同此心心同此理，所以我绝对不愿参与挥舞木棍的恶行。

1976年清明节前，天安门前摆满花圈，那些日子我每天都会去参加群众活动，一天不落。（理丰 拍照）

两天后，天安门事件被定性为"反革命暴乱"，栽赃邓小平是"总后台"，邓被撤销党内外一切职务。随后在三通用全厂大会上，因拒绝参加首都工人民兵的任务，我被点名批评、宣布撤销民兵排长并给予记过处分。好在多数工友们并没有歧视我，也庆幸老胡不是基干民兵而未被追责。背上行政处分的我，因不满而心灰意冷，这时有人举荐我参加北大进修班，因祸得福我有机会亲近北大，开心极了。半年后"四人帮"被关押，四五事件翻了个儿，年底回到工厂，全厂总结大会上，我被不点名表扬"有觉悟"并宣布"撤销记过处分"。时至今日，我并不知道自己档案袋中有没有那个处分书？大会表扬后是不是又被取出来了？

在北大学习半年马列

第三通用机械厂在文革时成立了工人理论小组，共5人，和我最聊得来的是任公伟，他是101中学老高三的学生，101中的学生领袖之一，他读书多、见识广，出口成章，逻辑性强。插队返京后进厂当了最苦最累的铸造车间炉前工，每周一次的理论组研讨会，他和我最积极最活跃，可惜如今我俩观点相左，价值观相悖。今年春节我用微信对他说"我们是文革中最缺少知音时的朋友"，"尽管我们都很固执，谁也说不服谁，但你我依然是曾经特别要好的友人！"

1978年，三通用厂工人理论组组长任公伟考上了大学，而理论组副组长的我因四五事件背上记过处分，人生低谷时，不知哪位好心人推荐我参加北京大学马列理论进修班，我一直在心里感激这位不知名的好心人！上初中时我就对北大充满向往，有机会住进北大研究生宿舍、每天听课、课后徜徉在未名湖畔，那是美梦成真的好时光。

据说北大开办进修班，是为培养子虚乌有的"工人理论家"，教材全是马恩列斯原著，给我们讲课的没有一位老教授，讲师们勉为其难按规定走程序、干巴巴地宣讲原著，《资本论》《反杜林论》《唯物主义和经验批判主义》《马克思主义和修正主义》等大部头囫囵吞枣不甚了了，也就是记住书名罢了，印象最深的是《共产党宣言》的精彩开篇：一个幽灵，共产主义的幽灵，在欧洲大陆徘徊……

幸运的是，进修班上结交到来自京城几十个企事业单位的青年人，同宿舍四女生：玲子、小朴、小李和我，每天一起听课，一起在教工食堂吃饭，还曾一起哀悼朱德元帅逝世。晚上围着未名湖畔边散步边海阔天空各抒己见，我们四人逛遍了北大校园，还多次到颐和园对着湖面欢声高歌，那是我年轻时最美好的几个月。

1976年5月初到8月底，我在北京大学国际政治系开办的"马列理论进修班"进修，我们班辅导员（前排中）与来自北京市工业局选派的女学员合影。前排左是我，辅导员右侧穿翻领衬衫的女生是我下一篇的主人翁玲子。注意：文革时北大图书馆前是一片草坪，还有一座毛像。

大地震中的记忆

我在北大进修时遇上唐山大地震。1976年7月27日那天出奇的闷热，白天在教室听课热得汗水淋淋，傍晚我们前往颐和园消暑，平日昆明湖面微风拂面，一天的暑热顿消，那天湖面吹来的风竟然燥热难耐，同学们笑言"越吹汗越多"，我们早早回了宿舍。热得睡不着，我到斜对面宿舍听同仁医院来的女学员讲日本影片《砂器》，她家住西城胡同里的深宅大院，有家庭小影院，看过不少内部电影，我们都喜欢听她讲故事。她们宿舍有一位比我们年长的女生，是早期中共领导人瞿秋白的独生女，文革中，我看过被当成反面教材的瞿秋白就义前写的《多余的话》，所以记住了名字很独特的瞿独伊。

那天很晚才回宿舍，热的一个劲拿着作业本当扇子扇呀扇。迷迷糊糊睡着后，突然被剧烈的晃动惊醒，朝南的玻璃窗忽闪忽闪着一波接一波银白色的光波，同时耳畔传来沉闷的轰鸣声。"地震啦"有人喊起来，我披着毛巾被下了床，看见小李还躺着，使劲摇醒她，拽着她下了楼一起跑出去。楼下路灯下站着惊慌失措的学生们，有几人包括小李，只穿着小裤衩，用双臂护在胸前，我穿的是大背心和短裤，就把小毛巾被给小李披上。等到第一次地震波停止后，大家赶紧回屋穿好衣服。这时，北大广播站播出消息，提醒大家注意安全，说有两名住上铺的男生慌忙中跳下地摔成骨折。为此我们进修班女生很感谢校方的照顾，让我们住在原来研究生的宿舍不是上下铺，所以一个都没有受伤。

地震当天就停课了，我父母1973年初春到1976年深秋在新华社驻河内分社工作，没在北京，我赶紧回家照顾姥姥和弟妹，在楼下小空场用竹竿和塑料布搭建了一个小防震篷，我们姐妹四人、姥姥和舅舅的4岁女儿、姨的4岁和2岁的两个儿子，共8口人挤在里面，连坐着都嫌挤。午后下雨了，余震突发，望着对面二楼我家窗帘在晃动中大幅度摇摆，我忧心忡忡夜里怎么安置姥姥和弟弟妹妹们。三通用厂的工友们及时雨般帮了我一把，第二天开来一辆小卡车，送来三捆没剥皮的小树干和一大卷油毡，帮我搭建起一个较宽敞的篷屋，夜里还是老漏雨，我赶紧买了火车票，震后第三天把姥姥和弟妹们送到郑州姨家。76年8月，白天我和大妹妹分别去上课上班，夜里姐妹俩挤在一张挂有单人蚊帐的小床上。

毛病故后四人帮被抓

1976年9月进修班结业，我刚回到工厂，9月9日毛泽东病故了，三通用厂选派了20位代表参加人民大会堂的遗体告别仪式，我被选中。哀乐声中，我们戴着黑箍低着头，绕着玻璃柜中毛的遗体向他告别，人人都在擦眼泪、许多人肩膀一耸一耸抽泣着。可怜的我，从小不爱哭，此时此刻因没有流泪而窘迫，头都不敢抬一下。

出了大会堂，走下高高的台阶时，一阵凉风扑面，我突然想起半年前，天安门四五事件后，爸爸妈妈回北京述职，各分社被要求统一四五事件对外的宣传口径。返回越南前的那天夜里，爸妈把我叫到他们屋里，语重心长地叮嘱我"准确消息是毛已病重，一旦他故去，军人有可能争权作乱,我们为你想好两条对策,一旦有乱,你要如此这般……保护姥姥和弟弟妹妹们的安全,到那时这个家就只能指望你了!"突然意识到已经面临"那时"了,顿感前途未卜、担子好重,哇的一声嚎啕起来,哭得不可收拾,工友扶着我劝也劝不住,坐到车上趴在椅背上还一个劲哭啊哭。毛逝世后我第一次大哭,其实不是因为红太阳陨落,是担心局势生乱。第二次嚎啕大哭是在 2002 年 7 月,我最心爱的二妹妹因过度劳累突然病逝,肝肠寸断、撕心裂肺中真想随妹妹一起化为云烟。

1976 年 10 月的一天傍晚,爸爸的忘年交好友小任叔叔,那之前任长安刚结婚,成为周恩来的侄女婿,他忽然来到我家,告诉我和我大妹妹:"这下好了!前天夜里王张江姚都被抓起来了,四害被除,天就要亮了!"他嘱咐我俩先别说,过些日子大家都会知道呢,然后说要去通知住我家楼上的谢文清叔叔,他一转身兴匆匆上楼去了。几天后,果然整个北京市欢腾起来,载歌载舞庆祝"四人帮"倒台。年底的全厂大会上,王沛津书记不点名、但熟悉我的工友们都知道说的是我,表扬我"有觉悟"并宣布"撤销记过处分"。

24　玲子夭折

工人家庭的玲子一心想嫁入"革命家庭"而误入歧途,她在妈妈鼓励下爱上一个有老革命家背景的有妇之夫,结果竹篮打水,枉送了如花似玉的性命。

我爸妈 1958 年到 60 年在新华社外训班学英语时的班主任,名叫李慎之,李慎之先生说过"所谓无产阶级文化大革命的伟大,并不在于它真能改造好人们的思想,而在于它居然能把八亿人口的大国,改造成一个普遍说假话的国度。"

在讲真话不仅不能成为共识，反而会冒大风险的时代，一句真话往往能产生意想不到的轰动效应，也能引发出人意料的不堪后果。我想打个比方：如若周围充满瓦斯毒气，真话就有可能成为一颗火星。德高望重的茅于轼先生说："中国占人口一半多的人，还处于文革状态，或皇权统治状态，基本上不懂得现代社会的处事原则，要么是一些缺乏理性的文革战士，要么是逆来顺从的奴隶状态。"我高度认同两位老师的观点，每每看到说真话遭围攻，就闻到文革的味道。

我的文革回忆已近尾声，下一篇结尾画上句号，今天说我在北大进修班结识的朋友郭玲（玲子是我对她的习惯称呼）。文革时，女孩子找对象，不问有没有钱，也不太看重长相什么的，特别注重对方家庭出身、政治面目等外在条件，许多姑娘把找一位党员或革干、革军家庭出身的人，作为结婚恋爱对象的首选。因为这种偏见，玲子枉送了自己宝贵的性命。

郭玲生前送给我的一张小照片

1976年4月下旬，北京第三通用机械厂通知我到北京大学国际政治系参加为期三个月的进修班，因地震等原因延长一个月。报到后才知道，这是针对北京市大中型企业团干部、理论骨干的培训，原本设想分批分期让青年骨干轮流接受北京大学正规、系统的马列理论学习，鼓励并带动群众紧跟文革领导者。不料第一期刚结束，四人帮就倒台了，这项计划戛然终止。

进修班的学员来自工厂、医院、机关的团干部，我以工厂理论小组副组长、车间团支部书记的身份来学习。同宿舍的三位室友都是单位的团支部书记，我们年龄相仿，相见恨晚。玲子与我来自北京市机械局所属工厂，我俩一见如故。玲子漂亮，银盆大脸肤色白皙，水灵灵的眼睛明亮亮，健康活泼热情直率，是个人见人爱的好姑娘。同宿舍还有小朴和小李，小朴是朝鲜族姑娘，西苑宾馆的团委书记，小李是北京构建厂的团支部书记，我们四个白天一起上课，傍晚在未名湖畔一起散步，热络的常常连周末都要一起去紫竹院、颐和园游玩。

夏天到了，玲子擅长高台跳水的才艺一下子在北大校园里扬名立万，有一次，我坐在泳池边欣赏跳水英姿，当玲子又一次站到高台上时，一个穿泳裤的青年人走到我身边蹲下，向我打听玲子的情况，我不知道玲子是否愿意结交异性朋友，就语焉不详地对付两句，那人马上识趣地离开。我随即有些反悔，意识到应该热情一些，没准玲子同意和他相识呢？事后如实禀告，果然玲子埋怨了我，说："能认识北大的跳水爱好者不容易啊！"我也觉得北大学人素质确实高，一点不肯低头，心里也责怪那人太爱面子，我不热情不等于玲子不愿意呀，何必迅速撤退呢。

我与玲子结伴去教工食堂吃饭的路上，也遇见有人对她指指点点"跳水的姿势美极了……"玲子从小在市体校接受专业训练，成绩优异，要不是文革北京市少年跳水训练班解散，她十有八九能顺利进入国家跳水队，成为一名优秀的运动员呢。

7月6日，朱德委员长逝世了，同学们都很惋惜，凑在一起热议当年春季天安门四五事件的见闻，周总理走了，朱委员长也走了，毛伟人身患重病，这一切揪紧着人心。我们这批正在攻读国际共运史的热血青年们更是对祖国的前途忧心忡忡。

7月27日那天傍晚特别闷热，我们四人先是到颐和园昆明湖畔乘凉，那天从湖面上刮来的风竟然燥热难当，一改往日的清爽。汗水淋漓回来擦个澡，仍然热得无法入眠。我就到斜对面宿舍把在同仁医院工作的大李（一位高个儿女同学）叫起来讲故事，她家境不寻常，当我们只有8部样板戏可看时，她能坐在自家小影院观赏外国影片。那天，她讲了日本电影《砂器》，大李口才超棒，讲得详细传神，我们听得也很入迷，我躺在床上后久久回味着那些动人的情节。

终于迷迷糊糊地睡着了，半夜时分（后来知道是 7 月 28 日 3 点 43 分）我被一阵剧烈的晃动惊醒，原本就没太睡实，我一下就清醒过来，忽地坐起身，看到窗外忽闪着的银白色地震光波，十分可怖，同时听到大地传来隆隆的声音，沉闷得骇人，我明白大地震发生了，迅速叫喊同屋三人，拉着拽着睡在靠门处的小李跑下楼。楼下人越聚越多，最初的惊恐稍稍平定下来，我发现自己穿有内衣，就把披在身上的小毛巾被给旁边的女同学了。从广播中得知，北大校园至少有两名学生受伤，是刚才慌忙从上铺跳下地时腿或脚摔成骨折。

因为地震缘故，我们比原计划多在北大学习了一个月，8 月底才各回原单位。紧跟着毛泽东逝世、四人帮被捕，大悲后迎大喜，那一年经历了太多难忘的事件。北大结业后，我、玲子、小朴、小李延续着姐妹亲情，我父母不在家，我家成了聚会地，特别是玲子接长不短到我家或单位，我俩分享着动荡时期的喜与哀。

1976 年深秋的一天，玲子找到我谈起自己出身于普通工人家庭，说特别羡慕革命家庭出身的人，希望找一位革干、革军子弟做异性朋友。我能理解她，当时女孩子找对象，并不问钱多钱少，也不太看重高矮长相，非常看重对方家庭出身、政治面目等外在条件，找一位党员或革干、革军家庭出身的人，是许多女孩儿找结婚对象的首选。

我推心置腹地告诉玲子：我周围的女孩儿特别多，男孩儿不是当兵在外地，就是在兵团或插队，所以帮不上她。比如我家只有我哥哥一个男孩儿，当时远在云南部队，为他，我家门槛简直被踢破，许多姑娘的父母主动找上门要求结亲，有人为此暗中较劲，有人借故把女儿派到我家借宿，还有人上门指责我父母"不看重老战友的关系，不积极促成子女的婚事"。我当时很纳闷，老话儿说有好女儿的家被踢破门槛，我家好端端的几个大姑娘咋无人问津，就一个当兵的男孩怎么这般吃香呢？玲子明白了这情况，她表示要靠自己努力嫁入"革命家庭"。

唉，没想到这种文革时尚竟然害了她，没过多久，玲子果然找到一个有老革命家庭背景的对象，不料竹篮打水一场空，枉送了自己如花似玉的性命。

从玲子口中,我了解到她的父亲是个老实巴交的工人,她妈妈很能干,把四个子女照顾得妥妥帖帖,因为嫌丈夫窝囊,饱尝了衣食不周社会底层的苦楚,一心指望孩子们有出息。文革前,玲子妈妈天天接送女儿上体校风雨无阻,老师的夸奖曾给予妈妈莫大的期望,少年跳水队解散了,玲子暗自庆幸,"不用再受那些非人折磨了",可是妈妈却从此失去了欢颜。玲子过了22岁后,妈妈经常提醒她"你条件这么好,一定找个革命家庭的,以后咱家人就不会再受欺负了。"

我用自己亲身的感受,对玲子的恋爱观表示不认同:"上个月我父母回国述职,偷看我的日记,得知我的心事后,先齐心协力将我与那位右派的儿子处于萌芽状态中的恋情连根斩断,然后一个扮白脸、一个唱红脸,妈妈表现出对我满怀焦虑,好像我再不找对象她连觉都睡不着似的,从亲情上逼我认真交往在机关或部队的对象,早些把自己嫁出去;爸爸则半开玩笑半认真地告诫我:别那么挑剔,找个能共度一生的人就行,如果找对象只图男方地位钱财,小心我打断你的腿!"妈妈给我的压力我并没有太放在心上,我天真地认为自己刚24岁,离当时提倡的晚恋晚婚还早着呢,既然父母斩钉截铁否定了我看重多才多艺的恋情,那我索性再耗几年。爸爸的话正合我意,找对象就要找自己顺眼顺心的,家里地位高容易小看人,我还不稀罕呢。玲子听了又是摇头又是苦笑,说"你是没受过欺负,被你轻视的东西在现实中太重要了。"总之我俩谁也没说服谁。

1977年初春,玲子有一阵儿没来找我,突然打来电话,语调中很兴奋,神秘地告诉我"特别高兴,从来没这么高兴过,干部家庭的人真好。"我猜她找到理想的男友了,她的幸福感染了我,赶紧打电话把好消息告诉小朴、小李,她俩也像自己找到对象那么高兴。

暮春时节,玲子终于又站在我面前,我的喜悦撞上她的愁容马上僵住了,我赶紧把她拉到女更衣室密谈。消息太糟糕了,玲子发现她的男友是个有妻子女儿的男人!听了这话,我的脸彻底阴沉下来,"你上当了,赶紧拉倒!"玲子沉默良久,我在回味她刚才的介绍:那男人是个即将退团的老团员,因为是某老(延安时期四老之一)的亲侄子,加上人缘还不错,在单位里也是个有头有脸的人物,三个月前玲子疯狂地爱上他，两人好的如胶似漆。不久前，玲子提出要与他结婚，被逼无奈他承认已有老婆孩子，妻子是位副部长的女儿，有一份令人羡慕的好工作，女儿也很可爱，他和妻子门当户对，虽不相爱一时间也离不了婚……

玲子又开口说："哎，本来我已下决心离开他，可我妈妈跟我不依不饶，说无论如何也让我把他抢到手，我都不知道该怎么办了才来找你。""怎么办？这种骗人的人能要吗？就算他离婚娶了你，将来难免还会继续欺骗你呀！""你不知道我们俩在一起有多要好，真是左右为难。"玲子满面愁容激起我的无名火，"你怎么这么傻？当断不断后患无穷。"玲子愁容满面啥都没说就走了，这是我俩第一次不欢而散。

她走后，我又怜悯起玲子，接连给她打了两次电话安慰她"别难过了，没有过不去的独木桥……" 20多天后玲子再一次来找我，虽然表情有些怪异，面容显得发黄，却与我有说有笑的，我俩还一起吃了顿晚饭，回忆着去年在北京大学进修的幸福时光。在大北窑1路公交车站分手时，玲子一再回头朝我摇着莲花般的小手，笑靥如花。

几天后，玲子自杀的消息传来，我完完全全傻在那里，好久好久才哭出声来……"星期天玲子没有回家，独自一人在工厂的集体宿舍喝下一瓶敌敌畏，挣扎后惨死在自己的小床上。"

当时我只听到这么简单的消息，1977年初夏我听了这话，将我持续一年之久对玲子的友情瞬间击成碎末！追悔泛滥着一遍遍冲刷着我痛苦的心，在她最需要帮助的时候，我没能伸出有力的双手，也没有提供任何有效的帮助；在她最绝望的时候，我仍然愚蠢地固守着自己的信条，不恰当地指责可怜无助的朋友。如果我知道她已濒临绝境，我才不管什么世俗的道德准则呢，我干吗不陪在她的身边顺着她的思路给以必要的宽慰呢？

与玲子相处一年中的件件往事不停地萦绕在眼前，反反复复闪闪烁烁：在北大学习时，我们一起听课一起完成作业；在校园中心地带的冯友兰先生居住的有大红圆门的院落前，我俩孩子似的追跑打闹；她站在北大游泳馆10米跳台上冲我招手，然后以高难度动作一跃而下的美妙身姿；她到我家麻利地收拾黄花鱼，帮我烙饼、炒菜的伶俐模样；我俩一起研究刺绣技巧，你一针我一线地做活时，还曾互相比着谁的兰花指更优雅更耐看……

几天后，我给小朴、小李（北大我们四人住同一宿舍）打电话，通知玲子的死讯，小李当时就哽咽起来。小朴的话让我咀嚼好几遍，"什么？她怎么能这样！哎呀，那我们不跟她好了！"哎，是啊，我也只能不跟玲子好了，上哪儿再跟她好呢？

我和玲子同龄，在工厂都是受工厂师傅们称赞的、好学上进的年轻人，技术好、人品好、作风正。我们都是团干部，积极愉快地把完成各项任务当成份内之事，所以我们有特别多共同的话语。

我曾经以为我俩无话不谈，我为不理解她仅仅因为恋爱失败就决然赴死而疑惑了好久，直到一年多以后，玲子生前另一位好友告诉我内情，我才理解了她的选择。玲子另一位好友与玲子同厂同车间，玲子走后一年多她成为我同事的嫂子而遇到我，玲子生前跟她说起过我。提起玲子我俩都无限伤感。我们说起玲子许多可爱之处，然后在我的追问下，她说"玲子死前发现自己怀孕了，就催着那男的离婚，男的终于答应了，可是第二天玲子竟在工厂大门口撞见男人的老婆带着女儿来接那男人，一家三口说说笑笑很亲热地离去，玲子的天一下子彻底塌了，不出一礼拜，玲子就走了。"

接下来，她的话更让我心碎不已，"玲子走得很艰难，不知是药量不够还是什么原因，现场侦察断定她折腾了很久才咽气，她手表的表蒙子都撞碎了，面貌和身体完全变了形。""尸检报告验明了玲子已有两个多月的身孕。"我可怜的玲子啊！当我终于理解她的选择时，更感到用什么都无法减轻她的哀伤绝望了。

是的，玲子怀孕这件事是她无法对我说出口的，她知道在这方面我相当保守，我曾对她说过婚前要守身如玉，说过单位里屡屡因为团员、青年未婚先孕，或者仅仅同居或亲热，都要被迫在车间大会上作"严肃认真"的书面检讨才能过关（文革中许多单位都如此），因不堪屈辱而自杀的人死后还会被扣上"生活腐化堕落、自绝于人民"的脏帽子。那时我不懂这是反人性的、极残忍的迫害，一方面天真地要求自己自律，同时对婚前性行为抱有一种轻蔑的敌视。玲子了解我，怎么可能与我探讨这种事啊。当时出了事就整人,不管你的死活。医院的对策是拿不出已婚证明,没有丈夫亲笔签名休想做人工流产。玲子是个要面子的女孩儿,她发现自己怀孕了,对方又不可能离婚娶她,妈妈正眼巴巴指望着她嫁入官家,帮助家人从此过上好日子,这一切骤然成为一场空梦。为保全颜面、免遭迫害,她走投无路,毅然选择了自杀!

在随后的许多年里,自杀的玲子一直是我挥之不去的阴影。我常常假设,如果我那时不那么幼稚,私下里托关系帮她做人流手术,使她保全尊严,待她康复后鼓励她找新的男友,她是可以如同小朴、小李和我后来那样组建小家庭,几年后恢复高考她准能圆了大学梦,然后拥有一份自己喜爱的工作,到年迈时享受儿孙绕膝的天伦之乐……聪明伶俐漂亮的玲子,撞上那个红色年代的偏见,在25岁前葬送了自己如花似玉的生命,留给我一生难以平复的创伤。

1992年3月初,农历龙抬头那天,我应约到石家庄市桥东区为中国少年报通信员培训班讲课后,顺路去两所小学(一所重点校,一所城乡结合部普通校)听学生们说说心里话。

玲子的往事就讲到这吧。讲完这个故事,我想告诉大家:从玲子的遭遇上,我汲取到人生的经验,为日后航程避开漩涡:珍惜生命!摈弃虚荣!

我感觉自己欠了玲子一份情。后来我慢慢成熟了,办事也懂得讲策略了。1987年我曾在报社的群众来信中,认真回复一位河北沧州女孩的信,与她建立了联系,成功地劝阻了她自杀的念头,帮她联系到北京朝阳医院做了六个半月的妊娠终止术,帮她重新回到学校。沧州女孩的事多少缓解了我内心深处对玲子的那份歉疚。

那天,我穿着自己新织好的粗线毛衣,与三年级学生们聊天,突然前排的男孩站起来说"我生怕犯错误,还是经常被批评,被高年级的男学生打骂,老师也批评我。"我对他说"童年特别短暂,每一天都非常宝贵,要努力丢掉胆小怕事的包袱。再有同学欺负你,你别怕,一旦他出手打你,你要一边叫喊不许打人,一边挥拳头反击他,避开头部出手重点,让他再也不敢欺负你了。因为是他先打你,老师不会过多批评你的。"他听了很开心,乐呵呵地坐下来。

2006年秋天,我在河北省张北县采访一所农村完小后,与女孩合影。哎,只有老于我笑得轻松,几位农村小姑娘的脸上,各自有沉重与心思。身为贫困地区的农家女,这辈子难轻松啊。

40年前,玲子用她的悲剧点醒我,并帮我解开一道难题:怎样才能获得美满的人生?答案很简单:把握好每一天,在生命每一个进程中,真诚愉快努力地完成那一阶段的任务!

25 文革遗孀

1967年初，农展馆馆长不堪批斗沉湖自尽，他的遗孀用25年时间天天朝固定方向高声怒骂，直到白发染霜撒手人寰，我和邻居们从厌烦噪音到满怀悲悯。

民进会友、作家冯骥才先生说："由于上千年封建政治的高压，小百姓习惯用抹掉记忆的方式对付苦难。但是，如此乐观未必是一个民族的优长，或许是一种可爱的愚昧。历史的过错原本是一宗难得的财富，丢掉这笔财富便会陷入新的盲目。"

茅于轼先生说："不敢说真话是个人的耻辱，不能说真话是时代的耻辱。"记住这句话：世间最可怕的不是坏人嚣张，而是好人沉默。由于好人沉默，坏人才敢作恶。我的文革回忆系列，今天写下最后一篇，感谢分享的朋友们！感谢给我提出宝贵建议与支持鼓励我的朋友们！谢谢你们，祝好运！也要对骂我、诋毁攻击过我的人表示谢意，他们从反面激励我，使我反思文革的决心更加坚定。

今天讲一位丈夫被迫害致死的文革遗孀、我的邻居的真实往事。讲述她的遭遇，为使文革被害者们不至于白白送死，让我们一起努力，铲除文革土壤，让浩劫再无翻身之地！

"老奸巨猾大坏蛋！两面三刀大坏蛋！杀人不见血的大坏蛋……我要杀了你呀大坏蛋！"一连串的高声叫骂，整整持续了25年，虽不像市井泼皮无赖骂人话那么肮脏、阴毒，仔细辨别骂声中不带一个脏字，却充满深仇大恨，骂到结尾充满绝望与悲苍，最后那句"我要杀了你呀大坏蛋！"，常常含了哭音哽咽得语焉不详，听了数年后我才能辨别出这句话。

1981年暮春时节，我家从劲松的一居室搬到三里屯东街的两居室，那时我儿子刚刚半岁。乔迁之喜未散，惊魂的骂声传至耳畔，"老奸巨猾大坏蛋！两面三刀大坏蛋！杀人不见血的大坏蛋……"莫名其妙的我抱着幼子走到阳台上循声望去,看见隔壁单元三层楼的阳台上站着一位高高壮壮、红脸庞的中年妇女,正声嘶力竭地冲着对面居民楼高声叫骂。吓得我张大了嘴巴,生怕唬到小孩子,赶紧躲回屋内。从那天起,这高分贝的叫骂声天天传来,我家人一连听了10个年头!

文革前两年,28名高干夫人合影。她们中的一些人,随后也经历过与我写的这位文革遗孀类似的苦难,可惜并不是每个劫后余生的人都能客观地认清悲剧的根源,甚至有人好了伤疤忘了疼,主动伸出橄榄枝向迫害方示好求和。

楼上住着文化部的余阿姨、周叔叔,与我夫妇成了互有往来的邻居。暑假里,余阿姨上大学的女儿周彬找我借书,忽听骂声又起,我问:"旁边单元那女人每天骂人是怎么回事?是个神经病人吧?怎么不送她去住院治疗,这样由着她骂,真不像话!"说着说着我来气了。

周彬姑娘告诉我:"我从小一直听她骂人,早习惯了,听着就跟没听见一样。""听我妈妈说,她丈夫被整死后,她就疯了,可能这样能解气吧,反正街坊邻居们都习惯了。"哦,丧夫之痛,情有可原,再听那叫骂就不好抱怨了。

80年代初期,北京市牛奶供不应求,按户口只供应哺乳期婴幼儿和医生开具证明确实需要特殊营养的慢性病患者。81年秋季,我儿断母乳后,我在居委会订了两瓶牛奶,每天拎着昨日的空瓶和订奶卡去北楼居委会取牛奶,奶站的老崔是居委会的小头头儿,近水楼台在居委会值班室设了订报站和取奶站,老崔既管分发报刊、牛奶又兼管公用电话。每次他在我递过去的订奶卡上画好小斜道后,收了空瓶再换成当日的新奶,就这一小会儿功夫,老崔要么跟订户打个招呼要么传达一下居委会的通知,工作挣钱两不误。

2013年5月31日,我在挪威首都一座小山上,背靠奥斯陆市政厅——空椅子事件发生地(因刘晓波被关押不能参加颁奖仪式,那次诺贝尔和平奖的颁奖仪式大厅中央摆放着一把空椅子)我双手合十,祈祷和平进步。(老王 拍照)

有天老崔通知次日上午轮到我在小区值班,第二天我从他那里领到一枚"街道治安员"的红袖章,戴到左臂上开始在小区里四处巡逻。转了两圈,眼见秩序井然,我就放心地去找老崔闲聊起来。这时有人来取报纸,取报人走后老崔告诉我:"他是X馆长的小儿子,他妈妈疯了15年了,哎,怪可怜见儿的。""啊,每天高喊叫骂的那人是怎么疯的呢?"我赶忙问老崔。

老崔说,她丈夫文革爆发时是农业展览馆的馆长,她是家庭妇女没有正式工作。1966年,她丈夫与各单位领导一样统统成了"走资派",挨批斗进牛棚不许回家。冬天到了,造反派们变本加厉,白天强迫"牛鬼蛇神"干脏活累活百般羞辱,晚上换班接着批斗毒打,终于在一天深夜,不堪屈辱的馆长乘人不备逃出牛棚,一头扎进农展馆后面的湖水里。第二天被拖出水面时，馆长的脸被锋利的冰碴儿和水塘里的尖木桩刺破已面目皆非，扭曲的肢体惨不忍睹，馆长夫人被叫来，见状即刻昏死过去。

苏醒后，她将满腔愤恨倾泻到住在她家阳台对面那座楼一层的某人，那人也在农展馆工作，据说以前曾受到馆长信任与重用，文革初期开始造反，挺能折腾。神志半昏的馆长遗孀把怒火集中指向他，天天站在阳台上冲他家方向大骂"老奸巨猾大坏蛋！两面三刀大坏蛋！杀人不见血的大坏蛋……我要杀了你呀大坏蛋！"没多久，那家伙慌忙搬了家，据说他舍近求远，新家离单位很远很远，他从此退出派性斗争，变得沉默寡言。仇人已搬家的消息，馆长的儿女一遍又一遍告诉妈妈，但她完全不理会，依然每天站到阳台上，冲着固定的方位，亮开嗓门高声叫骂。

老崔对这位妇人怀有好感，说她以前"很能干、很热心呢，是街道积极分子。"老崔又指着小区路旁两大排、几十棵碗口粗的桃树，告诉我："这些树是1961年她让馆长丈夫帮助联系买好运过来，她和我们一起栽种的。这种桃树花期长、花朵艳，谁见了都喜欢。"是的，每年春天，小区道路两旁都开满粉艳艳的桃花，重重叠叠飘着幽香。可惜当年让丈夫托熟人运来这批树苗，又参加植树蔚成小区美景的那位才德俱佳的夫人，遭命运捉弄、被仇恨吞噬，堕入疯癫悲城，再也无力欣赏花开花落的美景香氛了。

之前，我对搬来这里、随时闻听高分贝噪音颇感厌烦，老崔的话平息了心中的不满。再听那骂声，充满委屈与愤懑，知情后能不心酸落泪？一个红颜尚未褪尽的妇人，在无法停歇的怒骂中变成白发染霜、面目粗粝可怖的老媪，其中蕴含着多少悲愤呀。有时听她骂久了，竟十分不忍，担心如此声嘶力竭太伤身体，恍惚间恨不能让她歇会儿，自己替她骂几声，帮她出口怨气！

年复一年日复一日地叫骂，她练就了一副洪亮无比的高门大嗓，骂声传到很远的地方，多次惊动过住在几十米开外的三里屯外交公寓里的外国记者们。上世纪60年代初，北京举办26届乒乓球世锦赛时建成的外国运动员驻地，后来改建为境外记者驻京公寓，每天传来的尖叫怒骂声引起他们的不满。为此，外交部出面另找一套大房子劝搬家，平息外事纠纷，她家子女亲戚们都乐意，无奈她死活不肯。

有一次我在阳台上晾晒床单，见楼下一男子脸朝上与三楼阳台的妇人对骂，估计那人路过时听到骂声，误以为自己被骂，于是与之对骂。我赶紧跑下楼，劝解说"她不是骂你，你快离开吧！""怎么不是骂我，我没招她没惹她，她凭什么骂我？我质问她，她反而骂得更凶了，这个恶婆娘！"我又劝他"快走吧，她天天在这儿喊叫，真不是骂你。"走出几步，那人又扭头朝上面喊"没见过你这么撒泼的老娘儿们！"我一个劲朝他摆手，催他离开。

儿子上幼儿园中班时，周末我带孩子到楼下，儿子和邻家小孩儿玩起游戏，我坐在槐树下看书。猛然间发现孩子们正仰着小脑袋瓜儿，手舞足蹈地叫喊"大坏蛋！杀人大坏蛋！两面三刀……"我慌忙制止孩子们，儿子不服"是楼上奶奶先骂我们。"心陡然一酸，我搂着孩子们说"奶奶是病人，你们别学她，不然会染上病的。""不要生病。"孩子们跑别处玩去了。

我望着楼上那个酱紫色脸膛怒声叫骂的妇人，悲悯溢满心胸。

1991年之后，突然听不到那叫骂声了，无需打听大家都明白馆长的遗孀病重了，继而亡故了。突然悟出原来整日叫骂的她，其实是个早已死去的人，好端端的丈夫惨死在没有战争、平地刮起的革命风暴中，从见到丈夫伤痕累累的面容、扭曲变形的尸身那一刻，她的心就死了。后来的25年，她挣扎着只有一事：为屈死的丈夫讨正义！

这分明是个转世的复仇女神，前半生是一位端庄幸福的家庭主妇，丈夫在外事业有成，妻子在家养育子女，把家操持得井井有条，邻里间她也赢得信誉，曾联系购买并种下几十棵美丽的桃树，把住宅小区装扮得春光灿烂。一场颠覆人性的文革彻底扭转了她的命运，后半生的余焰化作悲愤交加的怒吼，每日站到阳台上痛责忘恩负义、趁乱参与迫害他人的人，整整25年的高声叫骂，诅咒那场彻头彻尾的反人类的暴行。

伦理学家马格利特的名言："忘记与自己有亲密关系的人的不幸是伦理的背叛，忘记与自己并没有多少关系的人类的非正常死亡是道德感的丧失。"反思文革，坚守底线，请记住这位高声叫骂过 25 年的文革遗孀！

附：一个"自来红"眼里的文革
——花满楼对于向真的访谈

（共识网 2016 年 4 月 20 日）

本书作者说明：2016 年 1 月 11 日，我与共识网老总周志兴电话联系，表达"今年文革爆发 50 周年，我想写那十年的所见所闻。"周先生表示同意，说"你发到共识网，我会让编辑推荐。"周先生言而有信，每次都迅速把新文章推荐到共识网首页。当我把系列回忆文章写完并陆续发到网上后，共识网资深编辑邵思思（花满楼）女士与我做了这次访谈，发表在 2016 年 4 月 20 日共识网首页。

共识网说明："自来红"是文革中对出身好、根正苗红的人的一种称呼，以区别于出身不好的"黑五类"。

本文采访对象于向真老师就是"自来红"中的一员，然而就算高贵出身，也并没有使她免于恐惧，仍然"常常睡不成安生觉，要么大半夜突然闯进一批人查户口；要么毛主席习惯晚上发表最新最高指示，大家必须连夜敲锣打鼓上街游行庆祝"。

今年距文革爆发已经整整 50 周年，距文革结束也已 40 周年。我们不妨听听这位"自来红"于女士如何说文革。

花满楼：您发表在共识网上的《我亲历的文革十年》系列回忆文章，在网络引起了很大反响，您是如何想到要写作这一系列文章的呢？

于向真：2006 年初春，我开始写博客，草根写博客重在交流，有感而发、一挥而就，有时写完连检查一遍都省略掉，匆匆发出去。

大量时间用于浏览各网站推荐的博文，好文章层出不穷、根本看不过来，时间总不够用。

十年博客生涯，免不了提及往事，自然绕不开反思文革，前些年陆续写过一些文革中的人和事。当见到陈小鲁、宋彬彬等人向老师道歉，我立即支持，却遭到几位朋友、甚至是最要好的发小的不解，反感我支持"红二代的阴谋"，当众怒斥于我，幸好没断绝往来，求同存异吧。1990年，早于陈小鲁、宋彬彬许多年，我和中学同学就主动向老师道了歉。那次活动前，我用心选购一条羊绒围巾送给老师，老师很喜欢，我这人特俭省，从不给自己买贵的穿戴。舍得送老师礼，是对文革初期自己曾参与"揭发批判"班主任老师，我班给老师写的60页大字报里，也有我在揭批会上发言提供的内容。我们道歉时，老师快80岁了，我想让她感觉我们真心后悔了。那之后才两年，老师就病逝了。道歉这事，容不得迟疑啊。

去年春天，我妹妹总是不舒服，到秋天被确诊已经胰腺癌晚期扩散了，之后我忙于照顾妹妹。再次深刻领悟到生命的脆弱，意识到自己随时离去已属正常。今年1月11日午后，从微信里看到龙应台在北京的演讲，认同龙女士"普通百姓有责任记录历史"，联想起今年文革爆发50周年，自己也该认真回忆，把所见所闻写出来。我向共识网老总周志兴先生说了，周先生鼓励我，并表示共识网愿意推荐。当晚我匆匆写了第一篇"骤然停课"，发在共识网、凤凰博报、新浪博客、博客日报和博联社。感谢共识网陆续推荐刊登。共识网是我看重的网站，没想到我这样的草根写手，首次投稿竟然被共识堂重点推荐，这对我是一种鼓励，也是鞭策！

《我亲历的文革十年》从1月11日发出第一篇，到2月28日发了第25篇，一个半月，忙里偷闲把印象深刻的文革亲历娓娓道来。同以往一样，说真话免不了挨骂，但我不怕，为抛砖引玉，期待看到更多文革亲历者一起反思文革，让没有经过文革的年轻人多了解一些文革真相，特别是一个个普通人在十年动乱中的坎坷历程。

我的亲历记，一篇篇发在网上，骂的人日见减少，理解和支持的人越来越多，有些读者在跟帖中讲述自己文革的见闻和对文革的认识，挺感人的。同时，欣喜地看到网上陆续发表的反思文革的好文章，证明认同反思文革是人心所向大势所趋。

花满楼：您在文中，有几次提到文革中农村和城市的巨大鸿沟，比如在大串联的时候，能否具体讲讲，当时的农村是怎样的情况？

于向真：城乡鸿沟触目惊心，每一个有良知的人都痛心疾首。我家人和亲友都生活在大城市，但文革中几次路过乡下，在报社当记者20多年里，采访过农村小学、到农村小学生家探访，多少了解到一点农村的情况。

1966年10月，我第二次外出串联，从西安经铜川到延安途中，下车遇到一处农村集市，我花两毛钱买的秋果很好，看到集市上的人喜洋洋的，对陕北农村留下美好印象。两年后，我积极争取和东城区中学生一起去陕北插队，就是误以为延安圣地富裕美好。后因68届三分之一留城，学校将我分进工厂，我为此遗憾过好几年。之后我从插队同学和各种渠道得知，66年秋季我见到的陕北农村集市的美好，是七千人大会后的短暂成果，广大农村严重的落后与贫困才是现实。

回忆中我说到当工人时，有一次护送老工人回乡，以及参加徒步拉练走过京郊和河北省的农村，村里的脏乱差让我震惊。人太穷确实不开化，懒惰与愚昧使人丧失尊严与进取心。比如我参加野营拉练第一站是海淀区一个村，院子里和农舍里竟然脏成那样；途径延庆县住过的两个村，井台是极原始的状态，冬季井台四周结满冰，一不留神水桶沉下去，听说也曾有人滑落进去，当时我就发牢骚"怎么就不知道安护栏呢？起码应该在冰面上铺一层防滑的稻草或石子吧？"居然什么安全措施都没有。再有就是农村严重缺医少药，拉练途中，我是个背着小药箱的"红医工"，走到哪里都有村民闻讯过来求医求药，我用针灸给村民们简单处理一下，竟然被夸大疗效，曾有人追到下一个村庄让我治病，可见村民患病后的窘境。

1994年秋季，我到甘肃定西、陇西两县采访几所农村完小，老师告诉我"最怕过冬！一到冬天，老师在前面边跺脚搓手边讲课，孩子们在下面用嘴朝小手哈气，冻得哆里哆嗦写不成字……"接着，我到一个面临辍学的男孩家走访，他穿的棉袄袖子破成条。我进门管他妈妈叫"大娘",看上去她很是苍老,交谈中才知道她竟比我年轻10岁。在那里做客,老乡不招待你水喝,常年无雨,实在太缺水了!当时县里已经拖欠老师半年多到一年多工资不发,可县里干部仍然热衷公款消费,为此我骂了主管教育的副县长。我走访的几所学校,每周升旗仪式,师生们仰望的是一块块早已褪色的白布,回来后我写了一篇"国旗是白色的"小文,发在网上。

花满楼:您的父亲,于明先生,也是党内高级干部之一,因此也有人称您为"红二代",您在文章里也写到您父母的遭遇,您父母的遭遇对您产生了什么样的影响?你如何看待文革中所谓的"大义灭亲",举报自己亲人、揭发自己父母的行为?

于向真:我爸爸于明不满16岁就参加革命,属于读过书、有志向的军人,出生入死负过伤立过功。他曾告诉过我:"每场败仗下来,总有些人溜号,留下了最坚定的。""八年抗战,每逢打了胜仗,村民慰劳我们,一起庆贺;打了败仗我们不进村,远远绕着走,'枯藤老树昏鸦,小桥流水人家,夕阳西下,断肠人在天涯'是在那种情景下传唱背会的。"爸爸的故事多着呢。

我崇敬老一代革命军人,但我不认可"红二代"的荣光,顶多是个中性概念。前些年我也参加红二代年会和旅游,很快就不参加了,感觉不合拍,我个性比较强。我爸爸就是有个性的人,1953年春,他听说省委开会任命他当宣传厅厅长,他马上背个小包到了郊区新建的国棉一厂,辞官不做回归基层;1958年他又辞掉郑州市委宣传部部长一职到新华社当记者,文革前、文革中他是驻外记者,算不上官员,侥幸躲过"当权派"。文革后他辞掉司法部司长、党组成员职务去创办《法制日报》,又一次不当官了。因此,严格说来我不算官员子女,我爸爸妈妈生活俭朴的让农村亲戚们笑话,我也是这样。爸爸妈妈少年从军抗战,为了解救受苦大众,他俩拥护延安窑洞主张。有些人固守"打江山坐江山"的封建理念,说明自己冥顽愚昧,严重亵渎老一辈的崇高。

我父母在文革中也挨过批斗,不算严重,我哥哥和我大妹妹去部队当兵,我进了工厂,我们都不算是文革受害者。只有我二妹妹去农村插队几年吃了大苦，英年早逝，她算是文革受害者。我爸爸的好几位老战友，文革中被整得很惨，他们说我爸爸辞官不做有先见之明，其实也不尽然，他早在1953年春和1958年时就不愿违心做较高的官，主动放弃名利场，才意外地在文革中免于"走资派"之祸。爸爸的耿直、妈妈的善良，还有家庭氛围相对民主，对我影响挺大的，加上我10岁父母就出国工作，我成了小家长，自小肩负责任，遇事不慌乱比较有主见。

我的亲友中，没有"大义灭亲"的，反的例子倒有，比如我小学同班同学万晓武，他不肯与被批斗的父亲万里划清界限，被中学同学谩骂冷落，使他刻骨铭心，主动跟我们说起那些往事。举报和检举亲人和同事朋友，是突破人性底线的缺德；鼓励此举，更是荒谬绝伦，而此举居然在文革中被大力提倡，也因为动乱中人人自危的政治高压，人们心中充满朝不保夕的恐惧，突破人性底线的恶行才得以蔓延，从此开启了大陆人"互害模式"。由于文革一直没有被清算，人们从政治上的互害演变为经济、生活中的互害，危害深远而酷烈，以致我们每个人都难逃被害之危。

花满楼：我们知道，文革中有一副很出名的对联，是谭力夫写的，他鼓吹出身论，认为"老子英雄儿好汉"，这幅对联在当时对你们产生了什么样的影响？您也是根正苗红的"红二代"，您又是如何看待"出身论"这个问题的？

于向真：是的，1966年8月6日，我就读的北京49中红卫兵成立了，第一批被批准加入者有一条硬性规定"父母是老党员、老革命"，一千多名学生中只有20来名学生"有资格加入"。我当时感觉荣幸，并不懂得换位思考"绝大多数同学凭什么矮人一头"？但是被划为"黑五类""黑七类"出身的同学，我没有躲避，当我要好的女同学家门和楼道里贴满打到他父亲标语时，我反而与她走近了，每天去找她玩，还悄悄撕掉楼梯处一排打着红叉叉的标语，揉成一大团扔进楼下垃圾站。当听说她家邻居容国团自杀的消息后，我俩曾站在楼与楼之间的树下，同情地看着容国团的妻子抱着孩子、垂首悲凄地走进单元门，那一刻我心很疼。

老红卫兵大多是"红二代",推崇血统论,记得我第一次大串联时,带到上海、广州散发的传单,就有宣扬血统论的"自来红们站起来了",还有反人性的"红色恐怖万岁"。带那些传单去散发是高中生领队决定的,但我积极参与过,当年的狂妄与愚昧,令今日的我悔恨。不比不知道一比吓一跳,数月后,我看到街上散发的传单《中学文革报》刊登的"出身论",躲在宿舍里我认真看了,心里认同又不敢说,但记住了遇罗克这个名字。

许多年后,率先鼓吹"血统论"的谭斌成为我先生单位的党委书记,但老伴儿和我早已是思想解放的先驱——遇罗克的粉丝。2007年秋天,我在今日美术馆参观徐唯辛院长的画展《历史众生相》时,遇到遇罗克烈士的胞弟遇罗勉先生和研究遇罗克的年轻学者晋松先生,著名摄影家贺延光为我们拍过合影。

花满楼:在您的文中,我们也可以看到,有知识有技术的人才,他们在文革中的命运总是格外多舛,您认为是什么造成了他们这样的窘境?

于向真:落后体制逆淘汰,优败劣胜,使中国文化一直走不出极权专制的怪圈。百姓为自保,一代代灌输着"枪打出头鸟"的谬论,连知识分子也以"藏拙""难得糊涂"为护身符,殊为可悲。灵慧杰出如周恩来,还要谨守处处避让、忍辱负重之道,为主子甘效犬马之劳,含辛茹苦地收拾烂摊子,垂危时悔之晚矣。

许多喝狼奶长大的人奴性十足,欺软怕硬,对上司溜须拍马,对弱势群体冷漠无情充耳不闻,气人有笑人无,见不得别人好的懦弱之徒不在少数。运动一来,这些心灵苍白、怨恨偏激的家伙们会像打了鸡血般兴奋,专拣求上进、讲公平的好人下黑手。

肯在学术和专业上努力钻研的人,多为品行高洁、处世真诚的人,乱世中暴虐横行,孤傲单纯者一是因为缺乏伪装、二是显得出众扎眼,最容易成为出头的椽子,文革中"走资派""学术权威""能工巧匠"遭受暴力迫害成为普遍现象。被迫害致死的名单挂一漏百,比如我住的新华社宿舍皇亭子大院,文革中至少有十多人自杀,有一次我小妹妹正在楼下跳皮筋,从楼上跳下的新华社名记者杜叔叔脑瓜崩裂、鲜血迸溅，惨死在我小妹妹面前，吓得她接连几夜在睡梦中惊叫不已。人才的损失空前剧烈，很多人至今后怕，有能力的人用脚表态，选择走为上计。改变这种颓势，唯一的出路只能是制度进步。

花满楼：您是何时开始察觉文革的荒谬呢，或者说何时才从这种疯癫的状态中醒悟的？在当时，看到一些惨象的时候，您有没有对这场运动产生过怀疑？

于向真：狂暴蛮横确实使我疑虑，血腥恐怖使我惊惧，但当时不敢怀疑，更不敢往深里想。我写了1966年8月25日晚上，我在崇文区榄杆市大街参加迫害黑五类活动时，因下不了手用带铜头的武装带打人而逃跑，心中充满惶恐与羞耻，感觉自己是战场上的逃兵。第一次大串联，在北京到上海的火车上，见到红卫兵侮辱迫害被赶回乡村的"地主婆"，作为旁观者心有恻然，却茫然地责令自己适应。4个月后回到家，见到有相似经历的姥姥，得知她在被遣返回乡途中为逃避脸上刺字而跳下火车扭坏脚骨，暗自庆幸自己没有参与迫害，也领悟到迫害人太缺德。

文革初期我也同样头脑发热，8.18那天毛接见我们，我也跟疯了差不多，嗓子都哑了，万岁没少喊。我特别感谢我爸爸，在1968年红海洋最兴盛时，他关起家门告诫哥哥和我，使我俩及时清醒过来，不再跟风为个人迷信推波助澜。文革中有胆识如我父亲者，实不多见，殊为可贵，但也绝非孤例，比如我的挚友赵于平大哥，他的父亲、老红军赵品三，文革初期就及时告诫子女不能跟风胡闹。红军服和八角帽，就是赵品三老前辈亲自设计的。

1976年毛病故后，大家都哭天抹泪时，我没流眼泪，除了担心局势失控，可以说并不多么悲痛，因为自己文革中体验到的疯狂与荒谬已产生抵触心理，知道毛和他的跟班们热衷整人、不肯消停，如果这股势力能消失，内心忍不住会松口气。

后来很多年，我们那代人结婚生子补学历、挣钱养家，我还要加班出差，白天办报晚上写书，工作和生活压力非常大，无暇顾及政治。直到80年代中期我加入民主党派，开始履行参政议政职责，参与社会调查，撰写过一系列有关民生与教育改革的两会提案，参与

《出版法》草案修改稿的完善，给《民主》和《北京民进》等杂志投稿，社会责任感空前持续高涨起来。

到了2006年春天，我开始写博客和大量浏览网文，互联网极大地拓展了人们的视野，对文革及各类社会历史问题的再思考有了深入持续地探究，愈发认清了文革反人类的邪恶本质，对至今无法开启全面彻底清算文革，甚至开倒车的现象深感痛心。

花满楼：您的回忆里有一节写到"我强烈抵制文革，文革让像我姥姥姥爷那样的大好人吃尽了苦头。"但在某些支持文革的人看来，文革是一场史无前例的大民主，群众的大解放，尽管可能会让好人吃点苦，但也能让坏人遭受报应。对此，您如何评价？

于向真：我姥爷理至善是个传奇式的人物，1927年入党的老中共党员，由于抗战初期被中共派遣打入国民党军队的魏凤楼部，45年促成起义带队伍投诚，引领中原地区多支国军起义。他在1950年后沦为老运动员，每场运动均难逃整肃，从1948年开封军区司令员，南下后佛山市市长，一路降级，文革中挨斗被打，流放数年在黄河滩放羊，到退休时他的行政级别为副科级。

但他胸襟豁达，以太极剑和两套拳术享誉武林，长期担任河南省武术协会副会长，赶上改革开放的宽松，他亲自带队发掘出陈式太极拳、杨家拳，在省城陆续开办过多期推广班，如今这两种中华武术瑰宝早已全球开花。当年我姥爷带队从少林寺交流访问归来，很快协助媒体介绍少林武功，提议少林寺开办武馆，其后才有了《少林寺》的电影剧本。我姥爷对我说过"文革初造反派几次毒打，要没有过硬的功夫，很可能没命了。"

我姥姥是我这辈子最佩服的人，她出身乡下，没念过一天书，仅参加过50年代初街道办的扫盲班，却粗通文墨。她善良热情识大体，忙碌了一辈子，先后抚育带大二十来个孩子；她是乱世中的童养媳，嫁进破落地主家，全力以赴鼓励丈夫求学上进，支持丈夫奔赴抗日前线，撑起地下党联络站的重任；1950年，姥姥带领数十名家庭妇女，开办鞋厂并出任厂长，没挣过国家一分钱工资，义务为前线官兵夜以继日地缝制军鞋；90多岁时，她还兼任小区民事调解员,能"三言两语击中要害,化解各类家庭矛盾"。这么出色的姥姥姥爷,在文革中双双受过残酷迫害。

文革大乱,貌似大民主,实则百姓遭殃、生灵涂炭。"红八月"被抄家、被毒打的人,有多少是违法分子?后来"清理阶级队伍",成千上万无辜者被整得家破人亡,许多人小错被冤杀、一句话被枪毙。文革十年,转着圈来回批斗整肃各种人,人人自危高度恐惧。即便像我这种根红苗正无需担惊受怕的人,也有过睡不成安生觉的经历,要么大半夜突然闯进一批人查户口;要么毛主席习惯晚上发表"最新最高指示",大家必须连夜敲锣打鼓上街游行庆祝。扪心自问,如果不能忍受自己或家人被肆无忌惮地被欺凌遭虐杀,不愿意连天赶夜被折腾,那为什么脑子进水唱文革的赞歌?

花满楼: 在支持文革的观点中,还有一种说法流传甚广,比如说文革期间没有贪污腐败,不像今天腐败丛生……这种观点受众面还挺广。您在文中也用实际的例子来驳斥了这种观点,您认为文革中的腐败与今天的腐败有何异同?

于向真: 文革前的高层干部大多是经受过战争洗礼的,有志有节,普遍比较亲民清廉。但他们一直享有特权特供,三年困难时期,高干能在特供商店买鱼买虾。我爸爸级别不算高,但每月都有香烟票、鸡蛋票、肉票等补助,特供也分三六九等,这不是腐败也够落后吧!与他们当初革命时的奋斗目标完全背道而驰。在这一点上,有很多"红二代"尚未醒悟,没有站出来切割错误,愧对先烈与父辈啊。

后来的干部们,很多出自底层贫困家庭,一开始就渴望爬上去捞实惠,用名利改变卑下的社会地位。毫无信仰、毫无节操的人沉瀣一气掌控了各级权力,加上监管形同虚设,他们注定要穷凶极恶贪污腐败,他们的亲属子女也势必借机疯狂敛财。

权力缺乏监管、特权固若金汤,文革前就有,文革中和文革后变本加厉。要想推动制度进步,不追根溯源,不清算文革时期的负资产,反腐如同守着粪坑拍蝇拣蛆,连事倍功半都难。

奥威尔在小说"一九八四"中说:"谁控制过去,就控制未来;谁控制现在,就控制过去。"现实正是这样。

花满楼：在您的文章中，除了展示文革中的荒谬和对人权的淡漠以外，也有一些美好的记忆，比如友谊，比如还有一些没有被"革命"冲昏头脑的人。关于文革，社会上一直有种说法，认为是"文革让人丧失了理性"，近年来也有不同的说法，在承认文革这场疯狂环境的同时，更强调个人之责，是有些人选择性地丧失了理性。您认为在文革的悲剧中，社会大环境和个人分别应有什么样的责任？

于向真：是的，由于我父母都是早年加入中共的老党员，父亲老早就辞官不做，文革中基本避免了因走资派遭受迫害；多数同学下乡时，我被分进工厂留城，工人师傅对我不薄；父母长期驻外享有双工资，我家吃喝不愁。我不是文革受害者，不可能唉声叹气地诉苦，而是客观如实记述当时的所见所闻所思所想。只要有人存在，任何力量也无法彻底扼杀人性。扭曲人性、破坏秩序达到高峰的荒唐岁月，人类本能的同情弱者、互爱互助星星点点依然闪烁出幽光，我曾被温暖惠及过，自然愿意如实记录出来。

文革反人类反人性，使很多人被麻醉、被扭曲、理性的底线被突破，但绝不是一般齐，个人在每个具体事件中都曾面临不同的选择，善恶中庸的区别是很明显的。我的老同学们对我这一系列文章表述的事实没有非议，但很多人不认同我说的"喝狼奶长大的"观点，他们强调"我们1990年就正式向老师道歉了，老师说'从来就没有怨过你们，你们那时还是孩子'，所以错不在我们，于向真你可以说自己喝过狼奶、我们没喝过狼奶。"我没有反驳。但是亲爱的同学们，你们还记得文革前我们一直接受着怎样的思想教育？没有多年的强力洗脑，我们能那么丧心病狂地编造谎言揭发迫害谆谆教导我们、关心我们的老师吗？

老师宽宏地原谅我们，但我不原谅自己，不管大错小错都是错，1966年8月中旬我校有人打死过一位无辜的女教师郑育秋，到底是谁干的这件事？这不是错误是犯罪！我们不该追究吗？犯过错或犯过罪，不公开承认并道歉，良心能安生吗？

我的发小陆晓雅女士，多年前公开发文章，向曾被打骂过的老师认真道歉了；我面对面见过真诚认罪、努力弥补过失的王冀豫先生；

还有 1991 年带领我们主动向班主任老师道歉的李庆国同学，我佩服他们。他们主动切割以往的罪错，才能昂起头做人。更多人都来反思文革，文革产生的土壤和环境才能被改良。知行合一，从我做起吧。

花满楼：近些年来，文革可能卷土重来的担忧弥漫在社会上，您认为文革会重来吗？作为文革的亲历者，您认为该如何肃清文革的土壤？如果文革真的重来，作为普通个人，又能够做些什么？

于向真：前些年，我听到一个词——"文革二次元"，心陡然一惊，太可怕了，我亲历过文革，深知其危害惨烈，避免文革再度爆发，铲除文革土壤是今年乃至今后许多年的头等大事，决不能掉以轻心。

我反感用"母亲错打孩子"这类驴唇不对马嘴的强词夺理为文革、为伟人护短，常识告诉我们：即便凶残如虎狼者也不食子，况且文革迫害的是咱国最优秀和最无辜的人啊。

认同张鸣先生的话，"历史的真实，是人类重建未来的基石；文革历史的真实，则是中国告别文革的起点。"文革结束 40 年了，至今没有全面认真的被清算，十年浩劫发起人的真实动机、来龙去脉至今是主流媒体的禁地，草草将林彪、四人帮推上替罪席无论如何遮不了羞。2007 年底，我写过一篇博文《文革真的结束了吗？》发在博联社，迅速被导演徐星先生转发到牛博网，跟帖众多，引起短暂热议。接下来更明显，文革情结、文革语言和文革习性余毒绵绵，时不时改头换面兴风作浪，有识之士无不忧心忡忡，担忧文革死灰复燃。

我写文革往事，盼望读者从点点滴滴细节中，能领悟出每个人都拥有无可剥夺的选择权，遇事不可盲目跟风，一定要遵从秩序，恪守良知，善待别人就是尊重自己。更多人不违法、不作恶，不再像 1966 年到 1976 年的人们那样愚昧与癫狂，文革悲剧才真的没戏了。

第二辑　直言评说

1　60年两个3000万

60年来，曾经饿死过3000万农民，后来又让3000万工人下岗。这些农民和工人无辜地承担了最沉痛的后果。

前些日子，我采访了在小区物业做临时工的任小平，他是2005年下岗的老工人。昨天终于把采访记写完了，起名为《大车工下岗记》，今天下午快5点时，把打印好的文稿给任师傅送过去，想听取他意见后再作修改。

傍晚我正在厨房炒菜，突然电话响了，是任师傅打来的，他说："于老师，您一送来，我赶紧看了，您写的实在太好了。我现在正在回家的路上，忍不住想告诉您：今天是我的生日，您送给我一份最好的大礼！我都不知该怎么感谢了。"我赶紧说："您尽管修改，改好后您同意的话，我会发在网上，您不同意我就保存在电脑里。"

还真巧，赶上任师傅过生日，他能高兴，能满意，我就感觉没有白受累。写这篇8000多字的采访稿并不顺手，抽空三天打鱼两天晒网、分几次才写好，写好并打印好后，昨天去一趟，任师傅没在，今天上午又去一趟，还是没见到他，没想到阴差阳错居然赶在任师傅过生日这天临下班前，终于把文稿交到对方手里，无意间给他送了一份生日礼物。他开心，我也开心哦。

我 16 岁就进了工厂，当过 4 年多工人，又在工厂科室工作过十几年后才考进报社的，对工人师傅有着一份很深的感情，退休后有机会为工人师傅写篇文章，也是自己愿意做的。

60 年来，领导人头脑发热导致大饥荒，曾经饿死过 3000 多万农民，改开后又让 3000 万工人下岗。这些农民和工人，他们本身没有过错，却承担了最沉重的后果。这些事不是回避不谈就能让所有人都忘记的。在这里，我想向所有无端遭受苦难的农民、工人和临时工，深深鞠上一躬！

2011 年 12 月 8 日

补记：非常可惜，我认真写的《大车工下岗记》，在博客网站发表后广获好评，可惜在 2017 年被各网站删除干净。2021 年秋，我想把那篇文章收录进本书中，费了很大劲，好不容易打听到任师傅如今所在单位，问到他的电话，他告诉我"那篇文章还记得，这辈子都感激您，可惜文稿我没保留，上网查不到了。"

2　决策需要广开言路

1 月 28 日上午，我在网易看新闻，有报道前一天英法德和摩洛哥、卡塔尔等国已拟就一份决议草案，即将提交安理会讨论，俄罗斯副外长加提诺夫表示，俄方不会支持任何要求叙利亚总统阿萨德下台的新决议草案。我马上联想到，这次中国政府十有八九会继续追随俄罗斯，帮助俄罗斯让新一轮针对叙利亚问题的决议草案，在表决中以失败告终。

但是我认为，这样做的结果势必会进一步恶化中国在国际上的形象，也不利于包括叙利亚在内的全世界人民反对独裁、追求进步的合理主张。于是在 1 月 28 日上午 9 点 26 分时，我赶紧在博联社网站发出了题为《请政府发出正义之声》的博文："希望我国政府站在叙利亚人民的立场上，积极应对变化，顺应主流国情民意跟进时局，在联合国肩负起大国责任，将跟随在俄罗斯后面当老二，转变为代表广大热爱进步、和平的中国人民和世界人民而发出正义之声！"

我想起去年 10 月被俄罗斯、中国等联手否决过的联合国决议，延宕了解决叙利亚问题的时机，使叙利亚乱局不断升级，民众的安全受到持续性威胁，叙国内反对派民众死伤严重。父传子的阿萨德独裁政权和拥趸被淘汰出局是大势所趋，难以阻拦，我国政府只有改变思路，基于正义立场作出新选择，才能被绝大多数叙利亚人民和全世界人民认可并被历史确认正确。为此，我才及时发出博文促请政府慎重考虑后表明正确立场。

我的网文发出后，杨郑生、陈甲福、叶振华等多位博友跟帖，旗帜鲜明地支持了我，也有博友虽不反对却对我此番呼吁的效果表示怀疑，担心我"白费口舌"，认为政府"绝不可能听从来自下面的意见"，不管是支持还是疑虑，我都深深感激，只要能发声，同样会对政府决策、民意导向起到积极作用。我也看到 W 某人化名跟帖冷嘲热讽，说："如果不懂得政治与外交，最体面的办法就是闭嘴！"这种跟帖，属于强行压制民意的无稽之谈，毫无公民责任感，在自己国家即将表态时，只允许靠揣测上意的"政治家""外交家"唱迎合的颂歌，要求其他人为顾及"体面"而闭紧嘴巴，放弃发言权，一派奴相跪姿！

如果更多人不瞻前顾后，勇于发出敦促进步的声音，政府或许可以借网民之口拒绝俄罗斯，选择站在多数、正义的国际舆论一方。这种选择并不见得无法实现，关键要有足够强大的声音，提前为政府发出正义之声撑腰打气！如果人人都像 W 某那样为顾惜体面而装聋作哑，只让那些政府爱听什么就说什么的声音霸占舆论阵地，政府决策时难免做出错误选择而误国误民。

可惜这种事前的敦促之声太微弱，能发声的人数太少太少了，以致决策者可能根本听不到。事实是当我发出敦促政府发出正义之声的博文，七天后，也就是今天 2 月 4 日，联合国安理会有关叙利亚问题决议案果然被俄中两国联手否决了，使叙利亚越来越严重的人道灾难再一次丧失掉缓解机会。连日来叙利亚民众和国际舆论一片谴责声，联合国秘书长潘基文也对俄中这种削弱联合国作用的做法表示遗憾。

原本不想再说这件事了，刚才看到有个访客说："网络调查，中国人 90%以上支持投否决票。"紧接着另一名访客（向这位访客致敬！）说："朝鲜人民百分之百支持金三世袭。"既然说 90%中国网民（这种统计本身并不靠谱）支持投否决票，我要说余下的 10%的人更是难能可贵，起码这部分人已经脱离了北朝鲜人被迫当无脑无心的枪炮弹的悲惨处境，是促进中国进步的生力军。今后，已经觉醒的人们更要有意识、有义务提前发出正义的声音，及时敦促政府作出正确合理的选择。我本人仅凭着一名普通公民对社会的责任感，能成为光荣的 10%的一份子，感到自豪。

政府决策需要广开言路，中国何去何从，其实就掌握在我们大家手中，只有更多人凭借"知识"和"道义"肩负起历史责任，勇于对各种国内国际问题表态发声，那些唯利是图和口不对心的政客们就难以绑架中国人民了。

2012 年 2 月 7 日

3　心系瑞丽

前日看到曾在瑞丽挂职一年的副市长戴荣里 10 月 28 日发的网文《瑞丽需要祖国的关爱》，他从一个平民百姓的视角来描述瑞丽疫情前后的反差，心平气和地叙述并呼吁全国人民关注瑞丽的情况，引发网友的热议和社会广泛关注。

戴荣里在文中写道："疫情，无情地劫掠着这个城市，一遍又一遍，榨干了城市的最后一丝生机……让很多人感受着无尽的折磨和煎熬。无情的病毒，一次次袭来，五次封城……经受了更加严酷的一轮又一轮磨难；老百姓也在一次次的折磨中耗尽了维持生活的所需，让这个城市不堪重负，承受着千载难遇的大劫难。需要全国人民施出援手啊，也需要小城人们开动脑筋、行动起来。"文中还对瑞丽市如何兼顾疫情防控和民生发展提出建议。

此文迅速引发关注，仅一两天点击量已经 20 万+，当地人跟帖"我只想抱着你大哭一场，你说出了我们的心声"文章发出当晚，瑞丽市长在接受媒体采访时驳斥戴文，说他引用的数据过期了，"瑞丽暂不需要援助"。多名瑞丽网友马上在戴文下留言"市长真的不需要帮助！但老百姓真的需要帮助！"接着，市委书记也公开宣称"目前上级给予很多支持"，还指出："严防不法分子利用民情舆论、虚假信息进行恶意煽动、扰乱社会秩序的情况，加强舆情研判预警，依法严厉打击相关违法行为。"这种大家熟悉的官腔不啻拉仇恨，简直是找骂。

今晨我看到一名瑞丽女士发的视频，从疫情刚开始她就加入志愿者队伍，保卫家乡瑞丽，因反映一些实情被瑞丽疫情办警告并封口，看到一家家倒闭的公司和商铺；看到有些地方的人吃不上饭去翻垃圾箱；看到又有人患抑郁症跳楼；看到医护人员和自费隔离的人餐食如同狗吐物；看到孩子们在家上网课一年来近视的近视、堕落的堕落；看到朋友开车返家，到瑞丽前被迫调头折返哭着离去；看到每天有从开战的缅甸飞过来十多颗子弹；看到被禁止堂食的餐馆有些人却无所顾忌地聚会吃喝；看到政府隐瞒数据……她都不敢再说了，她想不通快一年了"为什么别的地方都能好，瑞丽好不了""为什么瑞丽换了四任书记还是不行"，她与戴荣里一样，希望让外界知道一年没了收入的瑞丽人正面临怎样的困境啊！

瑞丽的情况令人揪心，疫情久拖不散，反复辗轧，想必其他一些地方也面临着程度不同的困境，解决难题、帮扶危困民众，集思广益对症下药是上策，对上赔笑脸对下封口禁言，只能激化矛盾。

我们看到拥有博士学位、曾在瑞丽挂职一年后回北京开公众号的戴荣里，是个有代表性的知识分子，瑞丽副市长一年让他领略到官场现状，体察到边境地区办事员和民众的疾苦。这次在持续不断收到瑞丽朋友们的诉求后，他发文吁请大家关注瑞丽，这是有悲悯心，有社会担当，敢于在虎视眈眈被越盯越紧的当下坚持发公众号，是正义之举！自从2016年5月被跨国约谈后，我一不能出书二不敢多说话，即便如此依然被数次封禁微信号，手机号码换过几个，根本不敢开公众号。戴荣里这次公开表态，除了使我心生愧疚，也担心他的前途。

这次疫情到底怎么引发的？即便抛开人为因素，也为全人类敲响了一次警钟，我盼望全球有识之士共同认真总结经验，如何杜绝病毒元凶？如何及早掐断大面积传播？如何正确普及监测方式？如何恰当使用疫苗？如何应对病毒变异？这一切答案其实都包含在这次全球性大疫情之中，万万不可轻易放过啊！

疫情延绵已近两年，困境仍然在加剧，手握权力者再不体恤民情民意实在说不过去了，岁月静好者也该唤醒应有的悲悯心、正义感，瑞丽的今日何尝不是我们的明天？

2021年10月31日

4　对燃放烟花管理的建议

昨天，元宵节和情人节同日来临，又适逢北京市规定可燃放烟花爆竹的最后一天，从傍晚5时起，市民们开始燃放烟花爆竹，一直延续到午夜12点。无论是在大小空场适合燃放之处，还是人烟稠密的大街小巷，都有人在燃放。入夜时分，我到东三环热闹地方转了一圈，几度被浓烈的烟尘呛得喘不过气来，还遇到了因燃放引起交通受阻，一箱烟花平均燃放时间大概是两次红灯的时长，导致主干道不同程度的堵车。

在蓝色港湾南侧川流不息的人行道上，我亲眼见到一个50多岁的男人旁若无人地在人群中燃放着震耳欲聋的二踢脚，将一个老人吓得差点摔倒，我上前劝他换个人少的地方再放，他满不在乎地假装没听见，离开时，一声接一声巨响又在身后炸响。

燃放烟花爆竹排放的污染物强度大、成分复杂，对人体呼吸系统和神经系统具有明显的副作用。尽管今年北京市环保部门呼吁市民有限燃放，提倡选择低硫、低烟、少渣的环保型烟花，但效果并不如人意。2月14日夜，北京上空PF2.5的浓度因燃放骤升到500多到800多（2014年北京市把PF2.5的浓度控制指标预定为85），到2月15日雾霾仍处于严重级别，在京城上空久久无法驱散。

1993年10月12日北京市第十届人民代表大会常务委员会第六次会议通过的《北京市关于禁止燃放烟花爆竹的规定》，随后北京市消停了几年。从2005年12月1日施行《北京燃放烟花爆竹有关规定》后，烟花爆竹的危害卷土重来。从2012年春季起，北京上空PF2.5的浓度成为令人谈虎色变的公害，今年新春让我们再次领教了大都市燃放乱象与恐怖后果。

有鉴于此，我诚恳地向市政府和广大市民提出几点建议：

一、加强舆论引导，扭转落后观念

中华老祖宗发明了火药，烟花爆竹为节日增添喜庆，但是人们必须正视北京市面临的超负荷的人口密度与环境污染的困境，除重大节庆式燃放可以在政府严格规范下保留之外，遍地开花的个人燃放难于管理、危害巨大，理应尽早废止。讨采头、驱邪魔的落后观念，不能披上传统习俗的外衣而被姑息纵容，媒体有责任旗帜鲜明地强化正面引导，为再次禁放烟花爆竹的规定做舆论宣传与心理疏导。

即便再次禁放烟花爆竹的规定暂时不能出台，下面三点建议也应该尽快实施。

二、缩短燃放天数，扩大禁放范围

可否将现在允许的"农历除夕至正月初一，正月初二至十五每日的七时至二十四时"，缩短为"农历除夕至正月初五每日七时至二十二时"；将限制燃放烟花爆竹地区由"五环路以内的地区"扩大到全市所有卫星城镇地区，以减少燃放给人口稠密地区造成的公共危害。

三、提高烟花价格，利用价格杠杆

近年烟花爆竹价格有所上涨，但作用有限，可以考虑更大幅度提价，利用价格杠杆抑制有害消费，提请对燃放烟花有心瘾的人购买时慎重再慎重。

媒体报道今年烟花爆竹销售点"取消了不少"，但我观察到的情况并非如此，销售点基本是往年的同地同量。建议进一步缩减烟花销售点，给燃放设置更多不便。

四、明文规定责任，谁燃放谁清理

由于国人普遍缺乏公民意识，社会责任感严重缺失，与随地吐痰如出一辙，燃放烟花炮竹后的人任凭一地狼藉就撒手离开，自私与粗鄙毫无遮掩地呈现在世人面前，令北京市民集体蒙羞。

今年2月4日破五那天傍晚，我在新浪微博连发七遍"建议：燃放鞭炮者，应该自己清扫战场，必须将一地碎屑扫除干净后再离开，这份公德需要提倡。大家都要过年，为自己尽兴而燃放鞭炮、污染大气，岂能再给环卫工人增添工作量？于心何忍啊！"但反应平淡。

所以再次建议政府将"谁燃放谁清理"纳入管理规定，借鉴遛狗者清理宠物粪便的条文，使之具有可操作性的法律效应。

2014年2月15日

5　庆生随记

我现住北京，写篇文章记录近日见闻，一篇苦笑着的趣谈。

6月19日　小聚会遇波折

上午高高兴兴赴约，碰一鼻子灰，提醒我"庆典"快到了。

今年2月初回国，厦门中转需要在酒店隔离14天，适逢开两会，回京的人被要求多隔离7天，晚8点后入住的再加一天。"按规定一人一间客房，你们不能同住一间"，我提出身体不好需要老伴儿照顾，写了申述书后获准同住，预付22天的钱后，我俩把自己反锁在酒店屋里。十日后，表妹江燕发微信让我去海南，她在澄迈县的房子空着，希望我过去住些日子，顺便帮她打理一下小花园。网购机票后被提前释放，飞到海口不由分说拉到郊外酒店遭扣留，据理力争终于挣脱羁绊来到表妹家。在澄迈自我隔离刚满两周，几位候鸟朋友来探望令我喜出望外，接下来热心的郭姐姐开车带我和老伴四处游玩，住在福山镇的老杜又带孟大哥夫妇和我俩品咖啡、观水库、聚餐聊天，好不快哉。然后我俩去儋州和万宁与发小欢聚，4月份回京忙家装，5月底终于腾出手，孟大哥、郭姐姐和老杜也已经回到北京了，联系他们再度聚会，6月初时间地点参加者都敲定下来。

第一个不顺来了，参加聚会的阎淮兄那几天正被两人日夜守候家门口，外出寸步不离被看牢，只得延后到19日。19日来到聚餐地，再一个不顺迎面砸来，被告知"昨天（6月18日）接通知歇业到下月4日"，我问"为什么？都提前约好了，吃顿饭不行吗？""抱歉，庆典过后才能恢复营业。"我们几个7、80岁的老头老太太离开预定好的就餐地，无可奈何地另觅它处凑合着吃了顿饭，这次波折提醒我"庆典"快到了！

6月24日　网购小包贴安检条

因为家里刚装修过，网购了一些日常用品，有些订单被拒或被退单，原因是"七一期间无法运达京城"；6月19日到货的两件卫生间安全扶手，纸箱上分别贴有两个北京市的安检证明；22日取回的两个塑胶门挡，包装袋上一个南方某市一个北京的两个安检条；24日买的一斤山西小米，塑料袋上有太原和北京两个安检条；28日在拼多多买的一件廉价夏季衬衫，哇，薄薄的黑色塑料包装袋上竟有三个安检条，这运输成本也太大了吧！

朋友微信告诉我，最近红墙外一带居民禁止明火起灶，配图是三张20元一份的早餐券，政府买单。前日有户西城居民，不小心剁腔骨劈坏了菜刀，实体店和网购都买不到刀，给王麻子刀剪店打电话，请求拿着户口本、身份证和派出所无犯罪证明去店里买把新菜刀，被果断拒绝："来交钱可以，按统一规定必须7月2日后才能取走刀具！"

央视和上海电视频道，最近正密集播放革命样板戏《杜鹃山》《智取威虎山》和《沙家浜》。编造辉煌的过去，许诺精彩的未来，让人们牺牲现在。

6月25日　百岁影星与昌平冰雹

下午，陈女士发来配有秦怡近照的消息：上海几位名人前往华东医院探视中国电影表演艺术家、近百岁的秦怡老师，秦怡已不认识任何人，经过3个多小时的精心化妆，中共中央宣传部领导在上海市委宣传部领导的陪同下向享受部级待遇的秦怡颁发了"中国共产党优秀党员"金质纪念章。细看秦怡妆容，99岁多的老人厚施白粉，双眼红肿，目光平直无物，她已经不可能理解突降的"殊荣"，联想起她坎坷一生的际遇，悲悯充塞心间。

25日晚，狂风大作，怪啸凄厉，随后降雨，紧闭后的窗外传来轰隆隆按计划燃放烟花的声音。老同事发微信对我说："我家离鸟巢很近，那里正放礼花呢。可听着不对劲啊，这两天太热窗户都开着，我的天,噼里啪啦东西掉下地,没见过这么大的风呢,我刚把窗户全关上,这风太邪门儿了。"

快 11 点时,好友银尼发来微信:"我们这儿刚放完烟花,轰隆轰隆的掺和着下雨声,雷声礼花声混在一起分不清。"紧接着,住在金融街附近的群友说:"街上正在拉一车一车的路障,说是整个长安街要加强防护,不明白搞啥呢这是?"老杜转给我周先生发自昌平的冰雹视频,好一阵又急又密的冰雹,我把视频转给住在清华园里的郭老师,郭老师马上回复:"声势浩大难掩百姓贫弱,烟花绽放皆是民脂民膏。"我俩不约而同说出 4 个字:"天怒人怨!"

临睡前,看到外地赴京办事一群友冒雨发自车内的数条消息,诉说刚才雨中被堵在进京路上三个多小时,外地车主都被责令原地折返,有急事者哭述无门,车辆拥堵不堪,怨声载道。一向沾枕头就着的我,今晚入睡有些困难,几句打油诗冒出来:X 事当做 S 事办,禁卖刀具禁炊烟。关停煤气发餐票,吃饭政府来买单。井盖贴签逐天查,进京车辆被折返。网购小袋贴多证,咋看还是不安全。

6月27日　缅怀 101 岁的姥姥

郭于华与我微信聊百岁庆典,郭老师说:吓成这样还庆个啥呀。我说:2010 年,我姥姥百岁,姥爷 99 岁,姥姥坚决不让庆生,只同意了附近照相馆的请求,和姥爷一起补拍了几张结婚 87 周年纪念照。那时我姥姥姥爷貌似还相当康健,有说有笑能坚持散步,但一两年后,他俩都在 101 岁辞世,他们的故事三天三夜说不完。

我这辈子做人的榜样,就是没上过学却通情达理特干练的姥姥,她先后照料带大近 20 个孩子,个个能干自尊;近 90 岁时她竟能吓退入户盗窃者;我见她 90 多岁时还能三言两语劝解开邻居婆媳纠纷,101 岁无疾而终。今日回想姥姥谢绝百岁庆生之举,真乃明智通透。

6月28日　转发井盖照片

好友柏联发图片给我,市中心派人下井安检并每日在井盖上贴安检证明,因见到住家同楼邻居群连日发穿红军服、唱红歌的照片,我就把这条消息贴到群里并说：古今中外最最安全的地方，让我们有幸赶上，幸福的找不到北了！超级安全啊，看看这井盖，天天下去人安检和贴签。太安全，太幸福了！

6月29日　天罗地网全覆盖

上海李逊姐发给我一篇小文：昨夜暴雨，今晨凉爽。听一位拍鸟的大姐说，天坛西门有灰椋鸟孵蛋。于是背起摄影包，拿着三脚架，乘坐公交车到宣武门西下车，换乘15路。走到宣武门地铁口，见一老者架着相机，"打听一下，今天预演几点开始？"他问我，我停下脚步对他说"我不知道，我去天坛拍鸟。""天坛有什么鸟儿？""灰椋鸟"，转身走到公交站，等候15路。等了好几分钟，也没见15路到来，反而招惹上了警察。

一位身材魁梧的警察走到我跟前，"老同志，你刚才在那里干什么了？"问得我一头雾水，"我没干什么呀！""刚才在那边，你跟那个老同志拍什么了？"他用手往地铁口那里一指。我说，"我什么都没拍，摄影包都没打开，那位老同志问我预演几点开始，我说我不知道，我去天坛拍鸟。""你过来，要看看证件"，我一边把证件交给他一边解释"我连摄影包都没打开，能干什么？""监控拍到你跟那个老同志说话了！"说话也有罪过，真是无语。好不容易等来一辆15路，被他这顿盘问耽误了，我嘟囔着"我今年入党40年，没想到今天碰到这种屁事！"他见我不耐烦，教训道"一看就知道，你态度不端正。这录着像呢！要不发给你们单位政治部门看看？"我说"你发呗！你查我证件，我给你看了，该配合的也配合了，我什么也没干，跟你说清楚了还不让走，这不耽误事吗？""你去拍鸟，能耽误什么事？""我宝贵的时间！"僵持了十多分钟，他的手机传来"这个老同志没事了"的话音，他才把证件还给我。临走时，我说"我知道你们很辛苦，但总得搞清楚再抓人吧！""这不是抓人，是盘问。"

微信群友们在互相提醒：没要紧事别出门，老老实实在家待着吧！

晚饭后有群友发帖："北京军队进入一级战备《特级》状态，天上地下全方位严把安全关,天安门、东单、西单、地铁、公交已停靠。外地车禁行北京城区,北京市牌照车辆也要接受 X 光检查,防止假冒,必须出示各种证件方可进京。各名胜景点开门,但却不准旅游团体入京,一百多万公安人员分布在大街小巷、还有武警部队 24 小时巡逻,民警随处可见,全市达到天罗地网全覆盖。不仅不能让 911 事件发生,最小的隐患也不允许发生,进入北京的快递要有 2 至 3 次验货,连小孩玩的玩具,连飞翔在五米以下的也禁止玩耍,总之安全是当下重中之重!长安街是中国第一街,五彩缤纷,大街小巷红旗飘扬红灯笼高挂,花朵点缀如云,美不胜收,这样的盛景是任何一次无法比拟的。"

想起确实有网友发图,是首都机场的通知:"6 月 29 日到 7 月 2 日,全部机场城际巴士停运……"到机场打车价格很贵,坐地铁的票价也比其他线路贵很多,机场巴士一停运,困窘者就不要坐飞机了。

6 月 30 日　公交车上的争执

一早乘公交车去看望养老院的老妈妈,90 多岁的妈妈见到我很高兴,也很喜欢我新买的夏装和绣花布鞋,母女俩拉着手说不完的话,等她开始用午饭,我告辞离开。

回程需换乘两路郊区车,到十里河的 846 路上,挨着我坐的一位北京大妹子热情地与我攀谈,她抱怨等车时间太长,述说几年前在六部口的住房被强拆后被迫搬家到马驹桥,"进趟城三个多钟头,儿子上班太远了,我和家人真是没辙啊。"我问住房面积是否大了?她说"就这点好处,不然几辈子的城里人谁愿意当乡下人呀。"我安慰她"多往好处想,保持好心情!"她问我的情况,我如实作答,原来我俩今天都不敢坐快捷的地铁,因为五号线与亦庄线唯一换乘站这两天甩站不停,我俩都认为没必要。有了共同点,我俩又说起其他一些日常生活的不便之处,都认为管理水平太低,越聊越投机。

坐在我俩后边座位的一位大妈,开始也乐呵呵地积极参与闲聊,等我们说起日本人并不那么无耻,大妈不高兴了,开始骂日本骂美国,我说"大姐,等疫情过后您去玩几天,就会知道哪里都是好人多。""不可能,只有社会主义好,美国日本都是坏蛋,尽欺负咱们。"旁边的大妹子怼她道"我弟弟就在加拿大,离美国很近,他说在美国和加拿大生活好着呢,要不那么多大官的家人都去那边了?"大妈被激怒了,起身到车门前,大声说"你俩就是胡说八道!社会主义这么好,不喜欢就赶紧滚到美国日本去吧!"我回头看看她,她指着大妹子骂道"你个缺德玩意儿,就欠警察来抓你!"我高声说"你赶紧去叫警察,要抓就抓我好了!"这时车进站了,她气哼哼下去,也不知是不是被气得提前下了车,总之遇到一个很典型的朝阳大妈。

7月1日 欧洲杯与广场庆典

早起见天空阴沉沉的。欧洲杯即将进入四分之一淘汰阶段,资深球迷的我岂能错过精彩赛事。好多天了,边吃早饭边回看体育频道,今早选看的是波兰对瑞典那场,精彩激烈,开场仅一分多钟瑞典就破门了,随后波兰紧追猛攻,观众连眼睛都懒得眨巴。

突然回想起我和家人2013年初夏赴北欧旅游的情景:坐落在市中心梅拉伦湖畔的斯德哥尔摩市政厅,二楼议会厅两侧上方是记者席与自愿报名旁听的观众席,加上天花板上镂刻着的日月星辰,曾让普通游客的我心潮澎湃,它们居高临下监视、警醒着决策者们的良知与公正。制度优劣,高下立判,怀古抚今,感慨万千,天佑中华,迈步向前!哎,看场球联想起旅游和政治,不在真话中崛起,就在谎言中灭亡!

午饭后回看上午天安门广场的百年庆典,今日恢弘的场面比之前历次庆典更华丽更威严。我发现坐在椅子上唱歌的中学生们和55年前红八月我们那拨儿红卫兵很像,不仅年龄相仿,境界也差不多,区别是今天孩子们面带假笑,我们当年是剜心掏肺的愚忠,1966年的我们疯狂,2021的他们迷茫。

今天广场三军仪仗队的军容与步伐整齐划一再创高水准,我特别不欣赏整齐划一,太费时耗力了,千人一面丝毫不差令人审美疲劳。

临睡前想起19日聚会因他被监管而延期的阎淮兄,微信给他道声晚安，他回复"我挺好，只是不让出门。"得，又被关家里了，我说"再休息两天吧！"阎淮兄的父母与我爸爸于明、我公公王剑青都是新四军老兵，他公正热心，总爱帮扶遇到困难的好人，从没做过令人担忧之事，搞不明白凭啥一再受到特殊关照呢？

2021 年 7 月 1 日

6　被吹落的红标语

　　中央政治局昨日审议通过的关于改进工作作风、密切联系群众的八项规定：简括为"出行要简从，会议要简缩，文风要简练，新闻要简略，题词要简除，出访要简便，警卫要简化，待遇要从简"。第一感觉不错，真能从浮夸向务实转变吗？听其言，还需观其行。

　　11 月 22 日还正常营业、为军民看病、接收住院病人的 292 医院，23 日突然停诊关张，随即开始被拆除。拆除的头一天早晨，小区大门内过道上张挂起了大红标语"欢迎部队首长莅临视察"。没想到，一夜北风，将大红标语吹落，一半掉在地上。

　　昨天临近中午时，刚从超市购物回来的我，正好看到好几名全副武装、荷枪实弹、佩戴钢盔的卫兵四下张望在站岗，中间被几人簇拥着的那个身高马大的军人，一看就是部队高官。晚饭后我遇到居委会主任，主任退休前是 292 医院的老职工，他告诉我"总参谋长来视察，医院被拆除就是由他拍板决定的，这次来是决定拆除后怎么处置。"哦，果然是大官，怪不得那么威风凛凛不可一世的阵势。

　　想起昨天政治局通过的新规定中，有一条就是今后不再张挂标语，这类大红标语口号的滥用，除了浪费纳税人的钱，唯一功能就是虚张声势和逢迎上意。但愿这次总参谋长来拍板挂出的大幅标语今后再也别出现了。我知道好好的医院突然被拆除，不可能再建新医院了，当初之所以搬家至此，主要是考虑看病方便，才几年就落空了。

一周后，医院被夷为平地，大门西侧的全军皮肤诊疗中心大楼也不见了踪影。前几年占用住院处后院的花园绿地，新盖的十来座将军楼突然现身了。

2012年12月5日

补记：东三环一带唯一的一所全科医院——292医院，突然被迅疾拆毁。2012年年底朝阳区数万居民曾联名给中央写信，要求恢复东三环唯一全科医院以救死扶伤，据说李克强总理批示"按法律办"，就此不了了之，东三环一大片地区的居民看病太不方便了。

上面我记录了总参谋长房峰辉来拍板，决定把部队医院的地皮高价出售给房地产商，成为京城单价最高的新地标王。几年后盖了5座酷似棺材板的公寓楼，据说售价每平米最高到26万，连哄带骗仍然卖的很艰难。这边买楼难，可当初拍板决定拆除这所部队医院、高价卖给房地产商的总参谋长房峰辉倒台并不难，一声令下就进了班房！房峰辉被批捕的罪名之一是"大肆贪污腐败"，他倒台最重要的原因究竟是什么？居民偶有议论，但谁也不敢公开说。

7 小贪官的大胃口

前天看到介绍重庆市巫山县交通局局长晏大彬的报道。大约两年前，《报告文学》中还刊登过他的事迹，极力将贫苦出身、从基层一步步进步的他，美化成清廉简朴、任劳任怨，与民工打成一片，困了睡在简陋工棚里的模范公仆、清官楷模。不料今年1月份他家卫生间意外漏水，将8只每箱装有100万元人民币的纸箱泡糟，这个贪污2000多万元的蛀虫意外地被绳之以法。

晏大彬入狱后，据说当地网站上出现许多他的故事，说他索贿时很疯狂，说好300万元，人家先付150元，见他脸色难看，只得赶紧找人借了高息的150万元送过去，才算把工程拿到手。有人说他喜欢私下里点钞票，10万元一捆，用报纸包好，再用黑塑料袋裹上，一百万元一箱，用包装机扎牢，用胶带缠得严严实实，再找机会与水果等东西混在一起，偷偷送回家交给老婆。

网上说他的老婆除了窝赃基本不用，晏局长业余时间经常随巴结他的包工头出入高档娱乐场所，还说有多名高速路女收费员被他霸占，被捕后传出狱医曾为他体检确诊是否患有艾滋病。但是他把巧取豪夺来的钱一箱接一箱拿去给老婆看管，老婆知道来路不明，心虚得很，自己总是穿得很寒酸，10多岁的女儿也只有一件羽绒服，晏局长自己也很抠门，谁都没见过他潇洒地花过钱。

1996年和1998年，我两次去过三峡，到过巫山县，印象中那是个并不繁荣的小地方，虽然三峡工程和移民给小山城带去一些热闹，但县交通局长怎么说也算不上大官。一个有点实权的小官，几年间居然索贿2000多万元巨款，要不是这些年听了太多这样的故事，谁又能相信呢？人的贪欲一旦决堤，好恐怖啊！

说完晏大彬，突然想起10年前我熟悉的一个中年男人，他趁国家机关改组之机，笼络新来的局领导，排挤同事后捞到"财务处副处长"一职，上任不足两年，他居然将9800多万元公款悄悄存入自己老婆所在的上海浦东发展银行窃为己有。后来在财政部和审计局来查账时，他胆怯了，悄悄将那笔钱从银行划归回单位账户，本来没发现问题，突然增加了这笔巨款引起查账人员的注意，被收审后他很快就招供了。公安人员开着警车到他家搜查，据说把他家所有值钱的东西统统查没，判了他11年有期徒刑，老婆被银行除名。

我间接认识这位副处长，好多年前他是普通科员时见过两次，我的亲友中有人与他是同事，彼此相当熟悉，一直对他的人品颇多贬斥。他被捕后，同事们议论纷纷。大家算了一笔账，他刚贪污到那笔巨款后，曾经奢侈过一把，出事后所有家产悉数被查没，抵消了他给国家造成的实际经济损失，他和家人短暂的阔绰，正好花掉以前夫妇俩的积蓄。要不是全额追缴回赃款，转移如此巨额的公款，绝不会只轻判 11 年。后来，他坐了两三年牢房就被保外就医，传说他出狱时已经走不动路坐轮椅了。

这两件事有些共同点，都是小官员在短时间内贪污巨额款项。还有一个相似之处，他们都没能长久地拥有赃款，没来得及花天酒地过足大款瘾，就意外暴露了。几千万元啊，真不是小数目，可昧着良心、捂着烫手的赃钱，何其煎熬！

在刚刚过去的这个中秋节里，在普天下的华人享受团聚的欢乐时刻，有多少人内心惴惴不安，又有多少人暗自庆幸，躲在见不得人的地方点着来路不正的钞票。大小贪官们，想想狱中的晏大彬，也想想哪一天该轮到你家房子漏水了！

2008 年 9 月 18 日

8　唯有政改能救官

发生惨烈车祸后，地方官出现场时没留意被拍到面露笑容，随即网民人肉出该名杨姓局长多次换戴的手表均为昂贵的奢侈品，不久官媒报道杨局长被罢官。我感慨道：

> 杨局笑一笑，抖出十块表。
> 表数说不清，央视有报道。
> 网民有火眼，越辩越懊恼。
> 官本不聊生，惹祸又因表。
> 表是微缩财，流行蜜奶包。
> 侈物薄薪购，谁信谁傻帽。
> 杨局握实权，有权难低调。
> 何须伸手要，贡品逐年高。

换表太勤快，难怪总想笑。
鸡犬能升天，鄙视土老帽。
车祸伤亡重，现场尸糊焦。
主管来查看，得意难忍笑。
本当声色厉，指点露奢表，
肩负民安责，推脱已无道。
奢侈加贪腐，疏忽露根草。
辩解说谎话，罪彰亦难逃。
网民力量大，揭露十块表。
表数对不上，上峰将他抛。
环顾官场中，几个不猛捞？
总有倒霉鬼，成为出头鸟。
反腐不副实，频频爆笑料。
杨局走背运，众贪仍逍遥。
极权蔑民意，政改是正道。
杨局非个例，驼背稻草超。
法制应规范，财产该申报。
能盼十八大，图新顺大潮？

  2009年7月底，我们民进中央妇委会的五人去陕西搞调研，途中路过某国家级贫困县，意外地被县委书记主动宴请，书记借口款待我们五人，请来两大桌亲朋豪吃，仅一盆"野生娃娃鱼汤"就破费998元，盛给我一小碗被我当场拒绝，又见办公室主任结账时另买了两条高级香烟带走。那件小事至今令我耿耿于怀，回京后发博文描述过，那篇文章迅速被网警删除了。

2012年9月1日

9 收买被拐儿童即将入罪

今晨听新闻，欣喜地获知，"昨天，全国人大常委会再审刑法修正案（九），对拐卖儿童罪做出调整，对于拐卖儿童犯罪，刑法拟采用'收买即入罪'原则，只要有收买被拐卖儿童的行为，就将追究刑责。"此外，收买孩子免罪的门槛也要降低了！

这条新闻让我倍感欣慰。去年12月25日，我在民进中央妇委会召开的年终总结会上发言，提出并在当晚撰写了《完善法律、建立警民联动机制，遏制拐卖儿童案件持续高发现象》的两会提案，通过民进妇委会及民进中央出面，在今年春天召开的两会上正式提交后获得高度重视。

出乎我意料的是，仅仅3个月就有了司法修订上的落实！我猜测，近期因拐卖儿童案持续高发引起社会强烈愤怒，促使这次司法修订快速跟进。想起上世纪90年代初，我在一次采访北京市粮食局副局长后，撰写提交的《面粉不得添加增白剂》的两会议案，相关司法条例居然在11年后才得以出台。还有几项事关国计民生的议案要么石沉大海，要么被别人窃为垫脚石。名利抛到脑后，促进社会进步，抱怨是无用的，唯有从一点一滴促进社会进步做起。

近期，围绕拐卖儿童罪，在微信圈中掀起一波波涟漪，据说是某网站的营销策划，建议"拐卖儿童一律判死，收买被拐儿童判无期"，正在微信、微博空间传播着，在此背景下，全国人大常委会快速重新审定刑法修正案（九），将收买被拐儿童入罪。

感谢民进中央罗富和副主席在会上对我的支持！该提案当晚熬夜写好，次日上交妇委会主任，她删除了我的名字，该提案迅速被两会采纳，迅速纳入司法条目。今天得知该提案获得今年两会优秀提案二等奖，获奖消息她隐瞒了我，奖金又一次下落不明，我只能再次表示无奈。

2015年6月25日

附：完善法律、建立警民联动机制遏制拐卖儿童案件持续高发现象

我国刑法第二百四十条，对拐卖妇女、儿童的犯罪虽有明文规定，但各地经济发展不平衡，资源分配不公，贫富差距过大、法律存在漏洞等原因，近年来拐卖儿童的犯罪持续高发，破案率很低，给无数家庭带来巨大的创痛。人有钝痛与锐痛，孩子是全家人的希望，一旦丢失被拐卖，对家庭造成的伤害是剧烈而持久的，是无法承受的灾难。

有媒体披露"中国每年失踪儿童不完全统计有20万人左右，找回率只占0.1%。"这一说法引起社会广泛关注，公安部打拐办负责人随即通过其微博对这一报道进行了辟谣。由于缺乏权威数据，中国一年到底失踪多少孩子、破案率多少、能够回归家庭的又是多少？谁也说不清，仅凭一则个人微博的辟谣根本无法息事宁人。曾有记者报道广州东莞拐卖儿童现象，调查发现在"1公里内丢了7个孩子"，可见拐卖孩子的现象有多么严重。

面对拐卖儿童犯罪造成的巨大危害及恶略影响，有关部门也采取了多种措施予以打击，为什么会屡打不绝，甚至越打越多，致使一些地区成为"收养孩子"的重灾区，在另一些地区形成拐卖儿童的团伙产业链。

如何从法制上弥补漏洞，从体制上建立多部门联动作战的常态化快速反应机制，如何在宣传舆论上对买卖儿童现象形成零容忍的舆论压力，以杜绝拐卖儿童恶性案件持续化现象，是摆在我们面前的一件急需快办之事。

让我们从现状分析入手：

1. 旧观念造成解救渠道不畅。拐入地普遍存在传宗接代的旧观念，使拐卖儿童有了市场；贫困地区个别家长有意将自己的孩子卖到

经济条件好的家庭,并可从人贩子手中获得收益,造成公安部门在侦查和解救过程中,买卖双方都不配合的怪现象。

近年来,警方在解救行动中屡遭村民集体围堵,村民们认为传宗接代是大事,孩子既然是收养家庭花钱买的,钱花了就是正当的。

2. 被解救儿童的安置难题。按照规定,被解救儿童应由民政部门无条件接收,但民政部门不大愿意接收甚至直接拒绝接收被拐卖儿童。警方不得已,只能出钱雇人寄养被解救的儿童,使办案积极性受挫,丢失孩子报案后不走后门就拖延不办的现象并非少见,原因就在这里。

3. 拐卖儿童案件持续高发,最关键的因素在于打拐只打人贩子,买孩子行为尚未入罪,不受惩罚。其实姑息买方市场是拐卖儿童恶行屡打不绝的根源。买一个孩子等于害了一家人,等同于杀人,不惩罚花钱买孩子一方,买方市场会延绵不绝,只要有买的需求,就存在卖孩子的利益诱惑,拐卖孩子的犯罪土壤就无法清除。

有鉴于此,特提出以下建议,供立法和执法部门考虑:

一. 杜绝拐卖儿童现象,首先要完善法律

人大尽快将买孩子的行为入罪,可参照蓄意谋害罪同等量刑。之所以有拐卖孩子的犯罪行为,就是因为有买孩子的,拐和买相伴而生。有了打击拐卖儿童犯罪的法律,但打击的力度抵挡不住犯罪的暴利,加上买孩子不入罪,变相助长了拐卖孩子现象持续高发。

"对被买儿童没有虐待行为,不阻碍对其进行解救的,可以不追究刑事责任。"现行这样一个软性条款,导致绝大多数收买被拐卖儿童的行为没被追究刑事责任。法律对收买被拐卖妇女儿童的犯罪的宽容,促使买方市场的存在,蛊惑不法分子铤而走险。必须从法律上终止买方市场,造成犯罪分子费尽心思拐骗儿童后根本卖不出去,才能最大限度地免除有可能被拐卖的儿童和他们的家庭一再陷于灭顶之灾,使拐卖儿童的恶行与恶果在中华大地上彻底根除。

二. 建立儿童失踪快速查找、解救的联动机制

丢失儿童的报案、立案应不设门槛，公安部门不能找借口推诿敷衍。建立各级公安与基层管委会的联动机制，确保最大化提高破案率。

接到儿童被拐或失踪报警后，110报警台、派出所、刑侦部门、交警部门、巡警部门及公安机关指挥中心，在了解事发经过、失踪儿童基本情况、失踪地点、体貌特征和可疑人员等情况的基础上，迅速采取紧急处置措施，在相应地点开展现场走访和寻查。

儿童失踪快速查找机制的核心是快速反应，关键是各警种联动合成作战。要求指挥中心接到报警后，下达处警指令要快；治安、派出所、巡警、交警等街面执勤力量出警动作要快；路口路面的查控堵截措施落实要快；刑侦部门立案开展侦查要快。合成作战不仅指调动多部门、多警种共同参战，而且还要在警力调动等方面简化手续，以适应快速反应的要求。

各地公安机关可以利用广播、电视、报纸、手机等媒介发布儿童失踪信息，发动群众提供线索、帮助查找。失踪儿童高发省区，都要建立完善《失踪与解救儿童网》，互通信息，为遇难家属提供便利。各地政府对于办得好、收效大的媒体和优秀个人，要及时予以表彰。

对于在日常工作中发现疑似被拐儿童、失踪儿童、流浪儿童或拾获儿童的，公安机关应立即上报指挥中心，同时积极协助寻找家长或监护人，及时开展协查和送刑侦技术部门采集DNA信息。

三. 新生儿留取DNA，实现DNA信息库联网

公安机关打击拐卖犯罪行为需要突破地域性，急需建立完善便捷的信息库，实现全国联网，以提高解救与抓捕的概率和时效。

目前儿童DNA资料不齐全，即便部分有DNA信息的也没有实现全国联网，给查找、认证亲生父母以及让被拐儿童回归工作造成极大困难。千辛万苦解救回来的孩子找不到亲生父母，是最让人揪心的一环，由于拐卖儿童通常是跨省跨地区发生，但全国的DNA鉴定系

统却没有联网，无法确定孩子的亲生父母，福利院不接收，只得送回收买孩子的家中。在一买一卖，一救一还中，所有的人都受到了伤害。

有条件的医院要为新生儿留取 DNA 样本，上户口、编身份证号都关联 DNA，将之纳入公安人口信息系统，实现全国联网后，使买孩子的人无以躲藏，对拐卖行为也是致命一击。

四. 加强宣传力度，买卖人口均属犯罪

近年来，拐卖孩子的恶行被群众深恶痛绝，买卖双方均属犯罪已初步形成了社会共识，为配合买方入罪法律的制定与顺利执行，需要媒体的配合，各媒体应积极为完善法律铺路，并大力宣传完善后的法律条文，对买卖孩子的人造成法律震慑，使所有人都明白买卖儿童同样都是犯罪，对买卖儿童的行为法律绝不姑息。

通过宣传，使所有人懂得花钱买物可以，买卖人口就是犯法，犯法必受制裁，谁都没有权利花钱夺人之爱。在文化和宣传中，要培养国民一个信念：生命的价值和尊严至高无上，是不能被买卖的。

五. 建立拐卖儿童警情通报制度，提高破案率

制定措施，各级公安部门要定期向人大和政府报告辖区失踪儿童数字与破案率，并由政府通报给媒体，如实加以公布，使民众知晓实情，为彻底杜绝拐卖儿童现象提供正能量。

报案不立案，推诿不破案的责任人，一经发现必须及时查处。完不成破案指标的部门领导人也要承担相应责任，严重的要引咎辞职。

提案起草人　民进中央妇女儿童工作委员会委员　于向真
2014 年 12 月 25 日

10 岁末言说校车之痛

这两天，湖南校车伤亡事故一次次闪现眼前，为夭折的孩子们难过，为校车现状伤痛。那辆湖南衡南县松江镇接送小学生的农用三轮车，27 日行至因果村一座小桥时意外坠河。三轮车经过非法改装，形成相对封闭的车厢，外面被插紧，坠河后车内学生无法逃生，共造成 14 人死亡、6 人受伤的特大伤亡事故。

这起事故只是近年来校车伤亡的案例之一，让人惊讶的有两点：一是农用三轮车竟然变身校车，管理部门竟然对此不闻不问；二是该车超载严重到无以复加的地步，极小空间内高高矮矮的孩子们挤得像沙丁鱼罐头般密实，这样的校车不出事才怪！

看似一件意外，实则透漏出社会患了重病，校车之痛，痛在心灵深处！我国的高速公路、高速铁路里程世界第一，我们的高铁全球运速第一。可这些靠全国纳税人、特别是农民工血汗堆砌起来的现代化硬件设施，哪些人优先得实惠呢？孩子们享受哪些优待呢？农民和他们的孩子得到什么呢？

一个正常的家庭，会把孩子的利益放在首位，孩子是心中的希望、未来的阳光，漠视孩子安危冷暖的父母是败类！偏袒权贵既得利益的政权是缺德的集团！面对孩子集体伤亡这样惨痛的悲剧，我们只能默默忍受、装聋作哑吗？

校车之痛，绝非偶然。上网一查更吃惊，北京数百万辆车中竟然没有一辆正规的校车，京城多如牛毛的运输公司竟然没有一家获得正规资质的校车公司！正在紧锣密鼓"治堵"的首都北京啊，至今连有多少辆官家公车都讳莫如深、避而不谈，面对一辆校车都没有的尴尬，大官人们，你们不脸红吗？

负责治堵的官员们，去看看每天放学时小学校门前水泄不通的混乱场景吧！因为你们的不作为，偌大的京城至今没有一辆正规校车，家长无奈只得用私家车接送孩子，一车一个娃，在一早一晚高峰时段给暴堵的道路添堵，浪费汽油、交通、人力资源，加剧空气污染，还极大地牵扯了家长们的精力。今年入冬以来，由于北京堵车更趋严重，每天傍晚都有数不清的年迈的爷爷奶奶和焦急的父母们为堵在路上迟迟难归的孩子们牵肠挂肚……

　　湖南这起事故伤亡的绝不仅仅是20个小孩子，伤的是全体中国人的心，暴露出校车、特别是农村校车的高危性。近年来，由于撤校合并等原因，农村学校数量锐减，农村孩子上学距离大幅增加，再加上农村孩子的父母大多在外地打工，监护人多是行动不便的隔代长辈，于是各式简陋不堪的校车应运而生。路远天寒，农村的校车虽无资格认证，但只要有人愿意承担接送学生，就不愁揽不到活儿，农用三轮车、改装摩托车乃至报废小客车摇身一变就成了校车。开这种令人担忧的校车的司机，有的连驾驶执照都没有。

　　在中国广袤的大地上，被誉为"祖国花朵"的孩子们，每天就乘坐这样的交通工具艰难地上下学，安全毫无保障，这是中国的大耻辱。为"无与伦比"的成就而醉生梦死的中国，别说校车至今没有专用标识，没有特殊的路权，连"需要不需要"校车的概念还处于混沌期。对接送孩子到底该谁负责，校车该如何管理等问题，专家们各执一词，学生的安全保障面临的是制度空白，除了偶然的执法检查和残酷的交通事故一次次刺痛人心之外，理性的"叫醒服务"至今仍在酣睡，国家对下一代轻忽至此，实在令人忍无可忍。

　　希望政府尽快制定合理的优惠政策，完善现行的道路交通运输管理法律法规时，制定出有关校车的安全技术标准，建立校车及其驾驶员准入等管理条例，制定并完善校车安全和优先通行的交通规则，最大限度保证校车运行的安全畅通，使每一个有孩子的家庭安心，让每一位有良知的中国人看到希望。

　　我看到过一张照片，美国一个车祸现场：军用悍马追尾校车，居然是悍马被撞成惨不忍睹！美国人对校车有严格完善的制度，体现出对少年儿童的重视与关爱。我了解后知道美国校车由专门的公交公司营运，由家长委员会和政府教育部门双重监督；从联邦到各州，涉及校车安全的法律法规和各项标准共有300多项，从校车的材质到车身的厚度等，都有详细规定。美国政府对营运公司和校车给予一系列保障，保证校车有特殊路权，规定校车在行驶过程中不能被超车，总统也不例外；校车的路权高于消防车、救护车等，一旦遇险，需要最先对校车进行救援。还明确规定了校车有统一的专用颜色以便于识别，规定教师不能上车以保证学生权利，规定校车的司机以及车上的看管员享受国家公务员待遇等，这些是我们可以借鉴的现成经验。

2010年12月31日

11 又见校车超载悲剧

又闻校车被撞！又是校车严重超载！又见校车超载悲剧！

甘肃正宁县榆林镇又发生一起严重的校车被撞事故，随后，正宁县政府召开的新闻发布会通报："幼儿园校车相关手续合法，核载9人，实载64人，属严重超载。"现场检查时发现出事的校车后座被改装，为搭载更多孩子，车椅被拆掉。请问，这样的改装车没有人查、没有人管吗？

令人震惊的是这辆核载9人的小面包车居然被"塞"进64人！网友们纷纷表示"难以置信""无法接受"，如今政府官员的奥迪多如过江之鲤，学校连中巴、大巴都配不起，面对这份尴尬，每一个稍有良知人都无法接受！

在独生子女为国策的中国，金贵的孩子是家庭的重心，承载着全家人对未来的希望。孩子一旦夭折，全家顿时陷入绝望的地狱！为啥在家庭中被视为心肝宝贝的孩子，在官员们的眼中却视若无睹呢？官员和官奴们嘴上也会说政府重视孩子、重视教育、重视民生，可他们的行为实实在在只重视自己的既得利益！他们整天忙得不亦乐乎，开会啦接待啦宴请啦，开应景无聊低效的会，接待的不是上访的民众而是花公款来游玩的官商，宴请的是得罪不起的各路权贵、陪吃陪拿的是自家的亲友，这些恶心事谁人不知哪个不晓，就别再装无辜啦！

忙得不亦乐乎的官员们，正在挥霍着民脂民膏，没兴趣抓一抓教育，没精力关心关照花朵般的孩子们，任凭数不清的家庭因低收入、高物价、巨大的生活压力而越来越生养不起孩子！即使有了孩子的家长们有许多也为挤不进幼儿园、交不起巨额赞助费和高校学费而苦不堪言！官员老爷们，你们想不想管呢？能不能管好呢？办不到的话，赶紧腾笼换鸟，给中华子孙积点德吧。

本周二，我和朋友刘旸专程跑了一趟某主管部门，再次领略了一次门难进、事难办的现实，终于找到管事的干部，详细说明我俩正在准备"给有孩子的低收入父母减免税收、增加福利"明年提交两会提案的设想，哪知那两位年轻干部先是强调"我们每月工资才3000多"，马上又说"现在税收已经非常低，减不减没人会在乎这点钱"，"我国人口压力很大，给有孩子的人减税的想法与国家政策不符"。我俩只得无功而返，回程中刘旸对我说："公务员工资不高却实惠多多，确实看不上这一点钱。"

好心难办成好事，难题另说，还是说校车吧。各级政府官员们，你们还有人性的话，赶紧制定并推行《校车质量和运行安全标准》吧，这事不能再拖延，必须强制执行，不能继续用孩子们的生命做赌注了！

网络上那张照片已经让网民们吐血了，那是2006年11月美国印第安纳首府，素以彪悍著称的悍马撞上停在路边的无人校车，结果悍马半个车体破碎，校车却安然无恙。自此，美国校车威名远播。

据统计，在美国，坐校车的安全系数是坐私家车和公交车上学的40倍。美国联邦政府和各州为校车制定的法律法规多达500项。这其中包括校车必须由专业厂商，采用卡车的骨架、客车的设施标准制造，并配备防撞安全装置。美国的校车司机也是经过特别挑选的专业司机，大多为女性，因为女性比男性更加细心谨慎。法律还规定，孩子上下车司机要核对名字，不得疏漏；如果司机在四年内罚单超过三张，将失去资格。

在美国，校车并不是学校配备的，而是由校车服务公司按学区统一调度和管理，承担各校学生的接送任务。所有校车统一标志，待遇与警车、救护车、消防车一样。从上世纪40年代开始，美国大多数州就立法要求，在有儿童上下校车时，两个方向的其他车辆都必须停下来，等孩子们上下车结束后才能继续行驶。违反此法规的驾车人会被罚款，甚至被判刑。

2011年11月17日

12 谁来保护共和国的孩子

前天看电视，北京生活频道报道了一个北京女孩跳楼自杀的新案例，有个经常遭受父母毒打的女孩，留下几页质问并谴责父母的遗书后，愤而从高楼上一跃而下。事后记者采访她的老师、同学、邻居们，居然都知道女孩一直被虐待，"身上经常青一块紫一块"，"有一次被打的不能来上课"。令人愤愤难平的是：除了班主任老师给家长打过电话劝阻以外，学校、街道居委会和当地派出所居然从无反映，所有主管部门面对孩子长期被毒打、直到忍无可忍跳楼自杀，居然听之任之不作为。

刚才，我在朋友指点下，看了视频《唐慧这六年》，忍不住想大哭一场。最近刚被释放的唐慧为了"给女儿洗冤""为了别的孩子不再被害"，忍受了层层的恫吓与欺压，这位母亲的慈爱和坚强深深打动了我，如果有更多人像唐慧这样不屈不挠地捍卫公民的权利、司法的神圣，社会进步必定能加快步伐。唐慧在整个维权过程中没有任何违法"扰乱社会"的行为，却无端受辱、甚至被劳教，而强奸11岁幼女、逼迫幼女卖淫的黑恶势力却与派出所等执法部门串通勾连，先欺凌女儿再欺负母亲，气焰嚣张无法无天！

前日我在博文里说过"让孩子们快乐成长，是所有成年人的愿望"，今天我要强调，保护孩子是成年人义不容辞的责任，更是共和国不容懈怠的天职，一个国家不把维护未成年人的合法权益作为重中之重来落实，证明这个国家实在是病入膏肓。任何对妇女、老人和儿童受迫害视若无睹的人，良心必定大大的坏了。

中国宪法里有没有保护未成年人的条款？我们国家有没有在联合国《保护儿童权利公约》上签字？既然有明文法规，既然中国是联合国安理会常任理事国，为什么国家职权部门总是不能及时站出来保护弱小的孩子们呢？我国的 GDP 已经世界第二，各派出所的警力和设备已经高度现代化，之所以不能切实保护未成年人，关键在于执政理念层面就不重视保护孩子。

把维稳作为头等要务，每次为维稳，各地无条件确保高效、快速地出动大批警力。但是，请大家想一想，孩子们才是我们最需要保护的重点！家长们都会把孩子的安全挂在心头，关键时刻豁出命也要救护孩子。保护孩子必须从制度法规上动真格的，光挂在嘴上没用。建议国家有关部门尽快出台可行性措施，落实到每一个执行环节，比如要求派出所必须在接报案后第一时间为保护孩子出警，还要让所有人知道，维护未成年人安全无小事，任何侵犯儿童安全的事，每位公民都有义务及时报警，否则就是犯罪。

2012 年 8 月 13 日

13 伦敦碗与留守童

昨天早晨看了伦敦奥运开幕式，从英伦三岛田园风光到工业革命的烟囱钢花，虚实结合的英女王跳伞莅临……整场仪式看点多多，趣味横生。欣赏伦敦碗里飘出的饭菜香味，平等、自由、妥协，体现普世文明，轻松中凝聚着伟力；脑海中闪出 4 年前鸟巢铺排的宏大场景，威严、跪拜与整齐划一，彰显出专制的蛮横。

伦敦开幕式上，普通劳动者与女王、英国绅士并驾齐驱，共同成为推动历史前进的主角。孩子们被精心呵护的轻松快乐，尤其令我感动，当满场儿童在蹦床上撒欢时，我突然热泪夺眶，让孩子快乐地生活，是所有大人的愿望，可是在我周围却有太多太多不快乐的孩子，这让我们有良心的成年人情何以堪啊。

前天，我刚从郑州回到北京，沿途看到河北省大片土地和城市立交桥被淹，真想问问老天爷是何居心，让中国今夏不得安生。

22 号大暑那天清晨，我姨夫江化霖过劳后在睡梦中一口气没上来而西归，次日我和妹妹妹夫赶去参加 24 日举办的追悼会，丧事匆匆，来不及通知更多亲友，百多名赶来为这名著名演员送行的同事朋友却哭成一片。我们兄妹跟姨、姨夫的感情特别深厚，姨夫的热情、淳朴使他具有出众的亲和力，"见名利后退再后退"成为他的口头禅。

从湖北大山里走出来的姨夫，早年应聘北京纺织部，途中在郑州换车时，被郑州人的行侠仗义深深打动，立誓"一定要把家安在郑州"。高大英俊热爱表演的他，仅在北京部委机关工作几年后，就加盟河南省话剧团。在出演《渡江侦察记》国民党军官时，超酷的气概令众多女孩着迷，也让我姨从此爱了他一辈子。姨和姨夫的三个孩子，自小都在北京跟我们兄妹一起长大，都是由姥姥一手带大的，我们两家至今亲密如同一家人。

姨夫江化霖在 1964 年出演过话剧和电影《龙马精神》，曾在《血战台儿庄》中饰演勇猛善战的国军师长池峰城，在《大决战》中扮演国民党陆军中将郭景云，在《双雄会》里饰演张献忠，曾演过《黄土地》《东陵大盗》《清凉寺的钟声》《背起爸爸上学》等众多角色。晚年的他依然活跃在影视圈，在电视剧《大秦帝国》中演黑伯。去年他连演了三部电影，在《飞越老人院》《念书的孩子》中，他还叫上我姨义务出演，最后一部电影是尚未公演的优秀影片《长江源》。享年 77 岁的姨夫患有哮喘病，带病连续演出后身心俱疲突然过世，留给亲友们深切的不舍。

姨夫追悼会后，我和妹妹妹夫陪伴姨回家休息，下午我看了姨夫主演的新片《念书的孩子》，这是一部由孟宪明任编剧、韦廉任艺术总监、青年导演原雅轩执导，关注留守儿童题材的低成本的影片，紧扣社会热点问题，以独特角度关注反映社会深层次现象和问题，试图呼吁全社会关注农民工和留守儿童这一庞大的弱势群体，以及他们面临的沉重苦难。

姨夫在这部仅花了50万元拍摄完成的故事片中，穿着他自己的一身旧衣服，以最本真的表演，将一位年迈带病的爷爷倾心呵护留守农村的孙儿，鼓励孩子刻苦学习、正派为人，直到生命之火燃尽的那一刻。令我惊讶的是这一角色与姨夫太吻合了，姨夫本身就患有哮喘病，影片中的咳喘并非刻意而为，他饰演的角色在睡梦中归天，结果7月22日那天凌晨，我姨夫同样一觉睡去再也没能醒来。影片中，身边唯一的亲人爷爷病故后，留守儿童的孤凄令人落泪，最后孩子的父亲在城里花钱求人终于办好入学手续回乡接孩子，却因火车不卖"狗票"，将男孩和他相依为命的小狗硬生生拆开，那场面让我的心为之破碎滴血……

30年的超速发展，到底让谁赚个盆满钵满？而数不清的劳动者被迫远走他乡用血汗换一份薄薪养家糊口，大面积被分裂的凄苦害惨了底层民众，权贵们设计的这一套缺德带冒烟的路径，以"拳打老人、脚踢妇孺""破坏环境、透支资源"养肥了自己！然后纷纷把带血的人民币兑换成美钞转移到境外……

早晨观看奥运开幕式，伦敦碗里幸福欢快的英国儿童，令我想起姨夫主演的新片《念书的孩子》和中国几千万留守儿童，令我痛恨落后的制度，对广大留守儿童、妇女和老人，对弱势群体满怀同情。

2012年7月29日

14 早教的火坑

　　晨练归来，走到电梯间时，邻居老李赶紧示意他的小孙女，小女孩甜甜地叫了声"奶奶好！"我故意板起脸，拖着长音说"小公主，你怎么没去上学啊？逃学的孩子没有糖吃哦。"小姑娘的脸乐开了花。老李说"这才4岁，长个傻大个儿。"我踮起脚尖儿，把目光使劲朝下望，对她说"以后你得这样跟爷爷说话，爷——爷——"说完我们三人都开心地笑起来。

　　进了电梯，老李告诉我"现在社会上各式各样的辅导班，孩子们从刚会说话就不停地四处上课，一会儿我得陪她去上英语课，晚上去学滑冰。"我说"急啥呢？将来有的是课要上啊。"李老无奈地说"他爸妈报了名，我能不陪她去上课吗？"我住的楼层快到了，我招手向小公主再见，老李突然说了句"哎——，现在的孩子花钱实在太多了。"我说"有人统计现在一个孩子从小到大平均需要70万。"我一边往外走，一边冲小女孩说"小公主，记着给爷爷奶奶爸爸妈妈省点儿钱啊！"电梯门关上前，小姑娘使劲在点头，好可爱的孩子啊。

　　老李早年是八一足球队的球员，现在是国家体委的退休干部，他老伴儿张大姐是故宫著名的文物鉴定家之一，老李的儿子儿媳也都有一份令人羡慕的工作，老李老张有了孙女后，特意在我们住的塔楼里给儿子一家三口另买了一套房，便于照顾孙女。想不到经济条件这么优越的家庭居然也感叹养育孩子"花钱太多"，怪不得现在不少年轻人结婚好几年都不敢要孩子呢。

　　又想起上周五参加民进专委会上的情景，三位正副主任、十多位委员对目前教育、计生、养老等问题议论纷纷，诸多不满。其中赵主任反映的一种现象，与我刚才听老李说的不谋而合。赵主任受惠当年14号文件，被推举为区教育局副局长，工作成绩十分出色。退休后这几年，她在帮助儿子儿媳带孩子的过程中，留意观察世态炎凉，对由祖父母带孙儿的传统与国情有独特的看法。周五赵主任说"这些年有不少报告会、出了不少书，都针对父母如何培育孩子，但中国一直更多是祖父母在带小孩，隔辈儿人如何带孩子、如何培养孩子的好习惯，这方面的研究成果和著作却极度缺乏。"

赵主任还反映了一种情况，早教低龄化愈演愈烈。她最近陪3岁的小孙子去上英语辅导班，附近有小孩子的家长几乎都报名了，每个孩子交800多元可以参加几节辅导课。包括刚刚学说话一岁多的小孩在内的孩子们在教室后面玩边等待，一名老外教师每次叫过去一个小孩子，口头教两三句英语单词，哈喽，古德拜，猫宁……孩子跟着说两三遍，然后换另一个小孩。回家后，爷爷奶奶爸爸妈妈问小孩学啥了，孩子说句哈喽、猫宁，有些家长一笑表示满意，更多的是愤愤不平，"这两句谁不会啊，凭白花了800块冤枉钱！"有人气不忿，去区里告状，少不了碰一鼻子灰自讨没趣铩羽而归。

现在社会上这类针对幼儿的各种辅导班、培训班多如雨后春笋，良莠不齐，附和应试教育盈利性高收益低的骗人班比比皆是，家长往往明知上当、因生怕孩子输在起跑线上、不得不被迫掏钱随大流把小孩子往"早教"的陷坑里推。先不说这种教育分明采取的是违背孩子天性的逆向教育，采用的是赤裸裸的敛钱手段；单说这种无序紊乱的教育市场管理，背后难免有乱收费和潜规则在沆瀣一气，充分暴露了管理部门的无能加缺德。再不尽快开启政改大门，制止市场无序化的乱象，解放被早教压得喘不过气的孩子们，减轻家长们越来越不堪忍受的沉重负担，还了得吗？

2012年10月19日

15 守活寡的妇女们

前不久《参考消息》刊登出陈水扁在狱中写的一首不成韵律的诗,流露出对夫人吴淑珍当初不愿让他涉足政坛,自己却一意孤行的后悔之意,让人联想起那句古诗"悔教夫婿觅封侯"。众所周知,古代的皇宫和官府,男人妻妾成行,"只闻新人笑,不闻旧人哭",妇女无法掌控自己的命运,怨妇悲苦令人同情。

如今,也有不少被贪官、大款们冷落的原配,户籍上明明有配偶,她们却守活寡。一夫一妻,是现代社会的公平准则,但是男人当大官或发财后,包养小蜜、N奶却成为时尚,被查出的贪官,据说90%以上都有情人。那些守活寡的官太太,当初有没有劝阻老公升官发财,后来有没有窝赃,甚至用赃款享乐?她们很难获取公众同情。

下面我要说的一大批"守活寡的妇女"或者"有老公的寡妇",与留守儿童一样,是特别令人心酸,又未获执政集团重视的农村留守妇女。与之对应的还有背井离乡、进城务工的农民工兄弟,权且叫做"有老婆的光棍汉"吧。几年前,我读过一篇小说,题目"我们的路",讲的是一名川西北的农民进城打工,历经上当受骗、拖欠工资等悲惨遭遇,数年后终于在春节前赶回家中与妻女团聚,节后不忍再度离家,却又万般无奈重新踏上外出打工之路。那篇小说看得我唏嘘落泪。那之后,农民工和他们在家乡的留守妻儿的苦楚,宛若擦不掉抹不干的一滴酒挂在心头,热辣辣又苦涩涩。

2008年12月2日的《新京报》公布了中国农业大学的一项研究数据:目前全国有8700万农村留守人口,其中有4700万留守妇女。调查中,许多留守妇女隐晦地表达了心中的痛苦,被调查人员总结为一句话,"长期处于性压抑状态,导致出连锁的负面情绪。"统计数字为:69.8%的留守妇女经常感到烦躁,50.6%的留守妇女经常感到焦虑,39.0%的妇女经常感到压抑。

这4700万留守乡村的妇女,是有老公的寡妇。如果说贪官老婆守活寡，她们是有钱的富寡妇；这些农民寡妇则是穷寡妇，穷寡妇们迫于生活压力，忍悲含痛让丈夫长期在外打工，自己在家照顾老人、养育孩子，还要耕种一亩三分田。如今中国自杀率为全球之冠，而中国自杀人口中，农村妇女一直占据最高比例！这无疑是由长期贫穷痛苦孤独寂寞造成的。

这4700万留守妇女的丈夫，同样忍受着无穷尽的孤独与性压抑。白天他们忙着干活挣钱，夜晚他们也不敢出去消费，那点微薄的收入要养活一家老小。有报道说，一个农民工有天晚上忍不住去找了"小姐"花了100元钱，心痛了一个月，他反复思量这100元钱能买多少斤肉，能买几件新衣服，自己的孩子有多久没吃肉了，打那以后，他再也不敢去找"小姐"了。

文革当中，我和几位同事偷偷传看过许多书，其中一本书破得连封面都没有了，内容是苏联二战期间村庄里的中青年男人都上前线去了，留下来的年轻妇女们有人不堪极度孤寂，万般无奈去色诱自家老公公。过去我误以为"俄罗斯女人真无耻"，后来得知我国农村现在也有些妇女上演着饥不择食的荒诞剧。这种看似堕落的现象有违背人性的社会原因，人性的反叛是超越国界、种族的。今年曾发生过一件现代"西门庆"事件，一个名叫杜凤华的闲汉成为"寡妇村"十多名留守妇女精神和肉体的依靠，事发后被村民乱棒打死。

民生无小事。和谐社会最重要的内容之一包括家庭和谐，夫妻能相依相伴、相亲相爱。再说食色性也，在基本的人性需求上，农民绝不是二等公民，迫切需要社会给予必要的关心和扶助。目前用于拉动内需的4万亿巨款中，是否可以拨付一笔专款专用，在各大务工场所，为农民工夫妻提供低收费住房和探亲用房，并就近免费为他们的孩子解决入学问题，让农民工们在辛苦创建城市、参加企业生产时，也能分享文明生活。

2008年12月13日

16 黄金周的感慨

昨天傍晚，我和老伴儿边散步边闲聊，迎面走过几个衣服陈旧、面容疲惫的工人，我俩说起"现在城市中，所有的苦活累活脏活，都让农民工干了，农民简直成二等公民了。"

恰巧在这个时候，我的手机响了，老妈妈对我说："伟光（我妈妈亲姨的儿子，一个在北京远郊区打工的农民工，几年前我在博联社发过一篇采访他的文章——《中原乡村那三年》，讲的是中原地区大饥荒的困境，第一篇记叙的就是他的回忆，第二篇是沈丘县一位农民的讲诉）。两口子今天来看我，我把你让送给他的衣服等都给他了，他俩特别喜欢，念念叨叨着从没穿过这么好的衣服。刚才又来电话让我谢谢你俩。"

为这件小事，原本黄金周中清爽愉悦的心情突然黯淡下来，忍不住对老伴儿感叹道：这几件你我穿过的、不再喜欢的旧冬装，竟然能让农民夫妇如此高兴，也是没想到啊。何况孙伟光他根本就不是一个没有技能的普通农民，他可是一位经验丰富、勤劳能干的高级园艺师呢！广大农民的苦，可想而知。

60多年了，前30年跟着伟大领袖将市场经济、传统文化破坏得面目全非；后30年单腿蹦、拒绝接纳先进的宪政体制，只"放开"市场经济，传统文化中优秀的精髓也无可奈何地继续被阉割遭沦陷，最苦是农民。

2012年10月7日

17 可憎的致富捷径

许多年来,我两点一线骑着自行车到报社上下班。20多年前,我写过两篇关于乞讨儿童悲惨状况的内参,呼吁国家重视这一问题,切实保护儿童权利,第一篇是对各地通讯员采写的通讯的汇总,第二篇是我在外省出差见到街头乞讨要饭的儿童,询问相关情况后写成的。

我曾拿着印好的第二篇内参,先后到国家妇联儿童权益部、团中央少工委去上访、反映,希望主管部门采取有力措施杜绝儿童流浪和乞讨现象。前者热诚,部长亲自接待,我俩商量出好几个方案,但都属于小打小闹,最后只得相约继续关注、择机建言;后者操着官腔变相下了逐客令,两次都失望而归。慢慢这件事被我淡忘了。

近日获知"随手拍照解救乞讨儿童"微博活动吸引了13万网民关注,许多网友投入到拍照、解救乞讨儿童活动中,各地网友发出乞儿照片1000多张,已有6名孩子被家长认出。说真的,自己一方面为被拐孩子被解救而庆幸,一方面为有关部门长期渎职和不作为(雷声大雨点小、干打雷不下雨就是一种最坏的不作为)感到愤慨!

刚上网查阅,发现公安部门对网民的正义行为有了一些积极反馈,心里稍感安慰。毕竟解救乞讨儿童是长期任务,光靠网民热情解救难以持续,有些行为也涉嫌违法,国家需出台更健全的政策法规,权力部门需要把工作重心扭转到切实服务民众上来,保证人民依法致富的路上没有黑恶阻挡,才有可能消灭拐卖妇女儿童等社会毒瘤。

近日披露的安徽阜阳市太和县小宫村及其附近地区,在当地是出了名的长期大规模拐卖儿童,逼迫儿童乞讨的据点。据说十几年前,由于一个偶然的机会,村里一个残疾人因为乞讨而致富,这让该村的村民们找到了在他们看来是摆脱贫穷的一条捷径。于是越来越多的村民用亲戚或拐卖的小孩子代为乞讨,自己坐收渔利,伴有强行扭断孩子胳膊、腿儿,用硫酸泼洒等令人发指的虐儿致残等罪行。

这种犯罪现象延续这么多年，恶名已远播到路人皆知的程度，令人百思不得其解的是竟然长期没人管？难道公权力可以丧失对民众的保护吗？可以放任摧残未成年人的罪行吗？可以允许各种以违法犯罪行为作为发家致富的捷径吗？

　　把违法犯罪行为公然当做致富捷径的方式不仅仅有拐卖儿童这一条，还有其他卑鄙形式呢。比如偷盗自行车，早已是一些村民的专业和饭碗。北京人都知道那句话"没丢过自行车的不能算北京人"，由此可知京城（各城市概莫如是）自行车偷盗现象严重到何等地步。多年来，我家人频频遭遇自行车丢失之事，2000 到 2001 一年中，我家三口人连续丢失过 7 辆自行车，我去派出所报过案，民警不耐烦地说："愿意登记你就登个记，但是明确告诉你登记也没用，我们连机动车被盗都查不过来，根本没精力管这些小事。"

　　有一次我去二妹妹家，帮她带孩子、操持家务的小阿姨仙玲跟我姐妹闲聊，说起接连丢失 7 辆自行车报案遇冷的经历，仙玲说："这一点不奇怪，大姐你不知道，我们村和周边好几个村全指靠买自行车过日子呢。"我听得一头雾水，二妹妹解释说："仙玲老家在河北农村，离北京不算远，村里好多人的职业就是在北京、天津、保定等城市偷盗自行车，村民有组织有分工，有一条龙运输、销赃渠道，那几个村子成为全县闻名的富裕村，家家户户盖了小楼。"我吃惊地问仙玲："你家也有人干这个吗？"仙玲说："我家只兄妹俩，哥哥在韶关打工，我在北京当保姆，我家没钱，在村里挺不起胸脯的。"我又问："偷车发家多缺德呀，没人管吗？"仙玲："村长家带头干这个，顶数他家楼盖的气派。"

　　后来，又陆续听说有些村庄靠卖血度日，有的村庄靠组织村民偷盗电缆或扒窃货车上的煤炭致富等等，这些手段令人发指！谴责村民、村干部不是上策，只有让那些"盗窃村""乞丐村""卖血村""拾荒村"从根本上能依靠正路致富，才能有效地改变可悲可耻的观念与行为。这需要有让人民过上尊严生活的基础性体制保障，建立健全合理有效的运行机制，只是这一切还在难产中。

2011 年 2 月 10 日

18 扑朔迷离的真相

自 9.11 事件以来，恐怖袭击成为全球公敌。至今我还记得 2001 年 9 月 11 日晚上，我们老两口满怀悲愤地坐在电视机前，久久地收看着凤凰卫视中文台的现场报道，直到夜里 1 点半过后才关上电视。自此，切齿于滥杀无辜的恐怖分子，鄙视于随后看到某些人的幸灾乐祸，前者邪恶，后者愚蠢。

2009 年 7 月初，我刚从单位退休，随即受聘中华杰出女性协会办会刊，协会办公室主任是一位传媒学院研究生毕业的年轻女士，她出生于乌鲁木齐，爷爷是当年随王震入疆的干部，"7.5 暴乱"消息传来，她日夜为家人担惊受怕的情景，我至今记忆犹新。两年后的 2011 年，接延安儿女联谊会通知，我听了一场内部报告会，主讲人国安部马建副部长讲到他看了暴乱录像后，拍板决定不公布录像，他的原话是"一旦看到那些极端血腥残暴的场面，民族仇恨恐怕几代人都消除不了。""乌鲁木齐将成为第二个耶路撒冷"……

前几天故宫发生的那起凶杀案，紧接着次日天安门广场发生一起驾车逆行撞击金水桥石栏石狮案，第三天故宫筒子河接连有三人跳河自杀未遂，今天又传来太原迎泽大街山西省委门前发生连环爆炸案。三中全会在即，顶层越是盼着和谐稳定，社会偏是灾祸连发，我们普通民众难免惴惴不安。

故宫凶杀案的眉目已经基本清晰了，官本位意识加上职位薪酬过于悬殊，管理混乱再加上干部晋升暗箱操作，使不甘被骗、性格内向、贡献突出却受排挤的人求告无门之后铤而走险。故宫北面神武门外的筒子河里常年有水，那里以前也发生过跳河轻生之事，只是没有这次这么集中，但也不难理解，物价涨幅太快、京城谋生艰辛、人际关系冷漠、医疗费用奇高，都有可能将边缘困顿者逼入绝境。太原连环爆炸案，据说已经有嫌犯被捕，缘由的轮廓估计也快浮现出来了，若说是恐怖袭击，我大致会信，毕竟是有人在省委门前搞连环爆炸。

很想知道天安门逆行撞人的吉普车撞石栏石狮后被烧死于车内的那三个人，究竟是咋回事？官媒对此惜字如金语焉不详，并以火箭升空般的速度抓捕了同案犯，定性为恐怖袭击。令我不解的是：这次竟然是带着自己的母亲和妻子一同自杀的恐怖分子？这件悲剧背后会有多么令人震惊的背景情境啊！仅就目前所披露的这丁点信息，很难将之视为一场恐怖袭击，以前的恐怖袭击，无一例外事前恐怖分子会先把家人安顿好，等家人生活有了基本保障后，自己才为"事业"捐躯，这是符合人性的。然而这次男人自己不想活了，可以理解，居然带上70岁老娘和身怀六甲的妻子，三人四口啊，一起去实施恐怖袭击，此等咄咄怪事，于情于理说得通吗？这世界变得太诡异了，真相扑朔迷离，披露出来的只言片语显得过于支离破碎啊。

2013年11月6日

19 喝止警察一枪毙命

今天看央视新闻，很认真地看了央视播放的一分钟的剪辑片，忍不住对警察向手无寸铁者"一枪毙命"的新闻说两句：在民众无权持枪的国度里，警察开枪必须从严掌控！任何不具有充足理由，警察生命没有面临直接威胁的前提下，绝对不允许轻率地朝民众开枪；即使有迫在眉睫的危险，也应当采取非致命性制服，比如只允许枪击身体非要害部位。

不然，警察们会因受到鼓励而效仿一枪毙命者，今后只要遇到对方不服从、有还手迹象，就可以不计前因后果，不追究原本手无寸铁的人是如何被逼无奈开始反抗的，警察随时可以理直气壮地朝对方要害部位近距离开枪！这还了得，这不等于暗示警察今后可以有恃无恐，因为一枪毙命后还可能会有剪裁片为之提供合理辩护，还会受到上级表彰和奖励，被众多银民视为击毙"找死""暴民"的英雄，给以潮水般的弱智喝彩。好吧好吧，为一枪毙命喝彩也罢，佯装不知道继续岁月静好也罢，其实只要想想后果，想想这种事赶到自己或自己家人头上又会怎样吧！

而我要说：无论如何，允许一枪毙命是无法自圆其说的。反复看央视那一分钟的剪辑片，只能给出8个字：官逼民反，草菅人命。所以我要喝止警察一枪毙命，请下不为例！

2015年5月15日

补记：此文发出后，有朋友告诉我，一枪毙命事件曝光后，因遭到众多网民质疑，所以引起有关部门重视，警方已表达收回之意。看来有话要说呀！

20 垃圾分类考验着我们

半年前，作为京城试点之一，我住的社区开始实行垃圾分类，按通知去领分类垃圾桶，每家发两个，我已经有戴盖的垃圾桶，想给公家节省一个被拒绝，只好都拿回家。与此同时，楼下原来的两个大垃圾桶被弃置一旁，换上三个崭新的立在那里。从此我就盼着早点开始分门别类处理垃圾，没想到就此没了下文。

好长时间没有任何动静，心急的我，两次去居委会询问周主任："什么时候才开始实行垃圾分类啊？有没有人给指导一下呀？"周主任笑答："一切照旧，一切照旧。""不花钱送两个垃圾桶，不是挺好吗？""呵呵，主任啊，每家两个垃圾桶，各小区增加那么多大垃圾桶，全市全国算下来这笔费用不小呢，如果一切照旧的话这笔款项不就糟蹋了吗？"周主任无可奈何地朝我摊摊双手。于是每天我下楼扔垃圾时，总是皱着眉头看着大垃圾桶内依然如故的混杂的各色垃圾袋，自己也只能将未分类的垃圾扔进里面，隐隐地有一种负罪感。

垃圾分类的意义不用我再说。现在北京市垃圾填埋、堆肥和焚烧比例是 90：5：5，垃圾量不断增加，可用于填埋之地日益减少，且填埋垃圾对环境和地下水源的污染十分可怕。越来越倚重出售土地获利的政府对此比市民急得多，规定出的时间表是：到 2012 年，生活垃圾分类达标率要达到 50%，2015 年基本实现全市垃圾零填埋。

我住的小区是北京市最先实行垃圾分类的三个试点小区之一，数月已过，除了硬件落实（大小垃圾桶分发完毕）以外，软件至今毫无动静，照此进度，北京市的规划十有八九会落空。这些年的经验教训大抵相似，作为国际化大都市的北京，在实现现代化的道路上事事比照欧美发达国家做样板，大手笔投资购置设备，然后往往因软件跟不上而前功尽弃，比如我住的小区里，自动化的咪表、自动购物柜、便民计时收费自行车等等，都是硬件设备早就齐备了，闲置在路旁无人问津无法投入使用，最后不得不在某一天夜里统统拆除搬走了事，花大钱购置的民用设施一次次白白浪费掉。

相比之下，分类垃圾在实施上难度更大，且不说小区居民们能不能都按要求自觉将垃圾分类后再分类倾倒放置，即便居民将垃圾分类过，这些垃圾运到处理场时难免再被一锅烩。这里面有多个环节必须环环相扣，要让居民们很好地分类，需要有人给出具体指导和必要的检查，居民区和市里要有分类、回收、处理等统一管理和协调，缺一不可，绝不是简单立项、拨钱和分发垃圾筒就万事大吉了。

10 多年前，我曾在自己负责的版面上用连环画的形式给小读者们讲过不少环保的故事，比如有林业大学"山诺会"成员们以身作则拒绝一次性筷子；有华人在美国科罗拉多大峡谷旅游时因不懂自动带回垃圾感受的屈辱；有法国小学生在校园中学习分类处理垃圾后担任家庭回收员等等故事，那个连环画专栏因为图文并茂很受欢迎。其中有一个故事题目是《醉鬼扔瓶子》，讲的是中国留学生见到一个醉鬼，踉踉跄跄十分费力地将酒瓶子扔错地方后不肯罢休，终于将酒瓶子扔进专门回收瓶子的垃圾桶内，令中国留学生感慨的是德国人普遍都承认他们之所以分类回收垃圾，就是从中国分类买卖废品受到的启发，才在德国乃至世界上越来越多的国家中推广普及了垃圾的分类回收。

其实中国是分类垃圾处理的发源地，在科学分类垃圾上却迟迟没有进展。环保是最能体现人格是否高尚的人生课题，北京市民和中国同胞能交上合格答卷的人究竟有多少呢？垃圾处理也是最能考验政府号召力和管理水平的事情，两年后垃圾分类达标率要达到50%，五年后实现全市垃圾零填埋，这是北京市已经对外公布并承诺过的时间表，能否实现？我们拭目以待。

2010年1月25日

21 对天津火灾善后的期望

天津"8·12"瑞海公司危险品仓库特别重大火灾爆炸事故已经过去100小时了。最新消息显示，目前已发现112具遗体，并接到95人失联报告。有关方面表示：在全力救援的同时，官方强调"一定要彻查追责"，绝不姑息。

至此，之前一些"谣言"已经成为遥遥领先的预言。四天五夜来，与这次特别重大的灾难同样令人揪心的是，由于体制的呆板与僵化，加上官员的失职与冷漠，官方发布信息的迟缓与残缺，在"不明真相的群众"中难免弥漫着紧张、愤怒与不安全感，生怕这么重大的灾难过后，责任再次被推诿，善后再次被敷衍，隐患依然在发酵。

当下，灾难发生100小时后，我终于从官方发布的新闻中获知遗体数之外的失联人数。希望官方强调的"一定要彻查追责"，"绝不姑息"的保证，必须一丝不苟地落到实处。善后工作千头万绪，我能体谅具体工作人员肩头的重压，又无法前去帮着做什么，只有在这里说几句心中的期望，切盼善后工作有序公平地展开，卓有成效地安抚所有受难者，杜绝隐患保平安。

此时此刻，我深切期望：

一、此后公布的数字，不仅包括医院里的逝者，也要包括失踪者；

二、爆炸物以及爆炸区危险品到底有哪些？有多少？潜在的危害是什么？100小时之后，应该随时统计清楚并如实告知公众了。

三、遇难者和财产受损失者应当得到同等补偿，不要再分等级有厚有薄区别对待了。

四、牺牲的消防员一律按烈士待遇，经济补偿也尽量一视同仁，别再按体制内、体制外区别对待而遭人骂遭人恨了。烈火焚身那一刻，人体被气化被烤焦被烧伤是不分高低贵贱的。人同此心，理应公平。

还有一条，支持爆炸区受损房屋业主"由政府回购，发房款另行购房安家"的要求。当初在瑞海公司危险品仓库近旁建楼、售楼时，没有告知业主附近有一颗颗重磅炸弹，这个错误不可饶恕，不该由受到损害与惊吓的业主们承担。

缅怀牺牲者与遇难者。天佑中华！

2015年8月17日

22　生前预嘱推广协会成立了

做好生前预嘱，选择静好如秋叶的晚年，临终不过度救治，是我多年的心愿。昨天下午，我的这一心愿终于得见彩虹。

2013年6月25日下午，在北京青蓝大厦会议厅召开了"北京生前预嘱推广协会成立大会"。不久前，该协会经北京市民政局审查，批准了由陈小鲁、罗裕平等一批有识之士倡议发起的"北京生前预嘱推广协会"，我有幸参加了这一盼望中的成立大会。

2013年6月"北京生前预嘱推广协会"成立大会上,协会章程经举手表决通过。(于向真 拍照)

早在11年前,眼见我的至爱亲人无可选择地接受一系列创伤性抢救终难逃脱死神魔爪的痛苦时,我就萌生出放弃临终前过度抢救的想法。2010年,我父亲生前最要好的老战友徐树森伯伯在301医院经受了四个月极其痛苦的救治,一世睿智的徐伯伯直到临终头脑始终高度清醒,最终却无可选择地双手双脚被捆绑在病床上、身上插着多条管子艰难谢世,每每想起徐伯伯,我都心痛不已,十分惋惜。由此,我很想签订一份有效文件,让自己提前将安详离世,放弃电击、插管、开胸等非我所愿的主动选择告知亲属与医生,只是一直没找到合适路径。几天前,育英校友会的学兄黄坚来电话通知我"生前预嘱协会"即将召开成立大会的消息,喜出望外的我立即同意参加,并愉快地成为首批志愿者。

《选择与尊严》网站从2006年创办以来,罗峪平(点点)姐姐倾注了全身心热情,推广这一好项目。昨天,"北京生前预嘱推广协会"会长陈小鲁在成立大会上发言。昨天参加成立大会的众多来宾中既有专家、学者、官员,也有与我相似的社会各界理解并支持这一项目的有识之士。在会上我了解到,自从2006年起,陈小鲁、罗峪平等一批有识之士通过6年多坚持不懈的努力,在他们创建的公益网站《选择与尊严》和其他媒体上宣传推广"生前预嘱"的理念,博得社会各界的广泛好评。

　　推广生前预嘱是一项高尚且充满爱心的光荣事业，是人类历史前进与社会文明进步的重要标志。我真诚地自愿参与这一关爱生命、利国利己的活动，并祝愿"生前预嘱"顺利普及和推广开来，造福社会和有识之士。

附：北京生前预嘱推广协会的宗旨和任务

　　（1）用合适有效的方法（如学术研究、问卷、制作媒体内容、组织志愿者活动等）普及和推广"尊严死"的概念以及使用生前预嘱"我的五个愿望"的知识和常识。

　　（2）在选择与尊严公益网站上建立数据库，为生前预嘱"我的五个愿望"注册者提供使用平台。并维护他们的合法权益。

　　（3）开展与"尊严死"和使用生前预嘱"我的五个愿望"有关的学术研究，用合适的方式发布成果和开展学术交流。

　　（4）在主管部门的领导下，与全社会尤其是发起单位开展一切可能的合作，使生前预嘱"我的五个愿望"的使用日益完备和有效。

　　（5）为政府和有关职能部门提供咨询。

　　（6）经有关部门批准，独立或联合举办教育、培训或其他服务活动。

2013 年 6 月 26 日

第三辑 亲情友谊

1 妈妈给我讲越南的故事

　　清晨惊见大雾锁京城！原定到怀柔神堂峪郊游的计划泡汤了，也罢，正好在家欣赏妈妈带来的老照片和剪报本，把好的老照片用扫描仪存进电脑硬盘，也算干了点活儿。

　　除夕那天，我的小学同学王枫来电话通知3月初"越侨联谊会"有活动，希望我妈妈和我能参加，所以我嘱咐妈妈找出一些在越南的老照片，以便活动时与大家交换着看。王枫上小学前的两年多，随父母在越南生活，儿童时期学外语能力最强，王枫至今还会说一些越南话呢。1973—1977年我父母在新华社河内分社工作，住的就是王唯真、陈萍夫妇（王枫的父母）上世纪50年代住过的小楼，除了新装空调以外，一切家居用品都是原来王唯真夫妇使用过的旧物。

　　我父母在河内那几年正值越战结束前后，属于报道任务最重的驻外分社之一，社里除了我父母和几位总社派驻人员以外，还有十几位雇员，都是在越华侨。我父母回国后不久，中越关系日趋紧张，越南一度大肆排挤迫害华侨，在河内分社工作过的华侨雇员大多数回到国内，有几位成为新华社正式记者，他们念在过去与我父母工作中结下的友谊,刚在国内站稳脚跟,纷纷到家里看望我父母,有两三位甚至在我父母离休后依然常来探望,这份情谊很是真诚感人。

上午,我一边扫描那些老照片,一边和妈妈闲聊天,我今天扫描的都是父母在越南工作期间的那些照片,妈妈回忆着往事絮絮地说,我有一搭无一搭地接着下茬。起先妈妈说的是那时期中越关系、"抗美援越"中的两国往来,中苏越三角关系的演变等等重大的外交事件,我虽知重大却并不感兴趣。后来妈妈突然说起一件小事,却引起我的注意,以致我放下手头的活儿去打听,妈妈不明白我为什么单单对这件小事感兴趣。事情是这样,我说给你听听:

1975年春节,河内分社忽然来了十几位不速之客,一听他们中有人会说标准的普通话,分社雇员就热情地把他们让进会客室,我妈妈闻讯从二楼下来,刚请他们落座,就见一位中国驻越南大使馆的馆员急匆匆跑来招呼我妈妈出去讲话。他告诉我妈妈,这些人原来是南海的中国岛民,后来这个岛被中共领导人"赠送"给越南了,"这些人已经是越南人了,尽快让他们离开,以免惹出外交事端。"妈妈让使馆的人走了,进屋环视一周,一下就被那些人眼睛里流露出的感情打动了,马上亲自为这些人沏上好茶,并殷勤地拿出从国内买的高级糖果,剥开糖纸一一递到他们手中,转一圈回过头时,妈妈惊讶地发现他们不论男女每个人都激动得热泪盈眶,有几位年长者更是双泪长流,哽咽不已。妈妈又劝他们喝茶,耐心地等他们慢慢平

1974年,我父母在新华社驻河内分社与部分越南裔华侨雇员合影。数年后越南排华,他们都遭受到严重迫害,被没收财产并驱逐出境,有的逃回大陆、香港,有的后来辗转到了美国、加拿大。

息激动之情。

"好久没喝过这么好的茶了,真香啊!""好久没吃过祖国的糖果了,真好吃啊!"他们开口说。然后七嘴八舌地告诉我妈妈,自己原来是白龙尾岛

1975年5月下旬的一天,我妈妈在分社办公室(墙上有越南和河内地图)看越南最大的华文报纸《新越华报》,社论题目"热烈欢呼西贡获得完全解放"。

的中国岛民,以打鱼为生,岛屿被赠送后成为越南公民,抗议无效,不久岛上的人都被输送到越南大陆,分别安置在不同省份地区。"现在生活大不如前了,非常艰苦……",我妈妈劝他们:"仗快打完了,以后该搞生产建设了,日子会好起来的。""哎——",他们叹着气说:"日子苦点倒没什么,我们很多亲戚都在中国呢,再也见不到了!""把我们分散的哪儿都是,过年了好不容易聚起这些人,每逢佳节倍思亲呀,今天可好了,我们总算见到祖国的亲人啦,还吃上祖国的糖果、喝上祖国的茶了。"说到这儿,老人的眼泪止不住又淌了下来。

妈妈说到这儿,我也不由得同情起这些人,他们原来是我们的同胞,对祖国的依恋之情自然是很深很深的。我想起使馆已有嘱咐,就问妈妈:"后来你怎么下的逐客令呀?"妈妈说:"他们根本没等我表示,可能也担心惹事生非,只坐了一会儿就匆匆告辞了,走的时候千恩万谢的,以后也没有再来过。"

这件事已经过去30多年了,我妈妈也老了,大过年的我不想让她老人家心里有丁点儿不快,就忍住好奇心不再多问,尽管心里还有问号和感慨,只能留在心里酝酿吧。此时此刻,我忍不住还在想:不知道当初那个岛、那些岛,究竟是怎样划归越南的,我一向关心时

事，怎么从没听说过南海岛屿易手之事啊？感慨领导人一句话，竟使那些人就此改变国籍，就此与亲人故友两相隔绝，而彻底改变个人与家庭的命运。1998年，我在朝鲜访问期间也遇到过类似事情，一些老志愿军战士，在停战以后非自愿性地被遗赠给朝鲜，他们后来的悲苦命运实在令人唏嘘感慨。

和平年代已经许多年了，地球在互联网的影响中仿佛变小了，人类的共同利益正被空前强化，国家概念也日益淡薄。我是从半个世纪前走过来的人，深深理解传统的文化观念对老辈人根深蒂固的影响，其中对祖国的深挚爱恋深入每个人血液之中。30多年前那十几位造访河内分社的原同胞，只是被命运捉弄被迫改变国籍的众人中的一个小小缩影，他们千方百计四处奔波联系到星散开来的昔日同岛居民，不顾一切地偷偷跑到越南首都河内，先到大使馆被拒之门外后又来到新华社分社，才见到曾经的同胞说上两句亲热话、洒下几滴相思泪，他们的举动我能理解。当年他们一定庆幸遇到一位和善热情的女士（我妈妈），见到故国亲人的笑脸相迎，品尝一点点来自故国的茶点，马上就心满意足地离去，这群"过去时的"同胞是多么可爱啊。

从这件小小的往事中，我又一次体会到当年中国人曾经对祖国和亲人怀有多么深厚的依恋，这份真情平时只埋藏在心底，若逢年关来临时，它会像火山爆发一样将炽热的烈焰冲上天际，照亮天幕！

说明：此文写于2008年春节，原标题为《雾锁京城忆往事》，在博联社刊出后，迅速成为当日头条。

1975年5月，美军星急火燎般地撤离，中国随即派出我爸爸为团长的代表团紧急进入南越，这是代表团部分成员在西贡原总统府前（刚刚换成胡志明画像）摄影留念，左起第三人是我爸爸于明。

2　风萧萧兮易水寒

——我认识的打假勇士高纯

一、帮助勇士高纯（2010年1月17日）

今天下午，我到天坛医院去看望博友高纯，在急诊抢救室见到伤情危重的高纯。当时他身体非常虚弱，前些天因岳阳执法人员强行拘打他，造成他突发急性心肌梗死，经天坛医院抢救后暂时保住半条命。今天上午高纯再度突发心梗，再次抢救后，高纯感觉自己随时面临不治结局，逐辗转将情况告知我。

我与高纯素昧平生，唯一交往是同在博联社写博客。2009年12月，万岁风波之余波因清华学生获奖论文被转载追捧后，我变成博联社的头号反面典型，乌有之乡领头攻击给我巨大压力，高纯这时给我发来短信"大姐，你的文章我都看了，写得太好了。这种结果是必然的，保持好心情！"那是高纯第一次联系我。

刚才我冒充"表姐"，对交费一说被误认为默许后才进入急诊抢救室见到高纯，头一次见到高纯竟没有丝毫陌生感，我用两手握住躺在病床上、戴着检测夹的手，"高纯兄弟，你受苦了！你要静下心来恢复健康。"

高纯急不可待地将自己的后事（共三条）一一告诉我，当他说到如何安排妻子和孩子的后事时，坚强的汉子眼角噙着的泪滚落下来。我告诉他："你放心吧，这三条我都记清楚了。从现在开始，你的头等大事就是保住性命，尽快康复！"

高纯对我说："他们打我，不给我水喝，不给我饭吃。"为此我很焦急，询问他吃过饭没有，他说门外边有位好心的护工分给他一点饭吃，让我放心。我见他嘴唇干瘪得厉害，见床上有一个瓶装水，就用瓶盖一口口喂他水喝。我对高纯说："打你的人会后悔的。你一定要静静休息，千万不再去想过去的事，保全生命和康复是你目前头等大

高纯在天坛医院被救回性命。（于向真 手机拍）

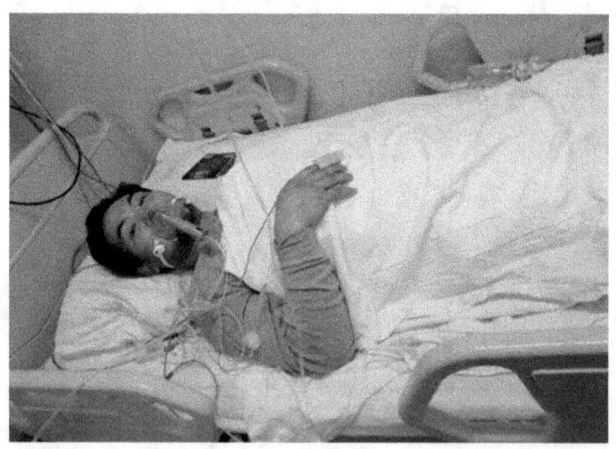

病床上的高纯说："感谢博联社！感谢博友们！"

事，是你今后这段时间唯一的任务！"

这时，护士来催我离开，我赶紧给高纯拍了张照片，又对高纯说："昨天我在博文中写了你，博友们纷纷跟帖支持你、声援你！大家伙儿都惦记你呢！"高纯说："感谢博联社！感谢博友们！"

临别前，我想起央视资深主持人陈耀文和网友们对他的极高评价，再次握住他的手说："高纯，你知道网友是怎么评价你的吗？你是真正的人民英雄！是中华民族的钢铁脊梁！你要相信生命的力量，你只要静心休养，好好睡觉，一定能康复的！"高纯的泪水滴落下来。我轻轻抚摸着他的头发，鼓励他闭上眼睛静心睡觉。

高纯乖乖地闭上眼睛。我马上找到值班主治医生，医生告诉我高纯伤情十分严重，随时有危险，曾被关照"是异议人士"，言下之意不言自明。我用最简语言介绍高纯事迹后，诚恳地"代表广大网民请求医生尽力抢救这位无私打假英雄"，然后深鞠躬向医生致谢！医生小声说:"我懂了,这就过去看看他。"见医生即刻去了高纯病床前。我离开时被护士长拦住,递给我好几张药费收据,要求我交费后才能走,我说"高纯所有费用都由毒打他的岳阳驻京办支付,我身上没带钱,带钱也不归我交。"护士长见我脸色铁青,只得放我走了。

刚从医院回来,匆匆发出此文,促请更多朋友关注此事,愿高纯早日康复!

二、再为高纯呼吁(2012年9月23日)

今天获得确切消息:遵医嘱,高纯的心脏修复手术原本应该在明天进行,前年他为了我们广大消费者就医用药的安全和平上访,不幸几乎被打死,造成心脏、肺脏严重受损。在社会舆论压力及有关部门的协调下,当地政府被迫同意支付高纯的手术费,但款项至今迟迟不到位,再次将高纯置于危险中。

我是高纯的博友,对高纯的事情略知一二,与许多敬佩他的朋友一样,对他又一次陷入困境感觉愤慨、着急又分身乏术。一年前他受到严重迫害生命垂危时,我接到他的求救电话,即刻赶到天坛医院,说服了已经放弃救治的急诊室主治医师,把陷入绝境的高纯从死亡线上抢救回来。如今他又遇到重大困难,我只能再次在网上发文:呼吁大家继续关注,敦促地方政府尽快兑现诺言,手术在即,救人要紧!促请有关部门与相关人员切不可将事态复杂化、扩大化,不要将打假勇士、守法公民高纯再度置于险境之中!

三、善恶终有报(2021年10月17日)

2021年10月16日午后,我收到一则高纯发来的短信,希望尽快见一面,我把家庭地址告诉他。他据理力争摆脱3人跟踪监控后,从海淀区赶到东三环我的住处,捧着一大束鲜花进了小区院子,我一边埋怨他不该破费买花一边把他让进家门。

多年前,高纯心脏手术出院后,我老伴儿那时快退休了,还在故宫上班,提出请高纯在西华门附近的泽园酒家吃顿饭。那天让高纯点菜,他只点了个"清炖武昌鱼",我说改一个更好吃、刺少的鱼吧,高纯说"从小背诵毛诗词'才饮长沙水、又食武昌鱼',却从没见过、更没吃过武昌鱼。"我笑道"那今天就尝尝武昌鱼。"湖南人高纯边吃边说武昌鱼好吃。

今天高纯一进家门就对我老伴儿提起泽园酒家和武昌鱼,我们三人开心地笑了。那次是高纯差点被打死,在舆论压力下,主管领导请专家为他做了心脏修补大手术,才算死里逃生。高纯基本康复后,我老伴儿感念他为民请命的壮举想见见他。多年后再次见面,高纯连说两遍"于大姐是我的救命恩人,你不出手相救我早就没命了"。当年得知高纯生命垂危,我赶到北京天坛医院呼吁救他,回家后赶紧在网上发文要求必须抢救他,引起社会关注,详情我已很模糊了。

说起我开始整理旧文,打算出本书,可惜因为博客网站被关停,十多年辛辛苦苦写的几百篇文章基本丢失光了。高纯说他的硬盘里保存着我写的有关他的几篇文章,还告诉我:正是那篇我离开天坛医院后,描写他危险状况的文章及时在网上披露,被众多人关注并有一长串的跟帖,当时国家药品监督管理局的局长因为害怕牵连自己,才下令"不计代价救活高纯",心肺多脏器被严重打伤的高纯,被紧急转送阜外医院,医生们看他伤情过重,无人敢替他主刀,高官再次重申有三位总理先后批示过高纯一案,必须救活高纯,阜外医院院长给出国访问刚下飞机的心外科最高权威打电话,从欧洲回国的主治医师直接从机场赶到医院进了手术室,把高纯被打烂的心包和肺脏修补好。

今天很高兴看到高纯伤情恢复的还好,他开办的医药消费者投诉网站被勒令关停后,现已恢复运行。因为坚持打假,哪个单位都不敢录用他,幸好深圳的朋友帮助他交了最低社保金,他得以享受每月2000元的退休金,基本生活有了保障。他喜滋滋地告诉我,去年他女儿结婚生了个女孩,他当上外公了。还说起告诉我前后两任国家药监局局长郑筱萸、邵明立一个判处死刑,一个被提前退休,迫害他最积极、最凶残的某局长和某主任捞钱不少却相继死于非命,我当即感叹:苍天开眼啊!人在做天在看,善恶终有报。

他不肯留下吃晚饭,临别前说"大姐你写的关于我的几篇文章,还有央视著名记者陈耀文的一篇文章，我老家硬盘里保存着呢，回去就转给你。"我表示会把他的故事收录进正在编写的书里，留给后人记取这段历史。

高纯是中国制药界的打假勇士。2006 年，高纯的事迹被中央电视台、凤凰电视台、南方报系、学习时报等媒体广泛报道，高纯被评为中央电视台 2006 年度 3.15 红黑榜"质量先锋人物"、2007 年十大健康英雄和法制新闻人物候选人、2007 年中国最具影响力人物候选人、2007 年中国魅力 50 人候选人、2008 年感动中国候选人等。由于他坚持揭露黑幕，被停职反省，禁止他在医药行业就业，非法限制人身自由，领导出面逼迫高纯妻子与其离婚，诬陷他与政府、国家为敌，屡遭迫害毒打，被排除出公众视野而备受欺凌。路见不平的我曾为他说过几句公道话，为保护我们大家利益作出过巨大牺牲的勇士，不该轻易被遗忘。

11 月初，高纯用邮件把陈耀文和我的文章发给我。11 月 15 日，国家药监局发布关于注销小儿酚氨咖敏颗粒等 8 个品种药品注册证书的公告，决定自即日起停止这 8 个品种在我国的生产、销售、使用，注销药品注册证书。已上市销售的产品，由药品上市许可持有人负责召回，召回产品由所在地省级药品监督管理部门监督销毁或者依法采取其他无害化处理等措施。看到这则新闻，再次对高纯心生敬佩，社会需要高纯这样的勇士，因为他能在大量病人无端受害之前或之初及时止损。向高纯致敬！

附：高尚纯洁，郑筱萸们的克星

作者：陈耀文/中央电视台资深记者、总编导

3 月 18 日凌晨，我终于可以比较安稳地坐下来写写《3.15 红黑榜》节目的片段信息了。

节目已经基本合成完毕。如果不出意外，可以准确地告诉大家：节目将在今天晚上的 CCTV-新闻频道 19：38 播出，前面有几分钟广告呢。重播时间是：3月19日00：30和19日17：30。

各级头头脑脑的审查意见已经把我们折腾得筋疲力尽，为了大家的最终利益，我们只有咬着牙硬挺着。这几年，特别是当下，对于一个媒体的从业人员来说，所有的个性都是扯淡，所有的领导都到了不可冒犯不能沟通的地步，无论提出的意见是否合乎规律是否合乎情理是否合乎收视习惯是否合乎节目需要……一律都必须执行，还要使这些指示在技术的环节上合乎规律合乎情理合乎需要……两个字：真累！

不管怎样吧，我最欣慰的还是：高纯这个人物能够在 CCTV 的频幕上亮相了。高纯是谁？大家上网上搜一下吧。为了方便，可以和郑筱萸这个名字一起搜一下，就基本了解了。

12年来，高纯为了举报医药行业在"新药申报"方面的问题，丢掉了自己湖南岳阳某制药厂药物研究所的制剂室主任职务，丢掉了月薪上万元的"金饭碗"，成为中国制药行业的"边缘人"，成为让郑筱萸为之愤怒的"克星"。可以说，没有高纯以及其他"高纯"们的锲而不舍，中国的国家药品监督管理局，还不知道要混账到什么地步，郑筱萸等人的腰包，还不知道要肥到什么程度？

坦荡的高纯从1995年开始就是实名举报，从来不畏惧任何威胁。在岳阳，他丢掉了工作，靠给人送煤气罐为生，每一个70公斤重的煤气罐从一楼搬到六楼，他只能挣到两块钱。就这样，他也没有办法在岳阳混下去了，只好抛家舍业，南下广州打工，靠给一家酒厂配送货维持生计，月薪只有一千多元。

我们的记者盛毅约见高纯后说，高纯的行为几乎就是一个地道的"地下党员"。这很具讽刺意味。尽管郑筱萸们已经落马，但是，医药行业的各类问题并没有真的绝迹。春节前，高纯到北京追问自己状告国家药监局官司的进展情况，我对盛毅说想见见高纯。高纯同意了，但约会地点一变再变，很是有悬疑感。最后，我们不得不把地点改在电视台西门。我开着车过去接高纯，刚才还开着的手机突然就打不通了，于是，我们开始在电视台西门的几十个人里判断哪个是他。他很机警，把自己的行李箱放在路东面，人却站在路西。为了让他上我的车，我专门下车走到他跟前，对他出示了证件，让他看了我车辆的证件，这才打消了他的一些防范心理。为了能静下来谈话，我们专门把他带到办公室，让他在那里看到的相关信息进一步解除他的戒备……

写到这里，我突然觉得很绝望。这还是解放区的天吗？这还是人民的国家吗？这还是好人们渴望的社会吗？

去年的《3.15 红黑榜》节目里，我们把"质量先锋"的个人奖颁发给了上海的一个退休医生陈晓兰（有兴趣的朋友可以去 CCTV.COM 进入新闻频道的《每周质量报告》网页看看 2006 年 3 月 16 日的节目文字，也有视频），那也是一个放着好日子不过的"神经"。她为了把一些专门骗钱却没有什么疗效的假冒医疗器械赶出医院，自己花钱亲自去接受治疗，以便收集证据。几年时间，她使 8 种以上的假冒医疗器械现了原形，为此遭到医院的解雇，遭到黑心商人的恐吓，但是她也一直没有屈服。

这是去年《3.15 红黑榜》节目演播室录制结束后和制片人吴光秋（左）、我的导演助理、也是撰稿之一白洁的合影。今年的照片还没有拿到呢。

今年,我们把陈晓兰医生请回来给高纯颁奖,用意很明显:我们坚定地支持和维护正义和善良的人的尊严。我们愿意为每一个为了纯净我们的社会在努力的人们大唱赞歌。因为,在我们去年的节目播出之后,陈晓兰已经被上海市药品监督管理局等单位聘为专职"监督员",这个还算光明的结局,毕竟能给社会、给百姓一些希望。

为了这份深情,我在本月初的一个晚上为高纯写下了这首诗:

我们的心愿
　　　——献给高尚、纯洁的人们

你看见一座座山　一座座高山
但是你说那不是你攀登的信念
令你的心房窒息的
不是你梦里的青藏高原

你跌进一片片雾　一片片浓雾
但是你说那不是你起舞的翩跹
让你的手脚汗湿的
不是你追寻的西子潋滟

作为男人
我看见你紧绷的神经
听到你惶恐的喘息
但我没有看见你的骄傲和威严

作为女人
我看见你愧疚的眼睛
听到你无奈的叹息
我却没有看到你的潇洒和矫健

你投出了正义
期望正义成为你的利剑

期望正义的利剑刺破精致的谎言
期望正义 像刺破乌云的雷电

你抱紧了善良
期望善良成为你的盾牌
期望善良的盾牌抵御谎言的刀剑
期望善良 如冬天里的春天

正义的剑锋跌落回你的额前
那是你磨砺的正义之光啊
一缕缕闪烁
为你的又一个黑夜无眠

善良的盾牌背叛了你的屋檐
那是你锻造的善良底线啊
一道道血痕
让你的下一页梦想无颜

让我看看你的正义之剑吧
为了我的梦境
为了我们的梦境
你走过了精神的千山万水
你的坚强 需要我的坚强呐喊

让我捧起你的善良盾牌吧
为了我的善良
为了我们的善良
你品尝了心灵的千辛万苦
你的善良 需要我的善良声援

高纯,一个男人的名字
高纯,一个中国人的名字

高，就是高原的高
纯，就是纯粹的纯
高，就是高山的高
纯，就是纯净的纯
高，就是高尚的高
纯，就是纯洁的纯

高——纯

高——纯

高尚　纯洁是你的名字
也是我们民族的理想
高尚　纯洁是你的名字
也该是我们中国的尊严

今天，我们分享高尚和纯洁的光荣
明天，我们张开高尚和纯洁的心灵
一起呼唤　一起捍卫
正义和善良的中国蓝天

我的设计是，不再给高纯写颁奖辞，请一男一女两位著名的、大家都很熟知的、在中国够得上"国脸"级别的播音员在现场朗诵这首诗。伴奏音乐大家一致认为应该用去年节目里为陈晓兰现场放的那首小提琴曲《良宵》。

方案一开始在高层通过的很顺利，就在录制前一天，突然接到指令：取消这首诗。

于是，我不得不在3月8日的凌晨，又专门急急草就了下面的颁奖辞：

以正义为刃，砸碎自己的金饭碗；
以善良为盾，抵御别人的冷霜剑。
12年，心灵的惶恐和奔波是你无奈的前路；
12年，社会的平安和健康是你有形的信念。
高纯，一个中国男人的名字，

一面凝结了高尚和纯洁的旗帜。
高尚纯洁，是你的梦想，
是中华民族应有的尊严。

大家在播出的节目里听到看到的，也就只能是这个了。

我很遗憾。我不认为我这首诗好到哪里去，但我坚信，在真正懂得正义和善良的人群里，作为导演，作为 CCTV 的导演，我尽力了，尽心了，也调动了我的才华和智慧。我能表达的，也只能到这个程度了。也许还能更直白，更犀利，更深刻，但是，对于顺利播出来说，好像还该多些考虑。即便这样，这首诗，也没能按照我们期待的那样诞生。

此刻，我坦然地对大家说：我尽力了。

2007 年 3 月 18 日

3　一本顶好看的新书

——读阎淮《进出中组部》

半年前，朋友圈盛传有本顶好看的新书《进出中组部》，作者是1982-88 年供职中组部青干局的阎淮。刚巧当时我所在的"文史讲堂群"的群主孙怒涛大哥与阎淮是清华校友，于是我近乎耍赖似的向孙大哥索要到这本书。今年初春，阎淮先生从洛杉矶回京不久，我联系到他，获准见面一聚，聊了半日意犹未尽，阎淮大哥在书的扉页为我写了赠词。

读书几十年，《进出中组部》是最耐看的个人传记之一，尤其对于关注中国前途，忧虑"一连串后空翻"困窘现状的人们，书中列出多项无法回避的重大议题。作者详细描述了上世纪 80 年代改革春风吹拂时一线理论学者们探索的足迹；现场见证了30年前血雨腥风夜锥心刺骨的伤痛绝望；描述了政改罗生门、经济跃进单腿蹦造就的巨婴怪胎；帮助我认清道德塌方、割肉买盟的踟蹰困局。读阎淮先生此书，有助识别历史教训，辨明正确方向，真是一本顶好看的书！

　　昨日十位老友小聚，薛姐说起年前被警局传唤，原因是她用手机看了山区无路，妇孺攀爬的视频后，忍不住在微信群吐槽："为什么大撒币？为什么不修路？"她被带到警局后，遭当头棒喝，质问薛姐微信名"自由人"有何居心，要求解释含义。哇哦，无关部门太牵强了，薛姐玩微信恰逢刚退休，感慨"退休了，不用朝九晚五坐班，终成自由人"，并无粘联"主流价值"之意。接下来，警员指出薛姐吐槽所在的退休群，群名3个英文字母被无关部门怀疑"是某组织名称"？哎呀，又多虑了，那3个字母乃薛姐工作单位名称的拼音缩写，与结社组派全不搭界。面对面消除两大嫌疑后，警员也表示对巨额外援的不满，好心告诫薛姐以后要避开敏感词，不再发议论。薛姐按照警员要求写"认错书"并签名、按手印后，才被允许离开警局。

　　去年我也经历过类似的事，因在微信群闲聊中说"第3代领袖做过、被证明是错误的举措，今上就不要再做了。"没料到后果严重，被警车带到派出所空屋中长时间反省，被指"恶毒攻击两代党和国家领导人"，后经全面调查我的过往表现，认定是个"遵纪守法、积极参政议政、成绩突出的民主党派"成员，"好心说了错话"，要求我保证"下不为例"，逐一笑了之。言论监控到如此杯弓蛇影的苛刻地步，不禁让人为来自顶端却四下蔓延的惧怕哑然失笑，为因此虚耗掉的巨大成本扼腕叹息，也让我对刚看过的《进出中组部》一书的现实意义有了切肤深刻的理解，促使我坐下来写这篇读后感。

　　《进出中组部》书中最吸引眼球的亮点，当属阎淮在中组部青干局的亲历记，身为红二代中典型的理想主义者，他接受过优质基础教育，考入最优高等学府清华大学。十年动乱，别人打派仗时他先是迈开腿搞社会调查、继而广览政经名著，工作后基层历练从工人到厂长、进部委从技术管理到部长机要秘书，一步一个脚印积累知识与经验，顺理成章蓄势将才干喷发于80年代，为昙花乍现般的政治体制改革冲锋陷阵。之后 30 年，他独步国际舞台，进退有据，竭诚奉献，屡有斩获，成为政治舆论界有说服力的新闻评论家。阎先生这本书，歌咏出当代社会众生相中一曲另类咏叹调，令读者耳目一新。

捧读此书过程，作者的不少观点让我认同并赞叹，也存些许遗憾，下面择要而言：

阎淮父母是早年投身抗日救国的新四军老战士，接受过同代人中最优教育：小学就读干部子弟寄宿制校园，中学在京城录取分数最高的重点名校，继而高分考进清华大学，天之骄子的地基坚实傲人。十年动乱中他快速警醒，从社会底层调查到博览内部群书，率先唤醒独立思考，在职场上一路打拼、扎实奋进，凭借满腔社会责任感与实干才能，曾经作为主笔撰写出被纳入党的十三大文献中最出彩、最关键的干部改革方案。

"政治路线确定之后，干部就是决定的因素。"毛泽东这句话，40 后、50 后的所有同胞仍然耳熟能详。十三大成果被搁置可叹可悲，但历史不以成败论英雄，阎淮等 8 名当年组织部的精英才俊的力作《中国干部人事制度改革设想》，以及被写进十三大政治报告《改革干部人事制度》的内容，其前瞻性、正确性乃至可行性至今仍未过时，仍值得期待，待到冰消雪融宪政开张那天，这份重要文件必能重现光彩。依我看，其中多项内容甚至无需改动就可以直接利用，阎淮和为政改披荆斩棘者们的心血终究不会被湮灭，这块真金总有闪光发亮之时！

对阎淮在书中提出的反贪肃贪四步骤，我高度认同：启动政改、健全人事制度，使干部不能贪；健全法制、全面市场化，使干部不敢贪；加速行政改革、实行中薪养廉，使干部不必贪；放弃说教、建立职业道德，使干部不愿贪。反贪是国人最大心结，旷日持久的一盘乱棋，唯有落实阎淮指出的四步骤，早日启动政改，更新机制和土壤，才有望走出越肃越贪持续沦陷的泥潭。

阎淮呼吁大陆知识分子要把人性、人道、人权放在国家主权和民族主义之上，这一提法貌似寻常却引人关注。试想，对待宪政之路与普世价值这类常识，能身体力行和勇于坦言的知识分子，是 30 年前亦或70年前占比高呢？还是今日占比高呢？深层原因又何在呢？

阎淮原本在体制中根基牢靠前程似锦，80年代就身居要津，又与第三任最高领导人有着父子两代深厚密切的交情，因30年前目睹残暴镇压而决绝离去，其后服个软说句认错话即可重获既得利益，难得他勇往直前，视违心获利如草芥。对此多数人恐怕难以理解，因与作者有家庭出身、成长环境、价值观相似的缘故，我与他待人处世的心态高度契合，所以觉得那份坚定合乎情理，对他远超同辈人的境界也颇为赞赏。

书中，阎淮推崇台湾著名企业家殷之浩先生常说的话"人，必须活得自尊和骄傲"。是的，唯有良知自尊者方能拥有的豪爽傲骄，是大写的人独享的货真价实的人生高等体验，是超越物质享受的精神奢侈品，美好且稀缺，可追无处买。如若拥有，恭喜贺喜，您真没白活一世。

阎淮对"要不要给领袖面子？"这一问话的解答，没有丝毫遮掩，没有半点纠结，直截了当干巴利落脆——"要看他给不给人民里子"，好爽快也，不能不赞！孟子名言"民为贵，社稷次之，君为轻"，国君和社稷总在变换，老百姓才是万古不变的主角。连古代先贤孟子都认定得民心者才能做天子，危害到国与民的国君就应改立，国家是为民众设立的，领袖应是公民推选出来的。百姓是国家之根本，根基稳固了，国家也就安宁了，这是面子与里子的主次关联。

纵观天下，文明与进步势不可挡。执掌国家的权力是人民赋予的，国家利益应当体现人民大众的根本利益，以权驭民治民上升为依法治国治官必然成为共识。共和国中，每一个守法公民都是主人，都是可宝贵的，都该拥有不可欺瞒、凌辱与践踏的尊严，确保人权，才能有效杜绝假借"国家"之名侵害民众的谬罪蔓延，违背人性、人道与人权的谎言与暴虐，当休矣！

读此书，对作者一生经历有两点遗憾：一是1983年10月，身为中组部青干局要员赴河北某县考察所写的结论，疑似掺杂了先入为主的阶层好感，被"老实"障眼，没看透缺乏大智可能埋下德不配位的后患。我明知这么说属于找后账很没劲，事后诸葛好当，遗憾的是阎淮他们失去了及早除祸的那次机会。

二是作者1997年离开新加坡重要舆论岗位，无意间为其后"小骂大帮忙"的抬轿人腾了空铺了路，也挺遗憾的。近年我在新加坡帮忙照顾孙辈，耳闻目睹，感觉阎淮书中对新加坡社会的全景描写甚为真切，大有同感，因那位郑某年的言行令我侧目，更对阎淮貌似草率离新倍感遗憾。

当我读到阎淮记叙2016年4月清华老校友反思会，竟然三易会场的曲折经历，不禁回想起自己三年前因在博客发表文革亲历文章遭跨国约谈，被警告"不许出书"；今年清明节又因支持许章润教授讲真话在公开信签名，微信再次被"永久封号"。有了一些与作者类似的际遇，也是我写这篇书评由衷夸顶好的缘由。

总之，《进出中组部》是本能引发广大读者共鸣的、顶好看的新书，作者阎淮是个"一朝被蛇咬，十年不怕蟒"的真汉子，他顶着风险披露历史真相，点评时政的勇气与担当，闪烁在字里行间。政治学人之路艰辛漫长，好在不受年龄限制。期盼阎淮兄保重身体，挺立潮头，持续发声！

2019年4月30日

4　曾慧燕雅作《一蓑烟雨》漂流记

一件小小巧遇，令我喜出望外。一位新朋友20年前写作出版的旧书，在茫茫商海辗转漂流后，竟到了我的手中！

今年五四青年节那天，我购得一本书，作者是享誉北美及港台的华文媒体杰出女记者曾慧燕女士。慧燕是广东吴川人，1979年移居香港，起初在电子厂当装配工，一年后考入报社，先后任职于中报、香港日报、快报及新报，以触觉敏锐、报道深入准确、胆识过人著称。

出版过《外流人才列传》《在北京的日日夜夜，中英谈判我见我闻》《中国大陆学潮实录》（记述的是 1986 年北京学潮）等一系列影响广泛的著作。

1983 年，在香港报业公会主办的 1983 度最佳新闻从事者比赛中，曾慧燕以傲人的战绩囊括了所设立的三项大奖：当年最佳记者、最佳特写作者以及最佳一般性新闻写作；1984 年，她又赢得由香港青年商会颁发的香港十大杰出青年奖；翌年，又荣获国际青年商会颁发的世界十大杰出青年奖，一位出道不久的青年记者，可谓一鸣惊人、一飞冲天，年轻的慧燕为华人挣足了面子！

1989 年 8 月，曾慧燕获台湾联合报聘任为美加新闻中心记者，驻地是纽约。2002 年转任台湾联合报系属下的北美《世界日报》记者，现为该报主办的《世界周刊》的大牌记者，主要从事撰写专题报道和人物专访。

慧燕除了撰写新闻报道、特写、人物专访等方面广获好评外，她的散文、杂感、随笔也颇具特色，平润明快，清新自然，深邃感人，且充满朝气，阳光奋进。我新得的这本《一蓑烟雨》是慧燕精心编选的第一本个人散文集，200 页的小书，收录了 83 篇字字珠玑的散文，检不出一个可有可无的虚字，直叫人钦慕不已，为作者如霞似锦的襟怀和超凡脱俗的笔功。

慧燕是我至今未曾谋面的新朋友，这源于李振盛和祖莹侠老师在纽约向她的推荐。早在 2004 年 8 月间，曾慧燕在纽约深入采访过李振盛，她撰写了万余字的题为《红色新闻兵李振盛，用照片为历史存真》的访谈文章。从那时起，她与李振盛一家人结下友谊，而李振盛和祖莹侠一直是《世界周刊》的忠实读者和收藏者，尤其是曾慧燕的文章每篇必读。时隔四年，曾慧燕在今年春节期间盛情宴请李振盛夫妇，席间李老师夫妇俩热情地把我介绍给慧燕，推荐我信手涂鸦的博客给慧燕看。很快，我就收到慧燕的电子邮件，因我痴长 4 年，慧燕尊称我为向真姐，从此我们开始信件往来。慧燕在文心网写博客，每新发一篇都及时以电邮通报各位友人，使我得以先睹为快。非常感激好友李振盛夫妇，使我隔着浩瀚太平洋在网上结识了一位新姐妹。

慧燕女士经历传奇、文思敏捷，数月来经常满怀欣喜地欣赏她的博客新作，感觉篇篇精彩、扣人心弦。她用一支生花妙笔，展现出旅美华人的最新动态，使我了解到中国艺术家在美国新近取得的桩桩成就，还欣赏了她对一些文化名人的精彩专访。她采访李振盛所写的那篇万余字专访文章，是我迄今看到的对这位闻名于世的中国摄影大师的一篇最通透传神的专访。

五一放假，我在网上一家旧书店订购到这本散文集《一蓑烟雨》，5月4日青年节那天上午终于拿到这本小书，随即惊喜地发现扉页上居然有作者慧燕的亲笔签名，是1988年（龙年）她赠书给"陆大哥"时的亲笔签名，头一次见到远隔重洋的新友慧燕在龙年仲夏书写得工工整整的三行钢笔字，遥想她赠书时曾友好地为朋友题写赠辞的真挚情谊。世事沧桑，在随后的20年间，不知出于什么变故，这本书漂流到茫茫商海，也不知中间又经过几人之手，如今居然心有灵犀地飞到我的面前。

宝剑锋从磨砺出，梅花香自苦寒来。细细品读，我体味到作者慧燕苦难艰辛的童年、苦读奋斗的少年、拼搏不息的青春韶华，顿悟没有人能轻松博得功勋。仔细端详发现，从书的磨损程度，可以看出它被无数次地反复翻阅，从它依然完美的品相上，又可得知曾经拥有它的主人们都很钟爱它，小心地保持了它的整洁完美。

这本书是1988年3月香港香江出版社第一版第一次印刷，印制很精美，目录前有18帧作者的照片，其中有她在哥伦比亚接受国际商会会长颁发的世界十大杰出青年奖杯、她在人民大会堂与邓小平、邓颖超等握手的照片。

连日来，一有空我就会捧读这本奇妙的小书，爱不释手，每次只翻看几页、十几页，有点像小孩子有了可口的食物，舍不得一下吃光，而慢慢品尝那样。捧读这本小书，悠然咀嚼着书中的情思意境，一边感悟着作者酸甜苦辣的人生际遇、温馨质朴的心曲、良善悲悯的正义呼吁，不时又惊叹着到底是一种什么样的奇缘，鬼使神差般让这本辗转人间的小书，张开亮眼生出翅膀飞落到我的手中！

2007年5月12日

补记：我和慧燕一直保持着联系，因三观一致，又都爱写文章，虽隔空神交亦十分愉悦。终于在2018年秋季慧燕回大陆来到北京时，我俩终获一见，握手言欢。听说她的《一蓑烟雨》大受欢迎，早就送罄，作者慧燕本人一本都没剩，那天见面时，我特意把自己保存十多年的书还赠给作者本人。还书时我指着扉页上慧燕题赠的三行字问"陆大哥是谁呀？"慧燕解释后才知道，原来经我留存十多年的这本书，是当年慧燕在香港时题赠给新闻界前辈名人陆铿的。一本小书，辗转港美陆，竟然包含众多趣闻！

2021年春，意外间在网上再次看2007年我写的这篇书评，感慨命运的神奇，自幼多艰的慧燕妹妹居然成为华语新闻界的一代翘楚！南北西东本来全然不搭界的慧燕与我居然隔着浩瀚大洋成为"不思量自难忘"的知心好友。

2021年4月16日

5　北美华人大姐大——曾慧燕

我的好友曾慧燕，任职港台北美新闻界38年，多年活跃在纽约和华裔文化圈举办的各种沙龙和聚会，其间文人墨客云集，她游刃有余，举重若轻，堪称大姐大。

曾慧燕从不避讳年幼时，文革期间因家庭出身不好所遭遇艰难困苦的成长经历，"我有100个理由变成一个坏人，然而一直努力做个好人，把痛苦当成财富，不被苦难击倒，勇敢战胜困难。从小对读书有着强烈的欲望，认为世界上最幸福的事情就是读书。"她不信"天下之大，无处安置我上学之书桌。"她坚信"出身不由己，大路可选择。"把不可能变可能，通过自己的努力来改变命运，如饥似渴地读书。她庆幸遇到为她挺身而出的贵人，她看到人性的光辉和暖流，坚定了她做一个有正义感,悲天悯人,挺身呼吁的人。

资深媒体人曾慧燕是香港作家协会首任理事,纽约华文作家协会资深会员、北美华文作家协会会员、海外华文女作家协会创会会员。自1980年起至2017年底,先后任职港台和北美七家大报共38年,发表两千多万字报导,是采访过海峡两岸三地最多名流政要的华人记者。其文章为海内外各大报刊广泛转载,并收录在《中国当代新闻文学选》等数十本出版书籍,其事迹为海内外一百多家媒体报道,并入选《香港沧桑——纪念香港回归10周年——香港著名女记者曾慧燕》(中国社会科学院编辑)等。

1983年获"香港最佳记者""最佳特写作者""最佳一般性新闻写作"三个大奖,打破历届得奖纪录;1984年当选"香港十大杰出青年";1985年当选"世界十大杰出青年";2006年入选"全球百位华人公共知识分子";2017年获美国中国戏剧工作坊"跨文化传媒贡献奖";2018年获美国圣约翰大学亚洲研究所华美族研究会"卓越贡献奖";2021年获华美族移民文学佳作奖。

曾慧燕不仅优秀且女人味十足,2016年春季的一天,我在微信朋友圈看到她发的"生活感悟":

> 年轻时觉得做个女人,漂亮很重要。后来觉得,品位和气质很重要。再后来觉得一生有个男人疼你很重要。直到后来才明白,一个女人,拥有独立的思想,独立的人格,独立的经济,精彩地活着很重要!现在更明白,一个女人健康最重要。所以女人一定要有五样东西:健康的身体、扬在脸上的自信、长在心底的善良、融进血液里的骨气、刻进生命里的坚强。

慧燕妹妹的童年极其坎坷,但逆境中始终发奋读书,小小年纪就博得"文曲星"的美誉,博学多才的她在进入香港报界后一鸣惊人,一飞冲天,成为全球报界华人女性的佼佼者。她的人生感悟,耐人寻味,我高度认同。

曾慧燕重要著作:《外流人材列传》《在北京的日日夜夜—中英谈判我见我闻》《一蓑烟雨》《飞花六出》(合著)、《中国大陆学潮实录

（1986）》等；曾撰写《大城小景》《外流人材》《杰青园地》《路漫漫》《人在纽约》《慧言燕语》《人间烟火》等十余个专栏。

曾慧燕的人生自勉：

把目睹的罪恶告诉大家，是一种良知；
把了解的内幕告诉大家，是一种道德；
把听到的谎言告诉大家，是一种博爱；
把亲历的苦难告诉大家，是一种告诫；
把追求的真理告诉大家，是一种信仰……
当社会灾难到来之时，没有人能够独善其身。

附：文字知音于向真

曾慧燕

2007年，由于李振盛先生牵线，我与在北京的《中国少年报》主任编辑于向真姐通过文字结缘，由于三观相同，遂成莫逆之交。后来向真姐找到《一蓑烟雨》，写下"曾慧燕雅作《一蓑烟雨》漂流记"一文，更令我引为文字知音人。我们神交多年，直到2018年10月才在北京第一次见面。

向真姐与我有缘，一直对我鼓励有加。她说："你的文字真美！原本报人，文字不求美，难得妹妹的文章真挚、情深而优美。这一点，是慧燕独有的特点。命运没亏待妹妹，要不是早年经历过大悲大痛，日后的文字间不可能对人世间最值得爱的人与事，爱得如妹妹笔下那样如痴如醉。"

去年1月，我写了《这就是爱？腊八泪目悼陈叔》一文，向真姐看后来信说："认认真真看了慧燕妹妹的新文章，感动不已。一是赞叹慧燕妹妹写作速度惊人之快！二是感佩哪里都有心怀大爱真爱之人，为我们原本伤痕累累的旅程，增添了温暖的呵护与向上的激励！不说痛，字里行间的痛才是痛。与慧燕妹妹一起悼念好人陈叔，愿陈叔这样大慈大善的好人更多、在天堂更舒心！"

更难能可贵的是，我和向真姐都属于"先天下之忧而忧，后天下之乐而乐"这类燕赵悲歌之士，喜欢打抱不平、仗义执言，互相勉励"不为君王唱赞歌，只为苍生说人话"。

2020年5月28日，向真姐发来微信："慧燕妹妹，李振盛老师因脑出血住院，近来时好时坏，非常令人惦念！如果您能联系上李老师家人，请替我问候他，也请祖老师和家人多保重！妹妹，我觉得李老师经常熬夜，对健康不利。望妹妹今后早点睡觉，务必保持康健！"

我很感谢向真姐的关心爱护，但自己恶习难改。这时我才惊觉振盛老师自5月1日，就已停止在微信朋友圈发帖文了，平时我们经常互相点赞、转帖。3月17日，他还给我来微信，因他看了《为历史作证》的文章，数次试图转发不遂。我告诉他，因此文有"敏感词"，一再被屏蔽，墙内的朋友全都看不到，谢谢他，但请他不要费心了。

向真姐显然很担心振盛老师的健康状况。她进一步告说："前日我和老伴儿还想起2016年9月初，李老师亲赴新加坡参加在国会大厦原址举办的《李振盛文革影展》，那次活动反响很热烈，宾客盈门。开幕式上，好几位粉丝自称是他的朋友，他却指着我俩对策展人说'我是第一次来新加坡，我在这里的朋友其实只有他们两人。'我俩那些日子尽量多陪他，主要倒不是因为他说了这句话，而是他刚到的那天上午，他就开始尿血，他让我先生看了马桶满池子的血，挺厉害的，知道许多年前他就因癌症做过一次大手术，那天我脸都白了！他只悄悄告诉我俩，接待方完全不知情，把日程安排得满满的，真让人揪心！除了影展，他还去南洋理工大学做演讲，在市中心礼堂做了长时间的报告，又四处游览。哎，这个刚强热情的摄影大师啊，可不是寻常之辈，所以那次他又闯过一关康复过来！我们一起替他祈祷。"

可是，可是，那想到这次他说走就走了呢！2004年4月我访问他时，他告说半年前刚做过膀胱癌手术，完全是一副革命乐观主义。

此后一直到 2016 年 11 月，我当时举办了一个百人感恩餐会，邀请嘉宾对象是"一辈子的好朋友"，最初他答应参加。后来他从新加坡办了摄影展返回纽约后，发现旧病复发，必须第二次做手术。

他给我发微信说："这一阵子我一直处于纠结之中，早前答应参加您的感恩餐会，但前段时间查出我癌症复发，安排手术正与您餐会时间相若，还要为手术做一系列化验与检查，医生嘱我减少应酬活动，以静养为宜；我太太也劝我对您实情相告，实在不便参加这次餐会了，万分感谢您的盛情，恳望理解为盼。"

2016 年 9 月 9 日，李振盛摄影展在新加坡原国会大厦隆重举行，这是开幕式上我夫妇与老友李振盛的一张合影。

我当然理解啦，但也暗暗为他的癌症复发担心。幸而手术成功，最重要的是，2018 年香港中文大学出版社出版了中文版《红色新闻兵》，"让历史告诉未来"终于如愿以偿。向真姐和我共同的好友李振盛将与他的十万张历史照片流芳百世，名垂千古！

2020 年 5 月 30 日

6　吴银妮描绘的梦幻童趣

吴银妮是《幼儿画报》的资深美术编辑。大约十年前，慧眼识珠的她，发现编辑部一位不得志的年轻编辑具有开拓市场的潜质，就主动从编辑部主任的岗位上退下来，指名让位给那位年轻编辑。后来画报事业的发展果真没让吴银妮失望，有了施展才华的舞台，那位年轻编辑摆脱了昔日的压抑，积极四面出击，迅速将《幼儿画报》的发行量数倍扩展。我知道，几年前这位年轻编辑已经跃升为中国少年儿童新闻出版总社局级领导，而主动让贤的银妮仅以副高职称退休。

前些天，我俩聊天时，银妮说起当年举贤的经过，"单位同事们都不理解，你把处长一职如此轻易就拱手让了出去！"当时这句话已到了我嘴边，看到银妮一如既往平和的表情，我把话又咽了回去，我知道视名利如浮云的银妮，压根就没把这些陈芝麻旧谷子放在心上。

银妮早已是一名成功的儿童插画家！"插画家"？这个名称您可能感觉陌生吧，图文并茂是儿童读物里最重的要素，没有精美的插画，幼小的读者根本提不起阅读的兴趣；为小读者讲解故事的家长也必须根据插画想象文字的情景，才能生动地转达给孩子。儿童插画家光有一支精湛的画笔是远远不够滴，还必须具有一颗美丽的童心，才能源源不断地将梦幻般的场景用七彩画笔描绘在纸上，帮助读者在阅读中获得徜徉在心旷神怡的美好精神享受中。这实在是一件了不起的伟大事业，充满爱心与童趣是必备的先觉条件。

吴银妮的经历和个性，太适合这项事业了。她的父亲是曾在延安鲁艺美术系执教的、老一辈的艺术家，她母亲是陕西米脂人，曾就职于延安鲁艺文学系。银妮出生在延安，小学在育才学校住校，中央美术学院毕业的高材生，红色摇篮中长大的银妮简直没有一丁点她那个阶层的霸气。婚后主持家务让丈夫全身心投入在新闻领导岗位的她，以一人之力哺育了才学出众、事业有成的女儿，连装修大房子的活她也全部独揽，不让先生和女儿女婿分心。

别看银妮对工作、对家务拿得起放得下,仿佛是个"女强人",其实在我眼里,她就是个童心烂漫的小女子!首先,已经过了耳顺之年的她,看上去比实际年龄年轻得多;她的情趣也始终不喜欢追"大",一直迷恋在"小"和"微"之上,她喜欢小花小草小动物,喜欢小盘小碗小瓶小罐小娃娃,生活中各式各样鲜活有趣的小情调都能轻易打动她,使她一直沉醉于小间而不老。

我和吴银妮是中国少年儿童新闻出版总社的老同事,我俩退休后每年都参加秋季总社组织的秋游,我喜欢跟随银妮到山上拍"微景",那些灿然的秋叶,那些多彩的灌木丛,那些路边墙上蜿蜒多彩的爬山虎,用我俩的话说"印成丝绸,织出锦缎简直太美了!"我曾多次去她家做客,欣赏她的画作和剪纸,惊叹她游历世界时买来后改制的娇憨顽皮的各色洋娃娃,聆听她用钢琴弹奏出令人销魂的世界名曲,在她家总感觉目不暇接,心旷神怡。总之,银妮是我视野中最高雅与质朴兼容并蓄的女士,她有一颗未泯的童心,聪慧多艺的巧手,她那么清新脱俗,那么情趣漾然,有她为友是我的福气。

以前上班时,常听人用"洋气"来评价吴银妮的画作,近日问她要了几张她的插画作品,下面九幅图画是吴银妮笔下的童话世界,您看了以后感觉如何呢?(可惜博客网站被关,画作照片从网上消失了。)

2011 年 10 月 26 日

7　京城环保志愿者

大约 10 年前,京城云集着一批热衷环保的志愿者,他们对功在当代、利在千秋的环保事业充满热情并积极参与,将环保作为不可或缺的生活行为习惯。

我因为负责的报纸版面中有环保一项内容，自然努力把充满时代特色的新内容扩大为"重头戏"，搭宣传报道顺风车，有幸参与过不少环保活动，比如策划组织过系列"全国少年儿童环保知识大赛""小学生环保绘画竞赛"；在版面上开辟了《环保新鲜事》《小主人讲环保》《聪明狐的故事》等专栏；参加并及时报道环保夏令营和学校组织的各色环保活动。

其中一次社会公益活动很别致，与其说那是参加"捡拾清理垃圾"，不如说是一场欢天喜地的派对更贴切。记得9年前接"地球之友"电话通知，周末在日坛公园有一个"捡拾清理垃圾"的活动，问我是否有兴趣？我欣然接受，挂电话前，公关部主任俏皮地说"于老师，到那天您可以穿漂亮点。"我还以俏皮之语"好啊，漂漂亮亮当一名保洁员吧。"

2001年那个夏季的周末，出门前我将刚洗的头发吹得蓬蓬松松，挑了件鲜艳的彩绸连衣裙，兴高采烈地骑上自行车直奔日坛公园。存车的时候，突然有点不好意思，不是来捡垃圾吗？干嘛装扮成好像来听音乐会呢，不禁莞尔自嘲"神经病！"签到后一抬头，啊哈，立即释怀了，敢情云集于此的每个人都过节似的衣着光鲜，甚至有人环佩叮当，个个春风满面、喜气洋洋，不管皮肤是黄是白还是黑，也不拘泥相识与否，一照面就热情地"好阿油""哈喽"相互打招呼，恍惚间正置身于一场跨国生日派对。

那天的活动很简单，就是一帮热心环保的志愿者利用周末半日闲暇，结伴儿到日坛公园用手或小竹镊子捡拾散落在树丛、草坪间，清洁工不容易扫除的烟头、纸屑等垃圾，捡到塑料袋中，最后集中一处运走。活动是由民间环保组织"地球之友"和"壳牌公司"联合主办的，参与者有梁从诫先生、廖晓义女士等京城著名环保人士，有驻京的外国大公司主管和办事员，他们携妻带子最为惹眼，中国人中有像我这样的媒体人，更多的是热心环保的高知市民。

简短的碰面会一结束，大家三三两两四散开，分头到公园的各处弯腰低头捡拾垃圾。我和大家伙儿一样，自由自在地穿梭在公园的林间小道或大大小小的草坪上，随意组合变幻着同伴儿，带头或跟着伙伴儿们即兴哼唱着歌曲，也随意聊着闲篇儿。有时光顾专心捡拾垃圾了，一抬头发现自己孤零零地落在后面，就叫着笑着追赶上去，跑着跑着，猛不丁见到路边躲着一个脏兮兮的烟头，赶紧又折返身往回走，弯腰夹起这个小俘虏，把它使劲丢进袋中，不客气地训斥它"看你往哪儿藏？休想逃过我的火眼金睛！"

两小时后，志愿者们陆陆续续笑容满面地走出公园大门，身后那座洁净的园林就是对我们最好的褒奖！

总之，那天捡烟头、清垃圾非常快活，充满返老还童、净化心灵的愉悦。这是我参加过的环保志愿者公益活动中最惬意的一次，这种丝毫不掺杂功利的活动没几年竟销声匿迹了，曾经热衷带领北京市民搞环保的欧美老外们也泄了劲，不再叫我们一起玩了。后来北京市的"环保志愿活动"与自愿渐行渐远，变成街道组织的群众卫生突击，看上去热火朝天，难免虎头蛇尾，流于非命令无褒奖难推行的尴尬状态。比如我所在的小区，街道干部通知搞卫生时会加上一句"发给参加者 XX 礼品"，凡对小恩小惠不感冒或无意自我贬低的人，都会借故推掉，环保逐渐沦为有偿活动。

环保贵在自觉自愿，环保须从自我做起，节约每一度电、每一滴水、每一张纸，拒绝一次性餐饮用品，不随地吐痰，不乱扔垃圾，学会分类回收废品，尽量少开车，养成俭朴的生活习惯。这一切，没有人强迫你必须去做，但无形中有一份责任和义务在盯着你的一言一行，不信，你摸摸良心，如果良心依在。

有人嘲笑环保志愿者:知道"三个3000亿"吗？即公款出国3000亿、公款招待3000亿和公务用车3000亿元，每年国家扔掉9000亿元啊。说给职工加工资，说到教育、医疗、养老免费，各级决策人谁都不吱声，一说提高会议报销标准，每次都迅速落实。按说我们节约一度电，节省一点水，节约多少也填不满这9000亿元的黑洞！我总磨磨唧唧提这类鸡毛蒜皮的小事，自己都快不好意思了。

不好意思也得说，呼吁制度进步匹夫有责，环保也不容懈怠！也许正是由于缺乏这类良好的公益活动，民主意识才与我们难结善缘，若是大家都能克服自私自利，把眼光放长远点，把不敢质疑、不敢说真话的顾虑克服一些，专制集团令人恶心的蛆虫就很难找到滋生之地了。为了大家共同的利益，也为了我们的后代能生活在清洁有序的环境中，让我们从一点一滴做起吧！

2010 年 1 月 29 日

8　在美好清晨中暗自垂泪

昨晚开场后观众还没完全反应过来，拉姆一脚将球吊入死角；紧接着万乔普反越位成功扳回一球；克洛德先用一粒轻巧进球送给自己 28 岁生日一粒开心果，之后脚踢头顶好事成双；让我惊出一身冷汗时万乔普也回敬一个梅开二度；有些像阿根廷战神巴蒂的德国 8 号弗林斯一记精彩远射把首场赛事定格在 4：2，哈哈哈，本届世界杯足球赛开局空前精彩，扣人心弦！

清晨醒来后，已经从看球的喜悦中冷却下来，慢慢回味着昨天与朋友聚会时的情景，不知不觉中泪水悄悄溢出，缓缓滑落脸庞……

昨天一早，卞毓麟老师乘夜车从上海到达北京，此时他已经和几位大科学家正在飞赴酒泉途中，他们将在那里出席天文学年会，开会期间可以现场观看一次卫星升空，祝卞老师此行顺利愉快！

再说昨天上午我赶到卞老师住的招待所，8 年后再相见，卞老师仿佛更年轻气色更好了，见到我惊喜的目光，卞老师告诉我他到上海后做了白内障清除手术，视力恢复了，换掉瓶子底眼镜人就更显精神了。昨天我和卞老师单独聊了大约 3 个半小时，然后去参加一个午餐小聚会，临分手前我俩做出一个约定——明年我们天文爱好者小组要重聚一次，庆贺小组成立 10 周年。

有关我和卞老师以及天文爱好者小组的话题，以后另说，这里向读者分析一下今早是什么原因让我落泪。

昨天午餐只有 4 人，这是事先卞老师和我已约定好的，除了我俩还有叶小妹和庞女士。庞女士是"叶氏三代人"一书的作者，某出版社的编辑部主任。我们 4 人彼此都相熟，说话不避忌讳，话随心至，很是默契。庞女士下午 2 点有个必须开的会，即将赶不上了才在我们的再三催促下恋恋不舍地离去。

小妹与我共事 20 年了，平日少言寡语，今天谈锋甚健，掏心窝话一大箩筐，实出我意料之外。我知道酒逢知己千杯少，卞老师与她刚过世的父亲私交深厚，上次离京前专程到八宝山送"老叶"，那天人太多没机会说话，这次我寻到一个高雅僻静处安排私下交谈自然畅所欲言。卞老师忆起和老叶生前的交往，感动得我唏嘘不已。小妹表示送卞老师一本父亲最后写的书《父亲长长的一生》，说明天就寄出。

我还是介绍一下：文化圈内都管叶圣陶老人叫"叶老"，管叶老的儿子叶至善先生叫"老叶"，叶老享年 94 岁，不久前过世的老叶 88 岁，都是寿星级的杰出文化名人。小妹是叶老最疼爱的唯一孙女，从小手把手教导，老叶夫妇俩晚年主要靠小妹一手操持家里家外。这些年我眼看着小妹千般辛劳，从不诉苦，心里别提多替她七上八下了。今天她难得在我们面前把许多家事娓娓道来，远比我原先想象的更难上加难，以致我今晨想起暗自落泪，心酸得不行。

叶家几代家学渊源，门风德厚，名著丰硕，更有传统厚德感天动地。不说一代文豪叶老，单说老叶叶至善，一生著作涉猎之广足令人瞠目结舌，有文学有艺术有科普，科普中有天文地理物理化学数学等诸多科目，还曾怀着极大的乐趣编著过"中国历代名诗词配西洋交响乐"，将诗词与名曲搭配成宛若男才女貌佳偶天成一般，获好评如潮！你说要不是从小家庭熏陶再加后天毫不怠慢，谁能有此等功力？小妹说"父亲生前干啥学啥，学啥钻啥。"

有多少人做梦都希望自己出身豪门，有个名人老爸，听听小妹怎么说"做名人后代多难呀，我爸爸自己有太多的爱好和追求，但是作为叶圣陶的儿子，他放弃得太多了，晚年先是编撰《叶圣陶全集》，一点一点翻资料核实史料，多么大的工作量；后是写《父亲长长的一生》，写完就病倒了。""爸爸说'我这一辈子什么都没有，没钱没房，除了你妈妈连人都没有。'就因为是叶圣陶的儿子，只能住在国家分给叶圣陶的旧房子，用他用过的家具，为他整理遗作写回忆录，自己愿意做的事全没时间了。"

　　叶府小院坐落在东四八条71号，门窗漆皮早已剥落得不忍目睹，老家具陈旧得一塌糊涂，沙发坐下去人就很难站起来（弹簧早已塌陷）。小妹妈妈是大家闺秀，著名文化先驱夏丏尊的女儿，一生起早摸黑照顾叶老和老叶三代人，提篮买菜淘米做饭四季衣衫哪一样无不亲力亲为，无微不至，才保障叶老和老叶一生专心学问，学富五车。在我眼里夏女士为我国文化事业及统战工作默默奉献、功劳卓著并不亚于她的公公和丈夫。小妹说"50年代许多家庭妇女参加工作，我妈妈几次提出想去工作，爸爸说僧多粥少国家就业负担重，三四个人抢一个饭碗，说咱家还能过，把机会让给困难家庭吧，以致妈妈一辈子没有一分钱收入。"

　　从名门闺秀、副委员长儿媳、部级高干夫人，从名分上说夏女士一生够精彩，但是在漫长岁月里她一直司职最普通的家务劳动，如今多年卧病在床，至今家人没告诉她丈夫已然去世的消息。重病的她时常会错乱般大声喊叫丈夫、儿女或老阿姨的名字。小妹说到这里忍不住哽咽，卞老师和我强忍悲痛，三人久久说不出话来。

　　叶老一家三代忠厚良善，一心向学，组织上让干啥就一门心思地干好，从来没有开口要过任何私利。小妹妈妈没有工资收入，没有医疗报销，她看病吃药全靠家里自费。除了小妹从小看书多、文笔好供职报社有一份薄薪，老叶已经病故，他的三个儿子都是普通工人，如今大儿子、二儿子接连病故，小儿子是下岗工人每月只有区区400元困难补助。半年抚恤金停发后，小妹妈妈生活费怎么办？我提出想替她写份报告交给政协和统战部，小妹坚决不让，说"还有我呢，没到过不下去的地步。"我突然明白她家连破沙发都舍不得换的原因了。在我眼里，一套不错的沙发目前不过两千元，可是在市中心那座显赫的独门独院的当家人看来，换一套沙发竟然是无法列入日程开销的奢侈品！

昨天我们还说了好多体己话,一直说到酒店工作人员全部就餐完毕,大约下午3点多时,我们说到中国文化传承的未来走向,说到我们注定是被牺牲的那一批人,我说"真正的民族精粹一定会被后人认可,眼下经济大跃进,大家都很累,太累时光顾着轻松一些,过些年后,叶老等代表的最优秀的中华文化必定会热起来,必定能传承下去,得有一个过程。"卞老师和小妹几乎异口同声地说"这个过程可能很长很长才会到来。"接着又是一阵沉默,都不想说什么了。然后怀着老友重逢的喜悦,夹杂着无奈的沉痛走出张挂着两大排名人造访照片的富丽堂皇的饭店。

今晨,面对可口的早餐,昨天的一幕幕闪现出来,使我无心向饭,潸然泪下。

2006 年 6 月 10 日

9　天文爱好者小组

1997年3月9日,我们看过日全食和海尔.波普彗星之后,考察团专列下午从漠河西林吉火车站返回哈尔滨。返程中人们兴致勃勃,沉浸在观测成功的巨大喜悦中!特别是我所在的那节车厢,有云南天文台的台长、兴隆天文观测站的站长,有各大媒体的特派记者,还有北京自费来的一批天文发烧友。其中对天文知识满怀兴趣的十多人,挤坐到我所在的六人铺位中,因为我把卞毓麟老师请来讲解天文知识,他讲得深入浅出,非常生动,大家听得入了迷。

两天后,我们在哈尔滨分手。回到北京,我们中的一部分人自发组成了一个"天文爱好者兴趣小组",小组核心兼科技辅导老师是我国最著名的天文科普专家卞毓麟老师。卞老师著作颇丰,小学、中学课本都收录有他的文章,他从小酷爱天文,成为天文学家后并没有一头钻进专著里死啃学问,而是利用业余时间笔耕不辍,用优美流畅的文笔描述辽阔奥妙的宇宙天体,为天文爱好者们奉献出丰富可口的精神食粮。

小组不定期的活动坚持了两年多,直到卞老师调到上海工作离开北京而终止,那是我人生中一段美好的经历。积极坚持小组活动的人有:核心成员卞老师亲切随和;身材高挑、文雅漂亮的李女士是304医院的医师,也是一位业余诗人,她曾送我一本她写的诗集;小柴先生是新利奥汽车公司经理,业余摄影家;长我几岁的徐女士是北京同仁医院的眼科主治医生;北京某科技公司的年轻女孩王小姐;还有中央电视台科技频道的两位武汉籍年轻记者;还有人民日报科技版记者温女士和我,每次活动少则7、8人,多的时候近20人。

记得回京后第一次活动是在新开张的"星期五餐厅",小柴经理选的地方,位于CBD地段,里面大多是谈生意或休闲的老外。我们每人点了一份西餐,饮料可以多次续杯,因为我们专心听卞老师讲课,所有人都忘了添加饮料,AA制结账时大家都觉得太贵了,一致决定下次更换地点。那次我闹了个小幽默,点菜时,坐我旁边的小柴点了个"奥尔良沙拉",我假装听错大声说"什么,西餐里居然有一道菜叫柳二娘吃辣?"此言一出,举座笑翻。

紧接着卞老师、小柴和我三人应约到北京广播电台做同期脱口秀节目,讲的是漠河之行的所见所闻所感。下一次是小组成员一起游览玉渊潭公园樱花节,在盛开的樱花树下,在碧草芬芳的绿毯上,我们盘起腿围坐一圈,饶有兴致地听中国最棒的天文科普学家讲解神奇的宇宙奥秘,花瓣纷纷飘洒为讲课助兴,那是何等美妙的时光!

然后有个周末,我们结伴去了位于城南大兴区的北京麋鹿苑,那天游人极少,晚春正逢麋鹿发情季节,我们默默无声地站在鹿场篱笆围墙外,看着一大群身姿矫捷的雄鹿在威风凛凛的头鹿的带领下,狂野地不知疲倦地奔跑着,一圈又一圈,每次大约要接连跑上十几圈、几十圈才会停下来休息一小会儿,就这样,雄鹿们不知疲倦地在一大群雌鹿和三三两两幼鹿面前狂野地奔跑。鹿场建在一大片半湿不干的泥地上面,所以不会扬起呛人的尘土,我们惊喜万状地看啊看,长久地、静悄悄地、一动不动地欣赏着眼前群鹿争雄拔份的景象，心被强烈地震撼着……

最难忘的一次活动是在当年盛夏举办的，那次我们分乘四辆小车前往位于河北省山区的兴隆天文观测站。虽然叫观测站，却是当时我国规模最大的天文观测场所，我国最大的天文望远镜以及最先进的射电望远镜都集中在那里。热情的蓝站长笑容满面，亲自出来迎接我们，在漠河至哈尔滨的专列上他就发出约请，他亲自为我们安排观测程序、安排食宿，并特意把外事宾馆打扫干净招待我们。

在向往已久的兴隆山间，我们的眼睛都不够用了，群山连绵中，一座座山峰顶上高傲地矗立着一个个神奇的半球形圆屋顶。

来自北京的天文爱好者小组部分成员在河北兴隆观测站，站立者4是蓝站长，5是卞毓麟老师，8是于向真。

观测站有严格的管理制度，印象最深的是晚上全部实行灯光管制，每一扇窗户都配有两层窗帘，银白反光那层在外，厚黑布帘在内，这样才能保证全站取得最佳观测效果。晚饭后，我们在院子里用落地式高倍望远镜观看月亮，我第一次如此清晰地看到月球上一个个环形山，卞老师把几个最著名的环形山一一指给我们看，那时我才知道人们能看到的环形山都已经被命名过了。然后卞老师又指着头顶上方的天鹅星座，讲述关于几颗亮星的传说故事，至今我还记得那颗亮晶晶的天鹅座α。

次日晚上我们去看最大的天文望远镜，有好几层楼高，它的光学镜头是国产的，记得直径有一米多。控制室中几位中、青年研究员正在电脑前紧张工作，我们怕打搅他们，把脚步尽量放得轻而又轻，但是几位原本专心操作的年轻科学家纷纷主动回头热情地和我们攀谈，他们长期在远离城市、远离家人朋友的深山里从事严肃枯燥的科研工作，今天遇到从北京来的客人，脸上的笑容像孩子一样灿烂！

那两晚回宾馆的路上，走在漆黑一片伸手不见五指的山路上，我们用手和臂膀互相搀扶着一步一摸索地往回走。我和卞老师互相搀扶着，握着卞老师温暖的大手，心里暖暖的，格外激动，这双握着生花妙笔、写出过那么多精美传世的科普范文、孜孜不倦地向广大读者解说宇宙和天体的趣味知识的手，他是被中外科普界尊称为"中国的阿西莫夫"的大师呀。在寂静的大山中，在深蓝色天鹅绒般的夜幕下，我与敬仰已久的卞老师手相握臂相挽一路探索着下山又上山，心中期望这条小路长些再长些！

第二天一大早传来好消息：就在我们昨晚参观过的工作室，在我们离开后不久，研究员们用我国自行研制的那台大型天文望远镜发现了一颗新星，随即报到国际天文协会，已经收到贺信！早餐时他们派人通知我们，说我们带来了"一颗福星"！好消息迅速传遍台站，为我们此行画上一个圆圆的句号。印象中，像我们那次自费成行的天文爱好者小组欣欣然前往专业科研基地参观，业余爱好者与科学家们的互动在我国是很少见的，也是极为可贵的活动。

在回来的路上，我们还顺道参观了位于怀柔水库上的中国太阳观测站，收获也很大，以后再说吧。

下面介绍小组几位主要成员后来的情况：

两年后卞老师被上海一家科技出版社诚聘为副社长，他和夫人都是上海人，双方父母更适应南方的生活环境，所以举家迁往上海。卞老师上任后主持出版了一系列颇具影响的科普佳作，有关他的事业成果，我是陆续从科技报刊中了解到的。

军医李女士本来自嘲"嫁不出去的老姑娘"，回京不久就找到意中人，我和卞老师曾到她家里祝贺。新婚的李医生和别人合住一套房，但小屋里充盈着洋洋喜气！

央视科教频道的两位年轻记者在远赴漠河的共同采访时萌生爱意，从黑龙江归来第二年秋季结婚。他俩在当时刚刚火起来的"九头鸟饭店"专门宴请了我们几位天文爱好者小组成员。

小柴经理业余兼职我报摄影记者，提供了一些有关儿童观测天象的照片，还有保护野生动物的图片。1998年7月，我报召开过一次作者会，地址选在云南丽江市，我请的作者中包括卞老师和小柴，卞老师工作太忙没去成，小柴应邀赴会。会后，我们一行人还顺路游览了大理、昆明、石林，一路上小柴为我们照了很多好照片。

后来小柴去了美国，他哥哥姐姐都在美国，多年来一直催他过去发展。他走的时候我没能给他送行，听说他出国前特意去上海看望过卞老师。他走后大约两年多的一天，我忽然接到他从美国打来的国际长途电话，小柴的语气显得很虚弱，他告诉我两周前晚上回家途中，有个黑人青年用手敲他的车窗玻璃，小柴以为那人需要帮助，就把车窗玻璃摇下来，结果被几名黑人暴徒从车里揪出来，抢走所有值钱东西后还把他暴打一顿，几乎丧命，刚刚能在病床上坐起来就给我和卞老师各打了一个电话。

从那以后，我再也没有听到过有关小柴的任何消息，每每想起他，只能在心中遥祝太平洋彼岸的朋友事业兴旺，一切平安！难忘那天小柴在电话里对我说的话——"受伤的日子里，躺在病床上，特别怀念我们的天文小组，特别想尽快回到朋友们的身边！"

小柴你知道吗，我和你一样，也常常怀念当年天文爱好者小组的老师和兄弟姐妹们，今生今世不会忘怀。

2006年6月6日

10 幸福家庭的台柱子

前天我们妇委会开会，安排在叶荷老师家举办，她家位于通州龙鼎花园小区，近120平方米一套房，94岁的老公公随她夫妇一起过。到会者都是共事多年的老朋友了，大家见面无话不谈，因老爷爷耳背，我们嘻嘻哈哈并不影响他在里屋休息。

我留心观察，叶老师每隔一会儿就轻轻打开门缝看一下老公公，转身见我望着她，莞尔一笑说"老爷子还睡着呢！"老爷子的住房紧邻卫生间，之间过道上铺着一大块红色防滑地板胶。中午我们外出吃饭前，叶老师又进去一趟，大声告诉老人"我们出去一下，保温瓶里有饭菜。"

那天我们在一家很高档的饭馆吃午饭，叶老师的老伴儿关老师点的菜，每种菜都非常好吃，一次次博得大家称赞。饭毕，关老师去结账，叶老师拿出一个小饭盒说"老爷子爱吃这口，我装上了。其他谁喜欢哪种菜自己装上带回去吧。"她把两个没动过的蟹粉狮子头和一点儿鸡汤小心地装好，回去热了给老公公吃。

真是好儿媳呀！前几年叶老师的婆婆临终前，拉着她的手，叮嘱道"以后家里的钱要你管，你管我才放心。"叶老师马上应承下来，"妈您放心，我一定管好这个家！"其实一直是叶老师的丈夫关老师管理家里的钱，每当关老师向妻子"汇报"家庭财务状况时，叶老师总有一搭没一搭的不往心里去。有一位像关老师这样能干、体贴、周到的丈夫理财，当妻子的能不一百个放心省心吗？

夫妻俩过得好，两人都得努力，齐心往好处过。要是有一个人不给力，这个家就没法踏实。当初关老师在长辛店中学教书，他的一个学生后来分到叶老师所在的幼儿园工作，那位小老师对当时还年轻的叶老师说"我认识的人中，您和关老师是最完美的人，我想让你们两个最好的人彼此认识一下。"在关老师这位比自己更年轻的学生有意无意的撮合下,这段令人称慕的婚姻水到渠成,两人几十年"想红个脸都没机会"。瞧他俩卧室小相框里那张银婚合影,两人周身散发出的平静、和睦、幸福,看着舒心又养眼!

叶老师的家处处布置得相当精致,细微之处也体现着主人巧妙的心思,比如客厅多宝格中那些或值钱或不值钱的古董和小摆设,下面大多都配有各色精巧的底座,每一件都擦拭得明亮洁净,哪一件不是主人怀着对家庭的挚爱,费心费力四处搜寻,用并不丰足的余钱一件件讨价还价后带回家珍藏的呢?

再看她家两处不同风格的炕桌和藤圈椅,炕桌适合上午喝茶晒太阳,藤圈椅适合下午聊天歇息;你看阳台上有茶花、茉莉、绿萝等大盆的花卉,茶几、书桌上有浅黄、淡蓝色的小盆鲜花;煤气表上摆着两个精巧可爱的卡通小人;厨房垃圾桶固定于不用弯腰的高度,每个小节都能看出主人对精致生活的追求。

叶老师两口好客不打折,今天为招待我们几个朋友,炸了酥脆的小麻花,煮了冰糖小枣,买来十几种特色小吃,有些我们都是第一次尝到。饮料有香浓的咖啡,有泡着鲜柠檬片的红茶等等。我们吃着喝着开着小会,被温馨家庭的亲切感染着,那叫其乐融融。

关老师和叶老师有个大家庭,94岁的老爷子除了耳背没大毛病,每天能吃两顿肉。关老师的哥哥妹妹们以前和他们同住在东城一个大四合院里,自搬到通州以来,全家每两周AA制聚会一次,连下一代都算上凡结婚成家的各家轮流做东,共享大家庭的热闹亲情。

不用问,叶老师和关老师就是这个幸福大家庭的台柱子。

2006年4月15日

11 春运途中的艰辛

昨天吃午饭时，洁灵端着碗到我办公室来，不由分说剪开一个密封包装袋，从里面夹出一大块"琵琶酱板鸭"塞进我的小嘴巴里，我的无奈马上转为惊喜，湖南的酱鸭太美味了，辣咸鲜香味道十足！洁灵见我嚼得那么来劲，乐了。

我边嚼边问"哪天回来的呀？""昨天才赶回来。""怎么样，路上挤不挤？"一听这话，洁灵白嫩嫩的小脸上笑容倏然消失了，她跌坐在沙发上，过了会儿小声说道"以后过年我再也不回家了。""呵，遇到大困难了？下这么大决心。"她说："给你讲讲我是怎么返京的吧。"我先介绍一下洁灵：湖南妹子，28岁，几年前托关系进我们报社工作，目前是发行处的会计。因为上下班和我同路，我俩骑车遇上时搭个话儿，一来二去就熟了。洁灵去年春节回老家结婚，先生也是在北京工作的老乡。

下面我用洁灵的口气，复述她对我讲的小夫妻春节过年后返京路途中的经历：

今年春运火车票特难买，走时候的票就比往年难买，心想反正老家有熟人不愁回程票，没承想后来那么难。起初想托在岳阳火车站的表姐帮我俩买硬卧票，表姐电话中说"别说初五、初六的，一直到十五的票都卖完了。"我们咬牙说"软卧也行。"等了两天连软卧也没有，只好去打听飞机票，结果别说打折了，连加价的机票都没买到。正急得发慌时，表姐突然打电话说搞到两张软卧票，我们的笑容还没褪去，电话又响了"软卧没了，我想办法给你们弄硬座吧！"这时候已经节后上班第三天了，哪还敢提要求？必须赶紧离家返京。

真气人，长途汽车今年极不正常，车少票又极难买，花了500元才上车赶到岳阳。到了火车站根本进不了候车室，我俩就淋雨站在火车站广场上，表姐带我俩绕道想从火车站旁边围墙尽头的铁轨旁进入车站，结果那里有保安员把守着不让进，好说歹说都不行。我们走开几步小声嘀咕"给他二百元钱吧。"这时看见来了好几名持枪的武警战士，我们再给那名保安员钱时他哪敢收啊，低声说"我要是收了这笔钱，饭碗就没了。""求求您行个好，不然我们赶不回去，好不容易搞到的饭碗就丢了，求……""别说了，赶紧回去吧，知道吗，前天岳阳火车站旅客聚众闹事，来了1300名武警刚刚摆平，快走吧！"吓得我们一句话也不能再说了，只能冒着雨回到车站前。

不知打了多少个电话，表姐终于领着我们从工作人员出入的门进车站买了票，卖票的人和我表姐是朋友，她说"只能卖给你们两张无号的站票，不好意思站票除了按硬座票收款以外，还得加收700元春运费，这是站里规定的最低加价，不然两张站票应该加收1000元的。"见表姐在旁边直点头，我们只好多交了700元。拿到手的两张站票还不是同一次车的，中间相差4个多小时，我让先生早走一步。他坐的车刚开动不久，我就收到他的短信，他嘱咐我必须花钱雇一个人把我送上列车。

等车站放我们进入月台候车时，果然见到一些人询问谁要雇人送，我选了一个身强力大的壮汉，他说"给40元我保你上车，给30元尽量让你上去。"我给了他30元，他也不再说什么。乱哄哄的候车人口吐怨言，有人咒骂起今年的车太难坐了，真想如何如何，一个推车的月台小贩说"你们这些人太幸运了，要不是有后门哪能站到这儿啊？"大家面面相觑都不说话了，不言而喻我们都是通过熟人才被送进月台的。突然又走来一队持枪的战士，喝令大家排好队候车。我们只得排成队，我雇的那人说"排队也没用，车一来马上就乱套了。等当兵的走远了，你跟我站到那个位置去，我能让你上去。"我突然灵机一动，把高跟鞋换成了旅游鞋，这一招后来证明非常正确。

车终于进站了，我雇的那人有经验，他让我站的地方正好在一个车窗下面，他猫下腰我立即踩上他的背用手扒住窗口，可有另一个上车的人和我几乎同时卡在窗口中，谁也挤不进去谁也不肯让谁。幸好我雇的人身强力大，死命把我塞进窗口，我也顾不得踩到车厢里哪些人的头和身体栽了进去，在一片骂声中，我拼命转过身朝下面那人要我的旅行包，他使劲举起递给我，我头顶上是其他正往里爬的人，我把身子曲里拐弯地露出半张脸，伸出手臂勉强抓住了自己的包，虽然非常难受可心里踏实了。

　　车厢的门怎么也关不上，我探出头见到车上有人用脚使劲踢挤不上去那人的手，那人死不松手，又被车上人狠狠一脚踹下去，车门终于勉强关上了。开车后，我用短信感谢先生"多亏你提醒我雇了人，不然肯定上不了车。"

　　车上人太多了，我早有预料一直不敢喝水，路上只上过一次厕所，那是趁列车员查票时，我跟着他一点点往前挪。排队上厕所的人虽然不太多，可每个进去的人都不肯轻易出来，车厢里太拥挤、太热、空气十分污浊，好不容易进了独处的空间，窗户开着缝，凉风吹着感觉非常舒服。我也等外边的人不耐烦地敲了又敲才不情愿地出来，等回到原处一看手表，上趟厕所我足足用了一个多小时！

　　车上的人们还算友好，都说"出门在外不容易啊……"每个双人座都挤坐着三个人，三人座都坐四人。有位坐着的女士见我小脸煞白（注：洁灵原本就瘦弱，不久前刚刚做过流产手术），就想方设法给我挤了个地儿让我坐下了。坐下后我感到又累又困，很想趴在茶几上打个瞌睡，想得美，就在我坐下时，有个大胖男人一屁股坐在我面前的茶几上，瞧见他那油乎乎的胖胳膊我直恶心。有个女人（估计是他老婆）弄个纸箱垫在他脚下，他这下坐得舒服点了，很快就睡着了，打起很响的呼噜。他一睡着原来合抱在胸前的胳膊就松下来，落在我和旁边一位女士的胸前，随着车的晃动，他的胖手在我俩胸前晃来荡去，讨厌得要命。我俩就用自己的胳膊去挡他的手，刚才给他搬箱子垫脚的女人不好意思地朝我俩赔笑脸，又去叫那男人，胖男人醒来似有察觉地红了脸，又重新抱起胳膊还是不行，那女人掏出一根塑料绳，弄成两截，叫男人在行李架上系了两个绳圈，男人把两只手分别伸进去，高高吊在头顶上方，很快鼾声又响起。

　　我和身边的女士见他坐在茶几上低垂着头、双手受刑似的高高绑在上方，被这极为可笑的睡姿逗得想笑又不好意思笑出声，越不敢笑出声越想笑，我俩就使劲憋着，一会儿看看大胖男人，一会儿又互相看着对方忍俊不禁的滑稽样模样,就这样我们居然成功赶走了疲倦和睡意,感觉正在看一场不用买票的滑稽剧。

洁灵的话,让我陷入深深的忧虑中,多年来听到的"春运难"三个字,实际上落在每一位外出打工者身上,原来竟然是如此的艰辛!

2007 年 3 月 3 日

12 中原乡村那三年

今年 4 月 12 日,复旦大学金融与资本市场研究中心主任谢百三教授撰文讲解"这次通胀可能是建国以来最难调控的一次",文中说"建国以来我国发生过五次通胀。1949-1950 年,这是解放前恶性通胀的尾声;1959-1961 年,三年困难时期,大量的男劳力非正常死亡,引起供应不足,物价上涨;1985 年,物价改革大规模展开,被压抑多年的物价像火山一样引爆了;1994-1996 年,进入市场经济后,出现新一轮投资热引发通胀。"请注意,谢教授再一次指出"三年困难时期,大量的男劳力非正常死亡"这一严酷的、至今没有被公开承认并总结过的历史现象。

谢教授发表这篇文章那一天,正巧我为调查中原乡村那三年的真实情况,特意起了个大早,驱车赶往北京远郊区,采访了两位大饥馑年代的亲历者。之前他们并不知道我来有这个目的,以为只是一位借春游之机到郊区看望远亲的一次普通造访,前后与两人分别的谈话,我都是从随意聊家长里短开始,然后突然问"58 年以后那三年的事,你还记得吗?"之所以选择这样突然发问,目的有两个,一是怕听到含有水分的不实之词,二是怕他们不愿意回忆痛苦而拒绝我的采访。

没想到,两人一听我问起这事,立刻像被注射了一针吗啡似的,声音陡然增高，几乎是喊出来一样，分别说"呀，那几年可是太苦了……"，"这辈子忘不了啊，我差点被饿死……"，接下来不用我多问，他们就像打开了记忆的阀门那样，一点一点地述说起往事来。因为这两个人我是前后分别询问的，下面我分两次，尽量不加工（方言直译为普通话除外），分别记录下两人的回忆：

一、西华县那两年没有新生儿

受访者：孙伟光，男，1948年4月8日出生在河南省西华县北街，曾担任西华县黄泛区农场园林技术员，现在北京郊区某公司任高级园艺师。

我父亲抗战时期加入八路军地方游击大队，解放战争后期与国民党交战时牺牲了，父亲牺牲后我才出生。妈妈当时是西华县妇联主任，后与孙姓干部结婚，随夫到许昌市工作。我从57年就记事了，那年我上小学三年级，第二年就不让回家了，吃住都在学校，白天停课上山抬煤，夜里学生搓煤球，供老师烧小土炉炼钢，老师外行炼不出钢，用铁水弄出个小五星、小手枪啥的就算出成绩了，敲锣打鼓四处报喜。

反右时我父亲是许昌市的纪检委书记，许多人经他手划成右派，送到附近的禹县劳改农场，条件极差，大批右派集中在那里，生病了不能医治，病重就被活埋了。父亲得罪的人很多，有人反过来整他，揭发他"岳父是大地主"，父亲一挨整，恼了，为了与岳父彻底划清界限，就提出离婚，我妈妈不想离，父亲就威胁说"不离婚就把你送到禹县农场去！"吓得我妈妈赶紧离了婚。父亲没事了，我妈妈可倒霉了，原来担任领导的烟棉麻公司借口她出身不好，逼她离职返乡。

1959年秋，我们一家回到西华县妈妈的娘家刘魁庄，发现村民们个个黄胖肿胀，没有血色，好多人脚肿得连鞋都穿不进去了，后来我才知道这是因为长期吃不饱浮肿闹的。全村的人都在刘魁庄大食堂吃饭，吃的是碾压过的没脱过绒的棉籽，掺一点点红薯面做成面片汤，每家分一点，打回家不够吃就加一些野菜或发霉的红薯，还是不够吃。

那时候户户都家徒四壁，之前洗脸洗脚的脸盆、洗菜盛饭的铝盆、连做饭的铁锅，都被搜净拿走炼钢炼铁去了，有户人家把一个铝盆藏到草垛子里，没人时拿出来偷偷用，结果还是被邻居告发了，夫妻俩被拉到大会上批斗。

我问：批斗？咋斗法呢？

孙伟光：哎，整人的办法多啦。我们那儿最常用的是"碰蒜瓣儿"，让有毛病的人站中间，围上去一帮人推推搡搡、连踢带打羞辱人。我姨夫的弟弟，解放后当过兵，复员后开拖拉机，他说话冲，好开玩笑。有一天他听到拖拉机"嘭嘭嘭"的声音，就说"碰碰碰，再碰就饿死光了！"这话让村干部听见了，就说"你小子反动，回去碰你的蒜瓣子！"说者无心听者有意，我姨夫的弟弟害怕了，半路上把拖拉机一停，抽出捆麦秸的绳子把自己挂在路边的树上寻了短见。

那时整天给社员派活，吃不饱还得干重活，干了好多没用处的瞎活，耽误了伺候庄稼。收成不好还有个原因，就是缺少肥料，没肥料哪能长好庄稼呀？各家各户就强迫一切肥料充公，每天队里派出"太平车"，一种木质的四轮推拉人力车，挨家挨户收集肥料，饿肚子的人屙不出多少粪，家家户户就拿沤过的垃圾，掺过黑灰的草沫啥的强充肥料，把这些不是肥料的东西用太平车拉到地里撒上冒充施肥。

那时候兴"一平（除干部、地富分子以外的人平均分配）、二调（发现哪家有农具、种子等一切东西都可以随时调走充公）、三抓（随时发现有问题的人随时抓走）、四斗（群众性的批斗会）"没吃的了，就开批斗会，没抓到新的"坏分子"就批斗地富分子，忆苦思甜，把吃不饱饭的原因归结给地富的剥削，上面既然提倡，广大贫下中农也只能用这种办法转移自己的贫饥。

地里的麦子说啥也长不好，庄稼稀稀松松，细细歪歪，兔子在里面跑都看得一清二楚。麦子不好倒长出好多草，大家就吃野草充饥。有一种曲曲菜，就是那种开黄花的苦菜，采回来先揉搓，冲些水泡淡苦味，加一点红薯面当饭吃。这东西不挡饥，一人能吃12碗还没觉着饱，小孩子每顿都能吃4—5碗呢。

有一种白根的草好吃，味甜，面面的好吃，但是吃了肚子疼，可能有毒。最好的是榆树皮,一长出来就被人扒光。到了春天,我们就吃柳树芽,椿树芽、槐花那是最高级的了。幸好那时村里树多,野菜多,加上我们村的南瓜结得多一些,救了我和好多人的命。我们旁边村死的人都比我们村多。

那几年可是把我饿怕了,刘魁庄死人少一些,可也没少死人呢,谁也不敢打听死过多少人,连说都不敢说,谁提起这些事就被戴上坏分子帽子,马上要挨批斗的。其实都知道死的人太多太多了,我姥爷还有多个亲戚都是59、60年饿死的。那两年,从来没听说村里有人生孩子,连二连三听到的都是谁又"病"死了,没人敢说是饿死的。开始死了人用炕上的草席一卷,很快席子就用光了,后面死人只能就那样光着,扔沟里或扒个坑一埋就算了。

二、我们村撑死的比饿死的还多

受访者:沈丘县莲池公社陈庄张耿氏

我出生在1935年,今年73岁。

我们莲池乡紧邻一条河,10多里河道直拗拗的,土地肥沃,老人都说这里风水好,过去还出过一位娘娘呢。公社刚成立那会儿还中,到1959年就不中了,吃不饱了,到60年真是太苦了。记得村里人都到河里捞杂草,偶尔能摸到几个蛤蜊那就算开荤了。捞回一点点杂草,在杂草里掺点谷糠或一点瘪豆子,糠和瘪豆也没有了就掺点发霉的红薯面,捏成窝窝头充饥。那时候发霉的红薯5毛钱一斤,晒干磨成面,吃起来很苦,就这也吃不饱,一个劳力能分上两个小窝窝头,老人孩子能分到一个或半个。再到后来,连河里的草也捞不到了。

60年太苦了,幸好我们村挨着那条河,能捞点杂草充饥,就那还是饿死一些人,我也差点被饿死,人饿狠了那滋味忘不了,到现在想想都吓死人啊。怎么也没料到,第二年1961年秋天收成了,我哥哥和好多人却被撑死了。那年秋季收下粮,公社食堂终于开始做数量大的饭,人们吃了还想吃,哪知道肠胃不中了,饿的时候太长了,肠胃变得精薄,猛一吃多,人就不中了,那一下撑死不少人呢,我们村撑死的竟比前一年饿死的还多！

再说回60年，那时候孩子饿得嗷嗷哭，我姥姥下地干活时偷偷往腰里别了两小块红薯，收工时一紧张顺裤腿掉出一块，被发现了，薅到场院挨批斗，人被抬回家就不中了，很快咽气了。那时经常批斗人，我村旁边不远的刘庄村，有个壮汉陈文德说了句"西北出了扫帚星，怕是要翻天了。"为这一句话，他挨批斗挨了半个月。那时上头有精神，发动各村批斗坏人，"坏人"站当间（中间的意思），上去一群人，你一拳我一脚，倒下去马上被薅起来接着再打。

我村有个中农，饿得受不了，又没钱买红薯，想起自家入社时太实诚，能交能不交的东西都上交了，饿得半死时越想越生悔意，就发了牢骚，这下更坏了，被戴上"反攻倒算"的帽子，也被反复多次批斗挨打。

60年春夏是最难过的时候，那年春季树可遭罪了，梨树叶不好吃，人也揪来吃，桑树叶吃了浮肿，也有人吃。那些榆树叶、柳树芽刚发出来就叫人撸光了，发出来又撸光了，几次后再就发不出来了。有一种枸树，春天枝头上长出穗穗，以前没人吃，那年春上也成好东西了。不久之后，村里所有的榆树皮被剥得干干净净，都被当成粮食吃了，从春到秋，树上光秃秃的。

那些年，大家只能吃大食堂，到了60年，大食堂差得没法提了，当时有句话说"勺子七猛子，捞个菜梗子"，说用勺子捞啊捞，七八下只能捞个菜梗子，真是那样，饭稀得清汤寡水。我在食堂做过饭，做13口人吃的饭，就是一大锅水，撒把盐，几根菜切切扔进去。有几天好过一些，收获了一种叫"根达"的菜，大叶子，叶片厚厚的，奇怪的是叶片里好多小黄蛆，这种菜在地里长得特别快，有蛆虫大家也欢迎，毕竟暂时能充充饥。

家家户户的人饿极了，夜里纷纷出来偷队里的作物。我跟丈夫偷过地里的豌豆秧子，顾不上多想多看，连秧子带豆角揪一些往家跑，吓得魂都丢了，就这样度过最困难的半年。记得那时我们生产队的队长叫张文泉，他心眼好，不想看着大家一个跟着一个饿死，上头布置为防止偷盗集体作物，让安排民兵夜里巡逻防盗。张队长故意当众透露说"上半夜巡逻",村民们就上半夜睡觉,下半夜跑地里偷吃的。张队长后半夜假装在家里睡觉,第二天上头追问,他就说"我们队没有人偷东西。"后来大家生活好过了,他早不当队长了,可是威信一直很高,谁家有好吃的先就想起给他送点尝尝。

我问:你们村旁有条河,队长又这么好,村民连夜里都能往地里跑,也不懒惰啊,收成怎么就那么不好呢?怎么至于把人先饿死一些,又撑死更多呢?

张耿氏说:哎,说起这个真气人。58年人民公社如雨后春笋般成立,不知上头什么人出的馊主意,让下头瞎折腾,到处挖鱼塘,规定每30亩地必须挖一口深塘,说是以后塘里能养鱼,挖出的土垒在塘堰上,告诉我们计划要种上桑树,以后家家户户养蚕,农民就能穿上过去只有皇上和豪绅才能穿得起的绫罗绸缎,过上共产主义的富裕日子。按标准每口塘都挖得很深很深,挖塘时干部接二连三来检查,干活的人被要求边干活边大声喊口号,"大跃进啊,掏劲干啊……"一旦发现谁"偷懒"会挨批斗,为这累坏了不少青壮汉子。

我问:后来养鱼、养蚕了吗?

张耿氏说:养个鬼啊,什么也没养就不再提这些事了,挖的塘也不能种庄稼,一直废弃在那里,每年夏天下大雨后灌满了黄汤儿,农村孩子没地方玩,就结伴跳下去游泳,由于那塘没有河床的缓坡,直愣愣的深,整个中原乡村为这可没少淹死孩子呢。当然有的塘后来被重新填平了,白挖了,有好些到现在也没填上,里面住了好些水蛇,挺吓人的,年年还有孩子被淹死。

59年、60年又兴起深翻土地,所有的农田都让深翻一遍,多深?一米多深,上头有统一标准,农民挖着,干部随时用细长棍子丈量,到那个刻度后,差不多一人深的时候才中。这下坏了,有油性的土弄底下去了,生土被翻上来,那几年的产量当然不中了,麦子长得不像样子,产量更不用说了。

产量不好不让说,到了秋天,把以前的干豆秸码得高高的,上面铺一层粮食,用给来视察的干部们表功。还让社员敲锣打鼓,用轿子抬着干部们四处游街、争相表功,抬着轿子冲着上级办公的地方、冲着街上的人大声喊:"丰收了!又立大功了!"丰收当然需要多上交粮食,回来没过多久,各村就开始饿死人了。

我们那一片地方,60年饿死的人太多了,后来中央就下来政策,实行"暂借地",暂借给每个农民半亩地,还有1分6(个别村是2分)自留地,规定暂借地和自留地的收成不用交公粮,这条政策一出来,一年多一点的时间,人的饥饿就缓过来了,家家户户种红薯,红薯产量高,旱涝保收,秧子和薯根都能吃,我们的脸色慢慢就不像病鬼似的了。

听到这儿,我不禁松了口气,高兴地说:这下你们可好了!没想到张耿氏马上瞟了我一眼,忿忿地说:好?能好到哪里?刚好没多长时候,又搞起狠批"三自一包",暂借地、自留地都收回去了,开初说好每人1分6自留地的政策保持30年不变,一批"三自一包"都收走了,还是吃不饱肚子。哎,农民命苦啊!

张耿氏最后对我说:1958年人民公社如雨后春笋般成立,叫我们中原农民看到美好前景,挖鱼塘、种桑养蚕、深翻土地累坏多少人,毁了多少良田。哎,60年饿死的人最多,61年刚秋收,好多人却被撑死了,我们村撑死的竟比前一年饿死的人还多!

附:大饥荒时期的河南民谣

毛主席、打电话,问问社员吃的啥。灰灰菜,芨芨麻,小虫子卧蛋稻葵花(分别指四种野菜)。食堂的馍,洋火盒,(洋火即火柴)大人俩,小孩一(读yue),晌午的面条捞不着。晚上的汤,澄清水儿,社员气得噘着嘴儿。毛主席,大胖脸,社员饿死他不管。毛主席,肚子大,社员饿死他不怕。一天吃一两,饿不到伙食长,一天吃一钱,饿不死炊事员。饲养员听后大怒,说:只要上面发牲口料,我就敢跟你们龟孙摽(意为比着干)!一季红薯一年粮,红薯就是保家王。

2008年4月14日

13 喜筵归来

今天是 5 月 28 日，528 寓意"我俩要发"，是结婚的良辰吉日，前两天都下雨，今天终于天晴气爽，艳阳高照，今天结婚的人真撞上好日子了！

昨晚我先打电话让儿子抓紧收工，早点睡觉；又催先生早关电视早休息，今天一大早他们都被派了任务，先生要赶到南城去接他老爸和后妈；我儿子被指派先接家住虎坊桥的叔叔一家三口到北城，然后迎接新郎新娘随车队赶到城东的大饭店。本安排我随先生的车走，但我可没兴趣南来北往地过车瘾，我选择自己坐大巴前往。

一向特别不喜欢应酬，不赞同大办婚事，但是作为新娘的二婶，昨天老公公还特意打电话嘱咐让我参加，不给面子无法交代。我到饭店时先生正好也刚到，一见到我他的脸上马上露出笑容，只有他知道我有多不情愿。

好在心情比预想的好，见到不少平日难得见到的亲戚，因为是喜事，人人喜上眉梢。我还见到小叔叔的女儿燕洁，她是一名妇产科医生，前几年她结婚时我可是欢天喜地自愿前往的，因为我心里非常喜欢她，她 10 岁的时候我就很喜欢她。本来我们没被分在一桌，一来二去就凑到一起挨着坐了，聊得很开心！

出乎我意料之外的是感觉哥嫂的女儿嫁的女婿人很实在，今年春节第一次见这小伙儿仪表堂堂，顾虑他可别是个花心萝卜，今天在一长串仪式中，见他一直肃静低调，每次鞠躬时都深深鞠到很低很低，非常认真的态度。特别是他的发言"我感谢 XX 的爸爸妈妈养育了这么好的女儿"，随后他对自己父母表态时竟然有些哽咽"我小时候不听话，爸爸妈妈为我操了很多心着了很多急，现在想起来爸爸妈妈对我真是无微不至，结婚以后我们一定好好生活，孝顺你们。"

我没料到他真动了感情，话语明显有些哽咽，就是这一点很多人没能察觉出来的细节，使我原先有些悬着的心一下子落到实处。夫家这个漂亮女孩儿找对人了，小伙儿是个实在人，祝愿他们百年好合，一生幸福！

　　今天还有一件很巧的事，儿子把叔叔一家送到酒店后，新娘新郎正和几位要好的朋友合影时，突然站在新郎旁边的那个女孩和我儿子几乎同时叫起来，两人互相走过去击掌打招呼，然后不约而同地说"这个世界太小了，你怎么也。"。介绍后大家才明白，那个女孩是新郎小学和中学的双料同学，我儿子是新娘的堂兄。那女孩和我儿子目前是新公司共同创业的合伙人，女孩是老总从一家最著名的大网站挖来的谈判高手，我儿子是公司的首席技术官。看得出来，即将在生意场上共同打拼的他俩在婚礼上巧遇，一个的发小和另一个的堂妹喜结连理，两人都非常开心。

　　2点多了，我和老辈人逐一打了招呼就先撤了，做大巴回到家。给先生倒好一大杯凉茶，他开车绕半个京城很辛苦，进家门先喝口茶吧。我又把窗帘拉好，一会儿让他躺着休息一下。今天他哥哥的女儿荣耀出阁，婚事办得风光顺遂，他肯定特别开心！

2006年5月28日

14　端午节品亲情

　　今天在北京的我家人齐聚一堂，把老妈妈家附近餐厅二楼最大包间"牡丹厅"的大餐桌围坐个满满，说笑的、祝贺的、拍照的，把大包间充盈得热闹非常。

　　我家人极少喝酒，茶过三巡、汤尝两道、菜品五味之后，在座吃饱喝足后，突然我哥哥发话了，神态严肃地叮嘱我在网上"谨慎发言，尤其不能说有别于他人的个人观点……"这种规劝不是第一次了，但今天哥哥特别严肃认真。大哥一带头，哗，除了俺先生，俺的亲人们都积极响应，老妈妈、我儿子、妹妹们冲着我七嘴八舌纷纷跟进，"我的大闺女最傻了，一点儿不懂为自己打算！""老妈你闭嘴行不行？哪天回家看不见你，怎么得了啊！""谁都明白的事，干嘛你偏要去顶风冒险？"……

一通逆耳话，听得我心头热浪翻滚，知道亲人都是为我好，生怕我有个闪失。我忍下了第一轮，但是第二轮刚开始我就开口了"行了行了，不说这事吧。我知道该说啥不该说啥，也会尽量保护自己保护家人，但是想让我当糊涂虫那是不可能的，想让我闭嘴也是办不到的。万一哪天出了事，我绝不连累……"得，此话一出家人被惹急了，老妈妈大喊一声"缺了你哪行啊！"其他人的话我不说了。总之，家人全心热切护着我，我当然也初衷不改爱着亲人们。

话题被我撬开后，聊起其他事。聊着聊着突然又有人忧国忧民："十几亿人，任凭谁也没办法管好，这跟制度好坏没啥关系，"这句话陡然激怒了我，我说："是的，先别怪制度好坏，要怪只能怪我们自己，个个都胆小怕事、装聋作哑、口是心非，国家好得了才怪！"这话太生硬，话题被迫再次调转方向。

尽管有这场小小的不愉快，今天的聚会还算圆满，散席后，大家依依难舍又聚回到老妈妈家，品尝妹夫上月底从纽约曼哈顿第五大道食品店买回来的花式巧克力，品尝大妹妹前天从昆明带回来的云南十八怪酥麻糖，还有我儿子买的沙瓤京欣西瓜，说说笑笑好久才散。最亲不过自家人，知道家人为我好又不忍心多干涉我，我何尝想增添他们的顾虑和担忧呢？

老于我 63 岁了，粗茶淡饭，素面朝天，旧衣换穿，就充满知足与感恩。这两三年，面对朋友们一次次盛情相约，很高的报酬很好的选题，我都一一谢绝了，退休金够吃饭就不愿意再从事任何有薪水的工作，整日在家看书、上网静心度日，绝不给社会增加一丁点麻烦。这几年我们老两口有机会就出趟远门，每次叫上两个妹妹、妹夫，全世界看看风景赏赏古迹，每次回来后我会认真地在博客上发布图文并茂的系列游记，让更多人分享异国见闻。我还坚持动脑筋想办法帮政府写操作性强的参政提案，发挥一名老民主党派会员的积极作用，这是我想要的生活。

其实我知道家人的心结在哪里，面对一些突发事件，有时我忍不住说几句"带情绪的真（废）话"发在网上，说出性情人不愿装混的大实（敏感）话，何错之有？无论如何，我愿意拥抱21世纪的阳光。祈愿国家发展顺利，但愿被逼出来的暴民越少越好。

2015年6月20日

15　妹妹和我聊德国

上周四我妹妹到我家小住一晚，我俩聊了不少体己话。妹妹是一名出色的会计师，现任国家重点工程的财务总监。那项工程经过正式而严格的招标后，由德国人承担主体建筑的工程设计。设计方案改了又改，因为中方在总体设想上变来变去，主管领导先后发话，朝三暮四，德国人的图纸画了又改，改后再改。

在各方面基本认可之后，一批院士们又发话了，上次他们给国家大剧院提出意见后，工程停了很久。这次他们又提出不同意见了，德国人的图纸随之又要改动。

妹妹对我说，经过这么长时间的接触，她非常敬佩德国工程师的敬业精神，他们的脾气似乎都特别好，从不怕麻烦。前几天我妹妹和德方副总工程师聊天时，曾笑着说："你脾气真不错，我都烦了你也不烦！"德国工程师说："为了工程取得最佳效果，不能怕麻烦。"

但是他悄悄告诉我妹妹："确实想尽快告一段落，以便尽快赶回国去痛痛快快看世界杯。""啤酒和足球是我们一生的最爱，不可缺少的重要内容。"他问我妹妹："你亲友里可有人喜欢足球，你们中国人看球需要熬夜，挺不容易的。"我妹妹告诉他："我儿子就是个球迷，世界杯是他必看的，熬夜也会看。"德国工程师听了特别高兴。

妹妹说完，我想起妹妹的儿子晓峰小时候经常在我家住，那一届世界杯赶在孩子们放暑假时举办。我和晓峰看球的瘾最大，别人为了不影响上班上学，只挑选几场感兴趣的看回看，只有我和晓峰几乎场场不落，大姨和小侄子每天夜里并排坐在电视机前，强眨么着熬得通红的眼睛看完一场又看一场，看得真叫过瘾呀。家人都说我俩傻，其实我们看得美着呢，很是过瘾！

但愿妹妹参与的国家博物馆改建工程能减少一些不必要的人为干扰，进度顺利些再顺利些，以便让那几位爱球如命的德国工程师早点儿回去观看比赛，我理解他们那种归心似箭的感受。

1974年春，大妹妹理丰（右，她随妈妈姓理）刚从部队复员回到北京，因在云南边疆严重水土不服，加上长期值大夜班而面黄肌瘦，我陪她到颐和园散散心。（西西 拍照）

2006年6月12日

16 做只柳梢唱春天
——怀念二妹妹西西

岸边的垂柳
一天绿过一天
我想折一段做只柳梢
唱响春天

阳光暖暖
哨音悠扬婉转
碧波潋滟
人生美好却如此短暂

二妹如花的笑靥
蓦然闪现
想起九年前（2002年春）
我俩最后一次
合力登上百花山

也是春光灿烂
你我肩并肩
站在山巅
俯瞰漫坡红杜鹃

下山两月后
家人欢聚的那天傍晚
你突然撒手人寰
我的命骤然折损一半
痛极泪涟涟

22 年前你创作的
童话故事《金项链》
你先讲给我听
我鼓励你写出来
刊登在科技日报副刊
寄托着你和我们对自由的渴盼

难忘那年初夏
夕阳中我们一起仰望女神像
并肩骑车穿越长安街
你带我们冒着飞弹
到几家医院探望伤员

难忘接下来的夜晚
两次夜半铃声响
你我迅即起身
把提前写好的标语
一条条贴在
三里屯大街的电线杆上

我俩从小相依相伴
姐妹情深心相连
妹妹你中年撒手人寰
让全家人肝肠寸断
我隔河望着你
有你支撑我
让我急公好义守良善

我的好妹妹啊
碑上你的遗照朝我微笑
你那水晶般的心

如同你我向往光明的赤诚
姐姐我不忍让你失望
盼你复活在这旖旎的春天

2011年4月5日

17 凶神恶煞过劳死

周六家人聚会时,我怕妈妈伤心,刻意回避罗京病故之事。但一大家人坐在一起闲聊,聊着聊着就有人说到罗京刚刚离世的教训,我赶紧拉着妈妈到厨房忙着准备午餐去了。

我的二妹妹西西,生于1957年反右运动期间,母亲孕期承受高压,西西出生后紧闭双眼,三日后才突然睁开。西西博览群书、急公好义却屡遭磨难,刚过45岁生日就被过劳死夺去性命。1989年秋天,她写过一篇童话《金项链》刊登在《中国科技报》上,暗喻极权专制对思想的禁锢,广受好评。

过劳死,这些年发生的频率愈加频密了!媒体跟大众习惯把关注点投放在名人身上,使人误以为"过劳死"这个凶神只追逐名人,对无名之辈不爱搭理,似乎大家可以高枕无忧,其实不然,当生存对各阶层劳动者均造成压力后,每个人不留神都可能被这个凶神逮个正着!我二妹西西中年夭折就是一例。

我兄妹共有五个,父母年轻时赶上老毛驳斥马寅初先生《新人口论》,"人多好办事"的最高指示深入人心,社会舆论和企事业、机关单位都提供良好条件,鼓励多生孩子,所以家有五六个或更多个子女在那时是极寻常的现象。

五个子女中,父母最依赖的就是我二妹西西,她从小特别吃苦耐劳,能干肯干、脾气柔和、习惯委曲求全。二妹命运多舛,她高中毕业那年,我父母在国外工作,我哥哥和我大妹妹正在边疆部队服兵役,按政策她符合留城安排工作的全部条件,学校已经通知她不用下乡插队了,但是她班上的好几位女同学都想与她一起下乡,同学的父母纷纷来我家,用"她是同学中的主心骨,有西西在,我们才能放心让女儿去插队。"来说服我,妹妹发善心放弃留城去插队了。

插队中,她吃了多少苦她从来没说过,但她变形的身姿与容貌每每令我心痛不已。恢复高考后,她白天干农活,夜晚刻苦复习,接连三年每一次都考出超越重点校的好成绩,可恨的是当时我们居住在皇亭子大院的收发员是个小人,她一直对我姐妹亲情心怀妒忌,她曾来问我:"我的三个女儿总是闹得不可开交,你们四姐妹为什么那么亲密呢?"我那时只有16、7岁,不懂人情世故,就回答说:"阿姨,您要是多生一个就好了。四姐妹正好是两对好朋友,就闹不起来了。"当时把她气得脸发青,二话不说摔门就走了。

一句无心的玩笑话竟招致最严重的后患,这位阿姨不仅是我家的近邻,恰恰是我们院收发室的信件管理员和社区负责人,我父母交外交部信使队带回的信件总是莫名其妙地丢失,我哥哥妹妹当兵每年春节的军属慰问品从来不见踪影,最可恨的就是她把我二妹头两年的高校录取通知书都私自截取销毁,第三次"北师大录取通知书"幸被另一位好心人在收发室最下层抽屉偶然发现交给我们(估计她截取时遇到情况，匆忙间放在最底层抽屉中，后来忘了销毁）。

二妹爱学习、成绩好在大院里是有名的，头两次高考未收到通知，所有人都无法解释，二妹一次次忍辱负重坚持次年再考，在偏远的农村不说坚持业余学习有多难，连考场路途遥远、没有栖身之处，都是城里学子难以想象的困境，高考恢复的前三年，二妹连续三次坚持远途奔波参加高考！

第三年当别人纷纷收到录取通知书那天下午，二妹绝望的打算"不如死了吧"，那天傍晚父母下班带回来一张内部电影票，本来轮到我去看，我想让失意的二妹去散散心，就借口说自己有事让她去了。那天她看电影回来，坐到我床头拉着我的手说："姐，你救了我一命！"当时我忍住没问，只是劝她赶紧洗洗睡觉。后来她把那天的心路历程讲给我，她本打算回到插队的乡下后，像村里几位女人那样跳河，结束无边的焦虑与无望，但她替我去看的那部美国影片中主人公坎坷的遭遇、顽强的态度及时帮助她树立起信心，两天后她就收到从最底层抽屉发现的录取通知书，不久进北师大念书去了。

二妹是以最优异成绩毕业的，其中英语成绩打破北师大历届最高纪录。毕业后她当了教师，又去筹办某特区驻京办事处，在那里一干就是20年，吃苦在前享受在后，为特区发展立下汗马功劳，年年被评为优秀员工。后来该市领导面临难以启齿的原因，加上特区经济遇到困难，办事处耍了卑鄙手段，在2001年把全部北京户籍的员工统统辞退，那年二妹44岁。

下岗第二天，二妹就被另一家私人企业挖去，担任办公室主任，其实身兼多职，公司老总拼命指使她加班加点，不久发展到公司的大事小情都来征询二妹的意见，所有最棘手的难活都交给她处理。比如公司老板想赖掉大部分租借写字楼的费用，就让几位员工托关系开出生病证明，让我二妹拿着那些证明去找写字楼外国人老板交涉，借口大厦内存在空气污染而"拒交费用"，这类别人都办不成的事，由于我二妹英语好，不卑不亢、落落大度、能言善辩，总能马到成功。二妹加入公司后，提出多个好方案，公司利润迅速翻倍，老板太自私，变着花样让二妹加班加点，拼命榨取她的能量。我去二妹家看她，等到很晚她才到家，电话马上追过来，老板事无巨细都向二妹讨对策，周末加班更成了家常便饭。

我心疼妹妹，多次劝她辞职，她总说"快了快了，办完手头这点事就写辞职报告。"她走的那天是周末，上午又加班，下午曾对我说："我现在岗位的前任，没有人干满过三个月，我已经坚持10个月了，已经写好辞职报告，过两天就交给老板。"没想到竟来不及了！

2002年7月6日是周末，全家人聚会，一大早哥哥开车把父母送到我家，我们一直等加班的二妹，电话催了两遍，午饭过后二妹才饿着肚子从公司匆匆赶过来，整整一上午她在公司忙得不可开交。她一来，家庭聚会立即达到快乐的高潮，每次都这样，有她在的场合，所有人都被感染得欢欣快乐，笑声阵阵。过了一会儿，二妹悄悄对我说"头疼，夜里没睡好。"我赶紧拉着她到我的床上躺下，让她睡会儿。几个孩子很快围到床边，还想听姨讲笑话，我劝都劝不走。

当天傍晚全家人在外面吃了顿团圆饭，欢快的家庭聚会结束时，二妹抢着买了单，带着灿烂的笑容告辞。谁也没料到，刚到家突发脑溢血她陷入昏迷，等我们赶去时，她清醒过来，却不能说话了，只是拼命朝我啊啊呀呀表达了一番最后的心意，我明白她是担心自己未成年的女儿，我赶紧让她别说话了，安静地休息。送往医院后不久，刚过了45岁生日的二妹，心跳骤然停止。

主治医师告诉哥哥和我："你妹妹是典型的过劳死。""长期紧张，仿佛不断给自行车轮胎充气一样，很容易爆胎的。"

二妹走后，我和哥哥既要处理后事，又要千方百计隐瞒父母到他们可以接受噩耗的时候，那种痛苦真如万箭穿心！短短半个月，我就消瘦了20多斤，直到有一天我发现自己身上基本瘦成皮包骨了，为了父母和亲人们，我强迫自己咬着牙坚强起来。二妹走后，妈妈大病一场，爸爸接连住院抢救，一年之后也走了。中年早逝的悲剧给家人带来的剧痛，我有了极其深刻的体会。

妹妹离去已7年，家人的伤痛至今未愈。直到今天，我时常感觉自己的心依然悬在半空，下面是妹妹骤然离去留下的深坑，永远填埋不上的深坑啊！

罗京的病逝，再次提醒我们，工作是美丽的，敬业是可贵的，但是不能钻到里面迷失掉自我，在压力面前，请学会自我保护，该放松时要放松，该舍弃的就舍弃，没有比健康更重要的了！

补记：央视著名主持人罗京病故初期，社会上流传他亡于过劳死，后来才披露他另有死因。

2009 年 6 月 8 日

18 祝小妹生日快乐

我有一个哥哥、三个妹妹。哥哥 16 岁就远赴云南当兵去了，一直到对越四场大战全部打完，才带着大荣誉转业回京，那时哥哥已经结婚有了孩子，我们四姐妹也相继出嫁离开父母家了。我兄妹青少年成长时，父母长期在国外工作，哥哥又去边疆服役，我姐妹四人一直相依为命，感情特别好。姐妹结婚成家后，一到周末休息，我们总要想方设法聚一聚，平日热线不断，彼此间好得像一个人似的。

记得 1973 年春到 1976 年底父母在越南那四年，我家住在新华社皇亭子宿舍 21 号楼的二层，同楼四层张阿姨家有三个女儿，结果大院里许多人都知道，老于家的四个闺女特别团结，谁也别想欺负她们；张家三个丫头三天两头吵架，从来没见三个女孩一块出过门，姐妹碰面竟如陌生人一样互不理睬。一天，张阿姨到家里问我，问"都说姐妹是冤家，你家比我家还多一个，你们怎么不吵不打呢？"我说"怎么是冤家？姐妹是天然盟友啊，亲还亲不过来呢，干嘛要吵闹？"张阿姨非让我说出个理由来，我只得回答"阿姨，这可能要怪您少生了一个，三人中有个落了单，我们四个正好两人一组，所以不会吵架。"气得张阿姨直咬牙，后来她千方百计挑我家毛病，把我家本该享受的军属优惠长年据为己有，我们开始不知道，听说后也没和她计较过，最可恨是她居然接连三次扣押我二妹妹的高校录取通知书，害苦了我的好妹妹。

再说我们姐妹，每天一起看书学习，分工做家务，每天晚饭后一起外出散步，嘻嘻哈哈有说有笑，令人羡慕。爸爸妈妈也很满意，长年在外也很放心，相信我们不会走歪道。大概在1978年前后，那时父母已经回国工作，有一天傍晚，爸爸下班回到家见我在，拉着我到三楼去串门。原来楼上朱家阿姨新生了一个女儿。朱家阿姨姓曹，我们叫她曹老师，曹老师之前也在城东一家工厂上班，我俩每天早晨一起乘公交大巴，路上说说笑笑做个伴，一年多后，有天曹老师问我"咱院门口的玉渊潭中学想让我去当老师，不知好不好？"我立即鼓动她别犹豫，抓住机会离开工厂去当老师，我虽然少了路上的良伴，但是没过多久，就从我二妹妹（二妹在那所学校读高中）嘴里得知曹老师在学校里受到爱戴的消息，心里替曹老师高兴。

那天曹老师正躺在大床上哭鼻子呢，身旁有个小小的婴儿。爸爸看了婴儿，连声夸赞"多好看的孩子呀，五官长得真周正，可能长大比你还好看呢！"听了这话，曹老师破涕为笑。爸爸又说"你真是有福不会享，还哭鼻子！老朱在单位乐得什么似的，三千金啊，谁不羡慕。"一听这话，曹老师半信半疑"老朱一直盼着要个儿子的。"我爸爸说"你哪知道啊，闺女比男孩强多了。就说我家吧，我只有一个儿子，打发到最远的地方当兵去了，留在家里也没啥用；可我家四个女儿就像我这四根手指（说到这儿，爸爸举着分开的四指满脸是笑），咬哪个都疼，个个都是心尖上的肉，四个我还嫌少呢！"曹老师一听，当时就坐了起来，抱起女儿看呀看，然后说"我的三儿果然好看呢！"

你知道吗，那个小女婴就是后来央视的著名主持人朱迅。原来，朱爸朱妈都希望第三个孩子是个男孩，生了朱迅一看又是女孩感到失望，那天上班后，朱叔叔找到我爸诉委屈，我爸爸先把他说开心了，下班后又带我劝服了曹老师。告诉你一个秘密，朱迅的妈妈年轻时特别漂亮，性格温婉，朱迅的爸爸朱叔叔后来被总社派到日本做驻外记者，有一次我们家人听说朱迅与王志婚后生了男孩还替朱家高兴呢。今天忆起朱迅刚出生时的往事，很佩服我爸爸，他真是个难得的好人，难怪在单位里、在皇亭子大院里那么受人尊敬呢。

再说我们姐妹一直很团结，我们早就有一个心愿：等我们都退休后，一起办一个最好的鲜花店，姐妹四人守着鲜花过快乐的生活！可惜梦再美好永远是梦了，四年前的 7 月 9 日，我二妹妹（我家最出色的人才，姐妹四人中她个子最高、性格最温柔、口才笔功最出众、学历最高）突发脑溢血病故。她太要强了，单位给她压的担子太重了，在没日没夜工作整整半年后突然病故，医生说是典型的过劳死。那场不堪回首的灾难，对全家的打击太沉重了。二妹一走，妈妈眼睛都哭坏了，不久后爸爸两次送医院抢救，一年多后也走了。现在父女俩都在八宝山，爸爸在山北面的革命公墓，妹妹在山南面的人民公墓。

二妹妹走之后，我感觉心都空了，之后几年过得半傻半蘖，对另外两个妹妹照顾也不够到位，特别是小妹妹，我真是对不起她，她能干又懂事，常常开导我。她不容易呀，老公下岗多年（几年前被一万元买断工龄，连基本生活费都没有），孩子正上大学，小妹妹工作特别努力，为多挣点钱常常加班加点，去年又被评为先进职工。我很少过问她的困难，也没帮上大忙，一想起她就很心疼。

今天是小妹的生日，已经分别给她和我大妹妹打过电话，我先生负责把老妈妈接来，家人一起吃个晚饭，庆祝一下小妹生日。上个月，大妹妹在青岛出差时，青岛的一帮朋友为她过了生日，今天她下班也来我家，正好和小妹一起再补办一回生日！瞧我这当姐姐的，也够窝囊了，每次我过生日，全家都对我那么好，礼遇有加，不好意思，给两个妹妹过生日还是太仓促了。

小妹，姐姐祝你生日快乐！

2006 年 7 月 15 日

19 小妹学农险丧命

刚看了李士岗博友写的《文革中我的学农经历》，将文革的荒谬再现的很生动，让我哭笑不得。回想起我和妹妹们在文革中"学农"的往事，一件件也是令人啼笑皆非，其中的伤痛感永生难忘。关于文革中"学农"，有一件事给我印象最深：

1973年冬季，我小妹妹13岁，还在上初中，学农到远郊区，背着行李徒步走着去、走着回。在京郊干完农活返回时，小妹妹不幸正患着肠炎，同学告知老师，荒郊野地的求告无门，当时还处于"全国学解放军"时期，学生下乡劳动来回一律急行军，没有汽车，没有电话，老师们也束手无策，无可奈何的小妹巴望着回家，只能强忍着腹痛，艰难地尾随着同学们挣扎着走啊走。小妹到家时小脸蜡黄，一进家门就瘫软在地。

我和大妹赶紧把她扶到床上，见她牙关紧闭，浑身抽搐，赶紧给她盖上厚被子，拿来暖水袋暖她的肚子。突然，大妹妹发现小妹手脚已经冰凉，越来越凉，很快，小妹只剩心口窝还有一点点热气，其他地方都凉了，气息也极其微弱了，大妹妹吓得失声大哭起来。

那些年，我父母远在越南前线，我是小家长，之前学过一点中医知识，家离医院太远，不容耽搁，必须把小妹抢救过来。我指挥大妹妹先扶起小妹，撬开小妹的嘴灌了几勺温盐水，又让大妹揉搓小妹的两只手和脚，我使劲点按小妹的人中穴、膻中穴、合谷穴、内外关穴和关元穴，过了大约半小时后，小妹终于有了均匀的呼吸和微热的体温，啊，她活过来了！

这件事，我们姐妹记忆犹新，从此，再提起让未成年人"学农""长途急行军"就禁不住头皮发麻。文革，是扼杀人性的一场空前绝后的大灾难。

小妹妹小时候单眼皮，貌不出众，12、3岁时突然成了大双眼皮，眼睛明又亮，椭圆形的鸭蛋脸，高挑的身材，文静的神态，皇亭子大院的叔叔阿姨们人见人夸。小妹参加工作以来，兢兢业业，认真负责，成为中国文化研究所的同事们交口称赞的优秀馆员。哦，顺便告诉你一件有趣的秘密，小妹嫁的是我的小叔子，我们姐妹俩成为亲上加亲的妯娌，我们亲兄弟亲姐妹两个小家庭一直互相帮扶，还有比这样的关系更美妙的手足情吗？

2012 年 12 月 20 日

20 康梅的伤心婚恋史

　　曾经的"无产阶级专政"，违背宪法把人民划分为敌我对立两个阵营，把每个人贴上红黑两种阶级成分的标签。四清和文革，更是大讲八卦般的阶级出身，比如把红二代分为"革军""革干"两拨人，前日我写过父亲是空总司大校军官、"革军"出身的丹丹的故事，今天再讲一个父亲是副部级老干部、"革干"出身的康梅的故事。康梅是故事中的"我"（于向真的一位老友）年轻时的同事加闺蜜，下面是我把听到的往事如实记录下来：

　　和康梅交往的那些年是我一生中最幸福的时光，也是康梅备受煎熬的岁月。屈指一算，康梅离国赴美已经 26 年了，以她的资质善良加才干扭转了命运的魔咒，苦尽甘来过上别样的生活。每次回忆起康梅曾经苦涩的婚恋，都令我唏嘘不已。

　　1976 年春天，我办好回城手续，从黑龙江生产建设兵团回到北京，进入一家城建公司，与我同时被分到基建办公室的还有一个女孩，就是康梅，我俩都是 1951 年在北京出生、长大，文革中下乡的中学生，我在东北农场 8 年，康梅在海南岛某生产队 7 年半，终于回到爸妈姐妹身边，有了正式工作，我俩特别开心。"基建办新分来两个漂亮姑娘"的消息不胫而走，康梅和我成为公司里一道独特的风景、工作上的搭档和生活中的密友。

　　第二年我结了婚，一年后儿子出生了。我在家歇产假时，康梅来过两次，第一次，她像欣赏无价之宝那样稀罕着襁褓中的婴儿，还提议让孩子认她做干妈。儿子满月后，康梅带着男友一起来我家，她的男友也非常喜欢小孩，看了看逗了逗，扭脸对康梅说："咱以后也照这样的生两个就行！"康梅一言不发地走开了。

　　不久后，康梅神色黯然地告诉我："我和尔骏分手了。"我吃惊地问："尔骏把你甩了？不可能吧，他那么喜欢你。"康梅的眼泪夺眶而出，说："是我跟他分手的，我说自己有了新男友，把他气坏了，就不理我了。"我说："你俩不是很投缘吗？再说尔骏这样的人品和家庭，打着灯笼也找不到第二个了吧？"康梅淌着泪把心里话掏给我，说："上次在你家，我见他那么喜欢孩子，就起了顾虑，一旦嫁入顶层家庭，不会生孩子的女人终究是不合格的，长痛不如短痛，我只能逃避。"接着康梅给我讲了她在海南岛插队时的经历，我边听边陪着她流泪。

　　康梅的父亲祖籍河北，投奔延安前，是燕京大学的文化男；她妈妈是广东人，一南一北才子佳人有了康梅姐妹两个漂亮闺女。文革初年，在广东任职的康梅父亲被打成走资派靠边站，因不忍心让女儿远赴北疆，就让康梅到离家较近的海南岛插队。那是一个疯狂黑暗的年代，人性被兽性肆意践踏，坏人乘机撒着欢儿地迫害无辜者。

　　常言道"不怕贼偷就怕贼惦记"，花样年华的康梅遭到两个乡间歹人的骚扰，住隔壁的一个小伙子朴实善良，处处护着孤独的康梅，日久生情两人好上了，稀里糊涂地康梅有了身孕。这下糟了，那两个没吃上葡萄的臭狐狸合伙落井下石，其中那个村干部还组织批斗会，使从大城市下乡的女孩康梅饱受屈辱。他们还迫害康梅的邻家小伙子，给他扣上"奸污女知青破坏上山下乡"的坏分子帽子，村干部又托关系指使缺德医生"措施升级"地"彻底做掉"胎儿，康梅年纪轻轻失去了生育能力。

　　这些事，康梅一直瞒着爹妈。当父亲被解放，重新调回京城担任重要职位后，她怀着滴血的感伤离开海南岛回到父母身边。天生丽质难自弃，回京后，原来在广州住同院、父亲也进京出任正国级领导的高干子弟尔骏，向重逢的昔日邻居康梅展开攻势，尔骏的父母家人都很善良。但是面对已经出任党政领袖的准岳父，面对尔骏优越的个人条件，康梅感受到双重压力，既要保住自己的面子，又不能不顾及婚后男方家族延续子嗣的需求，她无奈地选择了逃避。

康梅盼望着一段"残缺、对等的美"，天随人愿，患过小儿麻痹后遗症的大立（化名）爱上了她。大立也出身名门，高大俊朗，温厚偶傥，最让康梅迷恋的是他由于不便运动，自幼酷爱读书。与康梅相识的时候，大立正攻读社科院历史系研究生，一应引人入胜的典籍名著，大立出口成章、口若悬河，让从小爱读书、喜典故的康梅佩服得五体投地。与大立相恋的那段时间，康梅把大立的名字念叨来念叨去，听得我的耳朵都起腻子了！有一回，康梅信誓旦旦地告诉我，她是"非大立不嫁"，我说："你赶紧完婚吧，我就不用再听你这一腔爱慕了。"

没想到，刚开始谈婚论嫁，他俩突然掰了，康梅为此大病一场，之后一改活泼聪慧的性情，整日郁郁寡欢，让亲友们好生心疼。我不忍心追问原委，却断定这回一定不是康梅要分手，无法想象大立怎么可能舍得下康梅这么优秀的女孩，除非……终于，康梅把原因告诉了我，除了一声叹息，我找不出丝毫理由责怪他俩中的任何一方。果然不出所料，为了自尊，康梅把海南岛遭受加强性引产术以及后果对大立据实相告，比意料中更恐怖的是：大立几乎毫不迟疑，果断地说了句"到此为止"，站起身就一瘸一拐地离开，刚才的海誓山盟瞬间报废，两年多轰轰烈烈的恋情犹如三九坚冰一样画上了句号。大立的决绝，给康梅造成的打击，如同升级版的海南之殇。

又过了两年，康梅的父母眼看女儿的同学一个个都结婚生子，女儿非但不再交往男友，连家门都不爱出了，闺女不急父母急啊，左劝右说，软硬兼施，最后老爸亲自出马将自己一位老战友的儿子领进家门，站到康梅面前，康梅的婚事才算是水到渠成。小伙儿阿斌从部队转业回京，在一家大型国企工作，各方面条件都不错，从看见康梅第一眼，就认定"正是我要的神仙眷侣"，对康梅追得紧爱得浓。康梅被阿斌和他的家人宠得像公主一般，在双方父母的祝福催促下，半年后两人就步入婚姻殿堂。

婚后阿斌对康梅恩爱有加，言听计从，她与公婆小姑都相处和睦。康梅却悄悄对我说："过去我给大立洗衣服、擦地，心是甜的；现在阿斌无微不至照顾我，却有说不出的一股苦味。"我再怎么替阿斌说情，康梅还是摇头叹息，振作不起来。随着时间的推移，两人的感情在琐碎中被消磨着，最终在阿斌的亲属越来越急迫、催促生儿育女的噪音中撕裂开来。康梅办好离婚手续，紧接着申请赴美留学，1986年，35岁的康梅离开北京，飞越太平洋到美利坚合众国深造去了。

康梅后来学业有成，毕业后加盟美国一家著名媒体，几年后她嫁给一位美籍小伙儿。康梅，我永远祝福你！

2012年8月22日

21　万县来的女理发师

屈指一算，芸也奔40岁了，我认识她那年，她还是个23岁的年轻姑娘，进京谋生未满两年的一位个体户理发师。

1994年春，我家从三里屯搬到东三环外一座新建的塔楼里，十几座楼的居民小区围了院墙，朝北朝东各有一院门，大门西侧的围墙外建起一排简易板房，小商贩们在这里做起小生意，从四川万县（现在的重庆市万州）来的芸姑娘开的小理发店就在其中。

开了一间小理发店

芸姑娘个子不高，身材丰满，白净的圆脸常挂着笑容，不管是理发、洗头，还是洁面、推背，她都认真服务、从不马虎，手法灵巧、轻重适当，店面虽小顾客却络绎不绝，我和我先生都成为她的忠实顾客。剪头时，芸提出希望我办一张洁面卡，我没打锛儿就应允了。然后每周找她一趟，她的小手挺有劲道的，帮我洗净脸敷上面膜后，开始按摩头部、脖子，再按揉两肩，忙碌一天后，眼涩肩酸，经芸一下下有力的揉捏按压后，疲劳被驱散，感觉很舒适。在这个过程中，芸和我自然而然地闲聊着，不久就混熟了。芸把我当成知心阿姨，愿意倾听我的建议。投桃报李，我也不拿自己当外人了，出个主意、说句宽心话、送床毛毯、借台电扇等一些顺水人情，能做的就做，她受用我也乐意。

　　芸姑娘的家乡在万县农村，挺富饶的山乡已经开始破败，年轻人能跑的都跑光了，芸的哥哥在北京建筑工地当小工，两年前出了工伤，落下轻度残疾，哥哥养伤期间，芸在万县理发店打工，向店主请假来京照顾伤者，芸回忆说"老板娘很不情愿，再三叮嘱我速去速回。"芸违约了，她发现京城理发业赚钱比万县容易，哥哥的伤好后她没有回去，留在北京一家理发店打工。听说三环附近居民小区新搬来许多住户，有简易板房出租，她马上租了这间小店自立门户，应接不暇的顾客每每让她喜笑颜开。

　　记得我刚认识芸时，芸告诉我一件事：头天夜里大约十一、二点左右，理发店马路对面突然传出一个女孩的呼救声，马路并不宽，对面7、8米开外的路边有几棵小树和一片衰草，呵斥声、求救声、尖叫声一声接着一声清晰地传来，无疑那女孩正遭受歹徒的侵害，吓得芸捂紧耳朵。我问："后来呢？有人管这事吗？"芸说："过了一会儿，女孩不喊叫了，抽抽嗒嗒地在那里哭，又过了一会儿听不见哭声了，今天天刚亮，我拉开窗帘向外看，什么都没看见。"我追问："没人去帮助那女孩吗？"芸说："没有，不然那女孩不会哭那么长时间。"我简直不敢相信自己的耳朵，女孩受侵害的地方，不到十米距离的小马路对面有十来间店铺，里面大多都有人住，芸是个年轻姑娘不便冲出去制止，其他男性店员为什么假装听不见呢？那之后，我告诫每一位年轻女性的亲友，叮嘱她们天黑后不能独自外出。

　　芸姑娘跟我聊起他哥哥的婚事，大她两岁的哥哥去年伤好后，正月里回家乡相亲未果，归途中邂逅一川籍在京打工妹，两人闪电般定了终身，不久那女孩就辞工回了家乡，又是打电话又是写信，一个劲催未婚夫尽快完婚，芸哥紧拖慢拖，一年后将媳妇娶进家门。芸告诉我："我爸妈老实的像木头，那女人奸懒馋滑，整天乱打扮不干活，还无事生非，这不，又来信让我给她买这买那。我哥娶了她，我家的安生日子彻底没了。"她哥嫂的事，我不知该怎么劝慰她，就说："好歹你哥成家了，你也23岁了，不小了，该考虑自己的婚姻大事，让爸妈放心才好。"

初恋遇到军人

芸24岁那年交了一位男友，起初让她大喜过望，最终却财散心伤。芸开的小店紧邻部队医院，某日上午，一个高大帅气的年轻军人闪进理发店，他陪同首长看病，为首长取了药，首长顺便去看望在这里住院的病人，让他去和司机一起等候。走出医院大门，首长的座驾停在小街旁，紧挨着芸的小店，小伙子隔着玻璃看见大眼睛、脸白丰腴的年轻理发师，进来说"趁空吹吹头发"，跟芸攀谈起来。没隔几天，年轻军人又来了，带来小礼物和一堆甜言蜜语，临走前声明"非你不娶"，要和芸"处对象"。

芸惊喜地告诉我时，她自己都不大相信这是真的，神色半羞半疑："阿姨，我都不敢相信，才见过两次，啥都不了解呢。他那么高大俊气，怎么就看上我了呢？实在不般配呀，难道我上辈子积德报在今生？"芸心里钟情装军装的人，"最想嫁的就是军官"，她觉得人"只要一穿上军装，立马就特别威武"，她说"做梦也没料到"有个部队首长身边的年轻军人主动向自己示爱，从天而降的奇幻爱恋让她有了"腾云驾雾"般的美妙。

芸的快乐感染了我，我鼓励她说："你不必妄自菲薄，既然年貌相当，又都是从农村出来的，就算门当户对，他当兵你开店，怎么不般配啦。"芸受到鼓舞，眼里闪出光亮。我又给她泼点儿冷水："先别急着答应他，处对象必须慎重。萍水相逢的两人，先了解对方，条件和性格合适了，再发展感情，不能草率哦。"

他俩的感情进展迅猛，那军人一有机会就来看她，忙里偷闲地来陪她，让漂泊在京、孤身的芸倍感欢欣。芸每次说起"对象部队"里的事，总是兴高采烈，我不想驳她的兴致，有些不合乎情理的事她也当好事来听、来说。比如，那军人说过如何花钱买通老乡和指导员的关系入了党，正设法花更多的钱疏通关节争取提干。这种事在芸和她爱着的年轻军人眼中，似乎是天经地义的现象，然而比她年长20岁的我，知道20年代到70年代的两代中国人，曾经抱着什么目的要求入这个党，又是通过怎样的努力才能加入这个党的，对于90年代以后，人们围绕着加入执政党的主流动机、目的，以及达此目标采取的方式方法又是什么，对传统与现实的南辕北辙，我无话可说。瞧着芸姑娘因自己男友如此聪明能干、前途远大而喜气洋洋，心中不免生出一种说不清道不明的隐忧，似代沟又不是代沟的那种隔阂感。世风已巨变，草民奈何哉。

交往两个月后，那军人约请芸去他的驻地做客，离城里很远，芸要换两次车才能到达。芸说："有人一见我，就打趣他'又换了'，我问他以前交过多少女朋友，他说'交过，没你好'。"说这话时，芸深深被陶醉着。芸又不好意思地告诉我："他可坏了，说特别喜欢我的高胸脯，我说自己胖不好看，一直在减肥，他说减什么肥呀，我喜欢你多肉。阿姨，您说他是不是坏呀？"我认真地告诉芸："节食、不贪吃是对的，不为迎合别人，为的是自己更健康，更美好。"我又说："谈恋爱阶段，姑娘一定要保护自己，不能越过底线，你要把握好。"芸露出尴尬的神色，我就不便多说了。

哎，好花不常开，好景不长在。半年多后，芸痛不欲生病了一场，不得不停业一周。她第三次去部队，眼见公交车快进站，临上车前，那军人突然提出分手，理由是"父母不同意，就不耽误你了。"芸哭着求他的机会都没得到，他头也不回地走了。芸说："他的绝情，让我死的心都有了。您不知道，我刚帮他还了欠别人的钱，我为他花了不少钱，能不能给他的都给他了，他倒好，过河拆桥，呜呜……"我轻轻抚着芸的肩膀，劝道"尽快忘掉他吧，好在你们交往时间不算长，你呀你，对他太好了，可能他不好意思再耽误你了"，"吃一堑长一智，吸取这次教训，长得帅、穿军装不说明人品好，还没结婚就花你的钱说明不是好人，过日子还得找个老实本分的人。"

失恋对芸的打击大的超乎想象，原本红润的面庞骤然蒙上一层沧桑，银铃般的笑声听不到了，往日对顾客的热情周到明显地打了折扣，时常无精打采地敷衍，小店也日渐冷清。虽然同情，不便责怪，但服务质量是所有顾客最在意的，这一点概莫能外。洁面卡用完后我婉言谢绝了续卡，只还去剪头发。芸为我洗头时，没冲几下就关了喷头，我不得不提醒她"再冲一下吧"。

找个男人凑合过

终于有一天，又见到芸开心的模样，她快活地告诉我："我差点儿又要破费一次，怎么这么巧呀，那混蛋接到一个电话，说出事了，一溜烟儿跑了，哈哈哈。"芸说的"那混蛋"是街道工商所的一个衙役，分管收取这一带店铺的管理费，似乎很蛮横，开始是两个收款员一起来，后来改成年轻点的那人单独来，他安享芸殷勤的义务服务后，收费并不减少，芸跟其他小店主一样敢怒不敢言。上个月，在他的暗示下，芸在附近的饭店请他吃饭，"他不客气地点了贵菜"，刚才又来要"一起吃饭"，正愁着呢，他接了电话起身就走，芸乐哈哈道"真是天助我呀！"

新世纪之初，芸开小店的那排简易板房忽然被拆除，芸在附近租下更小一个街边店继续为人们理发。她再开业时，我在别的理发店已经办了卡，芸让我再去，我就隔一次去她那里一趟。又过了两年，见到芸的小店里来了个大男孩，见芸毫不客气地指使他，我以为是芸聘请的小工，但他又摆出不听话的架势，还刻意与芸较较真。芸借故让他去买两样东西，趁机对我说："他是我男友，比我小两、三岁。原来做美容美发产品推销，跟我好以后不肯干老本行了，住到我这里不走了。哎，愁死我了。"

我说："看样子挺老实的，长得也还算周正。他这么年轻，你鼓励他再找一份工作么，将来你俩能过得好一点儿。"芸叹口气，说："我都快30了，爸妈催我越来越急，其实我根本看不上他，他有三个姐姐,从小被惯坏了,一点儿苦都吃不消,他家又来信催我们领结婚证。阿姨,您说我这样背他这个累赘,到哪天算个头儿啊?可是我不要他的话,又有谁肯娶我呀?"芸的肺腑之言,让我替她难过,也帮不上什么,只能安慰她"你不必想太多,其实多数人只能将就着,找个能凑合过的人搭帮儿过日子呗。能互相照顾,说说心里话,总比孤零零一个人好。"芸一面点头认同,一面还在长吁短叹,颇有不甘。突然心生一计,我说:"你告诉他,如果他能再找份工作,无论干什么、挣多挣少,能做到自食其力,你就跟他结婚。"芸同意了。

没多久,芸的小店再一次被夷为平地。搬离前,她找过我一次,说要把电扇还给我,我说,有用就和别的东西一块搬走,不想要了就卖给收旧电器的吧,我家里不需要了。芸急慌慌地别过,之后我再也没见过她。前日冷不丁想起芸,趁今天有空把她的故事和盘托出。

2013年1月23日

22 近邻小媛

1994年单位调整职工住房,我家从三里屯搬到292医院宿舍院里的塔楼,乔迁之喜中碰到对门邻居是我先生熟悉的同事郑磊,小郑个子高高的,文科高材生,局里的笔杆子,他新婚不久的妻子小媛(两人均为化名)娇滴滴的小家碧玉,柔美可爱,我们两家迅速成为互有往来的好邻居。

很快发现小媛过于依赖郑磊,大事小情往后退缩。比如有一次我敲他家门查水表,那时楼里规定每季度收一次水费,每层8户轮流入户查表收费后交给物业管理员,我家住一号,第一次我去查表收费。敲开小媛家门,她让我等郑磊回来再说,因看不懂水表,我走进厨房掀起水表盖,告诉她怎么读出数字,她不愿意学要等郑磊,我执意帮她，说"你看，非常容易，指针在数字中间时读左边偏小的数，你来试试。"在我的坚持下，她很勉强地学会了。

郑磊有空常来我家，跟我上初中的儿子小泰打得火热，小泰叫他郑叔叔，他非让改口叫郑哥，我先生不答应，说"必须叫叔！"结果他俩彼此直呼姓名，更显亲热。

搬家一年后，我儿小泰面临中考，为减轻压力执意要养只猫，亲戚送来一只波斯猫。郑磊跟小泰一样宠猫有加，让小媛求我替他俩要只猫。不久，她家也有了猫，是我家那只猫的同窝亲弟弟，小两口给猫起名"卡西西"，连下楼散步时都抱着卡西西，对我说"猫也需要晒太阳"，我笑而不答。

有一天我刚出家门，见小媛站在楼道里，不好意思地请我去看看她做的汤菜面里该放多少盐。她在楼道里等了好一会儿，汤面都不热了，我对她说"有事就敲我家门，对门近邻千万别客气！"又鼓励她"自己会做饭是必需的，有几次就熟练了，盐一次别多放，味道淡再加点就行。"小媛强调自己太笨，要不是郑磊这次出差时间长，她只能回娘家蹭饭，娘家离得远，我又强调"必须学会做饭，不能总依靠别人"，见她点了头，我高兴地离去。

我儿小泰上高中后，郑磊曾来我家抱怨"媳妇又蠢又坏，生生把卡西西迫害致死，恨死我了！"我们赶紧安慰他，我还替小媛说好话，郑磊余怒未消地走了。几天后，小区附近有户人家发生煤气罐爆炸的重伤事件，当晚先生和我过去看被炸坏的窗和墙，遇到郑磊和小媛也在那里，小媛满脸惊惧的神情给人留下深刻印象。往回走的路上，我对先生说"看来郑磊原谅小媛了，挺好！"

接下来的一天，先生在单位给我打电话，让我早点下班去看看小媛。傍晚我敲了又敲，小媛听见我的声音终于开了门，然后跌坐在地上嚎啕大哭，只见她蓬头垢面，一脸憔悴，仿佛老了许多，我找了块毛巾递给她，等她平静下来。她告诉我"郑磊不要我了，好多天没回家，呜呜"，我蹲下身理顺她的长发，扶她坐到沙发上。又等了一会儿，我安慰道"每个人一辈子都难免七灾八难，在娘家太受宠爱的女孩婚后容易和丈夫闹矛盾，这种事太多了，你不必感觉太委屈，没有过不去的火焰山，咬咬牙就挺过来了，女人终归得靠自己挑起生活的担子。"她承认一直没吃饭，我让她去洗脸梳头，对她说我回家做了饭给她送点来。小媛还不错，送我出门时表示自己可以做饭吃。晚上先生回家说郑磊已离家三天，铁了心要离婚。快9点时，我又去看小媛，她眼圈依然红肿，但已经吃过饭平静多了。

我再也没见到郑磊，不久先生说他被文化部办公厅调走，部里肯定能再分房给他，看来对门小两口复婚没希望了。小媛不再像过去那样打扮得光鲜靓丽，蔫蔫的不搭理人，有次遇到她一反常态，高兴地告诉我，她"又上班了，新单位挺好的。"我知道以前郑磊帮她换过两三次工作单位，每次她都干不长，离婚后郑磊不再帮她，对她而言不见得是坏事，但愿她能努力学会自立。

又遇到小媛，她拉着我问"没有好看的电视剧，每天怎么才能打发时间？日子过得太慢了。"我说"看书，看书比看电视有意思多了。"小媛皱起眉头说"郑磊没事也看书，我一看书就犯困。"我想了想说"好多事可以干，织毛衣、画小人、刻剪纸、种花养鱼多了去了，尝试喜欢什么就去做，有了爱好，时间不够用呢。"小媛一筹莫展地苦笑着。

我知道离婚对年轻女人的打击太大了，几年前我二妹妹离过婚，她上大学时爱好体育，被具有健将风格的帅小伙儿追求，那男生家住的部队大院离我家不远，父母一走动婚事就定下来了。婚后没几年妹妹就坚决离婚，那小伙子知道妹妹跟我最要好，到我家一个劲认错"保证"绝不再犯，央求我说服妹妹原谅他，我冷冷地说"这么短时间，你两次严重伤害她，品德太差，你的保证我不信，你走吧。"说完开门请他离开。妹妹离婚后净身出户，我就让妹妹住到我家，见她痛苦的状况，后悔不该那么决绝地把帮他俩和解的机会赶跑，向妹妹道歉，妹妹告诉我"你做得对，他小时候部队大院有几个家属因为男人长期不在身边，勾引院里的男孩瞎混，他永远改不了乱性的毛病。"妹妹的话让我头皮发麻，这种男人我也忍受不了，就开始积极帮助妹妹结交新男友，妹妹虽是二婚，一点都不肯将就，三年后终于自己找了个学法律的优秀男士重组家庭，婚后生育了一个特别漂亮的女儿。

小嫒的情况，让我想起二妹妹离婚后为排遣孤寂，曾经利用业余时间研究各种信仰，参加过北京市多种宗教仪式活动，她曾对我说过"认真比较后，发现基督教最具亲和力"。正巧很快有一次民进活动遇到熟人孟雁君，孟雁君老师也是民进老会员，她在怀柔一中当老师时，因接连两年的高考英语状元都是她的学生而一举成名，民进市委会安排我采访孟老师，我写了篇《县城女教师》登刊后，孟老师被调进国家教育部负责敲定每年高考英语试卷的工作。几年没见了，那天我问孟老师"最近忙什么呢？"她说兼任了"基督教女青年联谊会的负责人""不少女孩子特别愿意参加我组织的活动"。想起妹妹说基督教最具亲和力，这太好了，我马上向孟老师推荐小嫒，请她多多关照我的近邻。

小嫒听说后当即表示愿意接触一下联谊会，我把孟老师的联系方式告诉小嫒，超乎我的预期，小嫒很快像换了个人似的，一改茫然颓丧，焕发出朝气。半年后，小嫒来我家送了一小包云南特产的"菌菇干"，兴致勃勃地对我说"以前看你们有机会出差，特羡慕，这次联谊会组织去云南旅游，我也开了眼，还认了个干姐姐。"看来，基督教女青年联谊会的活动确实好，小嫒有了适合自己的组织，从那以后，我不再担心她了。

2014年4月9日

23 收废品的河北汉子

我家住的居民小区有个来京打工的男人，借住在高层塔楼一间地下室，每月单位补贴他几百元钱，让他打扫18层楼道的卫生并看护地下室停放的自行车。几百元显然不足以维持一家人的生计，于是他兼任废品收购员。我和邻居都把看过的报纸杂志、瓶罐旧衣等卖给他。没想到两年后他依仗主管单位有了"靠山",收入翻倍了,又开始偷窃由他看管的自行车,还盗割附近的电缆,干了不少坏事。他买了一辆面包车,把一家三代人都从河南驻马店乡下接来北京,地下室存自行车的地盘越来越小,成了他家免费的私人领域。邻居们敢怒不敢言,两次到派出所反映,片警总敷衍了事,于是他成了小区一霸,没人敢招惹他。

我家北面的小区也有一位收废品的,是一位40多岁、河北籍的中年汉子,他带着老婆、儿子一家人在京讨生活。他和媳妇、儿子住的小棚子,是他用废弃的石棉瓦、铁皮、厚纸板在院子尽头一栋居民楼与院墙夹缝处自建的栖身小屋。我外出或散步时,经常能见到他从早到晚忙碌不停的身影,白天他总是背着从四处收购来的纸板纸箱低头前行;傍晚常见他在路边小岔道上往一辆小三轮车上吃力地捆绑着各种废品;从没见他与任何人发生过争执,对面相遇时,他总是主动笑着问好打招呼,他的笑容真挚热情,加深着我对不卑不亢的理解。十多年来,河北汉子以勤劳质朴的身姿,成为小区生活画卷中的一道风景。

对这位以收废品为生的汉子,我了解不多,光知道他来自河北农村。他命运多舛,仅凭一双手养活着痴呆媳妇和先天脑残的儿子,十多年时光匆匆而逝,从他一如既往的辛劳和对病残媳妇、儿子的养护中,我读懂了什么叫被命运再三捉弄仍不失善良、坚韧与责任!

前些年,我见河北汉子整天把男孩带在身边,曾提醒他:"该把儿子送去上学了!""哎——"他叹息后说"求告好几回了,学校就是不收。"我一听来了气,"那怎么行,我帮你说说去!国家有义务教育法管着呢。"河北汉子说"不怪学校,这孩子落地儿就傻。"我吃了一惊,挺好看挺壮实的一男孩,莫非受母亲遗传?哎——

那男孩儿一天天长大了,先天愚型的特征显露出来,从小一切全靠爸爸支撑,他不会说别的,连妈妈都没听他叫过,整天追在爸爸身后,一迭声唤着"爸爸,爸爸,爸爸",河北汉子肩扛手提、负重忙碌时,已经长得高出爸爸半个头的傻儿子永远不知道帮爸爸干活,一声声重复呼唤着无所顾忌,换作我当他爸爸早就厌烦透了。

前些天，我又背着地下室看车的人，舍近求远把家里的报纸拎到河北汉子那里去卖，每次都感觉他给的价钱明显比驻马店人实在，怜惜他媳妇呆傻、儿子痴笨的窘境，天冷了还穿得那么单薄，我就收拾出几件不再穿的衣服送过去，对他说："你媳妇身高跟我差不多，这几件衣裳给她穿吧。"河北汉子道谢后却不肯收，好说歹说最后只留下一件褐色羽绒服、一件深蓝色毛衣，其他颜色鲜亮的他执意让我拿回来。他对我说"她从不穿女式衣服"，这件事让我领悟到从早忙到晚的男人对丧失了自护能力的病妻一种无奈却另类的关爱。他媳妇虽然面无表情、形象粗糙，从不开口说话，但已有明显发福的迹象，自然是受呵护的结果，她虽痴呆，日子却比许多女人过得舒坦呢。

每天晚饭后我和先生都外出散步，经常看到河北汉子在路边的岔道上不停歇地忙碌着，吃力地捆绑着白天收购来的各种废品，他的病妻安闲地坐在路墩上，先天脑残的儿子跟在爸爸身旁一声连一声叫唤着"爸爸，爸爸，爸爸"，河北汉子一家人就这样日复一日生活在大都市的缝隙之中。

2010年11月30日

24 送我师傅一程

晴天丽日的，我心里却莫名其妙地阴郁。上班不久，忽然接到电话通知：今天凌晨，王知仁师傅突发心脏病过世了，追悼会三天后举行。这消息令我惊愕不已，追问后被证实。我回答追悼会准时到场，心里盘算着下班后要赶去师傅家安慰师娘。

今天需要付印报样，紧忙一阵后坐下来，想起我的师傅王知仁，不禁呜咽抽泣，这时又有人推开总编室的门，见我失态，进退两难中过来安慰"怎么啦？需要我帮助吗？"我擦擦眼睛说"不用，我在工厂学徒时的师傅病故了"，说完又哭起来，同事不解地劝两句走了。

师傅啊，工友们偷偷泡病假那些年，您都从来没缺过一天勤，退休后又上三年班，我以为您身体特别棒，怎么刚66岁就猝然逝去？为啥走得如此匆忙啊？师傅，您的教诲徒弟我谨记在心"兢兢业业，光明磊落，清白做人"，但是您的出众技术，那整套好手艺竟然没传承下来呀！您带过好几个徒弟，您早就清楚我是不中用，我的特长与车间劳作不搭界，所以没认真教过我技术，其他徒弟您也很失望却也无可奈何，为此我没少替您抱憾呢。

1969年3月我被学校分配进北京第三通用机械厂当学徒工，师傅是钳工一组的技术组长、七级工王知仁。我师傅不善言谈，技术最优，工友们看不懂的图纸、搞不定的精细活儿都得找他解决。我师傅最擅长的是发明创造，当时叫技术革新，很复杂精密的加工程序，王师傅经过认真推敲后，总能设计并画出草图，研制出一台专用机床，难题就迎刃而解了。渐渐地，不光我在的班组和车间，全厂各车间都陆续用上王知仁师傅研制出来的专用机床，尽管王师傅永远埋头干活，不声不响，但工友们都对他敬佩有加，我也为有这么棒的师傅自豪得很！

有利也有弊，比如因师傅总是加班搞技术改新，别人下班后，作为徒弟我不好意思离开工厂，有几次借到本好书急着回宿舍看，却不得不加班，心里急得不行也不敢说。加夜班需要挑灯夜战，车间的灯不够亮，我手握被遮挡一半的灯泡帮师傅照明，有几次免不了打盹，师傅用改锥轻敲灯泡外的铁丝铁片，我一下醒来，发现灯光正照着我自己的脸，不好意思马上调转灯光，继续帮师傅照亮。开始那一两年，师傅也曾试图教我视图、端锉等钳工技术，但是三天两头我会被厂部借调去帮助厂长写文件，那些需要在会上宣读的年初计划、年底总结啥的，老是让我去起草或定稿，还派我去解放军总院学习新医疗法，又留我在医务室负责给病人注射，在车间干活的时间很少很少。其实我心里很愿意跟师傅们一起干活，一有机会就设法求我师傅做工作，再让大组长成敦师傅把我要回车间参加突击任务。

学徒期间，我们师徒相处很融洽，有机会我就会写篇广播稿表扬一下王师傅。记得1969年秋季车间成立了业余毛泽东思想宣传队，动员我参加被我婉言拒绝。一天队长拿着他写好的三句半让我看，其中一句"我的师傅王知仁，干起活来赛过人"，我不高兴了，说"你写的什么呀？我师傅是机器吗？"他说"写得不好可以改，我们觉得这段词还是你说比较好，跟我们一起表演吧。"我同意了，把那句话改成"我的师傅王知仁，干起活来赛他人"。文革期间，我厂是北京市工业战线的标杆单位，军管组和厂领导特别爱在宣传上标新立异。1974年，厂部自创一册《三通文艺》向我约稿，我写了一篇数千字的小小说，题名《榜样》，结结实实把王师傅夸了一顿，刊登在创刊号头条发表，王师傅不以为意，师娘和师傅的子女可高兴呢。

师傅师娘恩爱和睦，生育了四女两男六子女，老大雪丽和我同岁，我俩好得像亲姐妹似的，我曾和雪丽姐妹挤在一个大床上过夜，嘻嘻哈哈特开心。师傅家住房很狭小，只有一间不足20平方米的房间，厨房厕所都是公用的，每天早晨为上个厕所非排队不可，夏季最难熬，每晚姐妹四人和师娘轮着在屋里擦澡，我师傅和俩男孩只能坐在楼下等啊等。师娘做饭手艺不错，偶尔蒸了黏豆包等好吃的，一定让女儿送到厂里分我两个尝尝。1976年夏天，我父母从国外回北京向总社述职，那时我已经出师调到科室工作，但我说"师恩难忘"提了个要求，让父母去师傅家一趟表达谢意。星期天爸爸没脱开身，妈妈买了铁盒装的茉莉花茶等礼品登门致谢，我师娘笑得合不拢嘴，妈妈也很满意，直说"王师傅一家真是好人！"

1985年6月我离开工厂，到中国少年报工作，逢年过节我会去师傅家聊聊天。1989年6月那场"风波"刚过，我和先生去看师傅师娘，一向心平气和的王师傅那次特别火大，第一次听见他开骂，师娘告诉我"咱厂有个工人3号晚上路过大栅栏时被枪击中，孩子才刚上小学，妻子痛不欲生。"师傅恼恨地告诉我"我辞工了，不给他们干了！"那之前退休后的师傅被要求发挥余热，每天照常去厂里上班，两年后我才听雪丽说"厂领导欺负我爸老实，说好的报酬一分没给白干三年。"我知道爱厂如家的师傅辞工不光是为领导失信赖账，主要是那场血光之灾让身为老党员的他从此绝望了。

记得那次雪丽告诉我师傅白干三年一分钱没挣到，气的我乱骂一气，最后我对雪丽姐弟们说："咱们都记着，永远别太老实了，要懂得维护自己的权利。再有人敢欺负咱，最起码得当面锣对面鼓讲讲清楚。"心里还惦记着找机会帮师傅讨个公道，出口气，师傅却突然撒手人寰。王知仁我的师傅，您老实一辈子，苦干一辈子，哎，今后好好休息休息吧，徒弟我永远在心里记着您。

1992 年 8 月 19 日

补记：师傅过世后，逢年过节我依然去看望师娘，最后那次国庆期间我去她家，师娘告诉我"厂领导让工人们都下岗，把工厂买给房地产商，自己发了大财。"没多久师娘也过世了。好在雪丽和弟弟妹妹们过得都还不错，三妹妹的儿子成绩优异去美国读研后工作，三妹妹一家已经定居美国，雪丽当上姥姥了，挺开心的。

25 何泽慧与我的七日交往

今天在清华老校友群看到群友们继续议论香堂村被拆迁一事，有人说："现在的拆迁更蛮横了，现在的教授、院士也远比原来的不值钱了。大约二三十年前，要拆中关村北区，住在那里的何泽慧说，'拆，可以啊，等我死了以后。'结果真就没敢拆。"我说："是的，我也听中关村的老科学家们说过何泽慧的故事，那一带的老住户，特别是科学家和教授们都对她分外尊崇，据说连那里买菜的小贩们都懂得高看她一眼。"接着我说了一段往事：

"1997 年 3 月初，在赴黑龙江漠河观测日全食旅途中，我与何泽惠阿姨相遇，那七天里，我一再袒护两个小学生记者，而何泽慧院士强烈反对未成年人参与这类活动，为此我俩闹起矛盾。我知道她占理，只是身为中国少年报记者，我不得不偏袒全团（科学观测团）唯一两个小学生，我与何阿姨从互不相让到彼此谅解。"两名群友希望我更详细地介绍一下，当时我得赶紧给家人做饭去，就用语音发了几条，现在把何泽慧院士与我的七日交往写出来。

1997年3月9号，我国黑龙江北部漠河地区发生过一次十分壮观的天文奇观，日全食与海尔.波普彗星同现天幕，吸引了来自四面八方的天文爱好者。那次从北京赴漠河的科学观测团里共有九位院士，都是老资格的学部委员，还有一批优秀的天文学家，主流媒体、各大报刊、央视科技频道纷纷派出记者，还有一批天文发烧友，组成一个庞大的观测团，在哈尔滨集合后乘上包租的一列绿皮火车，奔赴漠河。

记得到哈尔滨市八一酒店报道后，第一次参加团餐，我旁边桌上坐有何泽慧和王大珩两位院士，两个来自青海西宁市的小记者找"何泽慧奶奶"签字，她生气地说："不给你们签，你们这些孩子来干嘛？那么远，家长有钱是吧？那么远来凑什么热闹？"那两个小学生又叫她奶奶，说您给我们签个名吧，何先生坚持"我不给你们签！"僵持在那里，见孩子不肯走，何院士也没办法用餐，我离得很近，就过去劝："阿姨，您别生气，既然他们已经大老远来了，您别不高兴啊，吃饭吃饭！"我又招呼学生的老师带他们离开。这是第一次与何先生的交往，次日撞见俩孩子又去找她缠磨着要签名，何先生还是坚拒，我又赶上前去解围。

然后大家坐上那列绿皮火车离开哈尔滨，到了漠河，停在县城火车站。到漠河第二天去北极村旅游，第三天上午中科院召开一个国际学术研讨会，是围绕太阳系演进变化及对人类影响的专题性年会，参会者有不少外国科学家和香港学者。那天我被允许去旁听这个会，发言和讨论内容丰富，会议结束时已经过了午饭时间，要到科学会馆下面半山腰上的酒店去吃饭。当时与会记者除了人民日报的温红彦和我两个女同志，其他都是男性，大家往山下走，我看到前边是王大珩和何泽慧两位老人正慢慢下坡，就对小温说，哎呀，咱们赶紧扶他们一把，小温马上去扶王大珩，我去扶着何先生。

我叫了声何阿姨，挎起她胳膊肘，她一见是我满脸不高兴，我赶紧说"这坡太陡,扶着走,咱俩都安全点儿。"接着又没话找话说"您戴的这条围巾,我也有一条这个颜色的。"她可能还在想我俩闹过两次,又见我正打量她的围巾,她特别敏锐,口气很硬地告诉我"我这个围巾戴很多年了,很旧了,但并不脏,我每年都洗。"我为什么盯着看她的围巾呀?因为我发现她那条淡褐色的围巾被蛀了无数的洞,大洞小洞少说有几十个洞。你想想,同样老款的围巾我是1968年买的,戴到70年代中期就换新的了,何先生到1997年居然还戴着呢!哎哟,太让我惊讶了,不好意思一个劲儿看围巾,忙低下头,看到她穿着一双特旧的解放鞋,过去部队士兵穿的那种布面球鞋,旧得完全脱色了。

　　我在北极村采访了一位五年级的小学生,他非常懂事,经常帮父母干活,学习成绩也不错。您瞧,他多耐寒,我穿厚羽绒服都感觉冷,他只穿一件毛衣,却对我说"今天天好,不冷。"

　　3月9日一大早,科学观测团集合在漠河三中露天大操场上,全体成员一起站在操场上观看天文奇观,那里四周空旷,是最理想的观测地点。大家冒着零下39度的严寒,从天没亮到上午十点半,长时间在操场上观测日全食,全过程无比壮观,我们不仅看到墨玉盘般的日食,看到同时现身的海尔.波普彗星,居然还看到了水星!我报老作者、天文学科普大家卞毓麟先生激动地朝我喊道:"哎呀,太幸运了，连最著名的天文学家，全世界最有名的大天文学家终其一生都没见过水星！"追问后我才知道，因为太阳被完全遮挡住的过程中，天幕特别幽暗，只有这短暂的过程中人才有幸看到平常用肉眼根本看不到的水星。当时，海尔.波普彗星和全食之日相邻悬挂在空中，过了一会儿，还出现了夺目绚丽的贝利珠，许多人激动的眼泪都出来了，当时满操场的人如醉如痴，科学家们更是大呼过瘾。

中午，我和温红彦赶去县城邮局用电报给报社发稿件，下午又参加座谈会，吃完晚饭我赶紧跑去找9位院士签名，看完日全食，活动已进入尾声，再不抓紧就来不及了。我拿到其他院士签名后，赶往王大珩和何泽慧先生的包厢，包厢开着门，我一看里面很多人，就站在门口等，一直等啊等，等到几十个人先后离开，中间看到那两个青海的小记者又来过，又被何先生毫不客气给轰走了，说什么也不给他们签名，俩孩子非常失望，那个女孩儿哭着被老师劝走了。

我一直站在那间软卧包厢的过道里，何先生只要抬头时就能看到我，我一直在那儿等，不着急地等，当车厢里人少时我还进去过一次，让王大珩先生给我签了名，然后赶紧出来，又站在外边过道继续等，比我后来的人我也让着，终于没有人了，何先生招招手让我进去。何先生坐在卧铺的下层，她坐在那儿，我进去低头叫了声何阿姨，何先生对我说："你告诉那个西宁来的老师，明天我给那两个孩子签名。"我赶紧说那谢谢您了！然后拿出本次活动的证书请她为我签上名，她招手让我坐在她旁边儿。

坐下后，我在等她签名时，看到对面铺位的王大珩老先生已经躺着好像睡着了，就压减声音问："何阿姨，回北京以后有人照顾您的生活吗？有人帮您买菜做饭吗？"她说"我干嘛用别人照顾我，我自己可以，买菜做饭我都会，我每天都扫地擦地。"边说她边比划那几种姿势，怎么炒菜，怎么扫地，怎么擦地，她说："这不就等于做健身操吗？"这时，她把头顶上绑着的皮筋儿松开来，花白的头发散落到肩上，又说"我为什么留长发呀？"问完她看看我：你是短发。我说我一直都是短发，她说"我留长发，是为了每天这样用手押着从下往上梳头，每天这样梳啊梳，每天都这样梳啊梳，这不也是做操吗？

坚持做手指操也管用，自己的身体要靠自己来保护，我这都是在运动啊，为了保护自己的健康。"我说"您做得非常好，一定要长寿，要健康长寿。"

我俩就这样聊起来，她跟我聊她小时候的事儿，我也把自己过去的境遇如实讲给何先生听，20多年过后，我已经记不太清楚这段对话的详细内容了，记得何先生告诉我小时候家里为她请过教师，我插嘴问"那时您住在苏州何园吧？"她没答复我，说起念中学后她独自一人去了南京，对我说"上中学后不愿意再要家里的钱，在南京找有钱人家帮佣挣钱养活自己，特意选择书多的家庭，努力把活做好后方便借书看。"我惊喜地问"哇，人家肯借书给你吗？"她看过来的眼神儿好似鄙夷我的大惊小怪，"当然借给我啦，借给我好几次呢！"

她的故事太引人入胜了，偏偏那个时候我冒出不合时宜、日后追悔莫及的一份纠结，因为听到对面王大珩先生均匀的呼吸声，好像已经睡着了，我很想继续听何先生说有趣的故事，明知后面的故事更精彩，尤其想了解她和钱三强夫妇二人在法国的经历，只是担心她太辛苦，刚才眼见她不停地给几十个人签名并回答问题，我被迫收起好奇心，央求她赶紧休息。见我要走，她突然伸出双手拉紧我的手说"这些事，我从来没对人提起过，都要忘记了。"我心里暖暖的，再次请她赶紧休息，自己一步三回头地离开，随手关上了包厢门。

那晚回到硬卧车厢后久久睡不着，回味着激动人心的一整天的大事小情，脑海中挥之不去的是率直通透的何先生，干眼偏加貌似无敌的简朴裹藏着她超人的好学上进自强不息，她紧紧握过的手好有力，她的心好温暖好强大，我好喜欢她啊。回到北京后，我依然长久地怀念着她——中国的居里夫人。

2009年何泽慧先生95岁华诞时，中科院院士李惕碚写过一篇言简意赅的贺寿文章："在何先生那里，科学研究就是探索自然的本来面目，如此而已。权位和来头，排场和声势，以及华丽的包装，对何先生都没有作用；她会时不时像那个看不见皇帝新衣的小孩子，冷冷地冒出一句不合时宜而又鞭辟入里的实在话。何泽慧老人，家世显赫，却简朴平淡，出身名门望族、为国家做出巨大贡献的她，直到离世，居然一直栖身于中关村五十年代的小区中。这里已经陈旧破败，昏暗的楼道里贴满了疏通下水道的小广告，小院中，随处可见各种各样的杂物。"读来百感丛生。

2011年6月20日，97岁的何泽慧故去的消息让我鼻子酸眼睛湿。近年每次念及她，总忍不住暗自发问：中华大地像何先生这样的科学大家还有多少？我们足够尊重并懂得珍惜吗？

2020年12月27日

26 李昭阿姨安祥离世的感想

1937年，十几个年轻人在安徽宿州（当时叫南徐州、宿县）城里，组织起一个名为"服务团"的话剧班子，经常在大街人多处演抗战剧。

我爸爸于明（那时叫张雨明）和李昭同岁，都是"服务团"剧团的演员，合作演出过"放下你的鞭子""松花江上"等抗日题材的短小剧目。半年后，我爸爸考取国民党航空学校，离开了剧团。爸爸曾告诉我，李昭阿姨和我爸爸的一个亲戚、也曾在"服务团"演出过的石笑北等同志随后远赴延安投身革命，李昭阿姨在延安遇到胡耀邦并喜结良缘，相伴恩爱一生。

在国民党航空学校新学员班临近结业时，于明被学校里一名以教官为身份掩护的中共地下党员看中，与另一名地下党员合作，设计将于明和另一个学员趁夜色秘密送到中共管辖区，先在游击大队后编入新四军。同去的那人，在三年内战时阵亡。

我爸爸2003年，81岁病逝。当年与他一起演出抗战剧的李昭阿姨去了延安，嫁给胡耀邦，夫妻和睦，儿女双全，幸获长寿。"服务团"里另一团员石笑北，1949年后供职国务院，生前与我家常来常往，文革中被批斗整治得七荤八素，70多岁就病故了。近年每逢清明扫墓，我在爸爸那里鞠躬、清洁换花后，再到八宝山公墓同一区域石伯伯夫妇墓前清扫并换上新的花卉，石伯伯的独生女石皖阳定居美国，回来一趟不容易。

我爸爸一辈子坚守传统知识分子的底线，不仅在历次战斗中冲锋陷阵，数次负伤，在历次政治运动中坚持不伤害同志。从1953年初春拒绝出任河南省宣传厅厅长，背个小包把自己下放到郊区去当工人，后被任命为郑州国棉一厂党委书记，这是他第一次辞官不做；1958年辞去郑州市委宣传部部长，赴京当了一名普通的新华社记者；1980年辞去司法部党组成员和宣传厅负责人去创办了《法制日报》，第三次属于弃官创业，算是一个很独特的另类党员。

上世纪60年代初，由于父母在国外当记者，我和两个妹妹先后都进入育英学校成为住宿生，与胡德华学兄成为校友。1985年经过社会公开招聘，我进入中国少年报，在团中央大楼上班那两年，听了满耳朵老同志回忆、说了不少老书记胡耀邦忠于事业、爱护同志、平易近人的故事，回家对父母说起，爸爸给我讲了本文开头他和李昭阿姨年轻时一起演抗战剧的往事，我才知道他们是安徽宿州老乡。

2009年秋天，应老同学邓晓燕之约，我参加了育英校友会组织的赴江苏参观访问团。晓燕的父亲邓子恢和我爸爸于明，还有我公公王剑青都是老新四军军人。皖南事变前夕，叶挺军长带领十几个人赴江北指挥所，返回江南前，在江北指挥员张云逸恳请后留下两人，就是晓燕的父亲邓子恢和我公公王剑青，叶挺一行随后遭遇惨烈的皖南事变……

在江苏泗洪县半城镇烈士陵园祭拜新四军四师老师长彭雪枫那天，离开前我再次去彭师长墓前双手合十、垂首祭拜，碰到同样也再次折返拜望的胡德华学兄。问缘故，胡德华指着彭雪枫师长的墓碑说："他是我爸爸的老首长。"我说："我爸爸是四师老兵，彭师长也是我爸爸的老首长。"不用问就知道，胡耀邦总书记早年在井冈山红军时期，与彭雪枫曾经同在一个部队。

胡耀邦总书记辞世快28年了，他领导改革开放为我们的祖国和人民谋取了开创性的进步,他克服巨大的阻力平反冤假错案功勋盖世,李昭阿姨作为贤内助同样功不可没。李昭阿姨,愿您在天国含笑安息!

2017 年 3 月 15 日

27 怀念爱新觉罗·毓嶦

刚看了一篇文章,图文并茂地介绍了恭亲王一个画家孙辈的故事,让我突然怀念起老友——爱新觉罗·毓嶦,特好的一位老先生!上世纪 80 年代我俩同在民进北京市委联合支部,成员都是京城各事业单位的非官员知识分子,那时我们支部活动搞得别提多好了,骨干会友间有一种不是亲人胜似亲人的信任。毓嶦是艺术研究院的一名普通干部,他和我每次都积极参加魏家胡同(民进市委所在地)的支部活动,他特别有涵养,而我特别率直没心机,偏偏我俩很聊得来。

听人说他是恭亲王嫡孙,第一次我找他开口就问:"老师,您在恭王府长大的,那么大那么富丽的花园,够幸福啊。"他奇怪地说:"还没开放,你怎么知道大不大,富丽不富丽?"我赶紧解释:"我孩子的爸在文物局上班,他进去过跟我形容的,还告诉我要从园子里清出一、二百户人,对外开放后让我也买票进去看看呢。"他这才笑了,告诉我他"出生在大连。"我抢话说"原来您生在大连啊,我看过溥仪的书,知道您跟随溥仪好多年,知道一点他在俄罗斯和抚顺的故事。"我俩从此熟悉了,他虽然只比我父亲小一岁,但年过 60 却那么健康,又那么低调谦逊,让我刮目相看。跟他相处,我总忘了他是恭亲王的嫡孙,每次念及"他才是最后一位恭亲王"时,忍不住感叹:看不出来,但确实有一股难以言表的贵气。

联合支部有三位书画大家,毓嶦的墨笔字写得格外潇洒漂亮,那时每年春节前支部都安排一场联欢小会,以写赠春联做压轴戏。最少两次,他写给我的对联和诗,晾干时,我被人叫走说事,回来就发现丢了,心想我俩忘年交那么好,下次吧,耸耸肩就算了。

大约2000年前后,民进市委医疗支部主任雍爱丽医生告诉我"毓嶦书法享誉香港,又在日本爆出大名",想通过我求他一两幅墨宝,让我陪着去他家一趟。爱丽办事认真,我负责的版面有个专栏《小白鸽卫生站》,根据季节变化,我会向她约稿,以"爱丽大夫"署名给小读者介绍预防时疫与保健等知识;两年前1998年我报在云南丽江市举办知识版作者会,我请爱丽去参加,所以我俩很要好。

毓嶦夫妇家住人民日报院里的一栋宿舍楼,我陪爱丽医生进了家门,第一次见到毓嶦太太"清水夫人",哎呀,清水夫人名如其人,端庄秀雅,人见人爱。趁毓嶦给爱丽写字,我不见外地跟"清水夫人"聊起来,她也出身满族皇亲,是一位功成名就的女画家。聊得正高兴,毓嶦从书房走过来问我"我写给你的字,一幅也没找到吗?"我说"当然没有,偷偷拿走怎么可能还给我呢。"他二话不说,拿来一本唐诗三百首,让我选一首写给我,我没好意思选,就说"您写给我哪篇我都喜欢。"他把一大张宣纸铺平在有羊毛毡子的字台上,写啊写,一气写满了才盖上章,一大张呢,很小的字啊!当时我咋迟钝的没什么感觉,也没认真谢谢他,此时此刻想起已经不在人世的老友,眼睛突然湿了。

那天字写好后,我们四人坐在客厅聊天,毓嶦当着太太和爱丽的面大声埋怨我"太傻!被单位领导欺负成这样,肯定有你自己的原因!好好调整一下状态。"纳闷他怎么知道我被单位虐待的事?但是我心悦诚服。想起自己曾经跟民进市委会秘书长金铁宽诉过委屈,金先生与毓嶦走得近也未可知。清水夫人问谁欺负我?我说"没大事,就是我拿着中级职称十几二十年了,高级职称就是不给我。"清水夫人皱起眉头说"太不像话了,找机会你跟领导谈谈。"她和毓嶦都是替我着急,我说"求别人掉价,我想开点不生气就算了。说别的吧!"

清水夫人问起雍爱丽的姓氏,原来爱丽也是满族人,她爷爷是御医,我恍然大悟道"怪不得你家住在南长街!"于是三位满族人聊得很投缘，我也听得兴致勃勃。清水夫人取出一册织锦缎封面的家谱让我俩看，恭王果真是最近一枝。我想起民进会员中另有一位金氏格格，毓嶦直接翻到后面指出她的名字，哦，她是格格，属于爱新觉罗大家族中较远的亲戚。辞别毓嶦家，等车时爱丽医生说"给我写了两幅，总共没几个字，给你写了那么多，看来新认识的就是不如旧相识。"我说，"给你写的两张字那么大，知足吧！"我俩哈哈大笑。到家后我把那副字收起来，上面写的是哪首长诗？印章署名是什么？被我放在哪儿了？我都想不起来了。

那次告别前，清水夫人诚恳地让爱丽和我"常来常往"，我也答应再去看他们夫妇，当时他俩还那么健旺，我以为我们两家距离不远，有的是机会，居然就没再去。又过了几年，2017还是18年忽然听闻毓嶦驾鹤了，顿时后悔莫及！很怀念他和清水夫人，抽空要找出老友毓嶦写给我的那幅字，认认真真给老友道个歉。

2021年11月8日

补记：2022年1月6日上午，翻箱倒柜终于找到毓嶦题赠我的墨宝，因为用一个大信封装着折叠过的那幅墨宝，信封上有我当时的记录，最后那次去他家是在1995年。信封上写着：80年代，毓嶦老哥和我同在民进北京市委联合支部，第一任支部主任是陈洵，我是第二任，毓嶦每次活动从不缺席。他是恭亲王的嫡孙，陪溥仪在苏联五年，又在抚顺战犯管理所坐牢约十年，回京后在文研所任馆员。书法一流，多次赠我墨宝，晾在会议室，有人一次次乘我不备偷偷拿走。

1995年春，他的书法在日本突然暴得大名，价值惊人，北京书法爱好者督促我陪同去毓嶦家，清水夫人热情款待。那天毓嶦说听闻我在报社备受欺负，在我没索要的情况下要送我一幅字，他递给我一本《唐诗三百首》，我翻看时，他一边背诵一边为我写了白居易的诗，嘱咐我"以后办事做人不必太认真，希望你笑口常开！"多可爱的好老头啊！还想起，他写了白居易的名篇后，问我选哪首诗？其实唐朝群星灿烂中，我比较不太中意的是白居易，除了《琵琶行》。但是我那天赶紧劝住老哥："赶紧休息吧，就要这首！"

见字如面，怀念毓嶦。

28 缅怀张虹生学哥

忽然听到张虹生学哥病逝的噩耗，难过、伤心、怀念齐涌心头。

回想起 2009 年 9 月邓晓燕约请我随"开国元勋后代旅游团"赴江苏旅游，从徐州到高淳曲折南下后再返回南京，一路上我使用的是"张虹生"学哥的姓名，路途中坐在大巴车上听邻座陈席毛学哥讲了许多他的挚友虹生的故事，直到南京才终于见到虹生学哥，席毛哥说得太逼真了，虹生哥果然朴实厚道，令我一见如故。

张虹生是育英第一届老校友，中共元勋张闻天和老红军女战士刘英夫妇的唯一爱子，多半辈子逃不开被牵连、遭虐待的命运，曾被逼无奈自我流放到新疆的偏远之地，改开后在南京大学当普通图书管理员安贫守静直至退休。拿陈席毛学哥的话说"街上遇到他，无论穿着还是神态，分明是个进城打工的农民工，绝对想不到他是遵义时期党魁的儿子。"在大巴车上初听这番话，我难以置信，在最后一站见到虹生才知所言不虚。那天晚上，虹生哥、席毛哥、任远芳姐和我四人同乘一条游船，面对面坐在两个双人座上，畅游在霓虹幻影、轻歌曼妙的秦淮河上，四个不曾借力、混迹底层的老校友惺惺相惜，知心的话儿说呀说不完……

没过几年，席毛哥病逝了，让我好伤心，我深知比我更伤心多得多的老校友一定是虹生学哥，他们俩是一辈子的知心好友啊。这才又过了几年啊，虹生学哥也撒手人寰，几年前他回忆父亲的文章感动了太多太多人，也让我更深入地认识到那个主义、那个团体最真实的色彩与温度。

虹生学哥，席毛学哥，眼下唯一能安慰我心之处是你俩又聚在一处了，你俩先好好陪伴着掏心窝叙叙旧，以后我也去与你们相会，到那时咱们再一起荡舟天河，接着回忆童年在育英学校的快乐时光，接着述说我们年轻时当工（我）农（虹生）兵（席毛）的种种际遇，接着探讨祖国究竟该走什么路才能避免一次次生灵涂炭？太多我们感兴趣的话题，在南京那两三天都只开了个头，我们都希望接着往深里聊呢，你俩等我啊！

2020 年 11 月 15 日于 新加坡 淡滨尼

29 携手年轻同事

前年年底，我到了国家规定的退休年龄，去年春天办了退休手续，然后在原岗位返聘继续工作了一年，不久前刚退休。

人是有惯性的，从 1985 年 6 月 8 日进报社后，一猛子游了 25 年才上岸！每天两点一线上下班，为孩子们精挑细选有益有趣的内容，把那些可爱的文字图片像拼盘一样盛放在一个个版面上，一期期出报后总会迎来或多或少的反馈消息，看着一批批小学生读着自己用心办的报长大成人，那种成就感很充实。特别是收到原先调皮捣蛋的孩子寄来的歪歪扭扭的日记和小文章，我习惯从中选一篇略略润色后刊登在报上，多数孩子会受到很大的激励，从此发奋读书，当初的小学生被激励后，其中不乏日后考上清华北大复旦南开等名牌高校的，有些人不约而同地在收到录取通知书后给我写信或打电话，把好消息赶紧通知我，让我分享快乐，那份喜出望外是金钱买不来的。

后来，报社经营出现问题，效益越来越差，编辑的收入低得可怜，但我依然坚守在那个岗位，两次有挣钱多很多的机会也没舍得离开，退休后续岗的一年时间一晃就过去了。退休后，刚开始确实体验到从未有过的轻松，不用操心了，不用奔波了，退休金也够花了，但精力依然充沛，头脑尚且灵活，心爱的事业戛然而止，多少有些失落。

近日，老友推荐我应聘了某协会会刊主编的新工作，于是加盟到一个年轻的工作团队中，该会刊的社长只有 24 岁，他父亲是协会和会刊的资助人，新同事们都非常年轻。

今天上午我和年轻的同事们一起商定下一期的稿目，落实了几项需要尽快办理的事务，由于每个人都知无不言、有话直说，整个过程干脆利索，算开了个好头吧。散会前，24岁的年轻社长任挺对我说"于老师，现在我们有信心了！"我说"今后你掌好舵，咱们一起努力！"然后我和年轻的新同事们在建外SOHO楼下愉快地道了别。

那时，正午阳光灼烈，但心情舒爽，走在CBD那片白色高楼中，身边来来往往、满眼都是血气方刚的年轻白领，奔六的我与他们相比，面容苍老皱纹丛生，却也步伐轻盈，心态仍然蓬勃不衰。老于我离开为儿童办报的岗位后，机缘巧合，命运让我开始为杰出女性们效力。幸运的是我遇到一位24岁却沉稳与朝气兼备的年轻社长，还有几位活泼可爱的年轻新同事。

加油！美好的事业正铺展开来。

2009年7月15日

补记：不幸的是，中华杰出女性协会的会刊《剑兰》杂志仅仅出刊两期，刚刚获得以女企业家为主的"杰出女性"们认可并好评，立刻被官方叫停，浙江籍的任老板几百万投资打了水漂，不久后任老板携家人移居国外。

2021.11.28 追记

30 瑜伽冠军汪新军

汪新军是蝉舟瑜伽馆总部的一名教练，他在去年8月举办的第四届中国国际瑜伽体位大赛总决赛中荣获了全国总冠军。今年三八节，我参加民进中央妇委会举办的瑜伽体验活动时，欣赏到汪新军的瑜伽表演，那些高难度动作竟由一名非体育、非舞蹈专业的打工者气势如虹地展示出来，令我感到惊讶。

两个月前，我应邀参加了今年第五届中国国际瑜伽大会的筹备工作，又见到汪新军。汪教练性格特别朴实、内敛，我每次去他工作的瑜伽馆，经常见他默默无闻地忙于各种体力活和杂七杂八的事。我曾向他讨教"健康要素的顺序怎么排列呢？"，他对我说："一是好心情，二是营养饮食，三是锻炼。"这顺序耐人寻味。

浙江人汪新军，以前是一名普通打工者。2006年他在杭州工作期间因为喜欢锻炼，并且多次参加无偿献血，被邀请参加献血精英联谊会的活动，要求每人表演一项才艺，他展示了体育锻炼的一些姿势，现场有位血液中心的主任因欣赏他的毅力，推荐他去学习健美，健美教练根据他的经济条件和体型，又建议他学习瑜伽，于是他开始尝试接触瑜伽。瑜伽契合了他的内心追求，他决心找一家专业的瑜伽机构进行系统学习，上网查询，他找到了蝉舟瑜伽。我的忘年交好友刘旸是蝉舟瑜伽馆的创办人，蝉舟是中国最早也是最专业的瑜伽培训机构。

来到蝉舟瑜伽，正赶上由蝉舟瑜伽承办的第一届瑜伽大赛，那时他就暗下决心要参加这个比赛。学习结束后他回到杭州，次年参加了第二届瑜伽体位大赛，获得第三名。这之后，为了让自己更好地练习瑜伽，他通过努力来到蝉舟瑜伽工作。在馆里任劳任怨工作之余，他专心练习瑜伽，并把瑜伽融入到生活和工作之中，每天都开心快乐。去年春天，他还做了一次瑜伽净食，排除掉身体的毒素后，强化了身体的韧性及柔软度，心理的稳定性也得到长足进步，他告诉我："这（净食）是我获胜的一个小秘密"。

汪新军是个有爱心的人，小时候因生活困难，生病时曾得到救助基金的援助，等他恢复健康后，一直坚持积极回馈社会，持续多年献出爱心。滴水之恩当涌泉相报，这也是蝉舟瑜伽馆所倡导的静觉、自律、实修、博爱的精神。我了解到，汪新军来北京工作后，依然还在坚持义务无偿献血。

问起汪新军参加瑜伽大赛、获得全国总冠军后"最大的感受是什么"？他答道："获得了自信，通过比赛和交流，对瑜伽的认知、交流、学习的方式方法都有了更进一步的提升。""人人都爱健康，都需要找一个很好的方式去锻炼自己，让自己的身、心、灵保持和谐健康，这就是瑜伽。"

2011 年 7 月 15 日

31 我养过一只属鼠的猫

　　我儿子面临中考的那年，因为他念的是朝阳区一所普通中学，朝阳区的中学在北京市排位很靠后，朝阳区的普通中学在全市属于很差的。我儿子在他们学校每次考试虽然都是班级前几名，但从中考摸底成绩看，他想考上一所重点高中难上加难。重点中学教过的不少知识，普通中学根本就不教，而中考主要是靠这些知识点拉开档次的。

　　儿子想上一所好高中，一看摸底成绩不理想非常着急，压力很大。为了帮助他克服焦躁的情绪，我对他提出的"无理要求"采取了妥协政策——收养一只猫。

　　这是我家养的第一只宠物猫，是一只属鼠的纯白色波斯雌猫，我儿子为她取名叫姗姗。尽管我原来无意养宠物，但姗姗娇俏可爱的模样着实令人融化，她一身细软微带波纹的长毛，粉红色的小鼻头小嘴巴，眼睛大而圆，深深的钢蓝色。菲利浦亲王当年就因为那双钢蓝色的眼睛俘获了年轻的伊丽莎白女王的心，可见钢蓝色眼睛有多么巨大的杀伤力，难怪见过姗姗的人都对她"白雪公主"般的毛色和"深深海洋"似的眼睛赞不绝口。

　　顽皮的小姗姗鬼把戏可多了，我儿子上学出门前，刚把拖鞋脱下，脚伸向运动鞋的一刹那，姗姗已钻进鞋筒里，让人哭笑不得；当你有意无意把手向前抬起时，她会冷不丁跑过来猛地向上一跃，用小前爪扇一下你的胳膊；见到你在屋里抬腿举臂活动筋骨时，她就边跑跳边回头逗引你陪她玩游戏；当家人坐在沙发上聊天时，她会表演平地起跳或追逐自己尾巴转圈的小游戏。

开心果姗姗的到来平添了我家温馨的气氛，以前上一天班（一天学）晚上回到家手忙脚乱做饭干家务，或者学习写作业，屋子里弥漫着烦躁与忙乱，姗姗增加了轻松快乐，特别是我儿子，学习累了逗逗小猫，立刻笑逐颜开，后来他考上第二志愿北工大附中，姗姗也算小有功劳吧。每天傍晚，她总蹲在家门处迎接主人，不管谁先到家，她都兴冲冲地朝你喵呜喵呜叫两声，然后在你面前打两三个滚，极夸张地表达着喜悦之情。等你放下包换好拖鞋，她马上凑上前让你摸摸她，然后心满意足地趴在面前看着你，后边到家的人就享受不到这种待遇了，所以我们都愿意第一个回家，一看见可爱的姗姗，一天的劳累即刻如烟飘散。

当我们做家务看书学习时，姗姗从不打扰，躲在她睁眼就能看见你的地方打盹。等你干完活坐在沙发上看电视休息了，她马上跑过来一蹦，跳到你的腿上让你抱着她，或用温湿的小鼻头蹭蹭你的脸、用小舌头舔舔你的手，极尽柔媚地朝你轻轻叫一声，你便被施了魔术似的开始轻轻抚摸她柔软的长毛，那是你和她共同享受的好时刻。

姗姗讨人爱怜有两条独门秘籍：一是独特的半声喵叫，刚张嘴发出短促叫声立即收音，那不胜娇憨的小模样每每逗你发笑。二是那条魔术尾巴，每当家里来客人，她会选择恰当时机从里屋悠闲地迈着优雅的猫步，用那条洁白蓬松的大尾巴左摇右晃，甩动得优美绝伦，让客人往往惊艳不已，大加赞美，做主人的自然心花怒放。

姗姗不光活泼貌美，还善解人意，她似乎知晓时间对主人的意义，几次充当替补闹钟，唤醒我家最辛苦的人，我儿子上高三时，有两次早晨闹钟响后又睡着了，都是被姗姗及时跳上床边叫边挠被子地叫醒，才没耽误上学的大事。说也奇怪，周六周日她从来不闹不叫，不搅扰主人补上亏空的睡眠。

姗姗个性很强，善解人意，客人夸奖她，她会凑过来用脸在你腿上拂一下；如果有人讨厌她，诸如说"别过来，我怕！"她会原地不动地盯着你，过一会儿出其不意跑过来用小爪子挠你一下，以此报复不喜欢她的人。可能她想不通，我这么漂亮这么乖，干吗讨厌我？

我佩服姗姗的一点是她知错认罚，只要她做了错事，比如不小心把茶几上的东西弄掉地上，或是趁人没注意偷了鱼、肉吃，每当这种事发生后，任凭我打骂，她都很老实地接受惩罚，蹲在原地不动窝；可是有几次，她本没犯错，我冤枉她时，她可不干，打她她会回身用爪子与我对打，连责怪都不行，她发出委屈的、比平时声音大得多的叫声向我抗辩，那叫声分明在说"不能平白无故诬赖好人！"每当这时，我会耐下心再探查原委，搞清事实证明她无辜后抚摸她，给以安抚，我知道姗姗从不撒谎，她表现出委屈，必定事出有因。

猫科动物特立独行，姗姗从小来到我家，我家不大的单元房就成为她的领地。对门"丁克"小两口喜欢姗姗，求我再要一只，我从亲戚家又抱回一只，是姗姗妈妈在姗姗之后一窝生的"弟弟"，小两口爱得不行，起名叫卡西西。

姗姗一点不疼弟弟，卡西西来串过两次们，每次姗姗都冲他龇牙咧嘴，发出"呵呵"的恐吓声，吓得卡西西的爸妈再也不敢带他来了。可是在姗姗2岁、5岁时，有两次因我家亲戚全家外出度假，托我照看她家的宠物猫几天。陌生小猫来我家后，姗姗一副委屈的模样，躲在一旁喘粗气，见我抱起别家的猫更来气，跳上来挤呀挤的非让抱她。晚上睡觉不让那猫上床，她紧紧贴在我脚下撒娇。

令我们不明白的是，虽然姗姗小心眼儿对别家猫不友好，可是在吃饭这件头等大事上反而能表现出"主随客便"的谦让，每次喂猫粮时，别家猫会马上过去吃，姗姗蹲在一旁怨愤地呜呜运气，却从不上前抢食，每次都等别家猫吃饱离开后，她才慢慢过去低头一顿猛搓。性独的姗姗妒忌它猫与她争宠，却从没跟别家猫掐过架。每次我家亲戚把寄养猫接走，刚一出门，姗姗马上四处巡视，显出得意扬扬的神态，好似获得解放的受苦人。

一年前的初春，她患上严重的糖尿病，尽管我想方设法照料救治她，也没能打败凶恶的死神，姗姗在去年最炎热的夏日走了。我亲手把她埋在京郊一棵大银杏树下。快一年了，我还时常会惦念起安睡在银杏树下我的猫女儿姗姗。

2006年4月24日

第四辑　快乐成长

1　不要包办代替

光阴如箭，原先搅得我头大如斗的那个淘气包、打架大王，我的儿子已经工作 5 年多了。今年年初他和女友领了结婚证，这意味着监护他的责任，已经从未经他选择的爸爸妈妈的手里，正式移交到他心仪的年轻女性的手中。那天傍晚，我送给小两口一句话：你俩的幸福，是我们和亲家四口人晚年舒心的首要条件，好好过日子！

我儿子是第一代独生子女。28 年前的深秋，我从北京妇产医院抱着 7 斤 8 两的宝贝儿，欢天喜地回了家。给孩子报户口前，我们就先领了独生子女证，想到今生只能有一个孩儿，更觉怀中的娇儿如珍似宝，咋看咋好。

那时候根本没想到日后在培育孩子上会遇到那样多的麻烦，没想到孩子闯祸后自己能急得抓耳挠腮，更没奢望儿子成龙腾飞，20 多年一直提心吊胆操心费力，毕竟就这么一个孩子，哪里输得起啊！

就这样，当我们尚不懂得该怎么当父母时，孩子已呱呱坠地；当我们还没搞清独生子女有何特点，该怎么有针对性地教育他时，他们这一代已经呼呼啦啦长大成人了，第一代独生子女家长普遍具有的盲目性是必然的。

　　回想自己在教育孩子方面还算比较清醒，呕心沥血总算培养出一个求知上进的青年，儿子长大后非常懂事，和我们很贴心，令我大喜过望。熟悉我的亲友们都知道，我儿子幼时调皮好动，属于特别难调教的孩子，上学前曾因过于顽皮，一次次被阿姨从托儿所劝退，先后进过五个托儿所。儿子小学阶段惹是生非，是班里的三差生，中学和大学阶段也是磕磕绊绊，多亏有恒温的亲情，两代人风雨同舟，一家人并肩共进。

　　我的育儿体验是：该孩子干的事别包办代替。家长特别容易犯的错就是包办代替。我儿子刚上小学时，我们就告诉他，"学习是你自己的事情，成绩优秀是学生最大的光荣。所以凡是学习上的事情，你都要自觉做好，爸爸妈妈工作忙，你不能依赖我们。"第一次写作业，他想让我们帮他默写生字，他爸爸教他用录音机，"自己念这些字的时候就是复习一遍，然后自己给自己听写。"这样从一开始孩子就没有了拐棍，自己做小主人，这样学习比较自主轻松。

　　儿子上小学三年级时，我正在赶写幼儿读物，丈夫在自学法律，我俩睡得很晚，于是嘱咐儿子自己做早饭。教会他点煤气炉，告诉他怎样热饭，见他料理得不错，索性放手让他自己做。从那时起，孩子就习惯了睡前自己上闹钟，第二天早晨起来自行料理早饭，轻声开关门去上学，让我俩多睡会儿。孩子上初中时，我们又陆续教会他做各种家常便饭，每次家里请客，最后不忘喊他也炒个菜露一手，客人的赞扬最能增添孩子的自信心。

　　儿子会做饭，会炖肉烧鱼炒菜，这对他及早独立生活大有益处。现在许多80后的年轻人结婚后不开伙，只能长期吃外卖，既费钱又吃不舒服。儿子儿媳婚前装修房子时，其他地方从简，却把开放式厨房打理得有模有样，同学朋友去串门不仅夸奖他俩的厨房时尚漂亮，还能吃上他们亲手做的饭菜。

　　这一条是正面的经验，反面的教训也是有的。我有随手收拾东西的习惯，孩子小时候玩过的地方，我总爱随手收拾一下。没想到这一随手的小事如今让我后悔，因为一随手的小活儿由我包揽，没让孩子从小养成自己收拾东西的习惯，以致我儿子桌上总不够整洁，连结婚后家庭卫生也需要周末突击完成。

习惯的培养，在儿童时期尤为关键，人一生顺利与否，往往取决于从小是否养成了好习惯。

2008 年 7 月 21 日

2 与孩子一起探讨人生

我儿子上初中二年级时，忽然有几天显得情绪飘忽。跟他聊天，原来他看了几本名人传记后受到感动，梦想着自己也能建功立业、出人头地，转而又怕自己平庸无为而惶惑不安。淡泊名利的我，意识到不妨借此机会与孩子探讨一下人生观。

接连几天，我们一有空就拾起这个话题，激烈争辩后，逐渐有了趋同的答案。我们认识到："世界上没有比人更高的山，敢拼才会赢。"雄心壮志难能可贵，攀登高峰无法回避艰险，机会可遇不可求，它只青睐有准备的人。一番探讨，使我们懂得功名的光环只能罩在幸运儿头上，但是普通劳动者同样可敬，无名英雄通过努力也能获得成功与幸福。两代人那样交流，稳定了全家人的平常心。

最令我夫妇感到慰藉的是，儿子在少年时代就提前理解了我们的艰辛，理解了平凡的父母默默无闻与尽心尽力，才使这个家庭拥有安宁祥和。许多人小时候视父母为偶像，长大后突然发现父母的不足，产生不理解甚至埋怨，成为家庭失和的死结。

儿子从普通中学考入重点高中后，刚开始不习惯，初中时他的成绩一直名列前茅，高中第一次考试成绩不理想，总成绩在班里排队第22 名。公布成绩的那天晚上，极少掉眼泪的儿子伤心地哭了，我和丈夫惊得立即放下手里的活儿，一齐安慰他，帮他分析在基础薄弱的初中当鸡头,有点像井底之蛙,在重点高中当凤尾虽然暂时不适应,其实等于上了一个台阶呢,帮他认识到自己的潜力,抛开多余的顾虑。最后,我开玩笑地对他说"你这次排名的位置多有利啊!既有往前冲成为先进的可能,又有稍向后退仍不失为中游的余地,前途一片光明啊!"儿子听后破涕为笑。

两代人之间开诚布公的讨论,是民主和谐家庭关系的标志,对培养孩子健全的人格,维系亲情有出奇制胜之效!

2008 年 7 月 22 日

3　尊重孩子的长处

按社会学家的说法,我国在 1840 年进入"同喻"文化时期。在此之前一直处于"前喻"文化时期,几千年王朝复制,人们无需接受新知识,从老一辈那里承袭来的就够用了。洋人的炮舰震惊了国人,以往的经验不灵了,从此越来越多的人开始关注现代人的发明创造,跨入"同喻"文化时期。

"后喻"文化的特征是要从下一代人那里学习新知识,以便应付飞速发展的社会。时代的变迁促使家教带来新变化,家庭是儿童成长的第一环境,父母依然是子女的第一任老师,但是受教育的却变为两代人了。越来越多的家长都领教过孩子的厉害,父母甘拜下风的现象屡见不鲜,家长对孩子的优势与长处必须有足够的尊重。

1990 年,我家买了一台 PC 机,我和儿子同时跟他爸爸学习电脑操作。不久,儿子就做起我的老师,一出故障,我就得找他解决。半年后,儿子的水平就超过他爸爸,然后他能熟练地运用几种计算机语言编程了。18 年来,儿子一直是我的高级顾问,曾有两次,组装新电脑是我给儿子打下手,我们母子俩一起完成组装任务的,那种乐趣,很像孩童小时候一起搭积木、拼乐高。

儿子上中学阶段,放学后时常说起刚学到的新知识,有些是近年研发的新科技,我们之前没听说过或者完全不懂的知识。在一日千里的高新科技面前,孩子的接收能力明显强于成年人,后生可畏,父母的权威受到了空前的挑战!聪明的家长不会在意放低身段,饶有兴致地听孩子讲解,一点一滴、源源不断地从孩子那里学到新知识,自己方便又实惠,同时也鼓励了孩子的自信心。

儿子上大学二年级时,我所在的报社成立了《中少网站》,站长是我的老同事刘季子,新搭建的网站缺少技术人员,我就让儿子利用暑假期间义务到网站帮工。儿子在那里忙了一个多月,解决了一项关键的技术难题,提高了网站的工作效率,站长刘季子逢人就夸。那期间,儿子凭着年轻人的敏锐,向我指出我所在的报社有两个致命弱点,并给了我一些很好的忠告。我在报社工作20多年了,不识庐山真面目,只缘身在此山中,儿子的话使我如梦方醒,年轻人的睿智与成熟也令我刮目相看。

2008年7月23日

4　鼓励孩子的好奇心

记得儿子一岁多时,有一次带他去商店买东西,他见到玻璃柜台里摆放的塑料小喷壶,色彩鲜艳,就指着要,喊着"小波罗(他给喷壶起的名字),给我买小波罗,我要小波罗……"我和他爸爸当机立断,抱起他就离开商场,边走边告诉他:"这东西咱们用不上,不买,别再要了。"那是他第一次闹着要东西,没有得到满足,知道闹也没用,不但很快不闹了,以后再也不闹着要东西了。需要的东西,只要他讲出理由,我们会及时给他买的。

儿子5岁时开始画画，画的内容离奇古怪，苹果、梨、西瓜都长在一棵树上，不都长在枝头，大多是密密麻麻挂在树干上；他画了自己跳伞的图画，降落伞的绳子不是挂在肩膀上，干脆直接连着自己的头发，诸如此类的荒诞随处可见。我隐忍着尽量不挑毛病，笑一笑鼓励他，他越画越上瘾。随后，我们花钱让他上了两期儿童国画班，老师几次在班上公开指出他画面的错误，有一次老师检查他的作业，指着他的画哈哈大笑，又说"猫怎么长了猪脚？哈哈……其他同学都按要求画了卧着的猫，你画的猫怎么是站立着的？只能给你不及格。"儿子不服气，"猫站起来才好玩！"如此几次当众打击，他竟不喜欢画画了。第三期提高班，见他不愿意参加，我也不再勉强。

儿子小时候，我们工资很低，没给他买过什么值钱的玩具，他上小学前，我见到刚刚进入我国市场的德国乐高玩具，售价很贵，咬牙给儿子买了一套，他非常喜欢，爱不释手，玩了好久。那钱花得值，启发孩子动手动脑的能力，不久儿子又迷上做手工，很有想象力，手也练得很巧。

1987年儿子7岁时，我家买了第一台电冰箱，这是继彩电后家里第二件高档电器。一天，我坐在冰箱旁的沙发上看书，凉飕飕的风直吹膝盖，发现凉风是从冰箱里吹出来的，拉开冰箱门仔细察看，门上的密封条竟然被挖掉一寸多宽！凉风从那里源源不断泄露出来。这种事除了淘气的儿子，不可能有别人干，一问果然是他。原来，他好奇冰箱门为什么关的那么严实，怀疑密封橡胶条里装有吸铁石，就用水果刀挖掉一段。我追问时，他不知闯了祸，很认真地告诉我"里面没有安装磁铁，估计冰箱门是靠里面的冷气吸住的！"原本怒气冲冲的我，一下子被孩子这种探究根源的精神感动了，放弃了惩罚他的初衷，只告诉他为买新冰箱花光了家里的积蓄，损坏了让我非常非常心疼。见我如此伤心，儿子马上想办法，找来一块合适的小木片，帮我用胶布黏补住缺口，算把冰箱门修好了。

幸亏自己当时没有惩罚他，保护了孩子的好奇心。儿子长大后，敢想敢干，勇于负责。参加工作不久，就从众多软件程序员中脱颖而出，不到一年做起项目经理，又一年后担任国家重点工程的架构师，现在是公司的技术部经理,带领团队实现着中国港口现代化目标,他的进步与他富于创造力有关。

儿童时期充满好奇心,如果被成年人的短视、愚昧压抑住,富于创造的动力一旦丧失,很可能会一去不复返呢。

2008 年 7 月 25 日

5　装钱的抽屉不上锁

上次我说过,由于我年轻时缺乏孕期保健知识,当时赶上个一辈子无儿无女的领导,他用人太狠,非把谁都不愿意去做的任务派给我,我只好整天挺着大肚子四处奔波去讲课,午饭随便在街上吃点东西,赶紧去下一个单位讲课。那时没有讲课费,连交通费都是自理,辛苦加焦虑,结果儿子小泰生下来患有多动症。他小时候光是幼儿园就换过好几所,阿姨们都不愿意照看这个一刻不停闹腾的男孩。终于熬到小泰上了学,但依旧多动,课堂上小动作特别多,爱接老师的话,课间频频与人发生争执,惹是生非是家常便饭,老师三天两头把我叫到学校去处理纠纷。下面这件事发生在小泰刚上小学二年级时:

我上班的单位离小泰学校不太远,相距约 6 公里。突然有一天学校给我打电话"你儿子偷东西了,赶紧来学校处理!"啊,当时吓我一跳,心想儿子虽然淘气但不可能偷东西呀,以前出错无外乎扰乱课堂纪律,和同学打架之类。满腹狐疑赶到学校,只见二年级老师办公室里聚着不少人,有好几位老师,还有小泰班上的几个小班干部,他们七嘴八舌对我说"小泰偷了好多钱""中午请同学们大吃零食",班主任比较冷静,她说"我问过小泰,他说那些钱是从家里拿的,你知道吗?我觉得是他从家里偷的。"我瞪大眼睛在听,之后我要求把我儿子小泰叫来当面问一问。

小泰低垂着头进来了，一进门就对我说"妈妈，我拿家里钱给同学买吃的。"我看着孩子，问他"你从哪里拿的钱啊？"小泰说"抽屉里。"我大声说"咱家的钱从来都是谁用谁从抽屉里拿，你看见爸爸妈妈从抽屉里拿钱是吗？"小泰使劲点点头，我让他当众解释一遍，大家听完都明白了，原来之前班上有几个同学过生日，买吃的请小泰吃过。我被叫去那天是1988年10月26日小泰8周岁生日，他想买好吃的回请同学，平时见我和他爸爸用钱都是从抽屉里拿，他以为自己也可以拿着用，就拿出三张10元的买了零食。他不懂30元在那时是很大一笔钱，结果高兴地买到许多好吃的请同学们吃，这件事掀起轩然大波，班干部立即报告老师，同学纷纷说小泰偷钱是小偷。学校历来习惯把学生分为好生、差生，守纪律的"好生"干什么问题不大，而带上"差生"帽子的孩子，一旦出现问题很自然与品质恶劣挂钩。小泰因为课堂纪律不好被划归"问题生"，这次请客被认定是偷了钱，师生们不约而同发出"他是小偷"的斥责。

我这个当妈妈的必须挺身而出了，我大声说"小泰不是小偷，他从来没有这个毛病。我跟他说过不能白吃同学的东西，这钱我认为他应该花。"见我斩钉截铁这样说，小班长表态了"原来不是他偷的钱啊！"，班主任老师也表示原谅，围着的人一下散开了。我领孩子回家路上，问他什么时候怎么拿的钱，尽管很恼火，但既然从没有对孩子讲过怎样花钱的事，今天这件事我该负主要责任。

晚饭后我和他爸爸一起跟他讲了小孩子拿钱在外面花，很容易被人误以为钱是偷来的，偷窃是最坏的行为，绝对不能沾边。又告诉他"爸爸妈妈每月工资加起来只有100元，要非常节省地过日子，你一下花掉30元，咱们家这个月就很难过了。"给他算了算账，因为他花掉这笔钱，打乱了家庭生活规律，下半个月家里只能买点菜，买不起肉了，小泰最爱吃肉，一听下半个月没肉吃，感到事态严重。我们当着他面，商量着先取点存款维持这个月吃菜吃肉，但今年过新年时三个人都不能添新衣服了，对这个决定小泰表示认同。然后我们又告诉他，小孩拿钱在外面花，很容易让坏人发现，用暴力手段逼孩子交出钱，不给钱就有可能被打甚至被害，那多危险啊，小泰吓得直吐舌头,表示再也不会不经我们同意随便拿家里的钱了。

过了几天,我给小泰讲了那个中国人几乎都听过的故事:一个男孩小时候拿了邻居的东西,妈妈很高兴,他又偷邻居的东西,妈妈夸奖他,于是他变成惯偷,最终成为大盗被判处死刑。临刑前妈妈到狱中看儿子,母子抱头痛哭后,儿子提出最后的请求:"妈,我是吃你的奶长大的,让我最后再撮一口吧。"妈妈答应了儿子的请求,没想到儿子把妈妈的乳头一口咬掉,满含怨恨地说"都怪你,不然我怎么会有此下场!"小泰听明白了,他懂得偷东西是可耻的行为,也理解了老师和爸爸妈妈从严管教是爱护他。

再之后,每当我遇到钱包被偷、背包被盗的倒霉事,也会跟小泰诉说一下,使他懂得偷窃是一种多么可憎的犯罪行为,帮他建立己所不欲勿施于人的习惯。我家装钱的抽屉一直不上锁,不打招呼就自己从里面拿钱的事,小泰一生中仅有过那一次。

2006 年 10 月 26 日

6 你说的和我想的一样

夜里十点半了,侧耳一听,小卧室里传出的声音告诉我:儿子还没有入睡。我轻轻打开房门,走到他的床前,借着厅里的灯光审视着他似合似闭的双目。

果然儿子睁开眼睛,叫了声妈妈。"怎么了,还没睡着?"我关切地问他。"没办法,老想事呗!"儿子无奈地说。我在床沿坐下,随手摸了一把他的头发,说:"是不是明天要期末考试了,心里有些紧张?""哎,要是想考试的事就好了。"儿子欲言又止,似乎有什么难言之隐。

一个模糊的推测蓦然从脑海闪出,于是我说:"想小女孩了吧?"

"嘿,您怎么知道了?"瞧,果不其然,他的语气证明我猜中了。我接着说:"明天期末考试,这时候偏偏想什么女孩子,哎,别想了,快睡觉吧!可是不行,不知怎么搞的,女孩子一会儿又闪出来了。"儿子眼睛都瞪圆了,惊讶地说:"嗨,神了!妈妈,您说的怎么跟和我想的一模一样呀?""要不就是你妈妈了!"我不无得意地说,然后在儿子的脑门中间轻轻地吻了一下,又轻抚了几下他的额发,说:"不早了,睡吧,明天还要应考呢。"

　　站在他的床前,看见他带着满意的笑容闭上眼睛,不一会儿就传出均匀的呼吸声。望着沉入梦乡的儿子,忽然感觉他确实长大了,14年的光阴怎么一下子就飞逝而过,那个哇哇啼哭的小婴儿、蹒跚学步的小孩子已经步入青春期,竟然开始朦胧思恋起异性小伙伴了,时光多么神速啊!打去年起,他父亲开始有意识地对他讲了一些青春期生理、心理的卫生知识,我也介绍并与他探讨过相关道德观念,或许我们的尝试没有百搭,儿子心里已经懂得要把精力花在学习上,而不是过早品尝未成熟的酸果。

　　心里打定主意,再过几年,等到他念高中时或上大学前,我要找机会和他掰开了揉碎了把苹果好吃,但需要耐心等待苹果红了、成熟了再去摘取,吃青涩果子等于走弯路,到那时候我要帮他把这个道理捋顺了。今晚,他能对我坦言所思所想,说明他能把父母当成知己,为此我心生喜悦。

　　我蹑手蹑脚走出他的房间,轻轻关门时心里在说:睡吧,好孩子,愿你顺利通过这次期末考试,取得理想的成绩,也祝你顺利度过青春期,长成一个很棒的小伙子!

1996 年 7 月 12 日

7　妈妈向儿子认错

今天我过生日,一大早亲友们纷纷打电话、发短信祝贺,冬日里溢满温情。我们老两口与儿子、儿媳一起吃午饭,边吃边聊,话题广阔。

屈指儿子走上社会已经 7 年,儿媳参加工作也 4 年了,他俩正是年富力强好时光。刚才儿媳夸自己丈夫"才干、管理、技术、口才、市场经验都趋于成熟……",自豪的表情是对母亲我最好的褒奖。

我们又说起不同性格在职场上的各种表现,很有意思,这方面老辈人比年轻人感悟得更透彻。然后说起艺术,儿子介绍了近年商界联合艺术界的"裸捐",不是比尔.盖茨提倡的裸捐,是借助靓女模特裸演秀助捐的那些事,儿子的评价与我高度契合;我说起从网络上了解到的"格子"(用刀在脸上划出冒血珠儿的格子)等行为艺术,我说:"艺术家用自残发肤、肠胃等极端手法,表达对社会文化堕落的痛彻心灵的失望与无助。"我们一致认为艺术家因对社会现象高度敏感,那份迷茫困惑加上对艺术的痴迷追求,所以采用自残等极端行为艺术试图唤醒社会良知,犹如晚期癌症的剧痛,来得格外酷烈。

儿媳说起她的几位同事的有趣经历,才扭转了沉重的话题,也使我们对有追求的年轻人的动向有了更直观的了解。两代人就这样不急不缓、心情愉悦地尽情聊了好久。

聊着聊着,我忽然回想起儿子少年时的一件小事,那之前儿子还不稳重,鬼点子多,爱折腾,父母、老师和几乎所有身边人都经常指责他、批评他,14 岁那年,儿子突然懂事有自制力了,遇事能冷静对待了,正是从那件事之后,我不再为他操心焦虑了。1994 年夏天的一件小事,16 年后的今天,突如其来地闪现在我的脑海中:

那是一个夏日傍晚,我家三人照例外出散步,见到路边有个卖杏的小贩,平板三轮车上堆了半黄半青的山杏,满口的牙一下子好像被酸倒了,我脱口而出"哎呀,这么青的杏,看着就倒牙!"儿子满脸不悦，马上批评我："妈妈，人家做小生意不容易，你怎么能这样说呢？"我停下脚步回头一看，果然那小贩神色委屈地看着我，我本能地显出歉疚的样子。儿子又对我说："不买没关系，但是不能当面说人家的货不好，这很没礼貌。"儿子的话合情合理，于是我冲那小贩合起手掌摇一摇，又点点头表示道歉，对方的表情马上和缓了下来。

那是我这个当妈妈的第一次向未成年的儿子认错，没有用语言，而是马上发自内心地用肢体语言向不小心被自己冲撞的人，当然也是向自己的孩子低头认错。

2010 年 12 月 26 日

8 儿子的硕士女友

记不清有多久了，好像从执行双休日开始吧，每到周五内心就充满喜悦，又到周末该休息了！其中一天回父母家全家人团聚，另一天或有其他安排或能歇一歇。今天又到周末，上午悠闲地逛了超市，中午小睡一觉，一周的疲劳烟消云散。

下午儿子来电话说要和女友来我家吃饭，于是张罗饭菜，一家人有说有笑的共进晚餐，晚饭后我们四人一起出了门。父子二人走前面，我和准儿媳挽着胳膊走在后头，亲亲热热聊着知心话。我这个准儿媳是个山西榆次的姑娘，儿子的大学同学，两人虽是同一届毕业生，但姑娘早上一年学，加上小学只念了五年，所以她小我儿子两岁。两人大学快毕业时商量好，若是女孩如愿考上北京的一所高校读研，我儿子找到工作后，两人就确定恋人关系。当女孩收到北京工业大学录取通知书，学的正是她理想的人工智能专业时，我儿子高兴得就像自己考研成功似的！转眼间快三年了，他们始终亲密如初，我这个当妈妈的多么欣慰呀！

女孩刚才在路上又说起她哥哥（她哥哥比她大两岁，两年前研究生毕业，现在北京某企业工作），她哥哥的女友也将在今年取得硕士学位。学金融的她平民出身想进银行很难，后门也走了，贵重礼物也送了，然后打听到被一位大官人的女儿顶替了，所以"嫂嫂至今还没落实工作单位，哥哥性格特别刻板，工作两年从不用单位的座机打任何私人电话，有事和家人联系只用自己的手机。我妈妈说了'原来你哥哥见到有人来家送礼，赌气连饭都不吃，现在为女朋友找工作不得已给当官的送礼'，我爸妈心里多难受呀！"我说"现在像你哥哥这样的人太少了，谁不是能沾公家的便宜就沾呀。以前我爸爸言传身教都是克己奉公，我也像你哥哥一样，领导们特不待见我，所以我理解你哥。"

我很喜欢这个女孩，还没见到她哥哥，但已经欣赏他，好孩子！我自己的儿子和许多北京独生子女一样，当初念书并不刻苦，考大学分数不高，想上重点高校，学理想的专业只能报外地的学校。大学期间我儿子又热衷创业，没少逃课，总是考前临时抱佛脚，结果"邓论""毛概"没能过关，英语四级一次58，一次59，回京时只拿回大学毕业证书，学位证书泡汤了。好在有失有得，那四年他也没闲着，积攒了一些实践经验，给日后工作打下基础。我儿子运气好，自己连学士证书都没取得，却找了个硕士生女友。儿子的女友去年底没毕业就签了工作合同，6月底就能到那家外企上班了。这女孩非常聪明，又有责任心，日后会是个不错的员工。

我爱儿子，也喜欢他的女友。

2006年4月8日

9 母亲节收到一束康乃馨

母亲节,儿子送来一束康乃馨。

昨天是母亲节,我也一心想报答自己的老妈,妈妈在哥哥嫂嫂家里住,我起床后赶紧把头天晚上没写完的关于我妈妈的文章写完,可惜没发出去。可能因为母亲节发博客感激妈妈的人太多,我忙乎好久也没能发表,想存草稿箱都存不进去,白忙了半天。

正郁闷呢,儿子打电话问我想不想养一种新式宠物,叫什么"龙猫",说是很可爱,也不太麻烦人。我马上拒绝道"不要不要,我刚养了一窝透明盒中的大蚂蚁,正开工挖洞,退休前我不再养别的宠物了!"儿子说晚上别做饭,要过来接我。

嘿,我还真不习惯让儿子请我外出吃饭,这两天满心都想着怎么表达对自己妈妈的爱,原来面临母亲节急于表达感恩的不止我呢!下午儿子来了,他的女友笑盈盈地从背后伸出一束鲜花,说:"祝您节日快乐!"接过那束包装精美的康乃馨,暖暖的心中霎时飘落下缤纷的花雨,生活真美好,当妈妈真幸福。

晚饭后,儿子请我去他家看新买的水族箱,里面有活泼好动的非洲彩鲷,有条柠檬黄的小鱼特别霸道,所有鱼都让着它,我见到几条鱼在箱底挖了一个小窝,"柠檬黄"一游过来,小鱼们一下就散开了,让给它在里面休息。真是称王称霸呀,可是它最活泼,又那么鲜艳美丽,游动时俏丽的身段婀娜多姿,叫人恨不起来。

对了,我的"蚂蚁工访"的蚂蚁们从昨天开始挖洞了,已经挖了一个很深的洞,海蓝色的凝胶层上堆积了一些细碎的小颗粒。目前玻璃盒里共生活着 14 只蚂蚁。

前些天,我发了一组"动物母子情"的照片,非常温馨。然后我说:母爱本来都是无私的,无论动物还是人类。作为少年儿童工作者,我近年来亲眼见到过个别利用孩子谋私利的妈妈,有些父母竟然挖空心思利用小孩子博取功名,每当遇见这种人,心会很疼很疼。身为母亲，却对孩子生出自私之心或功利目的，甚至不惜牺牲儿女的幸福安宁，是多么残忍啊，希望再也见不到这样的"妈妈"！

我希望那些极少数的自私自利的妈妈能看到我发的那组动物照片，面对动物妈妈们，人类的妈妈会从心底升起无私的、温柔的母爱。祝所有妈妈母亲节快乐！

2006年5月15日

10 热衷创业的年轻人

这两天晚上，儿子每天一个电话打过来，兴致勃勃聊好久，那股创业激情在他胸中越烧越旺，本来说好周末和我们面谈，只是那股热切劲儿仿佛等不及了。

我儿子80年出生，到今年秋天26岁。他上大学那年，正赶上鼓励大学生创业，媒体热炒清华等名校在校生边读书边创业，惹得大学生们心痒难耐，我儿子就是一个，从上大一就不踏实念书，攒几个同学成立个"飞扬工作室"，到附近企业揽活，第一个项目是给太原玻璃厂做职工人事管理软件，讲好给2000元，先付了1000，结果完成任务，厂里用上后赖账不给另一半款了。期末考试几个孩子挂了科，只得收心让自己去啃书本。

到了大三，本校有位挣钱心切的教授又来找我儿子，许以"重"利让他带一些学生给该市邮电总局做项目。为这事，儿子和几个同学没少耽误工夫，毕业时又挂了一科，我儿子和他的好朋友秋羽（该项目的两名主要执行者）毕业时都因为"毛概""邓论"不及格，只拿到大学毕业证书，没拿到学位证书，引为憾事。

2003年夏季儿子回到北京，经中青报朋友刘学红推荐进入一家官网上班，儿子嫌技术落后，试用期刚满就考进另一家公司。接下来那次跳槽，因公司同事小军刚跳过去，坚持约他过去看看，明显有挖他的意图，结果那家公司主管竟是原先清华大学第一批学生创业者之一，这次是从美国带钱回国二次创业，儿子遇上偶像，聊得非常投机，当场拍手成交，迅速跳了过去。

　　儿子在新公司干得顺心，从一名技术很牛的"中国最早的程序员"前辈那里学到一些经验，和公司 CEO 一起经常加班，两个月后被提升为公司最年轻的项目经理。可惜他马上发现了一个"好项目"，公司另一名同事拉他出来单干，两个月后他俩拉到一笔风险资金，找来几人租了写字楼建起一个网站。

　　这是他第一次创业，一年后网站刚建好就遭遇横祸，他无奈地认栽重新找工作。在我看来，他首次创业收获不算小，积攒了宝贵的经验，中间还抽空读了北大的高管班，半路被一家具有军方背景的公司派人剽窃整套技术，改名抢先注册上网运营并直接开始盈利。不久打听到对手背景强横，根本无力与之争锋，最佳商机已经错过，当初的设想打了水漂。那个由他一手设计出来的网站，现在还在运行，经济效益很好，儿子说"技术上有调整无提升"。

　　我儿子在现在这家公司工作一年多了，中间不少公司或猎头想挖他，但他都没动心。可是突然间他心里又有了新想法，又想自己创业，兴致好像比第一次更加高涨。我心里知道，不怕贼偷就怕贼惦记，只要他认准了的事，他是非做不可，老爸老妈哪里拦得住？

　　从我儿子身上不难发现，原来创业也会上瘾，一旦踏上这条道要么终身免疫要么被迷住。我儿子属于第二种，即使失败了，碰得头破血流，只要再遇到机会，还会义无反顾地扑上去，再次擎起创业的旗帜。我身边也有年轻人不愿给别人打工而向往创业，向往着通过团队合作共同奋斗打拼出一番新天地。

　　其实在法律与人文环境缺乏诚信的当下，不具备强势人脉关系，创业太多艰辛，十拿九不稳。但还是欣赏年轻人的闯劲儿，儿子身上那股向上的朝气让我既佩服又担忧，祝他和所有立志创业的人好运！

2006 年 4 月 18 日

11 一次完美的跳槽

昨晚和儿子通电话，从语气中知道他今天心情超爽，当妈妈的我自然高兴。儿子毕业两年多了，已经变换过三家工作单位，我即将等来他第一次完美的跳槽！

儿子10天前通知单位，告知自己要离开，老总马上向上级领导汇报，领导回答是"把他留下"，惯常的做法老总这时会提出涨薪，但他知道这招对我儿子不会起作用，他劝说的是"自己创业很难，公司正准备安排你新岗位。下周再说吧。"

下周一、周二老总没露面，周三把我儿子叫过去，脸上挂着笑容，说："你以前说过想到深圳分公司工作，现在公司准备调你到深圳公司当副总，这是个好机会啊！"我儿子说："去年我女朋友在深圳实习，深圳公司想和她签约，我才提出想去深圳，现在她已经回北京，签了北京一家公司，我只能不去深圳了。"老总说："我替你惋惜，这样吧，你以后感觉不顺利随时再回来吧！"

昨天老总又把他叫去，喜滋滋地告诉他，已经从其他公司挖来一个"高手"，嘱咐我儿子和他交接好，并说公司领导已研究了，二季度项目奖提前结算，并再一次叮嘱："有机会还回我这儿干吧。"儿子感激地表示，一定详尽地交接好工作。

儿子在电话中高兴地对我说："之前跳槽都有或多或少的不愉快，单位不愿意放我走，我个人起码损失一个月工资，这次公司竟然破例主动在5月份就提前发我半年的项目奖，多拿这几千块完全出乎我意料。"我说："老板对你好，你要对得起公司，站好最后一班岗。""妈妈你放心，我会把工作交代得一清二楚，不影响工程进度。"

哈，今晚心情一下变好，儿子这个电话打得很及时，我刚才正为自己写的文章怎么都发不出去而着急上火呢，他的一番话使我放下不快。儿子懂事多了，成熟多了，他终于迎来自己职业生涯第一次完美的跳槽。

以后有时间，我再写点儿子毕业后两年多的工作经历，可以帮我们了解 80 后这代人，我儿子的经历有一定代表性，他们和我们那代人的差别确实很大，有不足更有长处，总之我看好年轻人！

2006 年 5 月 19 日

12 小泰出新招

小泰周六上午到新公司开会，研究即将上马的项目，几位创业合作伙伴认真核算后，认为该项目上马后要实现既定目标（12 小时盈利），最少需要 96 个人两班倒。这样的话，小小公司负担就会超负荷，雇员、写字楼等种种开销将大大抵消盈利额。面对这种麻烦大家一时束手无策。

小泰才思敏捷，一个对策突然冒出来，只需一个人顶班即可实现 24 小时全天候盈利。他透露给同伴们，起初大家都不相信有此等捷径，老总也说："技术上能实现吗？"小泰赶紧给朋友打电话。原来，他有位朋友读研究生时学的就是相关专业，朋友说可以介绍自己的导师承担此任，据他帮老师干活的经验，实现这项技术没有问题，花一笔钱就行。大家都很高兴，难题可以解决，公司的前途似乎又光明灿烂了。

我想起前些日子，小泰刚同意加入该公司时，他告诉我"老总自掏腰包先创业，等公司盈利后就能注入大笔投资，这样才能确保创业合作者们利益最大化。"老总 30 出头，不久前已经取得在纳斯达克上市的成功经验，经他慧眼挑选的几名同事各有所长，"他们都比我大一点，经验更丰富，之前收入都远远高于我。"所以在分配每人所占股份点数时，小泰自己预计老总给 2 个点就行。

到公布股份点数时，令小泰吃惊的是他居然占 3.5 点，另几人一律为 3 个点。散会后小泰问老总为什么多给自己半个点（别小看这半个点，日后有可能是一大笔白花花的银子）？老总说"不止一人向我提出这个建议。"小泰对我说"这是给我一份压力，我只有努力回报才对得起大家。"

周日小泰对我和他爸爸说起他给公司提了上面那个新建议，我心里觉得儿子挺棒的，鬼点子层出不穷，人缘也好。几位合作伙伴肯割肉给小泰多半个点，当然有人家的道理。只有克服困难将公司办成了，实现纳斯达克上市大家才算成功，才能套现，没有齐心协力，缺乏创新性的对策，那是不可能实现的。

用小泰的原话说就是"乌鸦想变凤凰，难着呢！"小泰，加油，妈妈相信你的勇气！只要你走正路，成功与否、有无名利没关系，咱照样快乐生活。

2006 年 6 月 13 日

13 小泰的求助电话

昨天晚上十点半钟左右，我正在家看电视，电话铃响了，来电显示是儿子用手机打来的，"还没回家呢？这两天工作很累吧？"我开始像平常那样跟他聊起来。

"还可以，你放心，让我爸爸接一下吧。"我把话筒递给先生。从父子俩通话中，我感觉儿子那边出了点事故，心里不由得紧张起来。等到先生放下电话，见我的神色不好赶紧说"没啥大事，儿子不小心把别人的车刮了一小道，我们已经说好怎么办了。"

去年 10 月初，儿子所在公司从市中心写字楼搬到丰台区高新科技园，公司发展很快，没两年就有了小楼小院。只是上班远了，儿子买了一辆便宜的"千里马"小车，搭他车的同事都说他开车"肉"，我一听很高兴，鼓励他"肉就肉呗，不出事故为好。"儿子说"是啊，我不怕别人笑话，新手上路就得处处小心，嫌我肉可以不蹭我的车，改坐 X 总的高级车去呀，他俩偏蹭我的，说就喜欢你的肉劲。"到现在他开车 9 个多月了，显示出驾车的安全性。这星期开始到新公司上班，又离家近了，每天骑车 20 分钟就到。怎么刚一周没开车手就潮了？把人家车刮了？

先生解释：刚才他开车出去办点事，回来时好不容易找到车位，空挡小路灯太暗，没小心把旁边车的后视镜边上擦了一道印。儿子回家拿手电筒一照，仔细看能看出有一道擦痕，他问我怎么找车主，也不知道人家的电话。我和他商量，回家写个大纸条塞在人家车把手上，道个对不起，把你的手机号写上，告诉人家你将陪同去定险理赔。"上了全险，麻烦点但不用花钱。"先生怕我担心，补上一句。

其实我挺高兴的，小泰不愧是我儿子，出了事故一没偷偷溜走，当时没有人见到，事后谁也说不清责任，况且擦痕并不起眼，二能主动和老爸商量着处理，说明对老爸很信任。儿子买车后，我曾听先生告诫他"万一出了事故，无论大小千万别跑，一定要认真处理好，该救人救人，该修车修车。小刮蹭也得管，老百姓谁家买辆车也当宝。"儿子不错，可管可不管的事情，能将心比心对待别人，当妈妈的当然高兴。既然刚才先生已经叮嘱过儿子"以后要更加小心才是！"我就不必再多说什么了。小泰，祝你事事顺利！

2006 年 6 月 24 日

14 小泰喂流浪猫

我儿小泰正在二次创业初期，经常加班加点，周六基本没休息过，星期天上午洗洗衣服买点东西，补个午觉、游一会儿泳就来我家吃晚饭，昨天依然如此。小泰和我的准儿媳与我们一起吃晚饭，边吃边聊，小泰兴致颇高，公司业务初见成效，由他主持的技术方面获得好评，我们听了自然满心欢喜。

晚饭后，一家人照例外出散步。出门前，小泰对我说"妈妈你不用拿猫粮了，今天我给猫带了好吃的！"小泰女友告诉我"中午我们用微波炉做的清蒸鲈鱼特别好吃，特意把鱼头鱼尾给猫留着呢。"于是我们一起出门，先到小泰汽车里取出装有鱼头的盒子，然后来到院外的铁栅栏处，两只流浪猫果然在等候我们，见到好吃的鱼头，两个小家伙你争我夺地吃起来⋯⋯

小泰从小喜欢动物，从上小学开始已经饲养过多种小动物，有小鸡、兔子、刺猬、金鱼、大蜗牛、金丝熊（一种宠物鼠）。他特别上心，负责饲喂，有空就陪小动物玩。他上小学二年级时养那只小鸡最有趣，竟然把小鸡养得像只小鸟一样：每当他在家写作业时，那只小鸡就跳到他的脚上，再连飞带跳地往上蹦，膝盖上、肩膀上、头顶上，毛茸茸的小鸡雏长久地站立在这个 7 岁多男孩的头顶上东张西望，可神气呢！有小鸡陪着写作业显得非常愉快，当小泰低头或抬头时，小鸡会自动向上或向下紧走几步，才能保持立于头顶正中间，那有趣的情景我至今难以忘怀。

小泰上初三时，在他的强烈要求下，我家养了一只猫，前些天我曾写过一篇题为《姗姗》的文章。"姗姗"的名字就是小泰给起的，小泰对姗姗疼爱有加，姗姗也懂得回报他，小泰高考前最紧张的阶段，有两次早晨起晚了，都是姗姗使劲把他叫醒，才免去上课迟到的尴尬。小泰到外地上大学四年间，每次往家打电话总会问姗姗好不好，好像对亲妹妹（姗姗是一只女猫）似的。姗姗去年病故后，好长时间我家人想起猫咪姗姗都很伤感。

半年前，有一天晚上我在院子里遇到一只流浪猫，可能它太饿了，朝我喵呜喵呜地叫，追着我走啊走的。我回到家找了点吃的赶紧下楼，它又凑近我，吃饱后满意地离去。那以后，我和我先生经常利用傍晚散步时，带一点猫粮或碎肉喂给院子里的流浪猫。上星期天晚上，小泰发现我们这个秘密后，他居然从家带鱼头鱼尾来喂猫。瞧他喂猫时的神态，低着头连哄带劝的样子，任凭你心肠再硬也会被软化的，我这个儿子呀实在太爱小动物了！

2006 年 9 月 4 日

15　公平促漂泊之心扎根

2008 年，在国家部委某研究所任技术总监的小泰，因打工族普遍用餐不便，想"替蚁族谋福利办实事"，讨教京城几位大厨研制出一套营养快餐，辞职创业，在通州常营办起食品加工厂，在市区开了两家快餐店。我去过那两家店用餐，见到附近居民拿着大饭盒去买他的套餐，十元钱竟给一大盒肉和菜，当时就预感必赔无疑，果然他和合伙人亏损得一塌糊涂。没有后续资金了，两位年轻人只得关门歇业。小泰去年 5 月回原单位上班，重新过上白领中产生活。

小泰回原单位后，另起炉灶，新招一般人马，筚路蓝缕开创新的业务领域，三年前接替他的技术总监很快放下心，踏踏实实沿着原先小泰铺好的路继续从事之前的业务。

小泰的妻子今年年初从供职多年的北京公司辞职，应聘到新加坡一家跨国公司，在新岗位做银行软件开发，收入与在北京的外企差不太多。新岗位的技术迅速能胜任，工作环境有个适应过程，每次开会来自各国的同事，讲的是"万国英语"，不容易听懂。那里四季如春，整洁干净，物价便宜，但租房住不如家里舒适可心。最别扭的是整天腻乎在一起的小两口乍一分别，孤单的滋味不好受，开始两个月度日如年，挥之不去的念头是赶紧回北京。

心渐渐安定下来的原因，新环境的优点是看不见却分明摆在面前的软实力，能让人摆脱种种纠结，让人平心顺气过日子，那就是民主法制环境中才有的公平！公司见她踏实肯干，技术过硬，很快给她转了正,加了薪;和同事的关系越来越融洽,交了新朋友;与房东一家相处的也很好,女主人有事没事的喜欢跟她聊聊。

上月小泰妻子回国一趟,明显已经在新环境里安下了心,愿意在新公司工作,她敦促小泰把已接手的任务完成后尽快过去找份工作,和她一起安个新家。就在上月我问她:小岛国哪里吸引了她?回答非常简单,就两个字:公平。我今天在这里写公平,是她引起的话题。

小泰两口在北京都有高收入,而且他俩都非常恋家、恋父母,然而,貌似虚幻的"公平"二字,居然将他们的心系在了异国他乡。

2012年6月28日

16 你家孩子握笔姿势正确吗

今年五一期间,我近距离接触一些中小学生,发现这些孩子写字时握笔的姿势基本都不正确。我动员长辈们加以纠正,基本没有效果,孩子们用不正确的方法写字已成习惯了,想改已经迟了。

近年跑学校,这个问题多次引起我注意,普遍到连学校的优秀生也如此。孩子们用别扭的握笔姿势每天要写那么多作业,多累啊。我问过他们:"刚上学时老师教过你怎么拿笔吗?"多数回答没有;"这样拿笔写字多别扭啊,老师没有纠正过吗?"回答还是没有。

回想我刚上小学时,语文老师反复强调握笔的姿势,多角度演示,一个挨一个地严加检查,直到每个学生都能正确用笔书写为止。那时候老师的责任心真强!后来强调升学率,学生课业负担越来越重,老师为赶教学进度而拼力灌输;学生为考高分穷于应付;家长为确保孩子进大学煞费苦心,哪里还顾得上怎么握笔写字这样的小事?连更重要的引导孩子们树立正确的人生目标与学习态度都被忽略掉了,不良的习惯加重着孩子们的学业负担,使许多孩子因尝不到学习的乐趣而厌学。比如书写，本来是带有艺术性的事情，写得好能品尝到创造的快乐，但长期用不正确的握笔方式很别扭地赶写作业，头得使劲扭着看，手得吃力地捏着笔，多累呀！孩子意识不到它的害处，养成习惯后就难以矫正了。

怎么握笔写字，看似小事一桩，但培养好习惯是儿童时期最重要的大事。一个人在少年时期掌握的知识量并非越多越好，打好学习基础就行，养成良好的习惯才重要，在漫长的人生中持之以恒不断地学习，不停地成长，这是现代人的幸福生活方式。正确的习惯没有从小养成，后果事倍功半。

我儿子幼年患有多动症，上学后特别贪玩，写作业一心图快，粗心大意，考试时自然也会出错。我帮他找原因，他强调自己会了，因为马虎才写错，会了不就行吗。我认真和他讨论这个问题，告诉他："从不会到会并不难，一步一步学都能学会；但是粗心马虎是大问题，容易积习难改，害人一生，从小做事粗心马虎的人将来难成大事。"儿子听懂了，提醒几次后逐渐纠正了不专心的态度，从四年级后学习成绩开始提高。我并不在意孩子考多少分，但我曾花过很大力气不厌其烦地纠正儿子的各种坏毛病，那是很劳神费力的过程，但功夫没有白费，儿子上初中后，他突然懂事了，肯努力上进了。

比如玩电脑游戏上瘾的问题，我先生从开始就帮助孩子养成好习惯。我家1990年买了第一台电脑，那时我儿子10岁。刚开始我们都抢着用它玩游戏，于是有了规定——每人每次不能超过30分钟，于是养成在电脑前坐一会儿就起来活动的习惯。然后我们就比赛谁能用电脑办其他事情，我开始用电脑写书，儿子用电脑给班级排座位，制作课程表及卫生执勤表，玩游戏的瘾迅速被冲淡。

孩子学电脑优势非常明显，儿子很快就掌握了两种编程方法，10年后已经在IT技术界游刃有余。工作之后，他能主动把控学习方向，关注业内最新发展，不断学习新技术，进步很快。儿子上小学、上中学时，每次开家长总会挨批评的我，终于苦尽甘来。所以从小培养孩子的好习惯真是太重要了。

2005年5月11日

17　警惕有"毒性"的母爱

我在儿子还小时,有幸粗读了《儿子与情人》那本书。那次出差从西安出差回京,临上火车前为避免旅程无聊,在车站附近一家小书店买了路上看。火车上多半天就看完了,除了觉得写得实在好,人情味十足之外,当时并没有更多的感受,许多年之后因为熟人有了相似的经历才使我蓦然发现,粗粗读过的这本书原来我竟然看明白了,是上天赐予母亲对独子的满腔挚爱帮我领悟了书中的要义,朝积极方向影响了日后的生活态度,帮助我理顺了亲情脉络。为此特别感激作者——英国小说家劳伦斯!

劳伦斯在自己的这本成名之作里,用几乎是自传性的故事描述出夫妻之爱对家庭的不可或缺,告诫读者丧失爱情后的母亲容易将对丈夫丢弃了的爱加倍施展到孩子身上,超重的母爱注定会成为孩子难以承受的枷锁!这种家庭悲剧古往今来从不鲜见呢。

爱怎么会变成枷锁?正常的母爱是孩子成长中最宝贵的雨露阳光,但是一加倍就糟了!比如这几天每天晚上我们都在收看的电视剧《杜拉拉升职记》,里面杜拉拉的前男友李鸿明的母亲就有点像劳伦斯的妈妈,李鸿明与夏红结婚后妈妈长时间与儿子儿媳住在一起,住在一起也可以,问题出在这位妈妈寄居儿子儿媳家却不懂低调、明显偏袒儿子、非难儿媳;李鸿明从小习惯妈妈的加倍关爱,厚此薄彼地让妈妈在与妻子的争宠中占了先机,从而冷落了妻子;妻子夏红在早过了亲密期依然亲密的母子夹缝中,处境必然堪忧,原本甜蜜的婚姻步入一片沼泽。电视剧中我没看见李鸿明的父亲在哪里(前几集我没看,可能交代过),估计李父母因感情不佳分居或离异。

我有个同事,她夫妻从蜜月期开始就长期不睦、长久分居,她对独子格外呵护。当我发现她儿子上初中了动不动还当众坐在妈妈的腿上撒个小娇,与儿子聊天中得知他一早一晚时常还会溜到老妈的被窝里腻乎一下,我很认真地分别与母子俩沟通,并几次提出建议后才拉开了一些他俩的过分亲昵。儿子20多岁时交了女友，妈妈很高兴，可惜因为掺和得过多，没过太久女孩就扬手道别了，后来又交新女友依然不顺利，不多说了。

因为我和那个同事非常熟悉，她儿子还小的时候，我曾把刚刚看过的《儿子与情人》那本书推荐给她，委婉地告知"这本书写得非常好，给了我及时的提醒，喏，我看完了，你也看看吧。"没承想一看到书名，她就变了脸色，立即把书扔还给我，带着恼怒说"这么下流的书"，弄得我挺尴尬，只好耸耸肩作罢。

其实我想告诉她，这本书真的一点都不下流，书中的母亲对丈夫绝望后，一步步从精神上占有儿子、从灵魂上吞噬儿子，这种变态令成年后的儿子无所适从，无法专心去爱别的女人，他的心理性格无法完善、成熟，导致一生的痛苦和悲剧。同时母子间那种撕心裂肺的灵魂上的争斗，也给母亲带来无法愈合的创伤。母爱原本纯洁，缺少母爱太遗憾，母爱泛滥变成灾难，亲情错位导致夫妻双方和儿子都深陷困苦。

亲情错位的人间悲剧，古今中外都不少见，因无知才会前赴后继，本来是可以避免的啊！如果天下的妻子和母亲都看过劳伦斯这本成名之作，并看懂的话。我很想对同事讲出这番感受，没料到因她脱口而出的"下流"让我止步，当我明白她要是早点看了这本书，日后的路也许会平顺很多，突然后悔当年我为什么不坚持非让她看这本书呢。

当父母的最好看看这本书，妥善经营夫妻感情。即便夫妻失和也不要把"加倍的爱"转移到孩子身上，不管是对男孩女孩，过度关爱，都会严重影响孩子的心智发育，有可能影响子女日后的恋爱婚姻幸福，有些人深陷泥潭却不知何故。看看劳伦斯这本书，成全自己和孩子的幸福，多好啊。

2010年8月1日

第五辑　游历观感

1　邂逅新加坡议员

昨天儿子忙里偷闲回家一趟，跟我们老两口聊了会儿天。一直以来，我特爱跟儿子聊天，从年轻人那里受到启发，学到新知识。昨天儿子主要说了两件事，"邂逅议员"和"矮小女工"，从两个不同角度体现出新加坡现实生活中鲜活的案例，挺有趣的。

便于叙述，下面用我听儿子叙述时的口吻先讲第一件事：

到新加坡工作后，我俩（我儿子儿媳）和温蒂（儿媳的同事）在红山租了一套组屋居住。一年半后的一天，我到淡滨尼小区见个朋友，到得有点早，下公交车后，站在街旁允许抽烟的地方（新加坡有规定，在非吸烟处吸烟会被罚款）等朋友。

一位 40 来岁的先生正好也走向这里，他热情地用英语朝我打招呼："嘿，见到你很高兴！"边说边伸手表示要握。我疑惑地看着他，问："您是？我们认识吗？"那位先生没有因我拒绝握手表示不快，依然和颜悦色地说："看来你不是淡滨尼区的住户哦。"我奇怪道："何以见得？"他说："这里的住户几乎都认识我。"我更奇怪了，问："怎么会都认识？您是？"

"我叫XXX，我是议员。"他爽快地作答。"哦，您是议员，幸会幸会！"我知道新加坡的议员都是选民一票一票认可后当选的，被高看一眼是必需的。

我掏出烟，递过去"抽一支。""No，No"，他连连摆手，同时掏出自带的香烟。我吸的是那种比较便宜的，一盒10元新币，以为对方嫌烟不好，没想到对方一边掏出自带的烟一边说："议员是不可以接受选民的烟的。"儿子不以为然，"我不是这里的选民，再说一支烟算什么？""哦，不可以的。"他态度非常坚决。

我们两人一边吸着烟一边随意聊起来，我告诉他，自己是从北京来这里打工的，住在红山一带，今天到淡滨尼见个朋友。议员听了，热情地说："等下你朋友过来了，我买票请你们看电影。"我说今天没时间看电影，又笑问他："连一支烟你都不吸，买电影票得自掏腰包吧？"议员说："那当然了。"又诚恳地约请："以后你拿到身份，欢迎来淡滨尼买房居住，到那时记着投我一票，如果你认可我。"这么令人愉快的一个政客，有生以来第一次遇见，和他交谈感觉随意而温暖，我很认真地点头答应了。

说到这儿，儿子告诉我："老妈，有个细节当时让我非常惊讶。那议员掏出来的烟，竟然是新加坡能买到的最便宜的香烟了，我一个打工的为节省，抽的是很便宜的10元一盒的，他吸的烟竟然是8元一盒最便宜的。这太让我意外了，也很好奇，假如抽廉价香烟是作秀，那他干吗花钱请普通路人看电影呀？这位议员何许人也？

那天从淡滨尼回家后，我赶紧上网一查，淡滨尼议员中果然有他的详细介绍，敢情这位只比我大几岁，又这么热情率直、抽最便宜香烟的议员相当了得，从小学、中学一直是李光耀奖学金得主，美国哈佛大学毕业后，随即归国直接加入新加坡公务员团队，并且已经连任过两届议员了！"

说到这儿，儿子连连感叹新加坡太善于培养人才了。他告诉我，从邂逅淡滨尼这位主动请他看电影的议员之后，他又了解到一些该国在选拔公务员过程中有一整套措施，其中包括从每一个孩子小学阶段开始跟踪，对于连续获得李光耀奖学金、品学兼优的杰出人才，会被国家保送进英国剑桥、美国哈佛等一流高校接受高等教育,成绩一直优异者,一毕业就被劝说,同意后直接吸纳为公务员,发挥其管理才能;最能干并有政治抱负的人有机会通过努力参选议员,在政坛上施展抱负。议员有相对优厚的收入,有能力请他愿意帮助的选民看电影、喝咖啡或吃

2019年11月,我和即将过3岁生日的孙孙王明泰在马来西亚未来城市。(老王 拍照)

饭。当然所有政府性的活动费用是由辖区政府出资,不增加个人负担,其中的公私界限是清晰的,也是能够和必须把握好的。

新加坡的国会议员由公民投票选举产生,任期五年。目前全国已注册的政党有24个,国家法律保障议会中有反对党的声音存在。集选区议员制是新加坡国会大选的独创,选民在42个单选区和13个集选区投票,淡滨尼是集选区中的一个。每个选区的议员,都要在指定的日子(通常是每月两次的晚7点至10点)接见选民,直接听取选民的心声。专家们分析新加坡的选举制度不利于在野党,游戏规则有不合理的因素,也许一个重要原因就是在野党缺乏资源,难以吸纳最优秀人才的加入。

把最优秀的人才纳入公务员队伍,是新加坡卓有成效的高效管理的前提之一。一旦从政,贪污受贿就是被国民极端鄙视、自毁生路的恶行。记得春节我们老两口在新加坡时,有一次儿子跟我说过前几年有个官员,因为贪污十万元,被媒体报道后跳楼自杀了。

今天儿子说起邂逅议员的事,我又追问贪官自杀,儿子说:新加

坡建国 50 年来，总共出过寥寥几个贪官，一个潜逃泰国又回来懊悔终生，其他或跳楼或进监狱了。其实新加坡处理贪官一没有双规，二也不被罚挨鞭，只是媒体曝光后，贪官的生路会被彻底断绝掉。制度优越，司法严明，贪官太稀少，偶尔爆出一个名声太大，加上百姓鄙视，贪官的名字会被大家记住，他不可能找到赖以谋生的工作了，于是，那几个被曝光的贪污者只能不约而同到那个（我没记住建筑物的名字）大厦跳楼去了，那座高楼有一面临海，那几个家伙直接掉进大海喂鱼去了。

2015 年 4 月 28 日

2　矮小女工的幸福生活

前日，周末儿子回家，两个多小时里，我们一边吃午饭一边闲聊天，多数时间都是我们老两口听儿子在说，我俩兴致勃勃地听着。儿子说的几件事，我最感兴趣的有两件："邂逅新加坡议员"昨晚我已经写了，今天说说"矮小女工"吧。

讲之前先插句话，不久前朋友发给我几篇申述材料，请我帮助把他们写好的准备提交区政府的申述公函，做一遍政策把关与文字润色。他们的申诉事由：18 年前朋友发善心，为解决小区家长后顾之忧，自费办学前教育，17 年来，她管辖的幼儿园越办越出色，成为享誉京城的一所"一级一类"艺术特色普惠园，深受欢迎，多次获得市区两级政府的表彰。原本好好的，突然麻烦来敲门了，今年 4 月底幼儿园突然接到辖区通知"命令 5 月初（注：仅给两天时间）腾退房屋，不然按商业租房价格，将去年的每年房屋租金 70 万元提升到每年 280 万 7 千元。"

这下我的园长朋友抓瞎了，280 多万的天价租金，对于只能收中低价位托儿费、总共 260 个孩子的幼儿园来说，根本无力承担，关闭幼儿园吧，260 个小孩子怎么办？1000 多个家长不答应，数十名幼儿教职员工怎么安置？

"百无一用是文人"，昨天我改写那几篇申述资料时好生愧疚，即便我再铁嘴钢牙把申述书润色得有理有据，国家相关法律制定得再仁慈光明，行文引经据典时再怎么严谨无误，即便通篇连个标点符号都找不出一丝破绽，那又管什么屁用呀？衙门里管事者一句话就前功尽弃，所以我交稿时不得不补充一句："还得想想别的办法。"理想很丰满，现实却如此骨感，任凭你清纯无辜浑身是理，一朝跌进染缸头脚皆黑，欲哭无泪。

体制不进步，到头来没有赢家。我的园长朋友一向风光备受赞扬，哪料到此番遭遇刁难百口莫辩进退两难，她对我发牢骚，说自己"不姓公，是个私营幼儿园园长"。我却觉得这次麻烦根源在政府职能的错位，这种要命的错位派生出一系列潜规则横行的腐败，造成所有关乎民生大事的机构一律被划分为三六九等，所有非公单位的尊严与权利随时有可能被轻视遭践踏。人格都不平等了，法律自然就走样了，各色各样的歧视层出不穷防不胜防，什么性别歧视、年龄歧视、相貌歧视、地域歧视、城乡歧视、出身歧视、所有制歧视等等等等，所有一切都沦为或居功自傲或顾影自怜的歧视与被歧视的原材料，造成歧视别人的人同时也随时会遭遇他人的鄙夷。

无所不在、层出不穷的歧视，让大陆很多人活的累，活的憋屈，甚至活的变态。所以前日聊天中儿子随意讲了句"在那边（指他和我儿媳近年打工处新加坡）特别好的一点是没有歧视"，立即勾起我的好奇心，赶忙追问并让儿子举例说明，儿子说：

"每天早晨上班前，我俩一般都到附近食阁吃早餐，服务员里有个中年女性个子特别矮，挺直腰板也就一米多一点点吧，她给食客们端饭上桌必须双手高举才行。但她总是心平气和的样子，她的服务态度也和其他服务员不相上下，客人少时偶尔能见到她与几个服务员聚在一起闲聊天，嘻嘻哈哈很是快乐。要说有不一样的地方，我觉得就是她能多一些收入。"我不解地问："不被歧视就够好了，怎么还能多挣钱？"儿子说："看见她高举双手送餐，客人心中会多一份感激，小费自然比别人给的多。比如我们小两口，每次让她代付饭钱时，元以下多出的零头7毛、5毛的，就小声对她说'不用找零了'。本来在食阁吃饭是不用付小费的，不找零等于给小费，每次她会道谢，神色却非常坦然，估计不少人都愿意额外给她小费，所以她这么坦然，这么快活。"

这位身材特别矮小的女工生活在制度优越的国家，因免受歧视而活出尊严、活的心安快乐，多好啊。想起今年春节期间，我在新加坡时，亲眼见到那里的人无论外貌美丑、无论穿戴贵贱、即便身有残疾的人，都那么从容坦然，根本无需担忧外界的歧视或攻击。那个小国把社会治理得井井有条，细微处彰显出人性化体贴，比如过马路是根据不同路段分别设计了一目了然的几种不同标识，既保障人车安全又使公共资源尽可能物尽其用。再比如食阁中的服务员，常见一些年老到弯腰驼背的老人在收拾碗盘。不知情时，我以为他们没有养老金，不得不挣钱养活自己，询问后，当地人告诉我"有人不愿意在家待着，愿意在人多的地方活动活动，既打发时间又能多挣点钱，一举两得"，"只要干得动，没有理由拒绝"，这话令我好生惊讶，那里居然不容许有年龄歧视！我的天，老于我在京城生活了60多年，见惯了各式各样、无所不在的歧视，原来真有人与人之间不彼此歧视的美妙所在。

制度先进，法律严明，管理高效，奠定了民众生活富裕舒适的基础，人心中的阴霾被驱散，道德感、幸福感获得空前提升。只有这样，浅薄无聊的歧视、愚蠢阴暗的憎恨才会失去市场，受益的是全社会中的所有人。

2015年4月29日

3 红红火火中国年

——新加坡见闻之一

之前没料到,有生以来最红火、最有中国味儿的春节,竟然是在北纬一度、靠近赤道线上过的羊年新春。今年2月10日,我们老两口去新加坡看望在那儿打工的儿子儿媳,行前及途中的心思全在俩孩子身上,三年多小两口闯南洋务工立足不容易,有限几次回国都是单独往来,这次终于盼来一家四口的团聚。

被开发成旅游与娱乐业的一颗璀璨明珠的圣淘沙,曾是英国海军基地,日军占领时期在那里成批枪杀"有抵抗倾向"的青壮年,成为死亡岛。羊年春节,岛上一派中国年的欢庆。(于向真 拍照)

到了新加坡,浓浓的年味恰似锦上添花,街上张灯结彩,商店里年货琳琅满目、打折大促(与北京相反,京城过年果蔬等大涨价,新加坡逢年节会降价促销),各景点人头攒动……我们俩60多岁了第一次过上如此丰足红火的春节。

2月16日，我们一家人结束了在有"新加坡后花园"之称的印尼民丹岛之旅后，傍晚时分乘船回到新加坡，下船后走向码头时，我第一次见到马六甲海峡上的船队，一眼望不到边的船只，在港口排着长长的队列，好壮观呢。

马六甲海峡全长约1080公里，加上新加坡海峡总长1185千米，是沟通太平洋与印度洋的黄金水道，国际往来的重要海路，包括我国在内的多国进口石油及各种战略、生活物资，从这里往来运输。这里处于赤道无风带，常年风平浪静，航行停泊两便利。

之后的一天傍晚，我们一家人到新加坡的海滨公园游玩，夜幕中再次观看排长队停泊在港口的轮船，空中有两架飞机穿梭不停，可能在为轮船提供安全或通讯保障？

新加坡港的吞吐量为全球第四，每年穿过海峡的船只大约8万多艘，港内码头岸线长达三四千米，可同时容纳30余艘巨轮停泊，拥有40万吨级的巨型船坞，能修理世界最大的超级油轮。

海边沙滩上面有很平坦的人行道，是外侧是专为骑车（有单人自行车，也有双人和四人共骑的脚踏车）和轮滑者设计的道路，一个个、一组组骑行者闪烁而过，留下矫健的身影和欢快的笑声。骑行道再靠陆地处，有租借自行车摊位、饮料快餐店和咖啡馆，我还看到多种公共体育健身场所，比如我用手机拍下的这座海滨球场。

同游的儿子儿媳告诉我"下班早的时候，我俩也喜欢到这里来，租辆双人自行车，在海边骑行兜风。"新加坡有多处漫长的海滨公园，都没有围墙，统一对公众24小时开放。

公元4世纪前后，阿拉伯人率先开辟了从印度洋穿过马六甲海峡、经南海到达中国的航线。他们把中国的丝绸、瓷器，马鲁古群岛的香料，运往罗马等欧洲国家。公元7~15世纪，中国、印度和阿拉伯国家海上贸易船只，陆续开始穿越马六甲海峡前往各自目的地。

那个证明了"地球是圆的"的航海家麦哲伦，于16世纪初开辟了大西洋至印度洋的新航线，从此马六甲海峡名声大噪。1869年，苏伊士运河贯通，大大缩短了从欧洲到亚、澳的航路，马六甲海峡的通航船开始急剧增多。

扼守马六甲关口的新加坡得天时地利，四面环海，终年如夏却并不炎热，台风地震海啸从不光顾。从 50 年前建国以来，由于力避邪患、法律森严加精英高效管理，一扫脏乱黑（黑社会）旧貌，成为一座美丽的花园城邦。

马六甲海峡给新加坡经济创造的红利非常明显，今年春节我在那里客居 20 多天，无论在超市还是菜场，各国优质特产琳琅满目应有尽有，令我羡慕。我联想到从去年起，陆续听同胞们议论"缅甸、泰国南部开通新航道或缅中石油管道，巴基斯坦港口连接新疆铁路开通后，马六甲优势将不复存在，新加坡势必衰退"，这条信息在网上广为传播，其中不乏盼着别国遭殃的幸灾乐祸。就这个问题，我和家人也有过讨论，儿子说"新加坡早就意识到发展经济决不能单纯依靠港口和旅游，新航线开通是迟早的事，多年前就将重点转移到国际金融与高新科技之上，效果很显著，不然没出国留学的我俩怎么有机会来这里就业呢？"

中新两国同为华人为主的国度，应该同心同德并肩前进，落后就得虚心学习迎头赶上。何况我们不该忘记二战期间，这里是南洋华侨抗日运动中心，陈嘉庚领导的"南洋华侨筹赈祖国难民总会"发动过东南亚 800 万华侨，为中国筹集了 4 亿多元巨额外汇，此后也被日军侵占的新加坡华侨由于曾大力援助中国抗日，又组织义勇军进行英勇抵抗，因而遭到日本侵略军的忌恨和疯狂报复，在"新加坡大屠杀"中有 2 至 5 万名华人惨遭杀害。这段历史，是这次我来新加坡探亲时第一次听到的，我们不该忘掉啊！

我的《新加坡见闻》系列文章就写到这儿吧，最后以一位印度老人对孙子说的话做结尾。印度老人对孙子说："每个人的身体里都有两只互相搏杀的狼。一只狼代表愤怒、嫉妒、骄傲、害怕和耻辱；另一只代表温柔、善良、感恩、希望、微笑和爱。"小男孩问："爷爷，哪只狼更厉害？"老人回答："你喂食的那一只。"

2015 年 3 月 21 日

4　荒漠中的艳粉翠兰

早饭后在微信朋友圈看到滞留巴黎的万润南大哥新发的一首小诗《五律》月牙泉：戈壁月牙泉，源头碧水涓。无声沁大漠，有意照蓝天。镜映金星灿，沙鸣落日圆。茫茫西域外，何处是秦川。

好诗！我明白万兄依旧在苦思故国。他赋诗吟咏的月牙泉在敦煌境内，让我回忆起1994年秋，我单人独骑走了一趟甘肃，西到敦煌，东至陇西，隔年又去了一次天水。甘肃之行，一路遐思，几番感悟，收获良多。

1985年我刚踏进报社时，中国少年报订阅数1100多万份，号称全球发行量之冠，不难理解，中国孩子数量庞大加上团中央官办报纸缺乏竞争。改开后市场大门一开，各省市被允许自办报纸，这份"小人民日报"不再一家独大，发行量急速下滑。1994年秋，订阅报刊季节刚来临，报社总编辑打电话叫我，"报社刚决定派几名干将增援发行，尽快出去落实明年订量，只许扩大不准降低。你准备去哪个省市？"我未假思索地说"甘肃，我负责甘肃省，保证上涨。"总编辑断然拒绝"不行，你去辽宁吧，《小学生》杂志快把咱们地盘抢光了。"我说"正要去甘肃采访，顺便跑发行，不行就算了。"转身准备离去，总编辑同意了。我马上定好火车票，给兰州打了电话后高兴得直晃脑袋，终于能实现十年前的心愿了！

十年前的80年代初，有个周末家里来了个不速之客，50多岁官员模样的人找我先生"谈工作"，让座后给他倒杯茶，刚想去忙自己的事，一听说他来自敦煌研究院，专业还是学考古的，我就坐在对面和他聊起来，一个劲打听令我向往的敦煌奥秘，他的话好精彩，不知不觉两个小时过去了，我先生终于回到家。他们很快商量好工作的事，来人随即告辞，出门前特意嘱咐我"找机会去敦煌看看，去之前一定给我打个电话"。他走后，我先生告诉我"他是敦煌艺术研究院的L书记，可以帮你参观洞窟。"我太想去了，十年后才有机会，刚才打的电话就是通知 L 书记"我终于能去看洞窟了!"

三天后我到兰州第一件事是采访市少年宫的知识竞赛,赛后在门口见到 L 书记,原来他已退休两年,和同来的 Z 主任执意把我接到兰州市区的敦煌艺术研究总院,晚上我们在院里的职工食堂吃了便饭,当晚我在招待所专供外国专家住的房间睡了一觉,第二天一大早随省少工委的吉普车赶赴西域参加酒泉地区中小学生计算机操作演示会。到邮电局发完新闻稿后,我独自去往嘉峪关、玉门、敦煌,东归又沿途在张掖、武威等地跑学校,采访加宣传订阅,那次出差我明显怀有去敦煌的私心,搂草打兔子两不耽误,中国最美洞窟看了,甘肃订阅量大增,尤其之前空白点玉门市一下子订阅破万份,总编辑很满意,我心想"让你以前看不起穷地方,僻远地区的学生也需要读报!"我在玉门那两天,穿件薄毛衣冻得喏喏的没白跑那几所子弟学校,也不是我多能忽悠人,主要靠几位老师积极帮助落实,再说职工子弟们订份报纸难度并不大。

敦煌的发行量也相当可观,我让市少工委同志陪我跑了好几所学校,当晚入住距离接送敦煌职工上下班泊车处最近的一个酒店,花很少钱住进只有我一个人的七张单人床的大屋,第二天跟上下班的职工一起坐班车来到河西走廊最西端的鸣沙山下。在九层楼不远处的院办,我把总院 Z 主任写的介绍信交给上海人陶主任,他瞄了一眼马上叫来"最好的讲解员",告诉我"国家领导人来也是听他讲"。接下来一整天讲解员引领我一个个洞窟认真拜望,他讲的真好,我听的兴致盎然。其中一些洞窟是只供学术研究、不对外开放的,有些则明码标价"一座洞窟收费300—500元",讲解员告诉我"一对一的讲解,在你之前我只接待过台湾来的女作家三毛,你问的问题好多都跟她一样。"

讲解员的话让我感动。中午下山陶主任陪我在职工食堂用餐,我由衷地感谢总院和分院对我的特优关照,陶主任告诉我"老书记和 Z 主任打电话让我务必照顾好你",鉴于我夫妻俩是平头百姓,好奇地追问凭啥受此厚待?陶主任说感谢多年来的大力支持,比如敦煌因地处偏僻交通艰难,多次请求国家援助总是碰软钉子,直到十年前书记亲自跑了趟北京，我先生帮他们办好进口汽车指标和专项外汇指标，敦煌才有了日本产 28 座越野车，解决了交通难题。哎，他们知恩图报，报给了我这个草民局外人，我挺不好意思的。

敦煌大美，蕴藏着极其灿烂的古代文化，莫高窟精美的石窟艺术让我流连忘返，过目难忘，1994 年甘肃之行，圆了我欣赏四大石窟之梦的第二步。还有一件小事促我茅塞顿开，在我离开敦煌乘长途汽车折返玉门市的路上，凭窗远眺，沿途观赏秋日戈壁荒漠的神秘风情，一望无垠的土黄荒滩上，除了稀疏枯萎的灌木丛什么都看不到，审美疲劳中昏昏欲睡，突然地平线闪出一点艳丽的桃红，我睁大双眼盯着看，蓝天黄土间一抹粉红的云朵飘啊飘，那感觉两个字：惊艳！随着汽车向前再向前，原来是一位戴着翠蓝色头巾、穿着艳粉色上衣、胳膊上挎着个提篮的农妇迎面走来，又与大巴错身而过。那一刻，我懵得思维顿塞，自己一向最讨厌的色彩搭配正是艳粉加翠兰，不仅刺目而且俗不可耐，没料到在大漠荒野中与翠兰艳粉相遇，竟然被双艳之美惊呆了！

随后又茅塞顿开，原来美没有高低之别、雅俗鸿沟，不同地域境遇迥异之中，人的审美变幻莫测，观念上的冲突实属正常。不懂其中奥妙，只证明自己阅历尚浅，借此我提醒自己要做一个不怀偏见之人。那一幕久久难忘：在戈壁荒滩上，农妇有多么艳丽，大城市来的我就有多么暗淡。

2021 年 12 月 27 日

5　跨国约谈的奇葩事

2016 年 5 月 28 日，我经历了一次被某部派人跨国约谈的奇葩事。那之前半个月，我原来供职单位的副局长托老同事索要我儿子的电话，说有事要找我儿子，老同事找我问我儿子的电话号码，我说"有啥事让他直接找我就行，又不是不认识。"这位副局长比我年轻十几岁，以前在同一个报社当编辑，前些年擢升为副局级领导，不知什么事需要他绕弯子联系我儿子？

很快，副局长打来电话，寒暄后他说"我想去新加坡找你说件事"，我答"有什么事你现在说吧，我一定照办！"他迟疑了一下说"我没去过新加坡，很想连办事带过去看看，总社已经同意给我出这笔费用。"听到这话，不好意思拒绝他，我说"那你看着办，需要我做啥通知我吧。""好，到了那边我通知你。"我把儿子在新加坡家的座机电话号码告诉了他，他挂断了电话。那时我刚离开北京来到新加坡没几天，莫名其妙这么快有人要追出国找我"办事"。

过了些天，副局长（下面简称副局）有了通知，他把下榻宾馆和房号告诉了我。老伴儿陪我打车过去，哇，他住在乌节路的文华大酒店，乌节路相当于新加坡的王府井，文华大酒店相当于北京饭店，是小坡最繁华街区最高档的酒店。大堂中和电梯内迎面遇到的印度宾客身穿高级沙丽，着装与气质一看就是大富之人，与我们所住公寓里在新加坡打工的印度白领们截然不同。进入副局房间，握了手笑着看他，意思很明显"找我有何贵干？"他笑答"很简单一句话：你不要出书。"哦，我突然明白了！

那年是文革爆发50周年，年初我大妹妹被确诊胰腺癌晚期已半年多，我连续两个多月每天穿城而过照料病情沉重的她，疲劳加心疼让我哀伤已极，1月11日那晚离开妹妹家，换乘的公交车被堵在国贸桥上，突然绝望地预测自己可能也不久于世了，想起文革爆发半个世纪，作为一名老红卫兵从迷狂到觉醒，这一路走来的反思不该带进坟墓呀。下了公交，边走边给共识网老总周志兴先生发去信息，问他如果写文革经历能不能发？周先生特爽快地说"你发到共识网，我让编辑推荐。"

那晚回到家，赶紧随便扒拉几口饭，坐下来打开电脑，键盘随心敲出题目《我亲历的文革十年》，快速写完第一篇"停课了"。接下来，每天照常陪护、安慰妹妹，回家后只要还有点力气就接着写文革十年的亲身经历,发到共识网、凤凰博报、新浪博客、博联社和博客日报五家网站。周先生兑现许诺,共识网编辑花满楼(邵思思女士)及时把我写的每篇文章都重点推荐到显著位置。到了二月份,文章的点击量越来越高,跟帖多得让我看不过来,支持与谩骂的都不少。

二月下旬开始有记者联系我要求采访,刚好妹妹的亲家母办了提前退休来到北京,我俩换着照顾病人,不用我照料的日子可以接受采访,先是《人民日报.海外版》记者跟我聊了三个半小时,配图用英文发了一整版;紧接着德国、英国、意大利、法国十多家大媒体驻京记者找我询问往事,我实话实说,绝不夸张,我们约定好共同的目标:文革是需要全人类共同反思的历史教训,不能曲解更不容忘却!

2016年5月,我在新加坡住家附近商业楼的路边。

三月初我妹妹病故,自小因父母长期不在北京,我们姐妹相依为命,尽管她最后走的安详,失去最爱我的她,我仿佛丢掉半条命般痛彻心扉。老天爷实在诡异,刚狠狠捅你一刀马上给你一颗甜枣,开追悼会那天我儿子赶到八宝山,悄悄告诉我儿媳怀孕了,希望我俩尽快去陪伴远在南洋的孤单的孕妇。儿子儿媳结婚多年,好不容易要荣升父母了,这是我们小家庭的大喜事。接下来,我帮着妹夫、外甥四处联系墓地,终于圆满地安葬好妹妹。又陪老妈妈住段时间,见她平静如常后，5月中旬老伴儿和我飞赴新加坡住进儿子家。那时儿子还在北京为之前他参与创业的项目善后技术难题，我们帮他照顾30多岁的孕妇，给她做营养餐，陪她聊天，盼望着11月即将来临的宝宝。没料到美国等几家媒体竟追到新加坡，继续找我采访文革旧事，录音的录像的接踵而至。

就在这个时候，副局从北京飞到北纬一度的小岛上找到我，他大费周章见了面要办的事不过四个字，让我"不许出书"。此言一出，我恍然大悟：之前的3月份我收到过一份电子邮件，发信人是香港书商鲍朴先生，他希望把我写的文革系列集结出本书，用以纪念50周年。我回信告诉他"我同意，只是发在博客上的文章比较粗糙，需要修改一下错别字再发给他"，电子邮件一问一答后没了下文，要不是副局跑到新加坡对我说"出书"，我几乎忘记鲍朴先生曾计划为我出书一事。前因后果我马上明白了，我是个无名小卒，被重点盯防的绝不是我，肯定是主持出版过《晚年赵紫阳》那本畅销书的鲍朴先生，他给我写的邮件被发现了，刚建立的联系被那个神秘部门迅速掐断，于是出书一事没了下文。那个神秘部门又派单位领导找我面谈，命令我不准出书，因为我离境在外，才有了跨国约谈。我脑子一亮理清了头绪，随即回答副局："不出。"

副局此次出国的任务顺利完成，接下来他和我闲聊起给孩子们办报的共同经历，话题轻松愉快。他问我儿子儿媳如何来新加坡的，我如实相告；又说起他女儿去日本留学快毕业了，"留在日本生活还是回北京工作，该怎么给女儿提建议？"我说"还是让女儿自己做决定才好，你提醒她考虑周全就行。"这是我的真实想法，参考价值不大，他表示认同。

我老伴儿想告辞，副局坚持请我俩在文华大酒店用过午餐再回家。盛情难却，我们三人一起下楼享用了美味的新加坡特色餐饮。刚吃完饭，副局的手机响了，他告诉我们，他住的酒店和预约的包车都是在北京就预订好的，小车已经在楼下等他，接下来两天半会接送他游览新加坡名胜，再送他到樟宜机场回国。"今天下午去圣淘沙，你们去过吗？那里好玩吗？"我说"去年春节去过，圣淘沙主要景点是咱中国承包援建的，非常美好。咱们赶紧过去吧，别让司机久等。"

在文华大酒店门口，副局道别后上包车开始他的旅游行程。站在繁华的乌节路上，为自己遇到这等奇葩事感到不可思议，突然懊悔刚才不该吃那顿饭，为"不许出书"四个字，副局居然耗费公款到国外来吃住玩加包车三天，联想起国内还有那么多留守儿童和穷孩子，好心疼啊。

2018 年 7 月 12 日

6 访朝纪实

今年 8 月下旬，我随中国青少年工作者代表团访问了与我国山水相连的朝鲜，几天前刚回到北京，趁记忆未退，记录一下出访见闻。

这次出访，恰逢朝鲜建国 50 周年庆典前夕，我团的任务除了"加强两国间的了解、合作以外，最主要的任务是增进两国人民的友谊"，可以说是一次不带硬性任务的轻松之旅。在朝八日，我们团 14 人圆满完成了友好使命，与所有接触过的朝鲜人相处融洽。当我们在平壤机场与陪同的朝鲜朋友们挥别之际，许多人包括我在内都洒下依依惜别的泪水。朝方首席翻译、平壤国际关系大学讲师徐光浩说："与你们相处的日子，是我一生中最快乐的时光！"负有特殊监督任务的黄元骏，在起初几天里始终面色阴沉，极其留心地观察着每个人的一言一行，但在彼此间老朋友般真诚坦率的感召下，他一点点放松了警惕，逐渐露出了笑容，分别在即，他握住我方团长的手，动情地说："下次再来，我一定好好对待你们！"

访朝期间，我们先后参观了朝鲜官方视为圣地的万景台故居（金日成的出生地）、锦绣山纪念馆（金日成生前官邸及死后停陵处）、位于风景胜地妙香山的金日成和金正日的礼品博物馆，参观了中朝友谊纪念塔、平壤人民大学习堂、朝鲜历史博物馆、位于平壤市中心的170米高的金日成主体思想塔、大城山革命烈士陵园、为纪念金日成70寿辰建造的凯旋门，还参观了万景台少年宫、金正淑幼儿园、金正日的母校平壤第四小学和一所中学。此外，我们还游览了开城市的文物景点以及著名的板门店停战谈判纪念地，行程满满，收获不浅，感触良多。下面，我把个人见闻如实表述一下：

一流的楼台馆所

来朝鲜前就听说平壤的公共设施相当讲究，亲眼所见果然名不虚传。从飞机上俯瞰朝鲜大地，一片青翠中除了曲曲弯弯的乡间小路，几乎见不到现代化的公路。机场上仅停着两三架小型飞机，我们乘坐的中国北方航空公司的麦道82客机成为机场唯一的"大鸟"，一时间好像从大都会来到了县城。一进入平壤市区，景致突变，高楼大厦错落有序，建筑与园林绿地交相辉映，很美丽的一座大城市！

按照朝方惯例，我们先被带到万景台大纪念碑前，向山坡上高高屹立的金日成铜像敬献鲜花并被要求深鞠三躬。万景台居高临下气势恢宏，金日成铜像高达23米，两侧由228个人物组成大型群雕，金日成立像背临70米宽的镶嵌壁画，高居山坡之上威严地俯瞰着平壤市色彩缤纷的建筑及植被群，每个前来朝拜者前后对望，在金灿灿的威严立像下势必莫名其妙地顿生自身渺小之感。

我国驻平壤使馆政务参赞宋先生告诉我们，近年平壤暂停了大兴土木，现在见到的市容与几年前相同。即便如此，平壤宽敞的公路、林立的高楼、众多的公园和洁净的市容，已经十分出色。当我们发出赞叹时，朝方翻译、年轻的金明姬小姐由衷地说："住在平壤的朝鲜人是最幸福的。"后来我们了解到平壤的生活水平的确是朝鲜其他地区望尘莫及的。金小姐告诉我们，当西海水闸（朝鲜重点水利工程，相当于我国三峡工程）建好后，为了表彰有功部队，金正日亲自批准让参加施工的功勋人员来平壤一趟，让他们乘坐卡车环绕平壤观光以示嘉奖，这是朝鲜最高待遇。苦战数年的官兵们面对高楼大厦鲜花绿茵的首都,"仿佛见到了天堂一般,个个激情满怀人人泪流满面"。

第两天,我们参观了朝鲜人民视为圣地的万景台旧居,1925年,13岁的金日成离开了这座位于平壤郊区的草房子,到我国沈阳读小学,他的父亲是地主的看坟人,当儿子出人头地时,苦命的父母已经亡故。走出故居,不远处是一个大型游乐场,里面有50多种巨型游戏设施,每天可接待10万多游客。为了使经常被要求前来参观故居的人们就近有个娱乐场所,或者是使人们即便在休息娱乐时也不忘太阳般伟人的恩泽,总之是金氏父子下令并拨款修建了这偌大一片现代化休闲场所。

我团下榻的青年宾馆是1989年建成的,是一座30层的塔式高楼,比邻的青年大街上云集着10座现代化的竞技体育场馆,虽然门可罗雀,但建筑造型各异、华丽美观。第三天傍晚,我们在其中一座体育馆的大礼堂里,观看了朝鲜国家杂技团的表演,我不喜欢欣赏杂技,但不得不为演员们高难度的技巧使劲鼓掌。

平壤市中心明显地仿造了天安门的格局。相当于城楼的是绿瓦飞檐的平壤人民大学习堂,正面是主席台和观礼台;相当于人民大会堂、历史博物馆的是朝鲜美术博物馆和中央历史博物馆;相当于人民英雄纪念碑的是主体思想塔。8月24日上午,我站在人民大学习堂10楼平台向金日成广场眺望,看到成千上万的人正在练队,他们高擎红旗和花束齐声呼喊着万岁在胜利大街上走过来走过去。10年前金正日陪着他爹,周围簇拥着众多社会主义国家的领导人,兴高采烈地在此检阅百万游行大军。

眼前朝鲜人练队的情景,一下子勾起我遥远的回忆:青少年时期,我也曾一次次地走在整齐的方阵中从天安门广场经过,望着城楼上那尊看不太清楚的神人高呼万岁,泪眼婆娑激情难抑,如今我早已不信鬼神了。在即将来临的9月9日如何搞好庆典,是平壤人压倒一切的重任,平壤全市城郊共有200万人口,百万群众大游行意味着除老幼病残者外全体出动。几天来我们看到在所有空场上都排满黑压压的练队人群,学生们更是起早贪黑地演练着高难度的团体操,几天后他们将身穿国家统一发放的新式演出服，以极其严谨一致的表演接受领袖的检阅。时过境迁，10年前的慈父和他的老友们死的死散的散，这次50年国庆大典没有邀请任何外宾，只能自己跟自己玩，仅仅为在9月5日将登上国防委员会委员长宝座的金正日单独过一把最高领袖瘾，朝鲜举国上下竟然不惜耗费如此巨大的人财物力！

回过头接着说平壤的市容，著名的千里马铜像是1961年落成的，坐落在万寿台山岗下的路口旁，工农骑马跃进的铜像高46米，塔身用2500多块花岗石砌成，象征着朝鲜人民跨上千里马的英雄气概。现今它已经大为逊色了，巍然耸立于市中心的主体思想塔竟高达170米，工农与领袖不可相提并论了。8月24日下午，我们乘电梯来到距地面150米高的主体思想塔的瞭望台，头顶是20米高、昼夜通明的玻璃钢火炬。这座塔于1982年4月金日成70寿辰之际建立，象征着金日成提出的主体思想日夜通明、永恒不息。同期建造的还有凯旋门，由精雕细琢的15000多块花岗岩砌成，高60米、宽50多米，比巴黎凯旋门还要高出10米，上面雕刻着《金日成将军之歌》的词曲。

站在主体思想塔瞭望台上，平壤市容尽收眼底，特别引人瞩目的是市区那座105层、搁置10年的金字塔形烂尾楼的框架——柳京饭店，当初飞速搭建的混凝土框架，在晴空丽日下彰显出别具一格的尴尬，既散发着金家独大之霸气，又透漏出客源稀少、宾馆空寂、资金匮乏的窘境。十年了，肯接手投巨资兴建经营这豪华的超级大饭店的傻瓜富翁还没冒头，它是一个无言的证人，默默述说着朝鲜民族一段荒谬绝伦的不堪岁月。

8月25日中午，好客的主人盛情邀请我们到最负盛名的玉流馆品尝平壤冷面，玉流馆翠檐飞翘，装饰堂皇，食客如云。一楼接待国内食客，只见长长的队列排出门外好远；楼上专供外国来宾，价格陡涨8倍，依然是座无虚席。我素来喜食延吉冷面，18年前就是京城"冷面爱好者协会"一名热心会员，这次有机会尝尝正宗的平壤冷面，欣喜之情不言而喻。没料到吃进嘴里的是既牙碜又发黏的面条，浅浅一盘清汤中，除少得可怜的两三小撮面条，只有几片味道不佳的泡菜和切得极细的几丝鸡肉，邻座的《红领巾报》总编辑贺慎勇老弟不解地问我："你怎么喜欢吃这种东西？"我难掩失望地对他说："不解释了，回国我请你吃北京的延吉冷面，你就知道原因了。"

1998年8月我参观平壤市少年宫前留影。（金明姬 拍照）

说起朝鲜建筑的富丽华美，莫过于平壤的锦绣山金日成纪念宫和妙香山的国际友谊展览馆。前者是金日成生前起居、死后停棂的地方，极尽宽敞富贵，举目都是通明透亮的磨光大理石，陈列着各国进献的勋章宝物，从进门到宫殿内都无需步行，有几百米长的自动扶梯和升降电梯。国际友谊馆建在景色秀丽的妙香山深处，分金日成礼品馆和金正日礼品馆。展览馆没用一根木料，没安一扇窗户，从外面看却很像木质结构的巨大建筑，彩绘着很多窗户，用的建材全是大理石和花岗岩。硕大的水晶吊灯、手工织成的纯毛地毯和壁毯等高档装饰，为确保地面光洁，进门时所有人必须加穿套鞋，室内温度和光亮采用全自动调节，温度低得把穿夏装的我冻得嘴唇发紫。

展览馆内，分各洲、各国陈列着世界各政党、元首和社会人士向金家父子赠送的豪华礼品，自1978年开馆后礼品越来越多，从1989年扩建到如今的4万平方米，存放着169个国家、共209000多件奇珍异宝，成为一座名副其实的国际宝库。在中国馆里，我们看到在国内都见不到的各色珍宝，不少赠品价值连城，仅举两例：徐悲鸿的那幅雄鸡报晓图，上面有郭沫若手书的长篇祝辞。黄永玉画的那幅骏马图上有叶剑英元帅题写的"志在千里"几个苍劲的大字，这幅画原为叶府的镇宅之宝，叶帅生前亲自送给了金日成。展品琳琅满目，金的银的宝石的水晶的，有年代久远货真价实的文物，也有现代高新技术的工艺精品，令参观者大饱眼福。

让我们深感遗憾的是抗美援朝时期中国志愿军的遗址早已破旧不堪，不少已经荡然无存，中国志愿军的英勇事迹在朝鲜无人提及，38万中国军人捐躯于此，如今仅留有一座1959年建成，后被人为毁坏，于1984年重建的友谊塔，素面朝天地在一座小山头上遭受冷落。8月23日下午4点，我在塔中观看记载着2万多名牺牲的中国将士的光荣册时，想起我的舅舅理光宇、我先生的叔叔周新潮，他们当年跨过鸭绿江血洒异国……思绪纷飞中，泪水夺眶而出。

末流的生活质量

我们代表团在朝鲜总共8天，除了在平壤，还去了北方的妙香山和南方的开城、板门店，长途驱车看到道路两旁的庄稼矮小稀松，大家都担心今年收成依然不好，百姓还得饿肚子。行程安排得很满，即便如此，8天下来我们人人思归。刚走出平壤海关，一位心直口快的团员就说："总算要回家了，再住几天非神经了不可！"在朝鲜感觉难受的原因主要有两条：一是不敢讲话，二是伙食太差。

赴平壤之前就被告知，朝方监听系统十分了得，宾馆房间里、汽车上，甚至电梯内都有监听设备，去年我国一个政府代表团因为有人回宾馆房间后说了句"合着这里的一切都成他们爷俩的了"，结果第二天收到正式警告，闹出外交纠纷，居然还被断了餐饮，提前打道回府。前车之鉴，出国前我们被再三告诫"决不能步其后尘"，但我们利用监听系统为己服务却屡有收获，反证这一系统确实存在。比如我们想买署名金日成的《与世纪同行》丛书，嫌定价太高，在宾馆住的房间内故意议论想看此书，两天后，朝鲜青年同盟主管外事的书记金景浩在会见我们时，送的礼物正是这套书！朝鲜经常停电，大宾馆里热水供应也经常中断，那些天气温高，我们每天只得用凉水洗澡。到了该洗头的日子，我们几位女士故意在屋里口出怨言"再不给热水，再不洗头受不了了！""头发都有馊味了！"没过多长时间，果然供应热水了。有这些小插曲做调节也算有趣，但在国内过惯了放松洒脱的日子，突然间被迫言不由衷，大家都感觉很别扭。

　　这次出访，临行前团长让我带着两个年轻人在北京买了许多食品、肉脯、饼干、榨菜和方便面，还带来一大箱苹果和梨。在朝期间，每天早饭是米粥和面饼，中晚餐是四菜一汤，总是泡菜、煮茄块、豆腐和一小盘鱼，一盆加点黄酱的面条汤，晚餐有一瓶啤酒或日本产的葡萄酒。这样的伙食在朝鲜是很丰盛的了，主人已经尽心招待我们这个政府级别的代表团。只是多年来国内食品丰裕，我们的口味变得很高，再吃这些数量不足、清汤寡味的低劣饭菜很不适应，自带的食品都吃光了。在朝鲜吃从北京带来的普通水果，绝对是一种非常奢侈的享受，曾遇到过一个英国某机构驻朝鲜的先生，攀谈中得知"两年前自由市场偶尔有海棠果那么大小的苹果，如今根本买不到水果了"。我怀疑朝鲜人连饭都吃不饱，因为我负责管理团里的礼品和账目，有两次返回餐厅取提包，两次都看见朝鲜服务员正低头飞快地吃喝着我们剩下的残羹剩汤，那情景让人心酸，我曾悄悄把带来的食物给一位年纪大点的女服务员，见她害怕的模样我赶紧离开了。

　　朝鲜民众的生活究竟怎么样呢？我只能谈点走马观花的印象。首先感觉他们很受压抑，不敢讲话，街上的人一个个面无表情，很多人黢黑瘪腮，一看就是长期营养不良。接待我们的朝鲜人里有一位30多岁的黄先生，他具有特殊身份，时刻留意察言观色却不说话，朝方的人明显都惧怕他，在他面前谨言慎行。当我们问一些有关金日成的问题时，朝鲜人闭口不谈，就像没听见一样。问起他们的工资收入或生活情况，也没人作答。女翻译金明姬小姐今年23岁，一边工作一边读研，当彼此熟悉后，她多次避开黄先生，一次次请我们团里的人帮助她介绍一位中国男友。金小姐的父亲是平壤一个公司的经理，母亲在图书馆工作，家住市中心，算得上是一个中上阶层的家庭。她第二次请求我时,我问她找男友有什么条件?她赶忙说"没有没有,只要能把我带去中国一起生活就可以!"我说:"你离开后,父母怎么办?"她说:"我们家人都同意我离开这里。"看得出她是真心实意想走出国门,但我们没人敢应承这事,她一旦离开,她的家人就惨了。

在朝八日,眼见平壤市民早出晚归,沉默寡言、脚步匆匆。他们每周上六天班,除了工作和政治学习,还经常练队。他们基本不用采购食品,也不必为看电视而耽误时间,每天却显得紧张兮兮的样子。下班的人都是两手空空,根本见不到我们这里大包小包往家里提的现象。据说他们多年来已经养成习惯,只要有点泡菜就能下饭,过年时能吃上顿肉就很不错了。前些年还能偶尔供应个把鸡蛋,这两三年已经断供了。我们在朝的 8 天里只吃过一次鸡蛋,被切成很细小的牙儿摆在平盘上,每人能分到大约四分之一个蛋。平壤的电视只有一个台,总是在宣传金日成或金正日的丰功伟绩,晚上偶尔播出的电视剧也都是忆苦思甜,听说几年前播出我国电视剧《渴望》时,那段时间曾造成平壤万人空巷的奇迹。

1998 年 8 月,我站在金日成广场中央的一张留影,身后建筑是平壤的劳动大学堂。金家热衷观看群众游行,广场上每天都有列队走正步的队列,远处是手持红花的方阵,右后侧是穿白衬衫的方阵。

平壤盖了那么多高层住宅楼，按户分配给每家110到180平方米的居室，但他们从来不请外国人去家里做客，原因是房间里基本空旷无物，根本没有待客的多余食物。10多层甚至20多层的居民楼都没有电梯，一律要步行往上爬，各单位分配住房，只有领导才能住在层数低的楼房，无职无权者一律住在高处。去年联合国官员视察时提出质疑"为什么一到夜晚居民区漆黑一片？"这之后金正日才命令给居民区供电，于是我们有幸见到入夜后平壤的万家灯火。

金日成确实是个人才，长期以来朝鲜的国民经济几乎全凭他高超的外交手段，用制止美帝国主义的扩张和维护社会主义阵营整体利益的名义，从前苏联、从我国、从东欧各国源源不断要了许许多多东西，过了多年舒服日子。自从苏联解体、金日成去世后，绝大部分外援猝然中断，朝鲜人民开始"苦难行军"，金正日把多年主管农业的劳动党副主席当做替罪羊，尸体竟然被打成千疮百孔。他们骂美帝骂苏联也骂中国，过去给他们的无私援助从不提及，拒不承认。我们坐过一次平壤地铁，惊讶地发现它竟然建在地下100到120米的深处，每一站都有双向自动扶梯，不同风格的华丽站台，宽敞舒适的车厢。因为我以前曾听说中国为援建朝鲜地铁花费了巨大的人财物力，所以我故意询问朝方陪同人员："这么漂亮的地铁是哪国援建的？"对方马上回答："是我们朝鲜人民军建的！"口气斩钉截铁不容置疑。

8月27日下午，我们到金正淑幼儿园参观，接待我们的副园长中文说得很好，我负责分送礼品，她对我很客气，参观结束时我故意走在最后边，找机会问副园长："孩子们这么乖，正是淘气的年龄，居然一动不动，这不可能啊？"副园长见周围没有人，小声对我说："不能不听话，第三次被点名提醒，全家将被清除出去。"我吃惊得张大嘴巴，不敢再说话了。进入朝鲜的第一天我们就听说，平壤刚进行过一次清洗，趁夜一卡车一卡车地把"有问题"人员的全家都拉到边远的劳改农场去，被清洗人员的命运不言而喻，哪里有人敢冒天下之大不韪。我又想起那些为领袖甘洒热血的朝鲜人民军战士，将美丽的首都视为天堂般的幸福之地，他们哪里知道为了维持平壤的宁静，付出过多少同胞甚至孩子们的安危与生命为代价啊！

奇特的一二三

此次访朝，我总结出朝鲜最奇特之处有三点：一是一个主体思想；二是两朵花；三是三个人物。主体思想是由金日成首创、由金正日丰富并发展的指导思想，用一句话概括就是"革命和建设的主人是人民群众，推动革命和建设的力量也在于人民群众"。看了后两条就知道与第一条刚好互为悖论。

两朵花是朝鲜人视为最神圣的"金日成花"和"金正日花"，我们在朝鲜见到的图画、刺绣等工艺品，或者是大门、建筑物上的浮雕，都是这两种花的图案。前者据说是金日成参观印尼一座植物园时，见到一种玫瑰红的热带兰花，随口说了句："这花很漂亮，以前我没看见过。"印尼园长为使他高兴，说："我把它命名为金日成花吧。"后者是日本园艺师栽培的一种开大红色花朵的花，有个日本人为讨好金正日，告知这种花在日本学名是金正日花。逢场作戏的恭维却被朝鲜马屁精当真了，我在万景台少年宫刺绣组，见到女孩子们都在专心致志地绣着这两种花，小学和中学校园里陈列的绘画作品也是这两种花。

三个人物当然是金氏父子，再加上金正日的生母金正淑，朝鲜所有新人物画像全是这三个人。参观朝鲜中央美术馆时，一进门的大厅里是他们三人的大幅画像，馆藏品按照朝鲜历史时期分几个展厅，高句丽厅有反映王侯贵族生活的墓葬壁画；高丽王朝厅里有水墨字画，是公元918年到1392年间当地社会生活的缩影；在李氏王朝厅里有四季美人图等鲜活的彩色绘画，一进入现代展厅，全是金氏父子或站或坐、或全身或半身的画像和一幅金正淑穿军装的全身立像。走廊里有几幅宣传画，很像我国文革时期的政治宣传画，画的是工农兵高举红旗向前进，上面的口号是"夺取艰苦行军的最后胜利"。走出美术馆，我轻声对同伴卢晓丽说了句："朝鲜的艺术已经断代了。"

不管在哪里，你都能一眼分辨出谁是朝鲜人，他们一律在右前胸处佩戴着金日成像章。但是这种像章商店里买不到，由各单位在极其隆重的场合中郑重颁发。所有朝鲜人在公众面前都非常敬爱自己的领袖，不光口口声声"热爱领袖"，在向领袖画像深深鞠躬之前，人们会习惯性地整理好衣容。那天绕行水晶棺，离开金日成遗体陈列大厅时，前面两位朝鲜阿妈妮一直失声痛哭，我们的团长赶紧搀扶住其中那位头发花白的妇女，看她俩哭得那么伤心，谁又忍心怀疑朝鲜人民对领袖的忠诚呢？

8月27日上午，朝鲜青年同盟（全称：金日成社会主义劳动青年同盟）的书记在会见我们时，郑重地说："我们全体青年同盟团员一致拥护伟大的领袖金正日同志。我们将一如既往地把800万青少年培养成800万颗领袖的枪炮弹！"当天下午，我们接连参观了平壤的中小学校和幼儿园，得以充分理解有关"枪炮弹"的含义。原来，朝鲜儿童从两岁半进入幼儿园起，每天接受的教育全部围绕着领袖如何伟大，如何无限忠于领袖，刚学会说话的幼儿们，围坐在万景台模型前，一遍遍地跟着学说"这里是慈父领袖诞生的圣地"。每所学校里都把最好的两间教室作为"金日成革命事迹研讨室"和"金正日革命事迹研讨室"，学生们演出的文艺节目也都是表达对领袖的无限热爱与忠诚。朝鲜要求人民把"做领袖的孝子"和"做领袖的枪炮弹"当作人生的最高目标。扪心自问，我是把人生看做体验和享受生活、探索知识、追求真理，相比之下朝鲜人的命运太悲催了。

伟大的科学家爱因斯坦说过："在真理和认知方面，任何以权威者自居的人，必将在上帝的嬉笑中垮台。"归国途中，交流体会，不约而同地庆幸我们的祖国走出了闭关锁国和个人迷信的误区，真乃民族福祉！

最后想说，朝鲜儿童非常可爱，白皙鲜嫩如同花朵一般，他们应该获得美好的明天！

1998年9月6日　北京

7　斯德哥尔摩的清新之风

今天接着写北欧之行，说说我此行的最大收获。昨天有网友在"斯德哥尔摩的清新之风（上）"一文下面跟帖："于大姐的欧洲游，我看就是游个干净的街道，观赏了自然风景。"哈，以为我花10多天宝贵时间出去一趟，只为了过过车瘾、看看光景。

前日这位网友留言说"中国的问题出在人口上"，明显是主次颠倒了。依我看用不了太多年，我们将无法再沾沾自喜于"人口大国"，当未富先老与人口断层排山倒海袭来时，彼时的困境谁又能逃避呢。既得利益集团与庞大的斯德哥尔摩综合症病患群联手庇护的落后政体才是问题的根源！

北欧，上个世纪还顶着"海盗国"的恶名，一提起挪威、瑞典，人们会想起带着双角帽、黑眼罩，杀人越货的恶魔"维京海盗"。这是咋地啦，忽然间那几个小国成就了幸福指数最高、最宜居、最环保的白天鹅体系？正是带着这个疑问，我才在先生刚一退休就主动踏上北欧之旅的。一路上看啊，想啊，总是不得要领，终于在6月2日那天，在此行的终点站斯德哥尔摩的最后两个景点：市政厅与塞格尔广场破译出明晰的答案。我的感悟如下：

斯德哥尔摩市政厅由巍峨的塔楼和高低错落的裙房组成，上面有装饰性很强的纵向长条窗，远远望去犹如一艘航行中的大船，令人赏心悦目。右侧高105米的钟楼，塔顶的3个皇冠代表瑞典、丹麦、挪威三国。北欧各国的市政府办公楼常年对外开放,任何人随时可以进入参观,可以无障碍去查阅各种法律法规。

它坐落在市中心西面的国王岛上、梅拉伦湖畔,虽然只有不到一百年的历史,看上去仿佛13世纪所建,因为用的800万块红砖是仿照13世纪修建王宫用砖由人工打造的,名为"修道士砖"的红砖每块重7公斤,这是斯德哥尔摩市区最后一座用手工建材建造的大楼。

蓝厅仿照意大利广场设计,一排双柱和一排单柱,非常优美,对面有装饰性很强的阳台。那架电子琴箱,是从英国运过来的。站在众多诺贝尔奖得主们发表感言的蓝厅,谁能不浮想联翩、心潮澎湃呢?

著名建筑师让乃尔·沃斯特贝利起先设计了仿天空玻璃天花板,在漫长的冬季也能欣赏蓝天白云,四壁用凿毛的红砖刷成蓝色,地面铺上淡绿色大理石呈现湖水似的波纹,让乃尔先生要让蓝厅与窗外的瑞典母亲湖梅拉伦湖湛蓝的湖水交相辉映。

蓝厅之所以定格在现有的深红色,据说有一回让乃尔先生站在工地四下观望,突然被已经凿毛、即将涂色的红砖显示出的深沉的壮美所折服,觉得与其涂蓝,倒不如保持红砖更美,但是

蓝厅的阳台

由他命名的"蓝厅"名称被保留至今。

每年12月10日下午4时,诺贝尔颁奖仪式在斯德哥尔摩音乐厅隆重举行。颁奖仪式结束后,国王和王后在这座市政厅为获奖者举行盛大的宴会。

蓝厅一侧是经过精心设计,高度、坡度与摩擦度都极其考究的台阶,走在上面非常舒服,穿着高跟鞋、晚礼服的女士也可以放心地上上下下,因此被公认为"世界上最舒适的台阶",也是名副其实的成功者的阶梯,每位诺贝尔奖得主被允许在台阶转角处的讲台上发言5分钟。

我们在市政厅二楼的议政厅听导游刘女士讲解瑞典的议会制度。她先介绍了议政厅的布局,然后说:"台湾的游

客经常会问'瑞典议员在这儿会吐口水、互相骂仗吗?'我告诉他们'不会,他们在这里讨论问题,有时辩论很激烈,但从来没人说粗话'。议长的作用很关键,他主持会议,让谁发言谁才能发言,允许议员充分表达意见,然后投票表决,所以会议从不拖到很晚,以票数决定结果。"

议政厅中间是议长席,周围是议员座位,楼上左侧是媒体席,右侧是旁听席。议员开会,所有媒体和寻常市民都能申请来旁听。

刘女士接着说:"每次开会时,楼上的记者与旁听的人只能听,不能说话。平均每年有200名普通人到这里旁听,人数不多因为花时间、花打车费到现场,不如坐在家里看电视转播。有些人觉得,我投票前曾让议员握过自己的手,表示他能在议会为我代言,就来验证一下,看他做到没有。"

刘女士说"瑞典立法明文规定,任何人都可以来政府办公处查阅(除国防资讯以外的)所有政策、法规文

议政厅天花板上绘有日月星辰的图案,寓意"这里讨论的话题,没有见不得光的内容"。

件,一切权力必须在全体公民监督下运行。你来查法规,想查哪个就查哪个,不需要任何理由。你们看,这个顶棚被设计成天空的样貌,意思就是'这里一切公开,没有秘密。'"

她接着说:"二十年前,如果有人问'瑞典有腐败吗?'议长马上很肯定地说'没有',谁都不愿意承担违法的责任;随着科技的发展,造假的成本在降低,资金在转来转去过程中,说不准有没有人钻漏洞,所以现在不太好回答了。"

第五辑　游历观感

市政厅宴会厅在二楼，这个大长桌用于诺贝尔颁奖后的宴会。每年12月10日，国王王后与诺贝尔奖得主及家属坐在长桌两边，1300人的座位事先经过精密丈量，每人座位的距离相等，体现公平与隆重。莫言也是先在音乐厅领奖，然后到这里参加宴会。

宴会厅的双排廊柱，一根是六棱形的，一根是圆的，象征男女两性。

金色大厅长25米，墙面有1800万多块约一厘米见方用黄金和各种彩色玻璃的小方块镶成的一幅幅壁画。左壁是瑞典历史画卷，右壁是瑞典历史上著名人物肖像。正中墙上端坐着斯德哥尔摩的守护神梅拉伦女王，她脚下有两队人从左右两边向她走近，右边是欧洲人，左边是亚洲人，一幅现实主义与浪漫主义结合的艺术作品。

下午去参观著名的塞格尔广场，瑞典人每次游行，这里总被当作起点，立柱回旋处呈椭圆形，中间直立着一根37米高的水晶玻璃柱。广场西面是低层平台，铺设着黑白两色的砖，西边是广阔的台阶，人们喜欢在此集会，表达意愿与诉求。

广场北部是首相奥洛夫·帕尔梅1986年遇刺身亡之地。北面共有5座高楼,市中心这种高于8层的建筑物极其少见。自从上世纪50、60年代,在广场南部的剧场旁建过一座文化厅以后,设计师与建筑商一直渴望在这处黄金地段的周边搞扩建,迄今为止他们的所有努力都因市民和议会的拒绝而无法实施,塞格尔广场依然保留着广受好评的现状。制度的威力,在塞格尔广场被彰显到可与阳光媲美般的粲然!宪政的确立,保护着多数人的利益,钱权交易只能胎死腹中。

市政厅广场坐落在梅拉伦湖畔

　　站在广场过街天桥上,再次感慨世界上任何事物都有两面性,二战损失最烈,但二战不仅催生了众多好看的影视剧,还促使战后民主制度得以大面积普及,北欧的民主社会主义日益焕发出理性与自愈性。

　　最后说一件事:这次远赴北欧旅游,行前担心北欧人不喝热水,我们老两口特意买了一个电热壶带出去,一路上在6个国家每天烧开水,十天下来壶里竟然没留下一丁点水垢,不透钢壶里面洁净如初。回到北京,回北京后用它烧水,呀,两次竟然结了一层白垢,我用百洁布擦啊刷啊好容易才弄干净。水、空气、食品,已成为国人目前最为担忧的。但愿我们不再麻木蹉跎,尽快确立宪政道路,别给后代留下太糟糕的环境吧。

2013 年 6 月 22 日

8　雪山环抱的奥地利小镇

2014 年 11 月 16 日,我和家人游览了德国两座小镇,拜望了新、旧天鹅堡,然后驱车驶离德国,当晚入住奥地利小镇一家酒店。

AUSTRIA　TOWN 小镇好美啊,四周被终年积雪的山峰环抱得严严实实的,站在大街上转着圈地看,无论朝着哪个方向望过去,都能看见白头雪峰。

2014 年初冬,我在奥地利雪山环抱的小镇上。(老王　拍照)

在初冬季节来到雪山环绕的小镇,却远不如我国北方那样寒冷,穿的并不厚实，站在外面感觉凉爽舒适。啊，一下就想明白了，这里没有西伯利亚的寒流侵袭呀！

与酒店仅一条小马路之隔，是一座小巧的教堂，简洁朴实，像一个萌萌哒的孩子。

11月17日清晨醒来，听到悠扬的钟声，感觉这钟声不像是对面传出的，开窗一看，小教堂在黑幕映衬和街灯照射中，没睡醒般静悄悄。这说明附近一定还有座教堂，赶紧刷牙洗脸出门去。

酒店门口遇到也来自北京的一位同团游伴，她比我们起得更早，已经背着单反相机转悠一圈回来了，她热心地告诉我们"出门往左，街口有座很漂亮的教堂。"得嘞，赶紧去那里。

此次出游的目的地国是德意瑞法，夜宿奥地利小镇，算是蹭个边儿，多到一国。说起来我跟奥地利也有过一丝源缘，文革刚结束那年初春，密闭的国门蓦然开了一条缝儿，几个先进国家的工业展览会相继在北京展览馆举办，打头的第一国就是奥地利，然后是法国工业展览会。当时我被贸促会从机械局借调的8人中，临时担任了票务组组长，负责正门检收入场券的任务。

虽说是工业展览会，但音乐之都岂能不借此张扬交响乐？那些天，在北展一进门处布置有隆重的音乐馆，世界名曲一首接一首或铿锵或婉转地鸣奏着，好听极了！京城一帮音乐发烧友一得空就跑来，交了门票不急着进里面参观，而是站在门厅四周久久聆听着、陶醉于来自奥地利的华美乐章……

展会期间，遇到负责音响的奥地利年轻的调音师，也许他发现我很喜欢那些乐曲，就在他不忙的时候时常来找我学中文，我陆续教了他十来句中文，他也帮我纠正一些英语常用语的发音。坐在北京展览馆正门大柱子旁边，我俩比比划划的交流也挺开心的。展会结束的那天，那位蓝眼睛小伙儿送给我一个硬皮本和一把波浪纹的水果刀，那把锋利的小钢刀非常好用，以致结婚离家时我都没好意思带走，这么多年后，我妈妈还在使用呢。

嗨，那时我20岁刚出头，最美好的年龄，1977年春去中国北京办展会的奥地利人，包括那位跟我学过中文、也指导过我英语发音的年轻调音师,如今都白了头吧?想不到许多年之后,我有机会到奥地利的这座小镇上观光,突然想起那些如烟往事。

2014 年 12 月 9 日

补记:2018 年初秋,我和老伴儿再访奥地利,在维也纳和附近的几处地区游览观光,非常喜欢这个国家。

9　印度之行的感慨

印度之行最大的感受,就是被弥漫在印度大地上的平和、宽容、简朴折服,尽管在斋普尔市遇到一次晚间游行,工人们喊着口号向地方政府要求涨薪,但毫无暴乱迹象。实地观察后,让我更加佩服身形瘦小、精神伟大的甘地先生!他提出的"非暴力""不合作",真真给我们弱势群体指明了一条康庄大道!觉醒了的人民,有了不合作的定力,坚持非暴力抵抗,再浓重的云雾也一定能被曙光冲破,再料峭的春风也一定有转暖的那一天!

60 年代初,我上小学开始懂事时,记得中国没少骂尼赫鲁,说尼赫鲁不过是个代表印度大资本家的黑心政客。到了印度后,路上一有空,我就跟身边的导游阿南达先生聊天,35 岁的阿南达一直亲切地管我叫妈妈,很感谢他愿意对我说实话,帮我更多地了解印度文化。我了解到独立后的首任总理尼赫鲁原来是圣雄甘地志同道合的朋友,甘地牺牲后,尼赫鲁当政初期非常妥善地将多种族、多宗教信仰的印度定性为世俗国家,从而避免了印度沦为被某一教派绑架的邪教国家。印度一直遵从精英治国的理念和道路,别看之前发展速度似乎比中国慢,却走出了一条稳妥、有后劲、适合国情、可持续发展的道路。

一路上,我看到印度各地许多道路正被拓宽,来来往往的大卡车穿梭不息，证明印度的经济正在提速。前几年印度 GDP 增长速度仅次于中国，现在印度经济出现可喜的提速，"世界办公室"的地位已经坐稳，中国要想超越须下大精力、大投入、大转变；一旦连我们沾沾自喜多年的"世界加工厂"的宝座也被印度、泰国、越南等国抢走，中国的优势又在哪里？在印度的那些天里，每当我看到一群群精神矍铄、神采奕奕的大学生时，心里都忍不住冒酸水，这些即将走向各个工作岗位的年轻人的脸上的从容自信，闪烁着印度明天的光彩，怎能不让我既羡慕又嫉妒啊！还有就是我看到印度儿童数量明显比我国多得多，中国老龄化趋势太严重，这也是让我特别焦虑的一件事实。

悲叹毫无作用，诅咒别人"联手做空中国"只能是枉自徒劳。经过一次次的失望，作为一个拥有独立思考能力的人，我意识到：在这个世界上，能够打败自身的，其实只有自己！国家的命运也如此，我们的大中国，除非自己开倒车，别人怎么可能击垮咱们呢？

2012 年 4 月 5 日

10　管窥印度人的婚姻家庭观

关于印度至今还时兴包办婚姻这个问题，我挺感兴趣的。不久前在印度时，专门询问过几位印度年轻人。其中有两位同为 35 岁的男士，他俩际遇完全不同：导游阿南达经父母包办与妻子结婚已多年，有一个可爱的儿子，妻子开始没有工作，后来在阿南达的鼓励下到一家美容院学习面部按摩，妻子经济能独立后，不仅家庭财务更松快，夫妻关系也更和睦；旅游公司经理阿曼先生同样 35 岁，至今未婚，数年来他为将自己的导游公司做大做强呕心沥血，他告诉我"我越来越想找一位中国女孩做妻子"，我不仅鼓励了他，而悄悄告诉他"什么样的中国女孩最适合当妻子";在阿曼家做客时,阿曼的哥哥也是晚婚,他和新婚妻子是由家长牵头见过一面、一见钟情后,因家不在一个城市,经过两年网恋后,男方家放弃女方陪嫁物品后(这在印度是少见而不合传统的)嫁入夫家,我看到阿曼兄嫂非常恩爱!

重事业而晚婚的阿曼先生,去年夏天我们就在中国国际瑜伽大会上见过面,这次旅途中我和他闲聊,探讨"自由恋爱与家庭包办"各有所长的问题,坚持要"自己的爱人自己找"的阿曼,却语气坚定地对我说:"印度式包办大有优势。"我追问何故,他说:"最爱自己儿女、最了解他们需要什么样的伴侣的自然是父母,父母安排见面后,并不是强迫子女认同自己的看法,不合适会再做新的考虑。"我又问:"如果两位不熟悉的年轻人,结婚时发现不喜欢对方怎么办?不就晚了吗?"阿曼说:"你想想,当一个年轻的男人和一个年轻的女子在亲友的祝福中单独相处时,是多么的美好,这种幸福两个人都会终生难忘,所以我们印度人的离婚率非常低!"说这话时,他的表情相当自豪,我也开心地点头笑了。想起中国49年前后,突然一边倒地推行自由恋爱,好不好,对与错,让事实和历史评判吧。

2012年我在印度阿格拉市旅游时参观了泰姬陵。(林晓海 拍照)

总体感觉印度人对婚姻的态度比中国人更持重,家庭生活普遍更美满。在飞机上、在火车站上，在大街上，在景点里，总能看到印度年轻女人怀抱着小孩子，年轻的丈夫提着行李，当他放下行李后，会马上接过孩子自己抱，与妻子一起分担照看孩子的重任。为我们团开车的司机是一位中年男士，有一次我因不买东西和他坐在一起等同伴们，他掏出手机让我看他家庭照片，这一看让我大吃一惊，他虽然每天换衣服，但上衣领子分明是磨破的旧衣服，我以为他很穷，想不到他妻子、女儿那么漂亮，穿的戴的如同贵妇！我夸他太太、女儿漂亮，他得意极了，那些天我整天坐在他后面的椅子上，看到他的破上衣，看着坐在他左边的副驾时不时递给他毛巾或醒脑颗粒，突然我明白他这样辛苦工作的动力，不就是为了让老婆女儿过上有尊严的好日子吗？这般情景让我感动，我对同伴说："印度男人比中国男人更懂得疼老婆！"同伴答曰："印度男人更有男人味。"

2012 年 4 月 27 日

11 候机室遭遇的尴尬

3 月 27 日午饭后，我们与克久拉霍绝美的酒店依依惜别，来到机场乘飞机飞往印度东部的瓦拉纳西市，飞行 45 分钟，省去 10 小时汽车的地面奔波。

那天在机场候机过程中，有两件小事让我难忘。由于克久拉霍只是一座僻静的小镇，候机室并不大，在里面候机的百十来人中除了我们 12 个中国人都是欧美游客，但候机室里一直响亮着中国普通话，让我突然意识到自己也有高声交谈的坏习惯，于是赶紧压低音量，以后我们都要注意在公共场合下说话尽量小声。

候机室里面设有一个小卖部，我和同伴们轮流跑到那里购物，她们争相买了印制精美的画册《爱经》，我买了几盒性爱神庙石刻像的扑克牌，还有印度风景图案的冰箱贴。过了一会儿，小卖部的店员朝我们的领队招手，示意让他过去，领队林晓海的英语很流利，他与店员交涉后把金女士叫了过去，我看见金老师向那位印度店员连连道谢。原来，刚才金老师付款时错把500刀乐（美元）当500卢比给出去，店员发现后叫来我们的领队，主动将多收的美元退回金老师。

我和同伴们都挺感动的，美元是卢比的50倍，500美元对一位印度店员来说可不是一笔小数目呀，印度人的平均月收入大约也就这么多，这位店员居然在我们毫无察觉的情况下，主动将多收的美元退还掉，这属于雷锋精神吗？印度国民和欧美游客与我们中国人最大的不同，就在于他们基本上都有宗教信仰，相比之下，有信仰的人不欺心，做人做事有底线。我不知道如果换作我，有个外国人无意中多给了一个月工资的一张纸币，这些人马上就远远离去，我会不会在第一时间马上归还呢？我觉得我会，但谁知道呢？这件小事让我对我60多年习惯的精神虚伪、信仰缺失非常遗憾！

2012年在印度西北部的奥尔恰市我与护院小哥合影。

登机前的情景更让我羞愧。当登机通知广播后，外国游客纷纷站起身排队走出候机室，只有我们这12名中国人中的一些人还久久围在最里面的小卖部不停地选购着，大声说笑着。我当时排在队伍的最后面，看到队尾的几名欧美游客对我的同伴们指指点点，连连摇头，这种对中国人过度的购物欲望和大声喧哗的公然嘲笑，令我尴尬不已，默默地低着头，感觉脸红一阵白一阵地不自在。

2012 年 5 月 3 日

12 克久拉霍的性爱神庙

3月26日傍晚7点30分，我们乘车到达印度的性爱之都克久拉霍，入住克久拉霍酒店。酒店漂亮舒适，晚餐有金枪鱼等美食，饭后我和卢老师在院子里散步，走到一棵巨大的无花果树下，轻风吹过，只听身前身后噼里啪啦落下许多比核桃个儿还大的无花果，卢瑛老师提醒我"快走，小心被砸到头"，我心里正盼着被果子砸一下呢。低头一看，满地果子，捡起一个掰开吃了两口，里面的小丝丝据说对眼睛很有益。

3月27日早晨，在院里游泳池边散步，见到两位上年纪的欧洲游客正在游泳。早餐后，乘车到西庙群参观性爱神庙。月亮王朝在公元950－1050年间达到极盛。这时期共建造过85座庙宇，如今只保留了22座，分布在方圆6平方公里的范围内。这些寺庙分属婆罗门教和普那教，但风格相同，在高高的基座上建起装饰繁缛的主建筑，与开有天窗的长廊相接，主建筑表面覆以彩绘镶板，顶部有集束型带曲线的尖塔，其中最高的几座位于圣殿正上方。每一座庙塔都象征着凯拉沙山，即神圣的"天山"。

（照片多张）克久拉霍现存的22座古庙可分为东群、西群和南群三部分：西群雄浑精丽，东群气宇轩昂，南群雕刻精湛。最重要的一组是导游今天带我们来看的，位于考古博物馆附近的西群。毫无疑问，克久拉霍古庙群是价值高超的印度建筑艺术杰作。

克久拉霍位于印度中央邦北部的一座优美宁静的小镇，建于公元 950 年至 1050 年的一百年期间，是鼎盛时期的昌德拉王朝的都城。"克久拉"是椰子，一千多年前，这里盛产椰子。昌德拉王朝被称为"月亮王朝"，相传这里的一位祭司有个美丽聪慧的女儿，迷住了月神。月神下凡与姑娘相爱，他们生下勇敢英武的儿子，并繁衍出这个伟大的民族。至今，克久拉霍的居民还喜欢称自己为月神的后代。

月亮王朝时期，这里成为印度秘教，也称坦多罗教的中心。坦多罗教是在公元 5 到 9 世纪时从印度教派生出来的，以宣扬性爱为主题的一门宗教。克久拉霍神庙就是举行坦多罗教狂欢仪式的场所。后来穆斯林入侵印度，这里的以性爱为图腾的神庙建筑群虽然没有被全部破坏，却遭到遗弃与冷落，19 世纪之后才重获世人关注。1986 年，克久拉霍古迹组群被联合国列入世界文化遗产。

布满了精美的性爱主题雕刻艺术的神庙群，使克久拉霍从一个已陷入宁静的小村庄重新获得世人关注和游客的宠爱，成为印度的"性都"与当仁不让的旅游胜地。

今天在西庙群参观休息时，我向专程赶来陪同我们的游行社社长阿曼先生提了个问题："信奉苦行教义的印度，为什么会有如此生动、逼真、繁复的性题材的大型石雕群呢？"阿曼先生叫来西庙主管，两人切磋后回答我，大意是"月亮王朝初创时期，经历过长时期的战乱，国力因人员严重不足而衰微。因此用宗教倡导性爱，鼓励生育，使人口得到快速增长。"我感觉有一定说服力，作为匆匆过客，对此答案无从研究。有关克久拉霍神庙的来龙去脉，我用实地获得的第一手资料如实道出，也算是填补了一处小空白。印度之旅，不虚此行。

2012 年 5 月 1 日

13 凡尔赛宫百年奢华之后
——旅欧散记之一

2014年11月23日上午,我和家人参观了著名的凡尔赛宫。进宫殿参观是自费项目,游览宏大美丽的凡尔赛花园则是免费的。

凡尔赛宫广场的地面砖,留有可渗水的缝隙以及方便排水的坡度。我想起故宫太和殿前用秘方烧制得早已残破的大块灰色"金砖",年代相似,相比之下还是这种天然小方砖耐磨得多。

镜厅是凡尔赛宫最著名的大厅,由敞廊改建而成,一面有朝向花园的17扇巨大落地窗,另一面由400多块镜子组成巨大镜面墙。1919年6月28日,法英美等国同德国签订了《凡尔赛和约》,就是在镜厅签署的,第一次世界大战宣告结束。

凡尔赛宫位于法国巴黎西南郊外,建筑面积为11万平方米。1624年,法王路易十三以1万里弗尔的价格买下面积达117法亩的森林和荒地,建起一座两层红砖楼作为狩猎行宫。到了路易十四和路易十六统治的107年,这里成为法兰西宫廷。

室内装饰极尽豪华富丽是凡尔赛宫的一大特色,这里曾是欧洲最大、最雄伟、最豪华的宫殿建筑,法国乃至欧洲的贵族活动中心、艺术中心和文化时尚的发源地。路易王朝全盛时期,宫中居住的王子王孙、贵妇贵族、主教卫兵及其侍从仆人高达36000名之多。

追求宏大奢华的路易十四为确保凡尔赛宫的建设,曾下令10年之内在全国范围内禁止其他建筑使用石料。路易十五晚期和路易十六早期,维持凡尔赛宫廷的费用占法国岁入的四分之一。1789年10月6日,路易十六被愤怒的巴黎民众挟至巴黎城内推上断头台,凡尔赛宫作为法兰西宫廷的历史至此终结,一度沦为废墟,1833年,奥尔良王朝的路易·菲利普国王下令修复凡尔赛宫,将其改为历史博物馆。

制度更新跑不赢暴力革命的惨剧，无论在法国、在俄国、在我国清朝都被愤怒、鲜血与动乱重复上演过，身为现代人的我们再不警醒，只能沦为历史的罪人。

凡尔赛宫花园的园林面积100万平方米，花园中央那座大喷泉，是由1400多个喷水头组成，据说它们的耗水量比当时整个巴黎用水总量还要高，而那时巴黎市民经常因为缺水而患病。听到这番介绍，我马上想起近年常听到的一个词：不喂不死。

园内树木花草栽植得别具匠心，景色优雅静美，最引人入胜的是遍布整座园林各处路边的人体雕像，神态各异，美轮美奂。对了，令中国游客惊异的还有如此美丽的皇家园林，竟然不要门票，可以自由进出，想来葛朗台那种爱财如命的人在法国政商界是吃不开的哦！

2015年1月22日

14 火车上的乘客

两年前我参加"手拉手夏令营"后，对鸡公山印象很好。我爸爸生前曾经想去鸡公山游览却没能如愿，于是我跟妈妈商定陪她去信阳旅游。一周前我母女离开北京，先到郑州给姥姥、姥爷庆贺了百岁生日，然后我俩奔赴鸡公山。6月15日上午，拥别白发苍苍的姥姥、姥爷，挥别了好友苗青和白新格，妈妈和我来到郑州火车站。"买两张最近时间到信阳的票。""今天的车，都没有座位了。"售票员对我说。因为要在天黑前赶到鸡公山景区，我只得买了两张"无座"的票。挤上大连到汉口列车的硬座车厢后，我护着老妈妈一点点挪到车厢中部不太拥挤的地方，坐着的一位中年汉子赶紧起身主动帮我把拉杆箱放到行李架上，他对面座位上一位带小孩的妇女与孩子挤了挤，空出半个座位让我老妈妈坐下，两位陌生人的热情令我母女感动。

妈妈坐下后，我心稍微安，想起还有三个半小时的路程，希望有两个正经座位。这时，一位乘警从我跟前穿过，我向他求助："您看，老妈妈挤别人的座位，我交钱，您能帮我补办个坐票吗？"那警察挺仗义，手一挥示意我跟他走。

原来我买的"站票"车厢紧邻餐车车厢，进餐车时，乘警告诉我："花点钱在这儿买个座儿吧。"餐车里很凉爽、座位几乎全空着，一打听只要点菜就餐就能舒舒服服地坐到信阳站。看了看那些装在盘中待炒的菜品，各色各样都清清爽爽的，价格偏高还能接受，我高高兴兴地去叫妈妈过来吃饭。

没想到，我离开的这么一会儿工夫，妈妈已经跟带孩子的妇女，还有对面座位上的中年汉子有说有笑热络起来了。我的劝说遭到妈妈的拒绝，"还没到吃饭时间，我一点不饿。"再劝又碰钉子，"有空调我更不去了，跟他们说说话多好啊。"妈妈见我站着，说："你自己去吃饭吧，快到站再来找我。"我得跟着老妈，于是也加入他们的闲聊。

妈妈对我说，"她带着孩子都不舍得买卧铺，腿都肿了！"原来那带孩子的女人是信阳人，有两个男孩，与丈夫在大连做小买卖，辛辛苦苦挣钱，除了四口人的基本生活费，全花在租房和供大儿子上小学上，"怎么省也攒不下钱。四年多没回家了，孩子姥爷病了，才带他（6岁的小儿子）回家看看。"妈妈拿出一包"闲趣海苔饼干"、一包"茯苓夹饼"给男孩，孩子道谢后，信阳女人坚持只让孩子收下一样。

漯河站到了，隔壁空出一个座位，妈妈过去坐了，信阳女人又让我坐在她旁边，对面是刚才帮我放行李的中年汉子。面对面坐着，我一问，他是河南民权县的农民，是一女两男三个孩子的父亲，他掏出手机，从小小屏幕上让我看他女儿和小儿子的照片，然后和我聊起家常。毫无疑问，这个庄稼汉很能干，夫妻二人种着6亩多地，农闲时他外出打工贴补家用，他满脸喜色地告诉我："这二年好了，收成不错，我家有了积存的粮食，即便三年没收成，也饿不着！"

我问起乡村民主选举的事，他马上变色道："咦，不管提，可木有意思。"嗯？对追求数十年而不得的民主权利，他竟认为没有意思？不行，不管提我也得提。追问后他说"我们的前任村长人可好，最善于主持公道，大家不用商量，都把票投给了他。他当上村长后，一门心思为大家办好事，为改善孤寡老人的生活，他把嫁闺女的钱都贴进去了。自家破落了不说，几年下来，连亲情名誉也受到伤害，他说啥也不肯参加选举了，到头来被遭大家恨的坏人当了村长。"

我难以理解其中的奥秘，又让他说，深究后才知道，敢情只有村长是民选，真正的掌权人——村书记还是上头派的，书记把各种得罪人的事都交给村长办，各种捞实惠的事村长都不沾边。光是计划生育一项就很能说明问题，农村中哪家兄弟多，势力自然大，没有儿子的家庭遭白眼受冷遇，所以农民都想多生男孩。另一方面，通过农民超生罚款也是村干部增加收入的一项重要来源，村民与村干部两种积极性结合起来不超生才怪。村书记就把劝导、制止、追讨村民超生的得罪人的事全交给村长去落实，结果村长一家一户把人得罪了，交上去的钱怎么花，村书记怎么支配人不知鬼不觉。

我还是不解，"计划生育是基本国策，又不是村长故意而为，也不至于得罪那么多人吧。"民权汉子说"不比从前了，过去老实人多，违法乱纪的很少，如今不中了，村里偷鸡摸狗、欺男霸女、打架斗殴的事经常有，村长不出面不中，一出面就得罪人，几年下来好人缘就瞎了。"

这时，妈妈站起身，举着一个香瓜对我说："她非要给我，你去洗洗咱们吃吧。"我起身过去谢了人家，对妈妈说："你看，人这么多，咱们吃瓜，弄脏车厢不说，瓜籽往哪儿吐？吃完洗手还得挤来挤去的不方便。"妈妈就把瓜还给那位女士，说"还是你留着回家再吃吧。"看得出来，妈妈跟乘客们相处得很融洽。

我又坐下时手机响了，民进中央通知我19号参加一个会议，告假后我突然想起我们妇女儿童工作委员会今年的参政议题是"农村计生网的落实情况"。于是，我开始就此话题询问信阳女人和民权汉子，他们分别说了自己村里的情况。民权汉子还告诉我，去年他们村里有个上门女婿竟然被本家人谋害了。过去我一直弄不懂"到底是什么原因使上门女婿不受欢迎？"通过他俩反复解释，我终于彻底明晰了其中的利益纠葛与利害冲突。没想到，不情愿买了两张站票，却帮我为完成参政议案任务收集到一些资料。

驻马店站过了，再有一个多小时就到信阳了，我得寸进尺地问起"你最羡慕什么人？"民权汉子说："村医。我要是有个医本就好了，这晌儿村民最羡慕的就是村卫生员，也叫村医。被农药污染了，越怕生病越是生病，想省钱又怕拖成大病不治不行，舍不得进医院都找村医生看病，要多少钱全凭一张嘴，没人敢还价，当了村医，两三年挣个上百万容易得很。"我惊讶地瞪大眼睛，"两三年就能挣上百万？一个村卫生员？"想起我和先生身为国家干部，几十年省吃俭用也存不够百万；老爸老妈九死一生从枪林弹雨中走出来，拿了60年"高干薪金"也存不到这么多钱啊。这个世界真是瞎套了！

民权汉子说："够资格的医生按说都进了乡和乡以上的医院，虽说待遇不错，可是跟村医一比就差老了。所以现在我们那里兴走后门当村医，不少乡医院的医生白天在医院上班挣公家钱，下班后偷偷兼职当村医，也不少发财。"信阳女人说："医生美了，我们哪敢生病啊？药费贵得吓人！"我说："也是，虽说我有固定工资，这些年每次去看病，总是很抠门地嘱咐医生别开进口药，少开自费药，城里人一样怕生病。"我接着询问村医发财的捷径，民权汉子说："村医也精明着呢，他给的药，比乡医院开的药还是便宜一点，所以大家尽量不去医院，村医就好挣钱了，没人不羡慕他们！"我又问："村书记不会也羡慕村医吧？"他笑了，"那我不知，村书记管有别的路数。"

这时，餐车推了过来，信阳女人买了一盒饭，让自己6岁的儿子吃。见那孩子吃得津津有味，我问她"你自己不饿？就买一份饭？"她说："小孩吃不了，剩下的我吃。"我从包里掏出四个牛角面包，递给妈妈两个，假装随手递一个给信阳女人，她不肯接。那面包一层层的松软可口，就着茶水我很快吃完了。吃完后发现小男孩把盒饭吃了个一干二净，后悔没坚持给信阳女人一个，心想"当妈妈的就是这样，自己委屈着，啥都紧着孩子。"我对她说"你儿子真乖，这么长时间被我挤在这儿，安安生生地不闹。我儿子这么大时，能把人闹得灵魂出窍。"又对孩子说"我挤了你的座位,委屈你啦!你这么乖,饭也吃得这么干净,真是好孩子!下车后,记着让妈妈也买点吃的,妈妈还没吃饭呢。"小男孩懂事地点点头,我和她妈妈都笑了。

民权汉子和他旁边坐着的那个20多岁的男青年也都没有吃饭,那个男青年看上去怪怪的,一直不言不语,时而用忧郁的眼光久久注视着车窗外,时而埋头枕着双臂趴在小桌上睡觉,一点点年轻人的好奇活泼劲儿都没有。两个小面包下肚,不饿了,于是我又问"村书记怎么挣钱呢?"民权汉子说"只知道他有钱,具体怎么弄的不清楚。"他想了想,补充说"这些年,上头和村里经常征用村民的房屋和田地,都知道这里头能挣大钱,比如一套民房被公家征用,作价3、5万元给了房主,房主只能卖给干部的亲友,他们一转手能卖出5、60万。田地征用也是这样,中间负责的书记能不发财?"信阳女人插嘴道:"可不是,好处都让他们拿走了。"

我明知故问,"那你说,怎样才算公平?怎样做能让村民放心呢?"民权汉子真聪明,他不假思索地告诉我"简单!这些事只要摆上明面,不偷偷摸摸地弄,有好处捂不住,村干部还敢作假?没假做,还用光恼恨不敢说吗?"这话说得透亮,令我喜出望外,"说得太好了!这就叫让公权力透明运行,能做到这个,一切都往好处发展了!"民权汉子、信阳女人和我都开心地笑起来,好像已经见到曙光一样欣欣然。

我又问:"除了生病,现在你们还怕什么?"民权汉子说,"怕房子、田地被征占,那些被强占了田、屋的人,补款太低呀,全家人绝境,气不过上访的会被关押,有人被逼疯了,有的实在过不下去,只能全家外逃。"这时,我的手机再次响起,又是民进中央的干事小齐,问我的身份证号码,说要预定下月我们去湖南调研的机票,我再次重申"去年我去了杭州和宁波,今年外出的机会只要有人愿意去,我就别占名额了。"小齐答应了。

收起电话一抬头,见民权汉子朝前欠起身,低声但恳切地对我说:"你能把手机号告给我吗?不到万不得已我不打给你,万一有人害我,你能替我伸张吗?"我被他的信任深深感动的同时,也为自己的渺小无能而歉疚。望着他激动得微微有些发红的脸、充满期待与信任的眼光,忽然百感交集,自忖能理解这个老实巴交的农民突然冒出来的惶恐不安。联想自身,即便生活在首都文化圈里,有党派上层身份护佑,也算有些地位和资历,有些社会关系可以庇护,即便有这些金钟罩,我又何尝没碰上过不期而遇的惶恐呢?

　　面对民权汉子的信任,犹豫毫无作用,我立即果决地摇摇头说:"不行!我是个退休的普通人,无职无权。""那你出来还不断有人给你打电话,你跟上头能说上话吧!""你误会了,兄弟。我不过是个已经退休的小人物,闲来无事干点没收入的零活罢了。再说远水解不了近渴,你要真遇上难处,等我把手伸过去时,又哪里是地方官员们的对手呢?"他勉强笑笑,垂了头,重新坐回原处,看他失望的神态,我不忍地劝道:"兄弟,你记着,必须学会把命运抓在自己手里!做个有心人,广交朋友,只有靠自己的努力才能减少风险,提高应变能力。"他眼中闪出一丝光,问:"我一个农民,谁看得起,咋交朋友?"

　　我直视他的眼睛,说"不,你有能力,上车后你是第一个帮助我的人!咱们说了这么多话,你口才很好,看问题非常准确,这些都是最被人看重的长处,只要你怀着助人之心,像对待我们母女这样热情地与所有村民、包括村干部交往,还愁交不到更多朋友吗,朋友多了路好走。""干部愿意跟我当朋友?不可能。""当然有可能,拿好处的事,你不用管,那是咱们说啥也白搭的现实,你只管坦诚地与所有人交往,干部们也希望有你这样的朋友啊。"他愉快地笑了,我也被自己刚才脱口而出的话感动着,觉得自己也应该这样做人,不该怀着各式各样的偏见,以前怎么那样不开窍呢,平白无故地丢了许多乐趣!我看着民权汉子,像对他说,也是自言自语:"要告诉孩子们,不依赖别人,要学会把握自己的命运,路就在脚下!"

　　信阳女人推推我的胳膊,提醒说"咱们快到站了。"我过去叫妈妈,把东西收拾好后一回头,到汉口才下车的民权汉子已起身,站在那里喜洋洋地望着我妈妈和我,整个人显得神采飞扬。妈妈又一次感谢他和信阳女人对我母女的照顾,然后我把手伸给汉子,我们朋友般使劲握了握,互道再见,愉快的短途旅程就这样结束了。

下车后，妈妈问我"你刚才跟他说啥了？他好像突然变了个人似的那么高兴。"我说"这是咱们国家一个典型的好农民，聪明能干有觉悟，遇到他也是我的幸运。"

我母女与信阳母子相跟着走出火车站分了手，妈妈又说"跟你出来开眼了，以前我不知道火车还卖没座位的票。""妈妈你呀，以前跟爸爸出行不是飞机就是软卧，老百姓哪里可比，站着算好的，你还没见每年春运时车厢里拥挤不堪的情景，连双脚落地有时都困难呢！"妈妈叹息道"不容易，等农民都过上咱们这样的生活就好了。"遇到信阳女人和民权汉子，感受到农民的淳朴可亲，清新之风扑面而来，使久居都市的妈妈和我豁然开朗，当然也为他们承受的生活重压感到心痛。

2009年6月22日

补记：这篇文章原题《信阳女人和民权汉子》，在个人博客上无论如何都发不出去，折腾好久，突然明白因为"民权"二字属于敏感词，犯忌遭网络屏蔽，换个标题，一下子就发出去了。

15 告别富强胡同6号

阎淮兄是赵二军几十年的挚友，两天前，阎淮兄通知我"二军和家人要搬离富强胡同6号的四合院"，约了少数朋友7号过去向故居做个告别，问我参加不参加？我早已对那座小院心向往之，也想见见二军夫妇，所以准时赶过去，按响门铃后，二军夫人给我和我先生开了院门，带我们进入到外人极少有机会进入的内院。

王府井大街北面不远处有条街是很有名的东厂胡同，富强胡同六号就在那近旁，清朝时曾叫"奶子府"，紫禁城里哺乳皇子皇孙的奶妈们曾经住在那里。上世纪因锐意改革得罪元老集团的两位总书记胡耀邦和赵紫阳,相继遭罢黜后曾经被软禁在这里。2021年10月7日,赵紫阳的子女家人就要被限期搬离开了,听说赵家子女即将告别故居,赵紫阳的秘书李湘鲁,鲍彤老的外孙女央央,鲍的秘书吴伟,李普的女儿李欲晓和赵家亲友三十人聚到已经明显残破的小院中。

苍天有眼,今天上午,高高升起的太阳驱散了绵延数日秋雨之后胡同中的阴冷,照亮了院中胡耀邦亲手培植、赵紫阳亲手浇灌修剪过,硕果正挂满枝头的几树高桩柿子,也照耀并温暖了聚在四合院里志同道合的亲友们的心!举头望见两棵柿树上各系着一条洁白的哈达,那是藏民代表送来的最诚挚的祈福,大家的心愈加温暖。每次这里有活动,通常有大批军人或警察前来警戒,今天居然一个都没来,主宾皆因在场者"无告密之人,都值得信赖"而倍感轻松亲切。

2021年10月7日上午参加告别活动的亲友合影,两幅字是鲍彤先生手书让家人送过来的,右三手持鲍彤先生书法的是赵紫阳的秘书李湘鲁,左边手持书法的是鲍老的秘书吴伟,前排穿红色上衣蹲着的是赵紫阳之子赵二军,右一是二军夫人,左一是阎淮,左前戴眼镜蹲着的是于向真。(崔武年 拍摄)

我们怀着崇敬之情拜望胡赵当年工作时极简朴的办公室,已经搬腾一空的赵紫阳夫妇生活过16年的内院,赵二军(紫阳的儿子)

告诉我们：因内院是他父母的起居之处，所以从未对外开放过，今天是"首次"破例开放。站在即将人去屋空的内院里，我们认真听二军回忆父亲晚年被禁足于此度过的漫长、俭朴、孤寂岁月的故事。紫阳夫妇住在这里的时候，卧室已经破败到墙体有洞，黄鼠狼等小动物夜间进屋骚扰主人到夜不安宁，直到紫阳住院才简单修补过，听到这里感觉心好疼好疼。

今天午后，富强胡同6号院子里的赵（这个赵不是那个赵）家人就要散开离去，有亲友们陪伴着，大家一起向故居挥手告别，愿上世纪八十年代朝气蓬勃的锐气永存于世，永不凋零。

辞别富强胡同6号后，在返回家的路上，我发微信感谢阎淮兄，并祝福赵二军全家安康，我写了下面几句话：

今天事事（柿柿）如意，艳阳高照，温暖和煦；聚朋不多不少，氛围祥瑞；宾主志同道合，心照不宣。

胡赵亮节永存，高风传世，我们缅怀心间！故居辞别在即，安排妥帖，家人欣慰，友朋宽怀。

凛冬已近，春风可期，志存高远，携手并进，共同迎来中国宪政民主那一天！

2021年10月7日

16 我在华西村的见闻

1998年10月24日，我在《法制文萃报》看到一则短消息"中国最小的纳税人"，报道4岁男孩灯娃主动交税的新闻。那年9月底，毛阿敏偷税曝光，被各媒体持续爆炒，纳税成为全民关注焦点，恰巧这时突然冒出一个主动纳税的4岁孩童，引起我的关注，放下报纸去找总编辑，请缨前去采访。

次日乘快车南下，当日到达灯娃居住地江阴市。路上打电话联系我报在江阴市的作者符老师，我说灯娃一家住在暨阳山庄，我打算住在那里，方便采访。符老师告诉我，暨阳山庄是个高档处所，富人撒钱之处，建议我住到他家附近的旅馆，OK，下午我就住进他家附近的普通旅馆。这家旅馆不仅便宜，简约清净，而且二楼几间客房只有我和另外两位客人，符老师的妻子在楼下开了间理发馆，当晚热情的符妻安排我在她的店里理了发。

之前与符老师只有稿件方面的往来，见面一聊才知道，符老师原来是华西村领头人吴仁宝的前任秘书，他竞聘此职后，举家从京城迁往江阴定居，没料到很快就失望了，一腔报国热情被裹挟着怪味的现实击得粉碎，勉为其难不足两年就辞职了。当时，华西村已经誉满华夏，近在咫尺，我想去看看，与符老师商定采访灯娃过程中抽空去华西村一游，符老师爽快地说"华西村我门儿清，届时为你当向导"。第三天一早，我俩就奔向华西村，符老师带我在村里转了半天时间。

15年后回忆那天在华西村的见闻，大体如下：在华西村大礼堂见到吴仁宝书记，当时他正坐在台上给半礼堂的来客讲话，由于口音太重，他身旁有一名年轻女子给他当翻译，每说一两句就翻译一次。我听了一小会儿，对那些口号式的报告毫无兴趣，屁股刚坐热就示意符老师离开了。吴书记的报告，重复着华西村巷头巷尾、道路两旁随处可见他的语录牌，书记大人的"豪言壮语"，让我联想起文革毛语录满天飞的况味，只有反感。

华西村心脏地带，建有一座宝塔式的高层大厦，里里外外极尽一个土豪村长所能的排场奢华，外面镶嵌着琉璃瓦，大堂排放着大瓷瓶，悬挂着五彩绘画和三流书法作品等装饰物。大约是在9层的某一间办公室里，符老师向我介绍一位30多岁的女士，她是吴仁宝的女儿、华西村团支部书记、村委会委员之一。握手的时候，吴团支书一双冰凉的小手吓我一跳，女人手凉不足奇，但那是我握过的最凉的一双小手，比手更凉的是屋主人的态度。她听符老师说我是团中央直属报刊的记者后，奇怪地打量我好久，我向她提了两个问题："华西村现在有多少团员？有几所小学校？"她口中"哦、哦"两下，再没出声,回到座位上,开始翻弄写字台一个个空抽屉……见此情景,我和符老师面面相觑,立即识趣地告辞,她这才抬起头,默默无言地招手以示告别。走出团支书办公室,我想:或许吴女士同她父亲一样,也是一口吴侬软语,不会讲普通话,故而回避我的提问,随她去吧。

华西村的别墅群,和招贴画上的一模一样,整齐划一的红顶小楼、四方小院,有的小院里停放着一辆家用小轿车。别墅区的街道横平竖直,到处可见成群结队的参观访问团、学习取经团的游客,不时传来游客们"啧啧啧"的羡慕声,却见不到别墅的主人——华西村村民。我打趣地问符老师:"干吗不把小楼建成各式各样、错落有致呢,这天黑后回家,很容易走错门儿呢。"符老师感觉我并不欣赏这片闻名遐迩的别墅,就提议带我去看村办工厂,"好啊,村民是不是都在厂子里上班呢?难怪这里见不到人。"我说。"哪里啊,华西村原住民都是拥有股份、坐享其成的富人,用不着做工,八成都在家打牌、垒城墙呢,工厂里干活的都是外地人。"符老师告诉我。

我参观了三座工厂,电器元件厂、玩具厂和袜厂,工厂的规模还算可以,厂房里工人都在流水线上低头赶任务,我走马观花转着看看。离开生产袜子的工厂前,正好路过小卖部,出售该厂的羊毛袜和一些等外品,我想买几双羊毛袜回去送给老爸老妈,一看价格每双袜子标价都在数十元,手感硬硬的,残次品的价格也不便宜,心想:仗着华西村的名声,这定价够霸道的,只象征性地买了两双。

接着,我想去拜访华西村小学校和养老院,符老师拦着不让我去,说"算了算了,你看了肯定不满意。"我一看时间不早了,中午还得赶往暨阳山庄,客随主便那就回吧。回程中,符老师把近两届华西村村委会委员组成情况讲给我听,原来村委会每个说话算话的人,都与老书记有着或血缘或感情的脉络,特色鲜明,无愧中华第一村。第二天下午,我又抽空赶往与华西村毗邻的另一个村庄的小学校和江阴市气派豪华的办公大楼,团市委书记爽快地应承下订阅我报的新增发行数,让我高兴了好一会儿。邻村小学的报道,我回来后发在《中国儿童报》头版和《中国少年报》四版各一篇,弥补了原定要发的《小小纳税人》的空缺。

那次我在江阴总共两天半，三访暨阳山庄，摸清了4岁的小灯娃"打破吉尼斯纪录"的前因后果，揭开了灯娃一家三口在毫无经济来源的前提下"主动纳税"的真相。离开江阴前，我劝止了正赶往暨阳山庄采访灯娃的央视报道小组一行人，他们听了我采访到的细节后，半路上决定放弃这个选题，改去采访江苏省另一个新闻线索。我原打算发在报纸头条的主意也改了，回程中将采访记写为《四龄童纳税，当真？》一文和照片发送给《中国新闻报》，刊登在当期社会新闻版上。这篇文章和照片，很快被收编进新华出版社出版的《新闻内幕》第一辑中。新华社国内部女记者见到我的这篇文章，与我通了两次电话，在我的说服下，她最终勉强决定不报道儿童纳税，却执意前往暨阳山庄"深度报道"资助天才儿童打破吉尼斯纪录的故事。

我欲言又止，说啥好呢，这么多年来众多报道，里面掺杂过多少水分啊！最近，华西村的吴仁宝老书记病故了，他生前统领"第一村"的秘密，其实一把钥匙就能破解：公开华西村村委会各位委员们与村支书之间的关系，就全明白了。

2013年3月23日

17　雁栖湖畔的夏日

这两天我随编辑部到京郊怀柔开会，周一上午出发，开车两小时走京顺路，过枯柳树环岛、经雁栖环岛，到达雁栖湖畔的国际商务会馆，开两天半会，住了两晚。事前知道，这次"开会"只是名义，休息交流才是目的，大家感觉从未有过的轻松。

我们住的院落背靠燕山，山间有两座凉亭，雁栖湖支流蜿蜒从楼前缓缓流过，一群山羊在湖边悠闲地啃草，一个男人坐在湖边垂钓，两名农妇在湖边菜田间剥着刚收获的蚕豆粒，不远处的小水坝哗啦哗啦地唱着歌。依山傍水的宁静美丽,使我心旷神怡,午饭后我提议去钓鱼。老曼(我的美编搭档)主动开车跑到湖对岸老乡家租了几个钓竿,还带回一盒蚯蚓,我们几人兴致勃勃地当起钓鱼翁。我有过几年的钓鱼爱好,所以我负责教几位年轻人上饵、调漂儿和甩杆,三位年轻姑娘一见鲜活的蚯蚓,立即显得娇柔万状,惊叫不已,逗得老曼和我很开心,老曼忙不迭甩杆专心垂钓去了,我来帮她们揪蚯蚓当饵料。哈,很快我们就有所收获,老曼钓到一条半大鲇鱼,小嘉钓到一条白鲢,我接连钓上两条很小的鱼,我们马上把鱼儿都放生了。

回到宾馆,没去钓鱼的同事带我们在院子里四处参观。我们住的前楼是标间,后面有四合院等高档客房,一座四合院每天价格为8800元,看了看也没觉得特别好。但是宾馆的大院子真好,鲜花盛开,绿树成荫,多种果树结满累累果实,有京白梨、海棠、柿子、桃子、葡萄,还有一座疏密有致的藤萝架。大家回屋休息了,我和同屋的画家刘玉兰女士继续在院子里闲逛。我俩发现东跨院竟有一处狗舍,五六条大丹一起朝我俩一阵狂吠,因为大铁笼子很严实,所以我们不害怕,我大声对它们说"好狗狗,你们真漂亮,真威风!好喜欢你们呀!"那些狗似乎听懂了,不叫了,冲我们一个劲摇尾巴,我俩开心极了。

有位路过这里的宾馆职工见我们两个女士这么喜欢狗,主动告诉我们"西院还有条更大的狗呢,比这几条好!"我们赶紧过去看,果然在一排高高的柏树墙后面发现了那处隐蔽的狗舍。玉兰比我年轻没我胆大,躲在后面,我小心翼翼地走近2米高的栅栏,当我刚瞥见卧在里间睡觉的大黄狗的那一瞬间,嗡嗡的咆哮声如同滚雷一般传出来,吓得我掉头就跑,跑了几步心里突然一亮,"藏獒!"惊喜交加地往回走去。这次我满脸带笑,手舞足蹈,无比亲热地和它打招呼"好狗啊好狗,你真是条伟大的好狗,我太喜欢你啦,能在这里见到你我太高兴了!"这条一米多长,虎背熊腰一身厚毛的棕黄色大藏獒可能很是困倦,听完我友好的表态,乖乖地卧回里间的阴凉处,不时睁开眼睛看看我。刘女士听说是珍贵名狗,也走过来打量它。

同来的男士们听说后院养着藏獒,都跑去看。在那儿的三天我去过好几次,后来觉得它差不多都喜欢我了,因为今天早晨我去和它道别时，老远它就冲我嗡嗡大声叫，见到我又立起身趴在铁栅栏上，让我清楚地欣赏它浅色的腹毛、白色的前爪和饱满浑圆的黑鼻头，它真是威风凛凛！意外地欣赏到神犬大藏獒，真是不虚此行！

欣赏藏獒时生出个疑问：那几条看家护院的大丹犬的笼舍是全封闭的，藏獒不是更凶猛吗，为什么关它的栅栏只有2米高，没有顶盖，它有可能随时一跃而出，这是主人特意安排的吧？我问过宾馆职工，答曰"我们有纪律，不得过问这些事，但我们都知道总经理非常偏爱这条大狗。"

这里的环境宁静优美，晚上听着青蛙呱呱的合唱甜美地睡去，第二天一大早被清脆的鸟鸣唤醒，我和刘女士外出散步，见到湖边的苇丛中有一只长腿白鹭一下一下探出长嘴在浅滩吃小鱼，轻纱般的薄雾缭绕在对面的小山腰间，景色如仙似幻。

第一晚，我们打保龄球，一向水平不高的我，只有一局突破110多分，我的臂力太差，即使出手准确也很难全中，补瓶的概率更是欠佳。那晚我们K歌到很晚，我的20多年老同事尹女士年轻时是广州军区"海上文艺轻骑兵"的独唱演员，因一曲大碗茶声情并茂，博得满堂彩！发行处的"极品男人"包先生、赵先生二重唱也很专业。我唱得一般般，就跑到台前即兴伴舞，时而优美舒缓，时而机械搞笑，也博得大家称赞。唱完歌又去游泳，最后大家尽兴回屋睡觉。

第二天，我们报社的领导来了，与我们一起开了一天会，对下一段工作做出一些必要的调整。晚上我们陪领导打保龄，又一起玩扑克牌敲三家，夜里我起来看德国对意大利的比赛，当预感又要看残酷的点球对决时，突然被两粒进球赶走了昏昏睡意，暗暗为意大利队祈祷的我一边高兴得手舞足蹈，同时也为几乎同样喜欢的德国队的意外出局深深惋惜。在银灰闪闪的晨曦中，心中百感交集，为了不打扰玉兰女士睡觉，我躺在床上辗转反侧睡不着觉。

今天我们赶回市区，晚上我打开博客，看到这三天朋友们热情的评论和留言，心里暖洋洋的，容我抽空一一回复，这会儿必须补上一觉，眼皮开始打架，今夜还有一场世界杯球赛等着我看呢！

2006年7月5日

18　甘肃乡村见闻

编辑部的实习生

编辑部最近来了位实习生，瘦瘦弱弱一个大男孩儿。近年大学生毕业后工作难找，先到相关单位实习一下渐成风气，我先后接待过好几位了。以前带的都是北京学生，见面熟，嘻嘻哈哈很是亲切。北京孩子懂礼貌，毕恭毕敬请教问题后，满面春风地道谢，实习结束前又是留手机号码，又是留家庭住址的，似乎把我当忘年交一般。

这回的实习生大不同啦，整天坐在空位上看书，一句话不说，碰个照面顶多笑一下。编辑部主任告诉我："小 X 是甘肃农村孩子……"，农村孩子不介绍，从他深红色的脸庞一望而知，"甘肃"二字引起我的好奇。我主动与他搭话，他家乡竟然在陇西县，几年前我曾到甘肃定西、陇西两县采访过，感觉一下拉近了与他的距离，只是和他聊天有点吃力，问好几句不见得回答一句，但还是了解到他刚毕业于河南一所大学中文系，目前和几位同学租住在北京东五环外一间小平房里，哥几个正千方百计联系工作。

随后那些天，我时常叫他帮我干点活儿，为了告诉他怎么挑选和修改稿件、怎么与美术编辑协作、怎么到照排车间修改大样儿，甚至连怎样在报样儿上标注出规范的修改格式，都不厌其烦地告诉他。当我计划下一步教会他如何识别和使用字体、字号时，他突然不见了，一打听，头天他刚刚从编辑部主任那里在实习证明上盖了公章，即刻从报社蒸发掉了。

我杞人忧天地为这孩子的前途有些担忧，回想他听我讲专业技巧时那种勉为其难的神态，以及不善与人交流的个性，要跻身竞争如此激烈的首都新闻战线，这行的从业人员其实不需要多高的学历，但绝对需要较强的沟通能力，否则寸步难行。在这里，不管这位应届毕业生是否能见到我想对他说的这几句心里话，我都要祝福他有个好前途，既然从那么贫穷的地方走出来，再苦再难也得"混"出个模样啊！

国旗是白色的

再说1994年我到甘肃采访"纯朴的山里娃"，回来发在《中国儿童报》头版头条受到师生欢迎，也不在我写得多么煽情，因为大城市的独生子女和他们的家长想了解国家级贫困地区孩子的生活现状。采访时我特意坐了好几个小时汽车，才到达几所真正意义上的农村小学，娃娃们求学的艰难超乎我之前的想象。有件事我至今难以忘怀，在其中两所小学校，我都参加过升旗仪式，升国旗在农村小学同样是顶隆重的仪式。当时我惊讶地盯着那面小小的、破旧的国旗在风中时飘时垂，鲜艳的红色呢？五颗夺目的黄色星星呢？在经年的日晒风吹雨淋下消失净尽了，哪里还有国旗的样子？分明是一块残破的、早已褪色的旧布！

在第一所学校见到这情景，追问后得知学校没有换国旗的费用，我离开前掏出钱交给校长，对他说"这点钱您去买一面新国旗吧！"第二天，我在很远的另一所学校居然见到完全相同的景象，只是昨天的旗还有一点褐黄色，这面旗几近灰白色，升旗时我的心再次被狠狠刺痛。课间我采访孩子们时有些魂不守舍，我突然问"国旗是什么颜色的？""白色！""白颜色的吧。"孩子们抢着告诉我，听了这话，我的眼泪当时就控制不住了……

我比原计划少跑了一所学校，上长途汽车前专门跑到陇西县政府非要见县长不可，好容易见到刚从宴会餐桌前回来的主管教育的副县长，看到他满脸红光、喜形于色的样子，我的火气腾地一下升上来，劈头盖脸冲他喊道"你不要对我说拿不出钱的任何理由，县政府有责任尽快、无条件地把拖欠老师半年多的工资发给他们！如果一个半月后办不到，我马上写内参，直接向中央领导告发你！"那顿脾气没浪费，回京后一个月左右，我收到两位老师的报喜来信，告诉我"拖欠的工资补发了"！

比拖欠老师工资更令我耿耿于怀的是"白色国旗"，我百思不解，无数先烈抛头颅、洒热血染红的国旗，怎么就经不起风吹雨淋蜕变成白色的了？教育经费中真的就抽不出一点钱用于定期更换国旗吗？从1988年起，每年岁末我都给开春后的两会准备提案，开始两年总围着制定、修改"出版法"做文章，之后写提高教育经费的提案，尽管言辞中肯、对比详尽，却总是没了下文。我因被民进领导内定"不得出席两会"，加上没有高级职称或处以上职务，没资格当选政协委员和人大代表，只能写提案由别人代劳提交两会，写得好不好在自己努力，受不受重视则唯余被动。从甘肃返京后我写的两会提案中有一个就是"为贫困地区拨专款买国旗，让鲜艳的五星红旗飘扬在校园上空"，这项提案起没起作用我不得而知。但随后我曾把这篇短小的稿件寄给两家报社，心想有一家刊登就满意了，所以一稿两投。没料到时隔不久《中国青年报》《中国教育报》几乎同时都在一版显著位置刊登出来，标题也相同"让鲜艳的五星红旗飘扬在校园上空"。

好几年过去，我们报社的记者已很少有机会出差了，所以说不清如今贫困地区的孩子们是否还认为"国旗是白色的"。假设大城市学校里的孩子们，仰望的国旗是我曾经看到的那种破旧褪色的布片，我们成年人心中该作何感想呢？

首次结缘希望工程

接着说那次在陇西县农村的经历。来陇西前，在甘肃省会兰州时，省团委女书记请我吃饭聊天，我不想去饭馆，提出想尝尝兰州烧烤，女书记笑道"烧烤是下里巴人的美食，只能在街边吃，馆子里没有。"我说"咱就街边聊天呗。"省级劳模出身的女书记主随客便，那天晚饭我俩和省少工委主任小沙，坐在街边凳子上边吃烧烤边聊天，我第一次品尝烧烤，之前在北京都没见过，连夸味道足、吃着过瘾。我们三位女士聊得也很愉快，我告知要去陇西、定西采访小学校，团省委书记坚持让小沙陪我一起去，"不然你自己怎么走那么多山路"，我不再推辞，小沙联系到车后陪我跑了三天。

在一所破败的小学四年级教室里，我问冬天有没有煤炉子？老师说没有，"孩子们坐在条凳上搓手跺脚，老师站在前面跺脚搓手。"

教室里没有讲台，没有足够亮的灯，北方冬季严寒，乡村学校居然连取暖设施都没有！我在那里是十月中旬，天还没冷，我发现一个男孩穿了件袖子磨得只剩多半截的破棉袄，小脸脏乎乎的，问了他两个小问题，他答得挺好的。离开教室，老师说他"交不上学费，马上要退学了"，我提出去他家看看。

男孩家在学校不远的半山坡上，低头进门看到女主人，我说"大妈您好！"跟她握着手聊几句家常话，得知她比我小十多岁时，我心中打翻了五味瓶，城乡差别巨大到骇人的地步，让我想哭更觉心苦。口渴没好意思要水，离开他家小沙说这里几年没下雨了，严重缺水，农民不洗澡不洗脸，各家都不招待客人喝水。我提出给男孩一些钱别让他退学，陪同来的大队辅导员说走希望工程吧，交几百元钱那孩子能念完小学，我按着做了。不久后大队辅导员来信告诉我，为此已经有两个学生退了学，还有几个家长又提出退学，理由是"他有人出钱，我家没人管？"

提起笔不知道该怎么给学校回信，只得放下了，当时我婆婆患尿毒症每周两次透析，举家返贫，省吃俭用还得借钱，甘肃出差我不住宾馆省下出差补贴帮个孩子，再多力不从心。那件事让我看到贫困地区的病根所在，对希望工程有了质疑。无巧不成书，有天我先生告诉我"希望工程捐资给国家文物局一套高级音响设备。"我问"希望工程的钱不是用来捐资助学的吗？干吗给你们？别的单位有吗？"了解后知道有项目需要合作，别的国家机关也得到希望工程的赞助，正在热播的电视剧片头片尾也有希望工程出资的字幕。

我不再认可这种"半官方慈善"，那之后除了几次报社从职工奖金或工资直接扣钱捐助希望工程以外，我再也不主动给希望工程捐款了。对了，你知道吗？甘肃陇西、定西地区长大的男孩子几乎个个都是硬笔书法家，都能写一手漂亮的钢笔字，他们从小没条件参加体育和娱乐活动，把写字练字当成了必修课。

2006 年 9 月 8 日

19 到北疆看日全食

从1985年至今,我一直效力《中国少年报》,工作中经常接触小学生,每次问起他们最感兴趣的是什么,不少孩子会不约而同地答道:天文!我组织过几次多学科的科学家现场回答孩子们的提问,问来问去总是天文学家唱主角,不停地回答"宇宙到底有多大?""星星为什么眨眼睛?""外星人长得什么样?"等问题。是啊,浩瀚无垠的宇宙充满奥秘,怎不令人魂牵梦萦。

我上小学时住校。四年级时我报名参加了学校的天文兴趣小组,教自然课的袁老师天黑以后带我们十几个孩子到大操场去看天象,袁老师右手攥着一个大号手电筒,用光柱引导我们观测月球圆缺或辨认星座组合。课后我仍然久久沉迷其中,买了"十万个为什么"使劲钻研其中的天文分册。

后来闹文革了,抄家中书几乎全遗失了。再后来我进厂当学徒工,整天拧大号螺丝,宇宙的神奇浪漫与我渐行渐远,但那份深入骨髓的爱并没有褪色。60到70年代,我喜欢独自站在冬日夜幕下,仰望星空,冬夜星空格外清晰明灿,猎户星座中那颗并不起眼的宿二星,直径竟然是太阳的700倍,是我们用肉眼可以看到的最大的一颗星星,有一次我突然冒出个念想"将来写本书,书名就叫《冬夜星空》"!

直到1993年我接手科普版的编辑,才再次与天文亲密接触。爱好天文、观测天象对绝大多数中国人来说似乎是一种奢侈品,我这篇文章可能有曲高和寡之意,但只要耐心读下去,就能领悟到天文观测何等令人痴迷,以及它对心灵震撼有多么强烈!不花钱的高级享受,看官何乐不为?

1997年3月9日我国黑龙江北部曾发生过一次日全食,海尔.波普彗星也同台展现,最佳观测地点位于黑龙江省漠河地区。为了观测难得一见的天文奇观,好几百人组成"97.中国黑龙江日全食和彗星观测团"乘坐一列专用火车,声势浩大地前往北国边陲。

　　这是建国以来最大的一次科学观测活动,专列上人才济济,有大名鼎鼎的中科院八大院士,有我国四大天文台的台长,有来自19个省、区及美、韩、日、香港、台湾的科学家及天文爱好者,还有数十家媒体记者。我荣幸地被所在报社推选为特派记者,从头到尾跟随科学观测团采访并向多家报刊发回专访。9年一转眼就过去了,激动人心的事件以及随后发生的一连串有趣的活动至今令我念念在兹。

　　那年3月5日,人民日报记者温红彦和我陪同卞毓麟老师到哈尔滨工人文化宫剧场,给2000多名中小学生做一场生动的科普报告。卞老师讲的日全食和彗星的故事引起孩子们极大的热情,散会后,卞教授一下子被围了个里三层外三层,学生们有的争着提问题,有的抢着和他合影留念。

　　3月6日,观测团全体人员乘专列前往漠河,8日到北极村游览,9日清晨6点,大家陆续到达漠河三中主观测场。8点零8分,日食初亏,场上响起欢呼声,太阳火球被月影"咬掉"一口。9点刚过,太阳只剩下一道金红色的娥眉弯月,大地黯然如临黄昏,最激动人心的时刻到了,人们紧张得屏住了呼吸。9点零8分,一线金钩消失,日全食开始了!

　　被月球完全遮住的太阳宛若一轮墨玉圆盘,一瞬间后,墨玉盘一侧闪现出美轮美奂的贝丽珠,据说是从月球环形山凹谷反射阳光流溢出的绮丽耀眼的红亮光点,它一闪即逝,有人见到一颗,有人说见到两三颗,包括我在内的人根本没看见。紧接着,墨玉盘周围散射出银白色的日冕,丝丝红光不时曳出,红光的学名叫日珥。

　　这时,大家开始在暗蓝天幕中搜寻海尔.波普彗星,许多人焦急地遍寻天际而不得。尽管天色昏暗,但那圈日冕在墨玉般的太阳周围散射出耀目的银辉,相比之下拖着尾巴的彗星十分浅淡,好像有意在和众人玩捉迷藏。我很幸运,在天文学家的正确指点下看清了在头顶上方仙游的"小扫把",彗星与日全食交相辉映,形成千古奇绝的天文景观,那一刻的怦然心动,除了一见钟情别无可比。

　　转眼再看,如夜的天幕上星光闪烁,水星、金星、木星钻石般璀璨，水星紧靠太阳左侧，它可是极为难见的贵客，据说连天文大师哥白尼终其一生都未能一睹它的芳容。周围响起当地人放爆竹和狗吠之声，此起彼伏，狗或许惊讶于白日突变暗夜，日全食来临后人放爆竹是一种源自古老的传统。

持续 2 分钟 26 秒的日全食很快过去了。9 点 10 分，一颗红亮熠烨的大贝丽珠忽然闪现在墨玉盘的右下侧，光艳夺目的亮珠迅速由小变大，红亮明艳，摄人心魄，令全场观众如醉如痴，有人禁不住哽咽失声，有人梦醒般大彻大悟，那一刻奇妙的感受是我今生最强烈最震撼的奇遇，无可比拟无以言传。

随后太阳一点点扩大着它光灿的笑脸，醒过神来的人们欢呼雀跃，洋溢着节日般的喜庆。这时我才理解了之前听到的传闻：观测日全食使人终生难忘，如果你亲眼见到过一次，并被它感动过，就会生出一个癖好，只要一听说哪里又将发生日全食，就会全力以赴，即使天涯海角也要赶去。我在漠河采访过一位福建中学教师，他每月工资仅 500 元，这次自费来观测，带了几十包方便面，一路省吃俭用。南国福建到北国漠河，千里迢迢忍饥挨冻，你说他图的是什么？

全世界大约每三年有两次日全食，每个地区平均 300 多年才能发生一次。我国上世纪发生过 7 次，漠河是最后一次。2008 年和 2009 年日全食将再次光临我国，有兴趣的朋友不要错过。

2006 年 6 月 5 日

20 我在沈园感受情与愁

7月21日上午，当温州孤儿夏令营的孩子们兴冲冲赶往嬉水乐园准备去玩水时，我悄悄告假去了神往已久的沈园和青藤书屋。

19岁那年，我读了陆游和唐琬的故事，当即被深深打动，记忆深刻到35年后仍然清晰。特别在自己的初恋遭遇挫折那几年，陆唐的身影和诗句不时萦绕心间，挥之不去，也曾依韵填写过两首钗头凤，后被相恋却无法亲近的对方辗转见到赞不绝口，大呼"痛失才女"，当即也和了一首钗头凤用挂号信寄给我。从那时起，我就向往有朝一日亲临沈园一游，实地感受一下诗人与才女在伤心地留下的千古悲情。

过去许多年里，有些疑问存在心中一直无法解开，比如陆母既然是唐琬的近亲，为何强行拆散儿与媳呢，只因唐琬没生孩子吗？唐琬既然后来嫁给文雅洒脱的赵士诚（陆游的表弟），按说也算续上又一段美满婚姻，为何与陆游重逢不久就抑郁身亡了？还有陆游既然真心爱恋表妹唐琬，从他晚年许多诗篇中可知此情刻骨铭心，为何对后妻王氏也一往情深，留下多首诗篇呢？

带着无限向往与疑问，我来到位于绍兴城内春波桥南偏东的沈园，到了这里才知道它也叫沈氏园，原本是南宋越州的一座私家花园，沈家厚道，每年定期免费开放，供游人观景玩赏，当初花园占地70多亩，园内亭榭楼台，小桥流水，假山林荫，是江南著名园林。几经周折，战乱摧残，到1949年5月绍兴解放时，它仅存东边4.6亩残败不堪的一角了。1962年，郭沫若来访，巧遇从外地回绍兴探亲的沈氏后人，送给郭沫若一册《陆游诗选》，郭先生填写了一首《钗头凤》："宫墙柳，今乌有，沈园蜕变怀诗叟。秋风袅，晨光好，满畦蔬菜，一池萍草，草，草，草。沈家后，人情厚，陆游一册蒙相授。来归宁，为亲病，病情何似，医疗有幸，幸，幸，幸。"我觉得郭先生这首词填写得太过应酬，实在不算好，但可以印证当时沈园的颓败境况。

50年代初，沈氏后人把沈园原貌平面图捐献给国家，我那天看到的沈园风貌是1987年按原貌图纸重建的，园内已恢复多处著名景观建筑，孤鹤轩、双桂堂、冠芳楼、闲云亭、冷翠亭、宋井亭、半壁亭、问梅槛、断云石、拱石桥等等，其中葫芦池最为别致美丽，相传那里正是公元1151年，时年27岁的陆游和唐琬不期而遇之处。

孤鹤轩对面的短墙上刻印着《钗头凤》碑文，听导游介绍陆游的词是根据他的手迹刻写的，唐琬那首是后人根据宋代女子手笔抄写的，词句当然是唐琬所填，她写了这首词后不久就抑郁而亡。绍兴有五位名女，分别是：美女西施、情女祝英台、侠女秋瑾、孝女曹娥、才女唐琬。

我拍了几处园内风景：沈园正门面对诗境广场，冷翠亭，刻写在沈园正南面的断垣之上的陆唐两首钗头凤，东苑入口处的太湖石上刻着元好问的诗句"问世间情为何物，直教人生死相许"，还有经过修复的宋代池塘，夏日阳光下重现当年的美丽，四周垂柳依依，池内粉荷妖娆。

之前我单纯地同情着陆唐被迫离散的爱情悲剧，每当回忆起75岁年迈的陆游独自站立在桥上吟咏"城上斜阳画角哀，沈园无复旧池台。伤心桥下春波绿，曾是惊鸿照影来。"及他83岁时写下的"沈家园里花如锦，半是当年识放翁。也信美人终作土，不堪幽梦太匆匆。"心里会生出对陆母的恨意，认为她就是封建家长的代表，无情拆散多情眷侣的罪魁祸首。这次由于我有备而来，竟在沈园内打听到一些更详尽的内幕，原来陆游20岁与表妹唐琬结婚后，由于亲上加亲，唐琬与表哥志趣相投、琴瑟和谐且尊敬公婆，起先一家人十分和美。后来由于陆游投考礼部官员落选，陆母气恨不打一处，才怪罪唐琬平日和丈夫过于缠绵，没有尽心督促丈夫刻苦备考；恰逢此时陆游父亲亡故，陆母想起小两口婚后多年没有生育子女，不甘坐视陆家无后，才狠心逼迫儿子休妻。但作为唐琬亲姨，陆母也不愿唐琬陷入绝境，由她做主让唐琬改嫁赵士诚。得知这些情况，感觉陆母并非先前那般可憎，多年的恨意瞬间释怀，顿感轻松。哎，人活着不容易，不管恨谁，恨总难免害人害己，放弃一份恨的同时会收获一份轻松。

我又想起古代人信奉不孝有三、无后为大，哪有现代人甘当丁克的勇气和境界，这才是唐琬长期抑郁的原因之一吧，她因不生育被前夫休掉，改嫁后仍然"怕人询问，咽泪装欢"，因此才会"晓风干，泪痕残""病魂常似秋千索"，终于在遇见前夫后悲愁加剧，导致花朵凋零。可惜啦，唐琬生在今世何至于此啊。

陆游很孝顺母亲，被迫与唐琬分离后，听从母命另娶了王氏，陆游73岁，王氏逝世，陆游有《令人王氏圹记》："呜呼，令人王氏之墓。中大夫山阴陆某妻蜀郡王氏，享年七十有一，封令人。"可见夫妻感情不错，不久作的《自伤》诗再次流露失去王氏后的颓丧之情，漫溢字里行间，陆游不仅爱国也爱家人。顶着正午的骄阳，踏着欣然的脚步，我走出蝶飞燕舞、花木扶疏的沈园。

2006年7月28日

21　寻访青藤书屋

小时候，爸爸给我讲过一些古代神童徐文长的故事，我记得最清楚的是小神童应对私塾先生对联"鸟坠鱼缸死""花落柳先生"的巧妙；以及怪才捉弄贪官题写"青天高一尺"等故事。爸爸对徐文长的故事很熟悉，讲过好多个，讲得绘声绘色。

直到不久前我从青藤书屋出来，在江南正午的烈日下赶回夏令营驻地途中才恍然明白，一定是我爷爷奶奶过去总给他讲这一类故事，从小给他灌输徐文长式的为人处世的方法，所以我爸爸的一生居然有点像徐文长的模样，也像他那样少年有才，一生勤奋好学，为人风趣幽默，处世耿直孤傲，特别是一身正气绝无半点奴颜的品性，面对唾手可得的荣华富贵冷颜相向，一次次主动逃离官场后守着清贫度日的生活态度，何其相似乃尔。

我尊敬父亲的博学正直，对他喜欢的徐文长也心存好奇。所以几天前在绍兴——徐文长的故乡时，尽管行程排满，还是想拜望一下他的故居。那天我陪夏令营的师生们从沈园出来已近午时，下午要去参观鲁迅故居，只得放弃团餐和午休，路边买个烧饼边吃边走，顶着火辣辣的太阳一路寻访，终于在一条小巷中找到徐文长故居——青藤书屋。

徐文长正名叫徐渭，他的故居今年5月25日刚被列为最新一批全国重点文物保护单位，很雅致的一座小门小院，大名鼎鼎故事一箩筐的徐文长出身并非富贵，因他自小就有神童的显赫名声被入赘当过大官的丈人家，妻子亡故后又回到这里。青藤书屋是他出生地、学习成长及长期生活的居所。关于徐文长的故事，大家可能也听说过吧，如有兴趣，书中、网上都能查到一些，讲给孩子们听听真的很好。

2006年7月31日

22 在陈半丁纪念馆听故事

7月22日下午，我参观了位于绍兴鲁镇的陈半丁纪念馆。陈半丁，原名陈年，字半丁，浙江绍兴人，另有山阴半叟、山阴道上人、鉴湖钓徒等名号，寄托着画家对家乡的眷恋。陈老是近代著名书画大家、诗人，是中国第一个举办个人展览的艺术家。

陈半丁生于1887年，卒于1970年，早年在上海跟吴昌硕学书画、篆刻十余年，曾与陈师曾、齐白石、张大千有过交往。40年代多次举办各种形式的书、画展和义卖、捐献展。49年后，任北京中国画院副院长，中国画研究会会长。他还精鉴赏、善篆刻、工诗词，画花卉能融汇明、清各名家技法而独创一格，画山水则近石涛而风格过之；书法以行、草见长；他的作品画面清新、明晰、和谐，富于表现力，北京各大宾馆、机场等大厅里，曾以悬挂半丁的巨幅中国画为荣。

半丁老清瘦，精神矍铄，至老不衰，享年84岁。在20世纪美术史上，陈半丁与齐白石两人在民国时期的地位大致相等，二人是至交，齐曾将最得意的三儿子齐良琨送到陈半丁门下学画。我看到纪念馆中有一幅画是1955年良琨早逝后，半丁在徒弟未画完的蝈蝈图的右上方补画了葫芦和花卉，成为师徒生死合作的一幅佳作。齐白石1957年去世后，陈半丁成为画坛魁首，可惜的是现今的市场腾飞遮蔽了陈半丁，人们逐渐淡忘了他的辉煌以及艺术成就。陈半丁无论艺术和人品都是值得尊敬的，他是20世纪中国画发展史上的重要人物，有关他的故事也颇为传奇。

比如当年被徐悲鸿誉为"五百年来第一人"的国画泰斗张大千先生之所以能声名鹊起，就与陈半丁有关联。话说早年张大千仿造石涛作画，用摹仿石涛画所获得的大价钱，搜购来石涛真迹先后达500幅之多。仿造的水平由形似而逐步达到神似，再由"神似形不似"进而达到"神形两不似"，画坛大师张大千终于脱颖而出。

1925年，张大千初到北京时，在画坛上还没有什么名气，寄居在国画家汪慎生家里，经汪引荐，结识了北京画坛的众多名流。一次，在中华艺术研究会举行的宴会上，会长周肇样向大家介绍出席宴会的大千先生，说他学石涛已入堂奥，随即周又盛赞座中的陈半丁新近搜求到的石涛画册十分精致，不可不看。陈半丁便邀请出席宴会的"原班人马"次日到他家看画。

翌日下午5时，张大千一进陈家门就索看石涛册页。陈半丁比张大千年长22岁，当时已是全国绘画界名家，收藏品十分丰富，对历代名画的鉴赏更是一言九鼎，威信卓著。他以众人未到为由，没有应允张大千立时看画的要求。好容易挨到七时许，客人们陆续到齐，陈才从内室捧出画箱，郑重开启。这本册页装裱精美，扉页上有日本著名汉学家、鉴赏家内藤虎次郎所题"金陵胜景"四字。张大千不顾主人半丁先生的不悦，挤到前面拿起画册就翻，而且翻阅的速度越来越快，旋即将册页合拢，微露不屑地说"原来是这本册子，不用看我也知道。"

"你知道什么？"陈半丁悻悻诘问。张大千故意卖关子，沉默了一会才说"是我三年前画的。"此言一出，满座惊愕。张大千不等人们质疑，便如数家珍地讲出从第一页到最后一页的绘画内容，连何处题款，款作何语，钤章几枚，印文何字，说得丝毫不差。他一边说，陈半丁一边在翻检核对，匆忙中连眼镜也摔坏了，真是大跌眼镜。这件事成为我国近代画坛的一件趣事，也证明陈半丁出名早于张大千。

陈半丁作品在港台出售较多，1986 年出售的一幅《百寿图》轴达到 6500 港元，一幅《二仙图》轴卖到 6800 港元。1989 年和 1990 年作品行情飙升，1990 年 3 月出售的一幅《仿石涛山水》达到 4.5 万港元，一幅扇面《溪林雅聚图》也达到 3.74 万港元的价格。1993 年 10 月香港拍卖行推出陈半丁《临石涛黄山八景图》拍至 15 万。

2006 年 8 月 29 日

补记：本文原分上下集，因下集记叙有陈半丁先生珍藏的两枚品相上乘、价值连城的鸡血石古董方章，被爱好文物收藏的康生觊觎，文革初"破四旧"期间江青指使红卫兵到陈府抄家，第一次没找到，康生心有不甘，又唆使第二次抄家搜出"纹路雅致、红艳艳的两枚鸡血石方章"，被康生藏于家中后不知所踪。这个建馆期间陈半丁儿女讲述的故事，我如实记录在博客文章里，结果该文下一章被网站删除。

2021 年 9 月 29 日

第六辑　缤纷世象

1　面对红波再度来

近年来，翻开报纸、收看电视新闻，显耀位置总被一人占据；各单位又被组织学习贯彻最高指示；领导人深入基层、关怀民情的报道轮番上演；颂扬领袖"天地诗心"广博文化的赞歌再度唱响；今年新兵入伍教唱的歌曲竟然是"做毛主席的好战士"；今年12月1日，教育部在官网发通知：全国普通高校推送毕业生到艰苦边远地区就业，并将列入考评重要内容，"到农村去，到边疆去，到祖国最需要的地方去……"老歌再次响起！身为50后的我，对这一切太熟悉了。

2018年秋天我从南方回到北京，原来曾参加过街道活动的我，迅速被街道干部们动员参加歌咏大赛，告知"参加者获赠一套红军军服和八角帽，还发大米和油。"我马上谢绝了。十年前我刚退休，曾积极为街道活动出谋划策，提议并认真写出方案的有手工艺交流赛、家庭废品再利用、老人常见病应对知识讲座等，先后都被街道采纳了，街坊邻居们热情很高，皆大欢喜。如今变调了，最基层的街道也重拾红色党文化，老于我避之不及，只能激流勇退。

2019年春节前，我单位离退休老干部座谈会上，有人向出版社领导提建议"抓紧时间组织力量,出版歌颂习主席的儿童读物,让孩子们从小热爱……"言辞恳切,马上有人随声附和。这些老新闻工作者不再年少轻狂,却依然沉迷领袖崇拜,以为颂扬领袖才是政治正确。哎,红色文化披着华美的外衣,用世界大同、按需分配的终极平等取代生而平等和程序正义,到头来美梦联翩好话说尽坏事做绝一地鸡毛。

"中国人民站起来"后没几年,我国出兵帮违规的金家跟维持国际秩序的联合国军打仗,在国内公私合营剥夺私人产业,反右剿灭文化精英,大跃进饿死千万同胞,文革刨祖坟毁掉道德根基,改革单腿蹦经济畸形腾飞的同时道德滑坡贪腐横行……2012年中纪委领衔打击贪官,让许多上年纪的人重温1966批斗走资派的激情,"艰辛探索"取代了"十年浩劫",文革红卫兵、插队知青被"无悔青春"诱惑煽情,2018年强人蛮横催生宪法修改,改开唯一成果已经被抛弃的"领导人终身制"满血复活,红色文化再掀新高潮。

红色文化卷土重来的原因是什么?有没有合理性、必然性呢?很遗憾,真的有。我个人的体会主要有两条:①公平公正是多数人发自内心的追求,贪图享受好逸恶劳是普遍的人性。人们对现实不满,幻想被伟人带领加以改变;憎恨又羡慕巧取豪夺的权贵们,看不到维护尊严的途径,严重缺乏安全感,最稳妥的似乎只有跟着强人亦步亦趋。②六十多年的言论与思想严控,许多知识分子放弃了探求真相、真理的信念,丧失了追求公平正义的勇气,一些砖家和精致的利己主义者或顶礼膜拜或鹦鹉学舌或充当叼盘侠,多数人假装沉睡故作迷信,沉溺于随波逐流脑部缺氧的岁月静好中。而广大民众苦于生计困守墙内,被一边倒的洗脑宣传忽悠,在美妙前景蛊惑下不得不默默忍受现实的罪虐与不公。

如今我们正面对急速跨入全球化的新时代,进步与后退不仅考验咱中国人,也让全人类因分化对立而焦灼不安,比如一个多月来美选大剧之跌宕起伏实在令人眼花缭乱。写到这儿想起120多年前一件事:面对杰斐逊对法国大革命的支持,亚当斯曾对一名英国记者说过这样一句话:人类最终会发现,假如大多数人失去控制,他们和不受约束的暴君一样会变得专制残暴。

前中宣部部长朱厚泽曾语重心长地告诫世人："从辛亥革命到今天，我们转了一圈，又回到了专制的起点，而且这个专制超过任何一个朝代，其控制的严酷前无古人，其对思想的钳制超过历代，相比之下，过去那些文字狱算不得什么。"所以我们不仅要对如今再度来袭的红波保持清醒的认识，而且要有思想准备，在下一段较长的时间里，除了对言论的严格把控绝不可能放松以外，还有可能因国际局势加上经济形式的严重挫败使我们面临苦日子。

人类历史从不讲公平到呼唤公平，从实现形式上的公平到追求实质公平，方向是明确的，道路又是极其曲折的，我们不仅要自己带头反思，也要鼓励亲友们了解历史并学会反思，尽量避免让我们的后代在不明真相中再一次经受苦难，拒绝让国家再一次走入漫长的黑夜。这是摆在我们面前最迫切的任务！手里没选票，逆行无目标，冲出怪圈去，诀别红思潮！

2020 年 12 月 21 日

2　北京有我家

1952 年 12 月 26 日，河南开封市第一医院里，一个小脸皱巴巴的女孩哇哇大叫着来到世上，哈哈，那就是我。三天后，刚出院的我患上急性肠胃炎抽搐着濒临死亡，爸爸正随省长外出，妈妈抱我出家门，正急得不知如何是好时，遇到省政府警卫班长巴克生，巴克生二话不说接过我一路跑着急送医院救治，快咽气的我获救了，我长大后爸爸妈妈多次提起此事，让我记住巴克生叔叔的救命之恩。

我刚满百日时因河南省会搬迁，随父母从开封到了郑州。不久后的一天，爸爸突然失踪了，妈妈百思不解，两天后爸爸托人送信告知他到西郊的国棉一厂当工人去了。原来,那天上午省委领导开会,确定让爸爸出任省宣传厅厅长,有朋友马上透露给他,爸爸不愿意当官,二话没说背个小挎包把自己下放"当工人去,从头干起"。厂里派他当领队,带着一二百个女工去上海纺织厂学技术,走前给妈妈带个口信。爸爸从上海回来被任命为国棉一厂党委书记,一厂建好了,爸爸又被派去建设国棉四厂,河南省的纺织工业蓬蓬勃勃发展起来。

1948年一张合影,左二是河南省主席吴芝圃,左三是开封市长刘玉柱,右一是我爸爸于明。

1957年初,爸爸被调去西安党校学习,大鸣大放中,河南的9位学员被要求按之前分管的领域发言并给组织提意见,因为从1948年到1952年我爸爸在给省长当秘书的同时,还负责分管河南省的统战工作,所以让他讲统战,因建政初期统战成效显著,没把柄可抓,9人里只有两人没被划成右派,爸爸幸运地没戴帽子回到郑州,但人老实多了,分他当郑州市委宣传部部长,他乖乖上任。一年后有两人找到他,劝他进京到新华社学英语,然后出国当记者。没出过国的爸爸心里没底,去咨询兄长般的吴芝圃,他给吴省长当过6年秘书,相信吴芝圃的眼界,刚从欧洲访问归来的吴对我爸爸说"我宁愿不当省委书记,更愿意去当驻外记者!"1958年12月,我们兄妹四人随父母来到北京,从那时至今,北京一直有我的家。

到北京后,我先是跟着姥姥进扫盲班识字,还经常跟着姥姥到西单去买菜,那时北京好空旷,大街上见不到几个人。我住的皇亭子新华社宿舍被茂密的树林包围着,林中有一座琉璃瓦的凉亭,据说是为清帝外出休息所建,我们小孩喜欢在那里玩捉迷藏。哥哥经常拎着弹弓带我去紧靠楼北的树林里打鸟,有一次他居然捕获到一只大圆眼睛的小猫头鹰,后来树林突然被铲平,盖成"八一宾馆"(后改称京西宾馆),哥哥气得直跺脚,只得带我去较远的玉渊潭公园捞小鱼。

小学6年和初中我一直住校,1966年两次到外地参加大串联,两次回到北京最强烈的感受就是"北京街道宽阔干净,北京人热情有礼貌",从此特别爱北京。1985年到2009年我在报社当记者,全国各地去采访,回京就是享受回家的亲情与温暖,爱北京与爱家人密不可分。退休后先在中华杰出女性协会会刊《剑兰》杂志任主编,又担任北京国际瑜伽大会副会长,两份非常愉悦的工作,却很快意识到该卸下肩上的担子满世界去看看啦,那一届瑜伽大会刚结束我就辞职了,马上和妹妹三家人一起踏上俄罗斯和北欧之旅。截至2018年秋天,我和家人已经去过30多个国家,本打算继续赴澳洲再赴英伦,却因需要帮助照看小孙孙,又遭遇新冠疫情,被迫中断了行程。

眼界开阔后,不再把北京视为天堂。近几年,我更多时间住在花园城市新加坡,那里吃住行超级便利,安全更是无可比拟。金窝银窝不如自家草窝，前两次从新加坡回北京的感觉还格外美好，后面这两次变味了，尤其今年2月先在厦门隔离15天，又到海南岛隔离两周，再在澄迈、儋州、万宁几个地方游玩，4月份回到北京的家。家还是自己的家，北京的感觉今非昔比了。几年前我家附近的团结湖、女人街、好运街等热热闹闹的繁华街市，遍布着店铺饭馆，入夜霓虹闪烁、人流如织，如今冷冷清清关张歇业，"低端人口"被清离出去，城心中居住的老友们陆续被搬迁到五六环外的远郊，聚会一次跟出趟差似的，菜美价廉的饭馆也很难找到了。

关键是北京太大，大到不宜居，每次去看望我90多岁的老妈妈，来回路上需要4-5个小时！要问北京有多大？它有2.5个上海，8.4个深圳，15个香港，21个纽约，22.6个新加坡。说到新加坡，熟悉那里后才知道幸福与否与国家疆域是否辽阔真的关系不大，新加坡的大陆移民习惯称它小坡，小坡虽小，却有78座不收费的公园，包括周边多座海滨公园，到处有新鲜好玩的去处。走在街上，总能看到个矮肤黑的华族人，他们的爷爷奶奶是从福建或广东到此谋生的穷苦人，每当我看到昔日渔民的后代们气定神闲的快乐样子，心里总有一股说不出的感慨，总之国大国小与幸福程度并不成正比。

再说今年回到北京，春夏之际正逢建党百年前夕，我住的塔楼的老邻居们身穿灰色红军服，聚在一起高唱《长征组歌》，表演爬雪山过草地，出门常遇见戴红袖箍站岗的朝阳大爷大妈，四处可见各种虚头巴脑的大标语，让我联想起十年内乱，吓得直冒冷汗。生活了60多年的北京，我的家还在这里，只是我对北京的感觉大不相同了。

2021年11月28日

3　感悟随年龄在升华

今晨看到一段视频，内容是上官云珠和程述尧的儿子韦然回忆他的母亲和姐姐。让我想起1966年9月初，我在上海"海燕"和"天马"两个电影厂看过一整天大字报，上官的特别多，揭露她"作风败坏"，彼时我14岁半，心智还不成熟，脑海里留下"烂女人"的印象。大约2006年前后，从网上了解到她来北京接受最高领袖接见后那段遭遇，对她生出的同情因她顺从皇上遭报应而顿时减半。其实那传闻并没有真凭实据，刚看了她儿子写的回忆，我心中以往对上官云珠的所有负面印象一扫而空，只有理解、同情与哀伤了。

一个女人，一个貌美柔弱的女人，一个对生活对世人怀有善意的女人，一个接连失去三位爱过的丈夫的女人，一个视演剧为生命的女演员，上官云珠的一生太凄惨了，她何错之有？身后不该再遭指责！

再说她的女儿姚姚，除了令人同情，这位饱受磨难，好不容易刚有工作机会，能够自食其力时却丧生车轮之下的年轻女子，她又何错之有？母亲和男友相继自杀后，找了个比自己小10岁的男友相恋并怀孕，这在过去完全是大逆不道，几十年前的我肯定也会鄙视她。如今，我非但一点点都不会责怪姚姚，反而替她大不幸一生中居然能有"先见之明"般的情感与行动给自家留下一个孩儿、30多年后又有了孙儿而庆幸！不然，身世太过凄惨悲催，年纪轻轻就车祸身亡的姚姚，岂不是……这是神的一次显灵！别无解释。

韦然的回忆，让我感慨人的一生太短暂了，匆匆一世来无影去无踪，什么都不重要，爱和行动最要紧！

再过一个月我就满69岁，"还很年轻"的健旺感濒临日渐稀薄之态，好在感悟随年龄在升华，今天的我比以往任何时候更明确、更坚定了对正义的追求，对弱势的同情，对苦难的悲悯。

扪心自问，今年之所以用"千树"的笔名给电子期刊投稿，无非下意识想多活、盼长寿，要求自己头脑清醒地迎来千树万树梨花开的那一天。为此，我将努力抓紧余年尚有的精力，一篇一篇拾起七零八落的旧文集成书留待后人记取。我不是强者，奔七了才冒出一点不服输之意。想胜却不强求必胜，有了勇往直前的果决，也不失谦让别人的胸襟；想赢却不迷信能赢，体验一把不屈不挠的拼搏，同时保持成全亲友的善意。如是，此生无憾。

2021 年 11 月 30 日

4　更高水准的道德

博友章因之今天发出的新博文"一个另类的性工作者"，是我期待中的一篇文章！去年岁末博友聚会三里屯彩椒店时，章因之当面向我透露过这个题目，我就开始等着拜读这篇文章呢。

果然和预料中一样，因之的文章，字里行间散发着人性关怀之光亮。这种不容易把握好分寸的现实存在，对传统保守、性趣闭锁的大多数中国同胞来说，浅了激人质疑，深了容易招骂，好在因之将在法律规范内那名专门服务于残障人士的性工作者体贴入微的工作态度表述的非常得体，让我们从中窥见到高出自身环境的荷兰王国的当下，竟有如此贴近草民实际生活需要的特色市场状貌，从中不难领悟到因充满人性关怀而彰显出更高级别的道德水准。

反观我们的四周，特色人文关怀最显著的特点就是重官轻民，两千年来至今，中华大地所有最周到、最体贴、最完善的服务，集中汇集给皇家或权贵之家，往昔的皇帝、如今的权贵们不仅精神上高高在上，物质上也享尽优厚待遇、阅尽人间春色，即便已经退出官场的国级、副国级高官和他们的亲属们依然享用着远超国民的高标准待遇。这些年他们更是将钱财陆续转移至海外，鞭长触及五大洲，肆无忌惮地暴殄天物，祸害黎民，遗患族裔；多数底层劳动者忍气吞声、含辛茹苦、命如蝼蚁……

> 经济改革瘸腿蹦，政体更新拒不行，
> 特权履冰靠维稳，草民凄凄盼天明。

谢谢章因之的好博文！她所在的荷兰王国民主自由富裕，她在博文中介绍的故事充满人性关怀很感动人。只有铲除特权、人人平等，才能打造和平安宁、互助互爱的良好环境，那是我们中华民族前进的方向。

2012年2月22日

5　糊涂难吗　难得透彻

郑板桥研究专家党明放先生与我是博联社多年的博友，他对郑板桥家谱的考证，证明我奶奶张郑氏兄妹俩是郑家嫡系后裔，为此党明放先生特意从西安邮寄给我厚厚几大册书，让我好生感动，在这里向党明放先生致谢！

我奶奶的老祖说过一句被后人广为流传的话——"难得糊涂"，倒不是无法理解这四字背后复杂纠缠的含义，而是人生苦短，加上世间真糊涂的、装睡叫不醒的人众多，无论如何也不愿意逼自己沦为一条糊涂虫。

好歹读过几本书，懂了些常识与道理，加上眼睛没瞎、耳朵没聋，世间的不公、底层的贫困时常会刺痛肉长的心。我是个不敢存大志向的人，庸常的小日子尽量保持简单简朴简洁，但家有老人又接连赶上近亲突患重病大病，隔三差五要穿越半个京城去帮助照料老妈妈，时间、精力与体力越发不够用。十年来因经常在网上说一些真话，担心我被"弄进去"的亲友们总是忧心忡忡，多次劝止后，我基本闭嘴不多说实话，提醒自己要么不写要么准风月谈，亲友们才踏实一些。

违心闭嘴和说废话，心里的苦闷唯有自知，顶着一大堆想写的文章不能写，想说的话生硬地憋在肚里，好受吗？为缓解压力，零敲碎打的时间用来阅读网文，网上好文章层出不穷，渐渐知晓几位写手特别牛，牛在他们能把复杂而重大的问题解说得十分透彻，有的文章如行云流水，有理有据，层层剥笋，用符合逻辑的常识剖解矛盾的症结，看得我大呼过瘾。

在"妄议"是错还是罪的混沌当下，能源源不断写出透彻好文的网络写手，寥若晨星分外明亮，他们有公理为魂灵、有勇气为盔甲，傲然挺立在浩瀚网络江洋风浪中的诺亚方舟之上，殊为可贵。尤其是极少肯"豁出性命的坦诚"之人，每每让"为保全自己和亲友而隐忍"的我羞愧不已，天可怜见的！

有话不敢说，说真话危险，使"豁出性命的坦诚"透彻讲理的人如履薄冰，是国家的耻辱，同时也印证着"为保全自己和亲友而隐忍"的我们的屈辱与无奈。

2016 年 1 月 10 日

6　十八棵挺拔的杉树

1995 年，一位朋友调到《中国汽车报》总编室当主任，新官上任三把火，他开办了几个新专栏，让我帮他一把。以前这位朋友办杂志时经常向我约稿，这次当然也不能推脱，于是我从中选了"汽车与生活"这个专栏，当起专栏撰稿人，每周一篇一直写到他调离此任。

记得那时私家车还很少，拿我家来说，我兄妹五人，老公兄弟四个，9 个小康家庭，多数在机关工作，工资低，买不起车，只有我二妹夫当律师挣了些钱，买了一辆桑塔纳。所以专栏见报的第一篇名为

"一个遥远而奢华的梦",记录下当时普通市民对私家车既渴望又感觉遥不可及的心态。

　　如今大不相同了,拥有私家车早已不再是梦,更与奢华无关。我家三口人有两辆车,老公、儿子都开车上下班,只剩我坚持骑车,谁劝都没用。要知道,每天骑车上下班这一个小时对我有多重要,除了蹬车是必要的体力锻炼,欣赏沿途的四季美景更是我生活中不可或缺的享受呢!

　　从我家到单位骑车要30分钟左右,这段路程对北京这座超大型都市来说不算远,同事中我算离家比较近的。从我家到单位,一半路沿着亮马河走,河南岸是一座挨一座驻华大使馆,漂亮的围墙和花园环绕着一座座风格各异、优雅别致的楼房,每个使馆门前有一至三名武警战士把守。几条宽阔平坦的柏油路把几十座使馆院落分列得井然有序,条条大道通单位,我可以随心所欲选择走哪条路。

　　春天,紧邻河边的路旁鲜花盛开,鲜黄的迎春、浓艳的桃花、粉嘟嘟的海棠、如云如霞的梨花次第绽放,整整一个多月天天有花看。这时路北的柳树刚刚垂下柔嫩的枝条,颜色由浅黄慢慢变为深绿,路南侧种着一排龙爪槐,曲曲弯弯的枝杈被修剪成圆圆的伞状,优雅美观。所以每年春天我都走这条路,骑车路过这里时会有意放慢速度,慢慢欣赏沿途美丽的春光。

　　五一过后,花已谢得差不多了,太阳也开始晃眼睛,于是我改走南边那条路,这条路更宽阔一些,来往车辆也稀少一些,白天几乎见不到几个行人,是闹市中极少的静处。路两边站立着高大的白杨,树龄少说有40年了,为行人遮风遮阳。

　　这条路的西头,在伊朗驻华使馆的南门外,有一排共18棵挺拔的杉树,树干有一抱之粗,高度与马路对面的白杨相当,杉树生长速度慢于杨树,这样高大的杉树估计年龄很高了。杉树分多种品种,有红杉、铁杉、水杉,还有珍贵的云杉,我没有研究过说不准这18棵到底是什么种属的杉树,但是我知道所有的杉树都很珍贵。杉树的树皮很有特色,遍布丝丝缕缕的纹路,竖纹笔直,绝无横纹,最美是杉树的枝叶,纤秀细巧,犹如女人中高挑骨感的模特,极富风韵。

生活在喧嚣的大都市里，见惯的是稠粥般的人群车流，而我每天两次骑车穿过这静雅的林荫道，欣赏到只有在深山老林中才能见到的杉树，这是多么惬意的事呀，我一棵接一棵注视着18位站得笔直的仪仗队般的帅小伙儿，嘴里总是不由自主地哼唱着歌。

因为这条道路东边有个联合国驻京机构，骑车经过那座院子前面时，我多次遇到军民对峙的场面，想发句感慨却不能写出来，写了文章就发不出去，抱歉！18棵挺拔的杉树啊，你们要为我作证，我的心中满怀理解与同情。

2006年5月23日

7　三八节夜晚巧遇女司机

刚读了杨平博友的文章《与女出租车司机的8分钟对话》，写得非常生动！让我回想起昨天午夜打车回家的事。

昨天下午，接朋友刘霞女士电话求助，赶紧打车过去帮忙，将急需复印的刊物最后润色一遍，认真校看了厚厚两叠，主动提议修改了7、8个标题后已将近12点了，被道谢礼送上了帮我约来的出租车。很高兴遇到一位家在北京近郊的女司机，女人见女人，话匣子难消停。

一路上我俩兴高采烈地聊天，我问她："您这么年轻，半夜三更出车可要小心安全呀。"女司机说："嗨，我也不经常开夜车，这些天开两会，白天盯得太严，动不动就会遇到麻烦，每次罚钱都不少，心疼呢，不得已才改在夜间出车。"她又和我聊起减肥、去除皱纹等女性热衷的话题，说到好玩处，我俩禁不住开心的哈哈大笑。

突然女司机问我："刚才送您上车的姑娘是您女儿吧？""哪里哪里，我没有贴身小棉袄的福气呦，是个同事。现在年轻人也不容易，三八节还在加夜班赶任务呢。"一提到三八节,女司机和我互相祝贺节日快乐。下车时我对她说:"您早点收工,注意别往人少的地方去啊!"女司机仰着脸、侧着身朝我笑着点头,并不急于开走,我一下又一下使劲往前摆手示意让她离去,她才缓缓地将车开动了。

  2012年3月8日即将画上句号的时刻,橘黄色的路灯下,我站在京城三环路旁,迎着早春的寒风独自笑盈盈,带着女司机的祝福与女性间短暂而真挚的友情传递的融融暖意走回家。

  夜深了,脚步越来越快,不期然中,刚看过的那本即将复印的《艺树》杂志中介绍的当代12位杰出女艺术家中,最感动我的一小段文字突然出现在脑际,女画家雷双的系列画作《日食葵》的寓意再次感动的我身体直颤抖:寻常里,脸庞永朝阳的葵花,遭逢日头被"掠夺"变黑的时刻(日全食的太阳是个黑色的墨玉盘),该是怎样一幅幅迷乱的花容?画家雷双的哥哥是著名历史学家雷颐,我们见过面也简单聊过天,他兄妹两人都活得好明白好透彻!

  雷双啊雷双,你画的花朵懂思辨、寓意深,你用心的感悟和娴熟的画笔描绘出反常又怪异的超自然景象。我用眼用心却难以用笔再现出太阳被天狗吞噬时人间的错乱……今年三八节即将翻篇时,我被"日食葵"惊悟得嘴巴大张时,一抬头看见我家亮着的灯,心中默默向雷双致谢!

2012年3月9日

8 华夏文物的命运

  近日看到网上流传的一份文革期间文物被毁的清单,列出42项,谁看了都会心疼,但只是被那场浩劫毁掉的文物的一部分,远远不是全部。从1985年到2009年,我在中国少年报当记者那20多年间,退休后我又去各地游览，看到太多被损毁过的古迹，不少建筑被复原或重建，一些文物被精心修补过，但文物有不可再生性，无论如何也不可能恢复原有的面貌与价值了。

从古至今，收集把玩、鉴赏古董一直是高档享受，文革中有些大权在握者趁乱夺取本属于国家或个人的古玩珍品，公众无从了解那些罪行，我也知之甚少，偶然听说一鳞半爪，记在这里以免遗忘。

我先生从部队复员后被分配到故宫当维修工，几年后调到工程处当干部，不久被国家文物局相中调到局里工作。1980年的一天，他在局里值夜班，接到领导电话，说有人举报原国家文物局局长王冶秋私藏文物，让我先生配合来人连夜检查局里的文物借条，彻查发现王冶秋老局长没"借"过任何一件东西，但是文革中包括当时的诸多领导人都有份。忙了一整夜后，局领导叮嘱我先生"小王，这事绝对不能对人说！"许多年后，老王才透露给我，我追问是些什么东西，答曰"国家级文物珍品，打借条拿去鉴赏，十有八九有去无回。""查了个遍，老局长王冶秋一件都没有。"我又问"那些借出去的宝物，追回来了吗？"答曰"直到我1997年调离文物局，没人再提起此事，不了了之。"

2001年6月，我在宁夏银川市郊外的西夏王陵遗迹前留影。（王爽拍照）

我先生老王在文物局工作十八年,自始至终恪守着一份承诺:不收藏文物。他负责直拨经费在外地出差时,有机会查看各种国家级文物,比如近距离观看过赤峰文管所的玉龙、湖北省的越王勾践剑等,那些是非常幸运而难忘的经历。起初,他被人陪同察看文物商店时,曾忍不住夸奖某件陈列品,随后居然被包好送给他,颇费唇舌才能坚辞不受,接受教训后连多看一眼都避免了。所以,先生在文物局那么多年,我们家里一件文物都没有,瓜田李下不沾这个。

1997年国家文物局换了新局长,上任后发话"三个月内业务部门人员大换血",我先生重回故宫,接他班的那人不到两年出了事,因贪污巨款被判11年,出狱时已经坐轮椅了。我先生回故宫后拒绝当官,之前在局里共事多年后出任故宫院长的老同事,劝说无效后不得已说"不当就不当吧"。我先生在普通岗位上坚守到退休,有人说不理解他,也不止一人遇到他,伸出大拇哥说"王哥,你真他妈牛!"

2006年我参加浙江孤儿夏令营时在绍兴兰亭碑留影,这块历史悠久的石碑在1966年被砸碎,修补后裂痕仍然明显。(余明德 拍照)

我自己也听说过一件有关文物珍品的故事。2006年7月底,报社派我到浙江绍兴出差，有一次下大雨，我为避雨耽搁在陈半丁博物馆中，当时只有我一个参观者，讲解员给我讲了一个故事："南陈北齐"的大画家陈半丁与齐白石齐名，他有两块著名的古董鸡血石堪称无价之宝，1966年8月，康生借中央文革之名指使红卫兵到陈家抄家，点名要拿到"两块国宝鸡血石"，第一次没找到，康生不甘心又派出一队小将上门翻个底朝天终于搜出来，然后被康生窃取。1976年后陈半丁先生的子女曾从美国回来，询问并追索鸡血石，却无功而返，据说那两块艳丽绝伦的鸡血石至今仍然下落不明。这是一个缩影，华夏文物命运多舛啊！

附：民间统计的文革期间文物被毁清单

1. 炎帝陵主殿被焚，陵墓被挖，焚骨扬灰。
2. 造字者仓颉的墓园被毁，改造成了"烈士陵园"。
3. 山西舜帝陵被毁，墓冢挂上大喇叭。
4. 浙江绍兴会稽山的大禹庙被拆毁，高大的大禹塑像被砸烂，头颅齐颈部截断，放在平板车上游街示众。
5. 世界佛教第一至宝，佛祖释尊在世时亲自开光的三圣像之一八岁等身像的面目被捣毁。
6. 孔子的坟墓被铲平，遭挖掘，"大成至圣先师文宣王"的大石碑被砸得粉碎，庙碑被砸碎了，孔庙中的泥胎塑像被捣毁。孔子的七十六代孙孔令贻的坟墓被掘开。
7. 和县乌江畔项羽的霸王庙、虞姬庙和虞姬墓，香火延续两千年，横扫之后，庙和墓被砸成一片废墟。文革后去霸王庙的凭吊者，见到的只剩半埋土里半露地上的石狮子。
8. 在横扫一切的风暴中，霍去病的霍陵也遭了殃，香烛、签筒被打烂，霍去病的塑像毁于一旦。
9. 颐和园佛香阁被砸，大佛被毁。

10. 王阳明文庙和王文成公祠两组建筑包括王阳明的塑像，全部在文革被平毁无遗。

11. 古城太原的新任市委书记三把火，第一把就是砸庙宇，全市一百九十处庙宇古迹，除十几处认为可保留外，通通毁掉。他一声令下，一百多处古迹在一天之内全部毁掉。山西省博物馆馆长闻讯赶到芳林寺，只捡回一包泥塑人头。

12. 医圣张仲景的塑像被捣毁，墓亭、石碑被砸烂，"张仲景纪念馆"的展品被洗劫一空，"医圣祠"已不复存在。

13. 河南南阳诸葛亮的"诸葛草庐"（又名武侯祠）的千古人龙、汉昭烈皇帝三顾处、文韬武略三道石坊及人物塑像、祠存明成化年间塑造的十八尊琉璃罗汉全部被捣毁，殿宇饰物被砸烂，珍藏的清康熙《龙岗志》《忠武志》木刻文版遭焚烧。

14. 汉中勉县"古定军山"石碑，因诸葛亮是"地主份子"被砸毁。

15. 书圣王羲之的陵墓及占地二十亩的金庭观全部被平毁，只剩下右军祠前几株千年古柏陪伴失去了居所的书圣的亡魂。

16. 文成公主当年亲自主持塑造松赞干布和文成公主二人的塑像，安放觉拉寺被捣毁。

17. 合肥人代代保护、年年祭扫的包青天墓也毁于一旦。

18. 河南汤阴县中学生将岳飞等人的塑像、铜像，秦桧等"五奸党"的铁跪像，连同历代传下的碑刻横扫殆尽。

19. 杭州造反派砸了岳庙，连岳飞的坟也刨了个底朝天，岳武穆遗骨被焚骨扬灰。

20. 阿拉腾甘得利草原上的成吉思汗陵园被砸了个稀烂。

21. 朱元璋巨大的皇陵石碑被拉倒，石人石马被炸药炸得缺胳膊少腿，皇城也被拆毁。

22. 位于海南岛天涯海角的明代名臣海瑞的坟被砸毁，一代清官的遗骨被挖出游街示众。

23. 湖北江陵名相张居正的墓被红卫兵砸毁，遭焚骨。

24. 北京城内的袁崇焕的坟被夷成了平地。

25. 黎平故里安葬的明末名臣何腾蛟的祠堂中，佛像被毁个一干二净，还把黎平人最引以为荣的何腾蛟的墓给挖了。

26. 吴承恩的故居在江苏淮安县河下镇打铜巷，他的故居是三进院落，南为客厅，中为书斋，北为卧室，几百年来有无数景仰者来此凭吊。文革中《西游记》成为"封资修"（封建主义、资本主义、修正主义）里的"封"，吴氏故居因此被毁为一片废墟。

27. 红卫兵掘开蒲松龄的坟，教书匠蒲松龄真穷，墓里除了手中一管旱烟筒、头下一叠书外，只有四枚私章，小将们对蒲氏私章不屑一顾，弃之于野，尸体被毁。

28. 建于1959年的吴敬梓纪念馆在文革中被铲平。

29. 山东冠县中学红卫兵在老师带领下，砸开千古义丐武训的墓，掘出其遗骨，抬去游街，当众批判后焚烧成灰。

30. 张之洞的坟被刨开，张是清官，墓里没有任何珍宝，红卫兵将张氏夫妇尚未腐烂的尸体吊在树上，张氏后人不敢收尸，直到被狗吃掉。

31. 北京郊区的恩济庄有同治、光绪两朝的宫廷大总管李莲英的墓，凿开的墓穴里，只有头骨，不见尸骸，衣袍内满是珠宝遭哄抢遗失。

32. 河南安阳县明赵简王朱高燧的墓被挖毁。

33. 黑龙江黑河县有座将军坟，因属于"帝王将相"遭到严重破坏。

34. 宋代诗人林和靖（967-1028）的墓被毁。

35. 清末章太炎、徐锡麟、秋瑾，甚至"杨乃武与小白菜"冤案中的杨乃武的墓，都在"横扫一切牛鬼蛇神"的口号声中被毁。

36. 一个中学老师领着一帮初中生喊着"让保皇派头子出来示众"的口号，刨开康氏墓，将他的遗骨拴上绳子拖着游街示众，小将们一边拖着骨头游街一边还鞭挞遗骨，游街后康氏的头颅被送进"青岛市造反有理展览会"，标签上注明"中国最大的保皇派康有为的狗头"。

37. 浙江奉化县溪口镇蒋介石旧居被毁，蒋氏生母的墓被上海大学生带领宁波中学生掘开，将遗骸和墓碑丢进树林。

38. 南漳县为抗日名将张自忠建造的张公祠、张氏衣冠冢和三个纪念亭均被破坏。

39. 新疆吐鲁番附近火焰山上的千佛洞的壁画，曾遭俄、英、德等贪婪商人盗割后卖到西方，运到国外的壁画均被博物馆珍藏，并未毁掉，而中国人自己在"破四旧"中将剩下的壁画中的人物挖掉眼睛，或干脆将壁画用泥巴水涂抹得一塌糊涂，存心将壁画废掉。

40. 山西运城博物馆原是关帝庙，因运城是关羽的出生地，历代修葺保养得特别完好，门前那对高达六米的石狮子是全国最大的，文革中那对狮子被砸得肢体断裂，面目全非，母狮和五只幼狮都砸成碎石块。

41. 安徽霍邱县文庙雕梁画栋、飞檐翘角，龙、虎、狮、象、鳌等粉彩浮雕皆为精美的工艺珍品，房饰浮雕在文革中统统被砸毁。文革后省、县拨款数万修葺，至今无法复原；山东莱阳文庙的大成殿雕梁画栋，飞檐斗拱，气势雄伟，文革时大成殿被拆除；全国四大孔庙之一的吉林市文庙，破四旧中严重受损。

42. 唐代高僧褒禅结芦安徽含山县花山，死后弟子改山名为褒禅山，宋王安石游览此山作《游褒禅山记》后，褒禅山遂名扬四海，文革中褒禅山大小二塔被炸毁。

43. 全国最大的道教圣地老子讲经台及周围近百座道馆被毁。

44. 宋代大文豪欧阳修的《醉翁亭记》经另一宋代大文豪苏东坡手书，刻石立碑于安徽滁县琅口山脚欧阳修当初作文的醉翁亭，千年古迹被造反派将碑砸坏，还将碑上的苏氏字迹凿毁近一半，醉翁亭旁堂内珍藏的历代名家字画被搜劫一空，下落不明。

上述所列被毁文物古迹只是一部分，文革中全国各地馆藏及民间文物古董藏品被毁坏的更是不计其数，惨不忍睹。

2021年11月26日

9　水安全重于山

"思想不怕子弹,童真无惧嘲笑。人无分三六九等,法不向权贵低头。"今天把这句写在新浪博客个人页面上的话,复制到其他几个博客网站我的个人页面上方,以此自励。

今天想说"水",民以水为天,水安全重于山!

我的老朋友刘志雄是文博达人,有一年他带我们十几个好友参观故宫,义务为我们解说,在午门外先介绍了元明清当年定都此处的原因,首先看重的就是"水之利""水之便",如今重度缺水的北京曾经水网密集,湖泊遍布,乾隆皇帝曾赞叹海淀风光,赋诗"万泉十里水云乡,兰若闲寻趁晓凉。两岸绿杨蝉嘒嘒,轻舟满领稻风香。"

如今,北京的大小湖泊十有八九早已被填平,被盖上楼房。例如我家1995年搬到东三环附近居住时,小区里有三座小型湖泊,每天晚饭后我们围着湖边散步,冬天我们带儿子到湖面上滑冰,两年后其中北面的湖被填平改成停车场,又过了两年,南面两座湖被填平盖上十几座将军楼。去年11月下旬,东三环地区唯一一座公益性医院突然被拆,拍板决定的那位上将想从"新地标"揩油的打算正在暗中进行,时至今日还没有人接手这块地盘,好端端一座公益性医院、几座美丽的湖泊变成一片将军楼和一块荒地,搁在那里找骂。

1958年入冬,我随父母来到北京时还是个学龄前的儿童,小时候一有空就拎个小桶跟在哥哥后面,到玉渊潭和周围好多小湖泊那里去捞小鱼玩,水多鱼多,每次都有收获。长大后知道北京缺水,社会责任感强的我成为节水标兵,生活中时时处处注意节水,所有能二次利用的水尽量不糟践,来查水表、收水费的人问过我好多次"您家用水怎么这么少啊?"居委会老主任表扬过我家是"最低用水户"。节约水,是衡量个人素质的一杆秤。多用些水,多花点钱没人在乎,但不容回避的是:缺水如此严重,水质如此恶劣,我们真的可以不关心吗?再不注重节水,再不改善水源水质,一旦面临饮水安全和供水困难，该怎么办呢？我们该如何对后代负责呢？

是的，近十二年来，北京市为解决用水困难，尝试过一系列举措，但无论在宣传力度上、在具体措施上都远远不够，大都会的盲目扩张虽是强弩之末，对水的控制使用还欠缺得力措施，节水依然停留在自觉自愿的程度而缺少奖励措施，浪费水的人和事并没有得到应有的鄙视和惩罚。做事认真的我，已经养成仔细辨别食物、饮料内包含物才购买的习惯，食品安全比较容易掌控，但我对自来水的安全问题心存疑虑。

前几日看到《南方周末》报道：北京城里"最会喝水的家庭"已经二十年不喝自来水了，昨天又听到主流媒体对此"辟谣"，我却相信"最会喝水的家庭"是事实。因为自来水不存在问题，谁会白花冤枉钱买瓶装水呀？那个家庭的丈夫在国家发改委公众营养与发展中心饮用水产业委员会工作，妻子是北京健康协会健康饮用水专业委员会负责人，这样两位与饮用水打交道二十余年的专业人士，成为"北京最会喝水的家庭，没有人像我们这么讲究"，58岁的赵飞虹说的这话合情合理。

"我们上周刚测了，自来水中硝酸盐（以氮计）的指标已经达到每升九点多毫克了。"2012年圣诞节这天，赵飞虹对南方周末记者说，虽然这一指标未超过国家标准规定的 10mg/L 的标准值，但已经很接近了，"五六年前，这个指标还在 1-2mg/L 之间，就在2011年还只有四点几。"自来水中的硝酸盐主要来自垃圾、滤液和粪便，而这不过是诸多指标中的一个而已。多年来，赵飞虹检测发现，北京自来水的水质在逐渐变差，"这是不争的事实"。

五年多时间，作为上万名"乐水行"志愿者中的一员，赵飞虹走遍了北京市区和郊区的几乎所有河湖，最远的一次她徒步30多公里，一幕并不乐观的北京水画卷展现在她眼前。最让她慨叹的是密云水库，密云水库被誉为北京的"生命之水"。赵飞虹1980年代来到这里时的记忆是"清澈透明，直接喝都没问题"，按当时的国标，密云水库的水质达到一类标准，与地表水标准堪称世界最严的德国一类水标准相当。2011年，当赵飞虹和"乐水行"志愿者再到密云，一汪清澈依旧，但在密云水库下水游泳后，赵飞虹知道变化已经发生。2002年，中国的地表水标准修订后，现在的一类水标准只能达到当年的三类，而近年来，按照新国标，密云水库的水质为二类水，"这就意味着现在密云水库的水质已经连当年的三类都不如了"。

从2002年，赵飞虹开始研究好水。在"乐水行"志愿者周晨的眼中，经过五年的实地考察，"他们原来是专门找好水的，现在也和我们一起找坏水了"。亮马河、坝河、马草河、通惠河、凉水河、萧太后河、沙河、永定河……灰黄色污水场景如复制粘贴般现身京城诸多河流。而新中国第一座大型水库——官厅水库，因污染严重已然不再担负饮用水源的功能，现在仅以四类水质作为北京的备用水源。"排污那么明目张胆，那么天经地义，那么心安理得。""乐水行"发起人之一的北京水专家王建难掩这样的愤怒。

现在，密云水库的水经过混凝、过滤、消毒等程序，分送京城十大水厂，每个水厂都有自备井以抽取地下水，地下水和密云水勾兑后，再进入寻常百姓家。赵飞虹说，相对于地表水，地下水还是干净，但水质也在走下坡路。1980年代，北京地下水的水质污染主要是砷、铅等重金属，尤其是石景山首钢所在地，重金属超标较为严重。时至今日，随着首钢等污染源陆续迁离，污染主角正让位于有机物污染，有机污染物也在进化。"上世纪八十年代的有机物是大分子的，用活性炭、超滤膜等容易截留，但现在的有机物很多是小分子的，去除率很低。"赵飞虹说。自来水需要用液氯消毒，这些小分子有机物与液氯结合后会形成消毒副产物，"这才是最可怕的"。

相比勾兑水质下降，更大的考验是北京地下水位的下降。三年前，赵飞虹曾经帮自来水公司检测抽上来的地下水，发现原本从三百米抽上来的水的质量已不如前，欲寻合格的干净水，只能掘向更深处。公开资料显示，从1999年到2009年，北京地下水平均埋深由12米下降到了24米，目前城市中心地区已下降到30米。北京地下水储量正以平均每年5亿立方米的速度递减。"北京周边1980年代还在供水的水井现在几乎全部废掉了。"赵飞虹说。自古以水多著称的门头沟区斋堂镇灵水村（注：2008年，马晓霖曾率领博联社的博友们到灵水村探访，并送去问候和扶贫物资，我也参加了那次活动），原有大大小小 72 眼井，现在，只有两眼井有点儿水，灵水村已成为缺水村。

赵飞虹告诉南方周末记者，1930 年代，北京城下挖一两米就能见水，但现在抽取地下水需要挖到上百米，水的硬度由原来的 230mg/L 增加到 400mg/L。"现在的地下水必须经过勾兑，因为太硬了"，赵飞虹说。所谓"硬"，指水中的碳酸钙含量。"水太硬了洗头发都是粘的，洗衣粉、肥皂会变成皂化物，小孩用了容易得皮炎、湿疹。"水灵灵的北京早已作古。在永定河大兴榆伐段，常年无水的河道里甚至建了一个沙雕公园。其实，不仅永定河流域，"乐水行"所到之处，潮河、白河、妫水河、沟河等一条条环京血脉的干河床频频闯入人们的视野。2002 年，圆明园湖水干涸，时长达七个月之久。2007 年，颐和园昆明湖冬春季节干涸，大小游船搁浅于泥中，与岸齐平的浮动码头深陷泥淖，初春的十七孔桥下，干涸的湖底竟成为风筝爱好者的放飞之所。"三眼井、二眼井、七眼井、王府井，光叫井的胡同就有八十多条，三里河、二里沟，没有水哪来的河、沟？"王建说，"随便去想一个地名，会发现老北京跟水的关系有多近。"商周时期，北京平原河湖沼泽密布，先民只得沿太行东路古渡口通行。现在中关村西区的丹棱街，元代还是坐拥上百公顷水面的丹棱沜。即便 1950 年代，颐和园西侧、玉泉山一带还存有大量稻田，描写此地田园风光的诗歌，多得不胜枚举。

仅仅半个多世纪，官方公布的数字显示，目前北京市人均水资源量已降至 100 立方米以下，这已不足世界人均水资源量的一成。而就在 2008 年，北京市水务局公布的数字还是人均不足 300 立方米。水价亦发出了信号，现在北京居民用水价格已达 4 元多一立方，洗浴业等高耗水行业的水价已经达到了 60 元一立方。目前，北京正如一个巨型章鱼般，把它饥渴的触角伸向河北、山西甚至更远的丹江口，再生水、岩溶水、海水淡化水乃至黄河水亦已列入政府的考量范围。不过，赵飞虹却非常担忧，"为什么这几年北京的水质下降？因为来水太复杂了。"

2010年，北京遭遇连旱11年，不得不从山西大同的册田水库、河北的友谊水库、壶流河水库、响水堡水库、云州水库等地紧急调水。当时前往册田水库的王建发现，册田水库的水是四级水，很大的死鱼在水面漂浮着，他说"北京花这么多钱调来的水，就是这种受到污染的水。"对于即将在一年后进京的南水北调的水，人们期待可以缓解京城用水困境，但疑问却萦绕在水专家们的心头，千里迢迢调配来的水，会不会被汹涌而至的人流轻易吞噬掉呢？

2013年1月9日

10 当回流浪汉

今天上午打开洗衣机洗衣服后，正想把博客链接整理一下，素珍来电话，嘱咐我把老照片找出来，她要赶在8月6号前把我们老红卫兵的影集赶制出来。我翻出影集，哇，原来我存有那么多珍贵的老照片，好开心啊！

午饭后，心里惦记欠着博友的情，总没时间把链接做好，于是打开电脑，见到几个新留言，刚回两三个，屏幕一黑，坏菜，停电啦！我家住在18层塔楼的第9层，只要一停电马上就停水，用不了电脑，看不成电视，搞卫生得擦擦洗洗没水不行。我和先生只好出了家门，楼道里一片漆黑，摸索着从楼梯下去，碰上邻居杨女士，她刚开始做中午饭，停水做不成只得到外面饭馆去吃。我和她相扶着往下走，她抱怨"停电停水也不事先通知大家"，又担心地说"也不知饭馆还开不开？"

下楼一看外面景色挺好，雨后阳光柔暖，绿树花红，空气清新。我们高高兴兴地想去逛逛超市买点零食解馋。到京客隆一看，得，保安把守着大门，停电歇业！也是，没电收款机无法收款，无照明怎么购物？我和先生只得在大街上四处流浪，不约而同地哼唱起"啦，啦啦啦，阿巴拉古……"我俩成流浪汉"拉兹"了。

你瞧瞧，现代化生活就是这样，处处离不开电，刚一停电，一切都乱了套，人简直不知该干什么了。也好，刚过去这一周我真忙真累，除了睡觉一刻不停地忙碌着，哈哈，天助我也，突然停电，让我跟先生如此悠闲地客串一次流浪汉，"啦，啦啦啦，阿巴拉古……"

摸着黑回到家，不久来电了！从一点到三点半，才两个半小时，没电以后感觉时间过得特别慢，平常一整天似乎也没有这么漫长，呵呵。

2014年11月，我和先生老王到欧洲旅游，在冰天雪地的瑞士少女峰前拍的一张合影。（理丰 拍照）

2006年5月27日

11 你活的累不累

经常听到的一句话就是"活的真累!"这么说的不光是女人,也有男人;不光是体力劳动者,也有知识分子;不光是中年人,也有年轻人。这话听多了,有时会满腹狐疑:现代人为什么活得这么累?能不能活得相对轻松一点儿呢?

下面就这个话题闲聊几句,欢迎指正:

男人和女人谁更累

两年前民进中央为庆祝三八妇女节举办过一个活动,安排了一场小型辩论,题目是:男人活得累还是女人活得累?这题目很有趣,会友们欣然前往。会上辩论颇有精彩之处,正反两方唇枪舌剑攻防有秩,虽然辩论规则使参加者只能固守一方,论点论据难免失之偏颇,但六位女会友机智诙谐的发言令满场听众一饱耳福,掌声笑声阵阵响起。辩论结束前,到会嘉宾、著名表演艺术家王铁成先生说了一句话,为这场辩论做了个小小的结论,他说:"男人和女人配合得不好都累,配合得好都不累",这句话博得满场喝彩。

我认为王铁成先生这句话起码有两层含义:对家庭而言,男人女人各负其责,密切配合,相濡以沫,岁月将甘之如饴,谁还嫌累?对社会而言,男性女性各司其职,同心协力,秩序井然,生活将充满诗情画意,谁还喊累?男人女人密切配合是社会进步的动力,也是衡量社会文明程度的一把标尺。

累是一种感觉

不能否认,累时常影子般紧追不舍缠人不放。要不怎么说"少年不识愁滋味"呢,因为年轻人心理负担少,尽管他们有时也非常累,可倒头一觉醒来能精神焕发。年轻人较少喊累,还因为他们拥有一份潇洒,可以眉飞色舞地说"我拿青春赌明天",今朝不爽,可待明日。

中老年人，明日已少，资本渐失，不鼓足余勇去拼搏的话只能认输，去拼去搏又岂能不累？

细想之下，累不仅是一种现象，更是一种感觉，生活中什么人更疲累呢？依我看，勤巧的人和笨拙的人相比，勤者更累，常言所说"能者劳、智者操"；急脾气的人和慢脾气的人相比，急者耐不住清闲，存不得活计，自然也多些劳累；责任心强的人和责任心弱的人相比，前者常常无怨无悔地操劳，自然多些劳累。女人中勤巧者多，急脾气者多，家庭责任又较重，所以往往比男人更多劳作。男人就不累吗？传统社会和观念对男人的要求和期望更高，社会压力更大，男人的进取心、功名心较重，他们又不像女人那样性情外露，常常是"有泪不轻弹""有苦不轻诉"，把一腔悲苦咽在肚里，表面看比女人多了几分洒脱和轻松，其实内心的沉重更加累人。

为什么这么累

和周围许多人一样，我也深谙累的滋味，有时是因为事情多引起的，有时是因为爱操心造成的。这些算不上真累，只不过腰酸背痛头晕眼花而已，很快能恢复。最让人累的，莫过于生活的枯燥与单调，千篇一律平庸的日子，犹如一把挥舞的锉刀，足以把人的心灵锉得伤痕累累，疲惫不堪。摆脱这种累很困难，只能靠毅力和时间来淡化。还有一种令人惧怕的累，就是想努力工作又伸不开拳脚，只能在被毒化的空间里或人为的内耗中苦苦挣扎，那是一种身心俱疲的劳累。一旦你身不由己地跌进这可怕的陷阱又无力自拔时，会发现累源于心灵深处的无奈！并非累都是正大光明的，身边有些人自己舍不得下功夫，又生怕别人超越自己，气人有笑人无，找机会给人使坏陷害，干这种鸡鸣狗盗的事，害别人的同时自己也累吧？

中国人多，人多了容易产生摩擦，摩擦演化为无休止的明争暗斗，众多优秀人才被扼杀，许多宝贵传统遭遗弃；人多了还容易产生依赖和惰性，干活图比别人轻省，挣钱享乐图比别人优裕；人多了还能产生出许许多多恶果，人多了反而不好办事。不合理的现象司空见惯，制度不进步，社会的痼疾，即使华佗再世也开不出特效奇方。社会和单位良好的风气，只有靠公平公正的制度、严明的法律作保障，领导率先垂范和全民律已才能实现。

化解沸腾的怨气

改开后，物质生活在提高，工作节奏在加快，这是光彩的一面；然而领导漠视群众的疾苦，社会分配两极分化愈演愈烈，使民间的怨气逐渐沸腾，这是不容忽视的暗黑的一面。真正的懒汉和天才同样稀少，众口一词喊"活的累"实属反常，其实喊累并非怕累，多数人只是借此发泄一下怨气罢了。如果制度进步了，教育改善了，权力被关进笼子里了，人人心平气和众志成城创建美丽新世界，再累也心甘啊！

2006 年 11 月 19 日

12 士兵的良心

一张图片正在微博热传，一名背着枪的前东德士兵，睁大双眼紧张地向周围张望，身体前倾，双手扶着铁丝网。在这名士兵的前面、铁丝网的对面，站着一个向前张开双手的小男孩，小男孩望着士兵叔叔，好像在等着士兵叔叔抱他越过铁丝网。相传，这张照片摄于 1961 年，当时这名前东德士兵偷偷将小孩放行，帮他和家人团聚。

东德成立初期，大量人口因慑于高压而选择外逃，在上世纪 50 年代，就曾有 270 万东德居民越境前往西德投奔自由。1961 年，东德政府沿西柏林边境修建了柏林围墙，以阻止东德居民通过西柏林逃往西方，甚至枪杀越境者。

二十多年前，华约政权如同多米诺骨牌一般哗哗倾覆。东德踏上宪政道路后，民族分裂的鸿沟迅疾被荡平。东西德统一后，法院重判了一批前东德开枪射伤、射杀企图翻墙逃亡民众的前东德官兵。在审判中,东德士兵的辩护律师以士兵只是服从命令、遵从东德的法律为由,力图为开枪士兵进行辩护,主审法官当庭指出:"当法律与良心发生冲突时,良心是更高的准则,作为士兵,不执行上级命令是有罪的,但是打不准是无罪的。作为一个心智健全的人,此时此刻,你有把枪口抬高一厘米的权力,这是你应主动承担的良心义务。"

"当法律与良心发生冲突时,良心是更高的准则"。这句话,我们都要记在心里。

2013 年 8 月 7 日

补记:2019 年 3 月 4 日,中国主流媒体曾公开报道"今年全国的公共安全支出(民间所说的维稳费)将近一万四千亿元,五年翻了一番!"负责对内镇压的费用与武警、公安、辅警人数都在快速增加,他们中的很多人并不了解 1989 年夏季的事件,更不知道东德法庭的宣判,希望他们能记住这句话,知道自己有把枪口抬高一厘米的权力。

获得 2012 年度博联社十大博客后,在颁奖会上博联社总裁马晓霖发给我奖杯和奖品。(李振盛 拍照)

13 看孩子踢球 想大哭一场

刚才看了李士岗博友新发的博文《加拿大孩子的假日》，我跟帖说：一组好照片，动人的图解。看着很开心，突然想哭……

上世纪90年代，我热心参与过多项促进少年儿童足球运动的活动，参加过"全国小学生'走向2002年'足球夏令营"的跟踪报道，倡导并发起了"全国小学生首届足球冬令营"，曾经一个人跑到广东省珠海市为筹备冬令营联络市委、市体委，并确定了两座赛事足球场和十几只小足球队的驻地。然后由珠海市一位热心球迷骑着摩托车带着我，接连跑了好多家企业，苦口婆心地向公司经理们述说发展小足球的重要性，以及2002年对中国足球的促进意义，在珠海市某制造公司终于说动一位身为足球迷的董事长，从他那里为首届小学生足球冬令营筹集到一笔宝贵的赞助款，按当时的规定，单位要发给我一笔不菲的赞助提成，被我谢绝后放进冬令营活动经费中了。

完成任务回京途经广州市，原本为省钱打算坐火车返回，报社打电话催我赶紧回去发稿，于是改乘飞机，还是想着为报社省点钱，不嫌麻烦地跑到佛山买便宜机票坐联航，在南苑机场下飞机后，因衣服单薄，12月中旬在寒风中等行李生生吹了30多分钟，受寒加上连日劳累，回到家就发起高烧。

那些年里，为抵制老师家长让小球员谎报年龄等不良风气，《体育日报》的资深记者老黄和我们几个人，积极敦促展开小队员"骨龄检查"工作；我还报道过"'贝贝杯'小足球全国联赛"等活动。当年，我们几个积极促进中国少年儿童足球运动的新闻记者实打实地付出过努力，全心全意地希望中国足球借着2002年"有可能出线，冲击世界杯"的良机，将中国足球运动提升上去。为之努力过而无怨无悔，今天想哭是为喜爱踢球却无场地无条件尽情游戏的中国孩子深感惋惜。

孩童时会玩的人，长大后才更善于学习和具有进取心。可惜啊，大环境每况愈下,原本存在的中小学校园稀少的足球场陆续被各级政府、教委与房地产商们相勾结而吞噬掉。如今,任凭你瞪圆眼睛,四处寻觅,想看到中国孩子奔跑在绿茵场上的情景也难啊,还有多少中国孩子(除体校外)能享受足球的乐趣呢?为此,想大哭一场。

最后说明一下:当年我倡导并发起的"全国小学生首届足球冬令营",为促进提高各地少年儿童足球运动健康发展,我们《中国少年报》和《中国体育报》联合,每年暑假期间在北京、青岛、连云港举办夏令营;然后计划每年寒假在珠海、深圳、昆明举办小足球冬令营。但第二年我想出差筹备第二届冬令营,被从团中央新派来的总编辑一票否决,因此"全国小学生足球冬令营"只在珠海市举办了唯一的一届,后面就难以为继,被迫停办了。

1978年,因观看第十一届世界杯足球赛,阿根廷球员肯佩斯一人踢进六球,尤其被他英姿飒爽的一脚怒射而俘获,我开始迷上足球赛事。我也曾热望过中国足球"从娃娃抓起"能落到实处,期待中国足球运动取得长足进步,可惜早就心灰意冷,好多年前就只看世界杯和欧洲杯,不再看国内足球赛事了。

2013年7月7日

14 标语和金箍棒

9月是北京最美好的季节,气温不冷不热,阳光柔暖和煦,蔬果源源上市,肉类海鲜种类繁多。为不辜负金秋好时令,周六哥哥嫂嫂、我俩和小妹妹陪老妈妈到位于房山境内的旅游新景点南宫村去垂钓,那池中的鱼儿仿佛好多天没人喂食似的,刚下钩就争相咬钩,本打算慢慢玩,等我们每人钓到一条后再去享受成果——吃鱼,结果三下两下,两条青鱼、两条鲫鱼相继进网,够吃了,只好收兵,垂钓之乐浅尝辄止。

饭后我们到南宫公园游玩，湖水荡漾，白鹅成群，月季飘香，秋果挂枝头，玩得挺开心。回家路上途经天安门广场，随手拍了几张照片，大会堂北侧增加了观礼台预示着今年参加庆典观摩的人数将打破纪录，估计还能打破"阅兵式观礼人数最多"的世界纪录呢。昨天上午，小学同学在位于南长街的泽园酒家聚会，我又路过天安门，新增的观礼台已铺好大红地毯，昨晚我发的博客中展示了红地毯的照片，还有在南长街口巡逻的保安和武警，还有我拍到的手执冲锋枪的特警。

关于昨晚的照片，另外提请注意：一、天安门东西两侧的大屏幕，据说是当今最大的显示屏，张艺谋导演艺高人胆大，玩惯了大手笔，用就用最好的、最大的，以凸显大国声威，彰显着"绝对不差钱"！

二、广场上的电子标语内容也很雷人！（①长治久安②加强国防和军队现代化建设）本意是彰显和谐安定，但给人的感受会大相径庭，部分人倍受鼓舞，部分人或许心生忧虑。

三、广场东西两侧，数十根擎天高大的红色金箍棒拔地而起，不知是谁的创意？要我说"定海神针"一根足矣，竖起这么多，多花钱不说，不美观也不说，起码影响观众的视线。希望这次庆典之后，国家不再把兴趣停留在已经落伍的盛大华丽上面，尽快转变到高格调的朴实、普世上来，才能真正感动、感召全体国民！

2009 年 9 月 21 日

15 《大明劫》观感

听从老同学的建议，今天下午我抽空看了电影《大明劫》。

这部历史题材的影片由留美海归谢晓东编剧，青年导演王竞执导，人物个性鲜明，场景真实，情节可信，不矫揉造作也不故弄玄虚，水平高于众多粗制滥造的古装剧，尤其对现今局势的强烈影射，有头脑的人不难咂摸出来。也许正因为场景与情节无可挑剔的真实性，才使这部"借古喻今"的作品松懈了电影审查者们。看后你不得不赞佩创作团队的冷静与明智，将历史的真实糅进艺术的再现，巧妙地滑过审查者挑剔的目光，水到渠成引发观者符合逻辑且丝丝入扣的联想。

剧情依据历史真实而展开：从李自成攻打开封告急，崇祯从死牢放出名将孙传庭派他带兵御敌，赶上明朝末年大瘟疫正蔓延开来，到孙传庭怒杀贪官污吏劫土豪财产充军，名医吴又可智勇阻止瘟疫蔓延并写出著名《瘟疫论》等。片中人物的对白，颇多借喻，比如"大明朝气数已尽""瘟疫可治，但人心难复""国之将倾，何人能医""历朝历帝皆是始兴终衰"等，直扣心扉，良知听者能不浮想联翩？

《大明劫》讲的故事在明末，道理却延续至今。据说导演王竞接受媒体采访时说，《大明劫》是一个历史题材，但有很强的现实意义，"这是一部现实主义的片子，它不仅仅是一部明朝电影，你能从片中看到你所处的时代。"正如博联社一位博友在影评中所说：《大明劫》告诉人们，有人愚蠢地以为自己可以永远垄断权力，幻想民众永远驯服，但他们忘了王朝更替是历史规律，"那些幻想江山一统万年的人，真该好好看看这部《大明劫》，殷鉴不远啊！"

附：《大明劫》经典对白

☆国之将倾，何人能医？
☆此次治瘟，事关大明存亡。
☆你觉得大明朝，气数已尽了吗？
☆得人心者得天下，你们知道什么是人心吗？
☆我觉得此症绝非伤寒，更像是人吸入了邪气。
☆该征的不能征，该杀的不能杀，我到底为谁而战？
☆我并非嗜杀之人，但孰轻孰重，总得有人作出决断。
☆瘟疫可治，但人心难复。王朝兴替，自古皆然，惟医道长存。

☆历朝历代,皆是始兴终衰,我朝积弊已久,非一味猛药可以痊愈。

☆你们都是害国之贼。天下糜烂,百姓从贼,皆因饥饿,百姓饥饿,皆因无地可耕。

2013 年 12 月 17 日

16 供暖有前后 居民怨载道

今日立冬,早晨出门惊见小区内聚集着不少身穿羽绒服的老街坊,他们三五成群地或交头接耳或大声议论,话题很集中:连下三场雨雪后,屋里似冰窖,京城供暖分先后,官员居住处从10月下旬到11月1日都已经"试供暖",而普通居民住宅区却被广播一次次告知"气温偏高,今年不提前供暖。"

是的,多日来接连阴天,非雨即雪,小区居民的房间,特别是我住的塔楼,起码有一半背阴面的房间里非常阴冷。持续的低生育率,使我们楼里许多年见不到几个小孩子,出来进去尽是50后左右和更年迈的老人。太阳隐身、风雨当道的立冬时节,老头老太太们大冷天缩手缩脚地不好受呢。

其实好多年前,大约90年代初期,我们报社的沈社长参加政协会议时,就把我提议、同事们认可的关于"将按规定日期供暖,改变为按气温提前供暖"的建议提交两会,很快获得政协委员们的一致拥护,最高领导也曾表态认可"将实现提前供暖"。随后,机关宿舍都实现了提前供暖,错后停止供暖,机关办公楼里到4月初(居民家停止供暖半个多月后)才撤去供暖。干部们实现了暖洋洋过一整个冬天的幸福,而普通居民却依然按几十年前规定的日期,不得不忍受着供暖前与停暖后的寒冷。

众所周知,供暖期间不必要的浪费现象十分普遍,比如连续晴天时室温过高,或因停暖前有剩余的煤没烧完而使劲多加煤,这些不合理的怪现象饱受诟病,却一直被延续着。大家在不得不忍受室内暖气该热不热的寒冷和不该过热却热得难受时,难免有各式各样的抱怨。

2001 年北京举办的 863 科技成就展,我与智能迎宾机器人合影。(刘季子 拍照)

以前的抱怨都是私下里说几句,怒气不至于相互感染。这两年不同了,大家纷纷都用上了智能手机,一天到晚刷微信,种种以前被遮蔽的特权与不公突然被放大开来。刚才我在楼下听见好几位邻居都在罗列"某机关大院一个多星期前就供暖了",有人说"我同学发微信可怜我呢,她家早来暖气了",还有人说"五环外住户更惨,每年都是拖到最后一天的晚上才不得不供暖"。也是,只能眼巴巴挨到 11 月 15 日晚上才能有暖气的小区居民,面对微信圈里有人晒出的"我们家早就来暖气了"的信息,怨气难免陡然增大。于是,我今天早晨下楼见到邻居们三五成群在抱怨,甚至有人骂得很难听,出现这种有违和谐的情况不难理解。

同在一片蓝天（或雾霾）下，为什么一直不能实现同时供暖呢？为什么机关、部队大院里暖洋洋的时候，普通居民家里仍在度日如年地挨冻呢？普通居民的冷暖不该挂在执政者的心头吗？供暖也该分出等级差别吗？

2015月11月8日

17 冬至的璀璨大礼

今天是个特别有趣的日子，中国农历的"冬至"，原本是老百姓在家吃水饺的节气，经玛雅人变戏法般一翻手，被新教徒解说成"世界末日"，给地球村庸常的水面上投掷了一颗开花弹，激起一波波五彩斑斓的涟漪，煞是好看好玩。

从小接受"英明正确"洗脑，心中除了毛伟人再无二神的我，却早在45年前被老爸一番话击碎了唯一的神像，从此油盐难进，诸神失灵，无论对诺察丹马斯"1999十字星大劫难"，还是对玛雅历学的最末一日，一概否决不信。但是这么好玩的事情，毕竟十年难遇，百年难逢，近期连续剧似的市井百态，激发出我以顽童之心笑观这出新剧。

京城又降一场雪，昨天吃罢晚饭，推窗伸手一接定睛细看，高兴得跳起来，"哈，快来看，这次下的不是雪，下的是钻石！"老伴儿不信，我卖个关子，赶紧关上窗户，催促道："赶快出去，你就知道我没说错了。"到了楼下，一股清凉甘冽的冷气钻入肺腑，仰起脸来，一片片润泽滋肤的冰花慷慨地轻抚面颊，感觉舒爽极了。

走到自家小车前，见后车窗上积满一层松软的冰凌花，大片大片均匀地叠罗着，月色下，每个小小的薄片都呈现出七棱八角、精致入微的花朵状，闪烁着剔透的荧光，那是天女们屏住呼吸用巧手雕刻出来的艺术杰作，每一片的大小、薄度都相差无几，形状也高度相似，但仔细观察又绝对找不出完全相同的两片。"哈—哈—"朝车窗玻璃哈两口气，白巧克力一样奇妙的融化过程，使恶作剧者和旁观者一起笑逐颜开。

迎着飞雪，挽着臂膀，两个刚步入暮年的老头儿老太太小心翼翼地行走在马路上，借着忽明忽暗的路灯的光亮，眼前纷纷扬扬的雪花密匝匝赶集般扑洒飘落，路面已堆积了一层踏上去能留出鞋印的浅窝，每走一步就平添出四个新的"史前草履虫"模型，那种成就感犹如获得一份意外的大奖呢！

这是一个多雪的冬季，2012年12月20日晚延至12月21日凌晨的这场雪极为独特，不同于以往的雪粒、雪团，每一片都是独立的、轻盈镂空的微雕冰凌花，精致绝伦，松软轻柔。猜想天上的诸神也爱凑热闹，别出心裁地送给热爱生活的人们一份"末日传说"的大礼，要不是我们老两口数十年如一日、坚持每天傍晚即使下雨也要打伞外出散步的习惯，这么美好的体验就会擦肩错过，那多么可惜呀。

"朝前走，莫回呀头，通天的大路……"老伴儿的男中音回响在空旷寂寥的马路上。我也不甘沉默，"哎，快看呀，满地银光，是仙女们把凌霄宝殿中玉皇大帝、王母娘娘珍藏的钻石一股脑儿洒将下来了！"路灯之下，飘舞的雪花眨着璀璨晶莹的亮眼，争相夸耀着独立品格的光辉！

附：唱和沈福博友打油一首

《人在矮檐下》
特色网管日见多，剔真存伪奈他何。
矮檐挺颈不折膝，善不压邪宵小恶。

2012 年 12 月 21 日

18 婚姻与子女

近日微信中正传着一段视频，某地区婚姻登记处两间接待室，办理结婚登记处空空荡荡，偶尔有人来登记；隔壁排着队，好几对夫妻等待办理离婚手续。我搞不清楚这个场景有没有普遍性，希望只是偶然现象。但年轻人结婚动力不足、生育愿望下降是很明显的趋势，原因留给社会学家探究，我只是随意说点自己的看法。

先说婚姻

人生说短也长，漫漫几十年孤独寂寞，唯有两人相爱相伴白头偕老才是人生赢家。遗憾的是，爱情没有保鲜剂，不管当初怎样海誓山盟，日复一日免不了疲惫与倦怠。正如钱钟书在《围城》里说的："不管你跟谁结婚，结婚以后，你总发现你嫁的不是原来期望的人，像换了个人似的。"

婚姻中产生矛盾是难以避免的，不是因为彼此不爱了，而是过了蜜月期，再激情澎湃的感情，终究会被庸常平淡取而代之，与其分手换偶，不如在坚持中领悟爱的真谛。很多时候，嘴上抱怨着甚至骂着，心里却疼着，这就是婚姻本真的模样。白头偕老就是看尽了彼此的底牌，了解了彼此的缺点，依然愿意牵着对方的手坚定地走下去。

也听说过一些传奇，极个别天造地设的夫妻"从没红过脸"，比如我爸妈在皇亭子大院就以恩爱出名，他俩总是买一大块布料两人做同款外装出双入对。我问过爸爸为什么？爸爸回答只有两个字——"习惯"！其实在1966-1971年间，爸妈也吵过几次嘴，爸爸有时黑着脸回到家，在外边忍气吞声，进门后乱发一顿脾气，每次都被妈妈不甘示弱地喝止住，我和妹妹被吓得退缩在里屋大气都不敢出。第二天早晨他俩又一起去上班，傍晚照常带着我兄妹一家人有说有笑外出散步，昨晚面红耳赤的场景，"新华社模范夫妻"的同事和邻居们从何知晓？

我眼中基本不存在完满的婚姻。那些携手一生，令人羡慕的夫妻，要么是幸运地避开了灾祸，要么是经历挣扎与磨合，懂得了如何珍惜与维系。夫妻间出现矛盾、争执无需大惊小怪，重要的是吵过尽快和好，别往心里记。夫妻间的争吵往往藏着真情，感情淡薄到严重程度后，双方恐怕连吵架的热情都提不起来呢。美好的姻缘，大多是一边争吵一边到老，一边讨嫌一边相伴，持之以恒携手走来，蓦然发现，幸福一直都在身边。

再说子女

现代人生活压力山大，房价贵得不像话，我认识的不少年轻人（包括我的儿子儿媳）都背负着沉重的房贷，二三十年喘不过气来。结婚已成奢侈，抚养孩子更难，经济下滑中小两口难保稳定的收入，帮助照看孩子需要"老家儿"自带生活费，尽管国家已取消独生子女政策，鼓励二胎三胎，但真正有意愿、有能力多生养孩子的家庭实在太少了。

不少年轻人决意"丁克"，父母劝说也无效。我有时会瞄准时机劝年轻人"想要孩子别拖到太晚，趁自己和父母精力尚健"，总被老伴儿讥讽"冒傻气"。其实我真心诚意希望年轻人要孩子，有孩子的夫妻就有了血缘亲情，生活中遭遇困境时因有子女的纽带更能合力化解，不至轻言离异。养育孩子艰辛操劳，依靠子女养老送终更是过时之错误观念，但是培育孩子的过程是人生无价的宝贵体验，与孩子一起成长的岁月更是充满无与伦比的喜悦与收获！

请问：这个世界上还有比阳光更灿烂的吗？还有比童心更可贵的吗？小孩子特别可爱，关键是需要正确良好的教育。如果你希望生活过得充实，最好能生育抚养子女；同样重要的是，如果你打算要孩子，必须让自己领悟基本的教育原则，以保障子女的健康与幸福。

我从亲友和邻居们身上，看到一个十分显著的特征，凡是儿女有工作，能自食其力、安分守己过日子的老两口，脸上经常挂着笑容，不禁令我感慨——晚年幸福才是人生赢家啊！反之有子女赖在家里啃老，无论父母多有本事，晚年也难免忧心忡忡过不踏实。我有几位老同学，本人事业有成、履历光鲜，只因为独生子女不工作、不结婚，30、40多了还在啃老，老两口内心的愁苦焦虑不言而喻，那是人生的大不幸，不可不防呢。

2021年12月1日

19 我对红八月的调查与体会

——文革为什么成了一笔糊涂账

看了叶维丽写于2021年10月的《"八五事件"不是一笔糊涂账》感佩此文及时、真诚且深刻，入情入理。从2014年初春以来，我对"师大女附中"师生们坚持不懈地探求"八五事件"真相以及文革悲剧根源的精神深怀敬意。

环顾周遭，满眼尽是岁月静好，装聋作哑，今朝有酒今朝醉，不是老才变坏而是坏人老了的"朝阳大爷大妈"数量庞大，他们中的很多人至今还愿意佩戴与1966年类似的红袖箍，不同的是学生时代展示的红是愚忠，如今站岗告密只图一桶油、两盒鸡蛋或几两银子的小恩小惠，这群人多么可怜可悲啊。

在禁言越来越严苛的当下，已经迈入古稀之年却不言放弃的女附中师生们对"八五事件"依然执着挖掘，有人从1967年就开始调查此事，有人持之以恒地将反思延续至今。近年，她们集结多方记忆，通过华忆出版社出了三大册书，令我感佩叹服！对比我自己的情况，深知她们的不易。

我是北京49中（已改名北京119中）68届初中生，2018年夏天我曾为厘清"红八月"我校郑育秋老师被毒打致死一事开展过个人调查，那期间只要一听说哪里有老同学聚会，我马上赶过去东问西问，还约请过几个老同学吃饭聊天，刨根问底打听郑育秋老师的下落。可惜多数同学不能理解，"不知道""早忘了""你是不是闲的没事找事啊"，只有几位同学记得此事，有两人告诉我"那天早晨见到一个女老师躺在教学楼前的小花坛里"，他俩说的情景完全一致，使我备受鼓励。

接下来有一天，中学时代和我最要好的张素珍请我和老伴儿到她家吃饭，我们一起包饺子时，曾是49中老红卫兵三领袖之一、素珍的老公高国勤告诉我"那天早上我伸手摸到郑老师还有呼吸，赶紧找来一辆三轮车，派两名初二男生送她去离学校较近的普仁医院抢救，后面的事我就不知道了。"我继续多方询问，各种线索互相矛盾，越来越离谱，有人告诉我"郑育秋老师后来到西城区当了公务员"，我一追问根本没这事。信心被毁后，我中断了这次失败的调查。

我认为叶维丽对"55年后仍无真相"一说的质疑，是客观公允的。上述我个人的遭遇是一个例证，主要原因来自上面态度暧昧，十一届三中全会迈出一步又往后退却再退却，将反思文革划为禁区，亲历者们欲言又止，少数持守者一再被封口。加上年龄不饶人，残存的记忆在加速模糊、逐渐淡忘。所以，文革55年后的诸多真相被主客观因素协力操纵成一锅浆糊、一团乱麻，成为令人无法直视的必然现状。

殊为难得的是女附中师生们参与追查与反思的人数众多，他们都证明当年群起围攻校领导的施暴者并非只有"凶手"，女附中师生至今没公开指证张三李四具体哪个人是"凶手"情有可原。还是拿我个人的体会做个分析：红八月我校打人非常凶狠，因宿舍楼紧邻红卫兵总部所在的教学楼，接连多日我们住校生睡不踏实，每天夜里被拷打"黑五类"凄厉的哭喊嚎叫声一次次惊醒，当时有个初中二年级的女生打人最狠，好长时间我心里鄙视并憎恶她。

2013年的一天，中学老校友有个聚会，赴约途中在公交车上我遇到她，一路闲聊，获知她在陕北插队时果然与那个身体和性格都很孱弱的女生在同一知青点，那之前听人说过这位强势女生帮助弱者的事，之前我不肯相信，那次聚会我特意追问当时与她同村的插友，证实了"打人最凶"者确有困境中帮扶弱者的闪光一页。这件事让我心情复杂,恨意消散。

接下来,我又听说"打人最狠"的初二女生的父亲文革初期被派去当工作组组长,七八月份因此事正被批斗,那时流行与亲爹亲妈划清界限,以此推想,她有可能以狠打"黑五类"来表白革命的坚定。反思文革也需要具体事件具体分析,岂能一概而论。毕竟我们都曾不同程度地围观或参与过"揭发批判"甚至是迫害,都被崇拜领袖与阶级斗争暴力学说疯癫迷狂过,放在时代大背景下,揪出最后一击打倒校长的"凶手"到底是谁?拎出示众或向我过去那样憎恨打人最凶的学生,重要性和必要性究竟何在呢?十年浩劫的亲历者,或者说面对现实的我们,谁又能置身事外呢?

时间不等人,如今最迫切的是我们所有亲历过文革的当事人再不反思,再不把必须严防死守的历史教训告诉孩子们,就来不及了。为了我们的子孙后代不再重蹈覆辙,不再被人祸的血盆大口撕咬一遍,所以我才表达对叶维丽和女附中师生们的敬意!

2021年12月1日

20 有关交通的笑话与提案

昨天上午我们开车到位于北京市崇文门一家老字号烤鸭店会朋友。因为是周末,在三环开车时还算顺畅,上了二环开始缓慢,但比起平日上下班好很多,麻烦出在已经见到我们要去的饭店大厦(烤鸭店在一层)后,近在咫尺却靠不过去,所有的路口都禁止左拐,只得不断远离目标向前向前再向前,终于找到可以左转的路口左转后向前向前再向前,绕了一大圈才来到大厦楼下。

走冤枉路时,为缓解情绪,我对先生说了个笑话,这个笑话在京城有车族中广为流传：美国的路标是"聪明人为傻人设置的"，即使是傻子也能轻松地按路标顺利到达目的地；而北京的路标则是"傻子给聪明人下的傻套"。开车人都不胜其烦，特别是外地司机初到北京真是举步维艰，我认识的几个朋友在美国开车多年，回到北京愣是不敢开车了，一是怕街上车流如织、密度过大，二是看不明白各种路标，上了立交桥不知怎么下来。看来治理北京交通秩序任重道远呀！

今年年初，我为缓解北京交通压力给政协写过一份提案，其中一条：希望在各主要路口换装带倒计时牌的红绿灯，便于司机快到路口时能提前心中有数，减少闯红灯等事故发生率。数月后收到的反馈是"目前无法更换倒计时红绿灯，市政府进口的传统路灯的库存量足够用十多年的。"哎，十多年，这让我想起已经有十多年了，每年我都坚持为两会写提案，利用业余时间搞调研、开会听意见、座谈集思广益，然后认真写好提交上去，无名无利很辛苦，只为尽一个公民义务，希望自己和亲友们生活的城市、国家能不断进步。

总结以往，发现我写的提案中，所有关乎完善法律的提案基本都肉包子打狗没了下文，比如 80 年代中期提交的"推进新闻出版法的建议"，"国家教育经费应当尽快提高到 4%"等；只有非常具体的一些建议才受到重视，起码有了反馈消息，比如交通红绿灯更换，比如社区养老小饭桌，再比如朝阳区某条一下雨就积水中断交通的道路整修建议等。

许多年来，几乎每年我都能有被评上优秀的提案，不知为什么心里却高兴不起来，除了因传说中该有的奖金、奖状一次次被截留不见踪影之外，更让我失望的是那些凡是与国计民生至关重要的建议，基本有头无尾。今天发网文说交通问题，知道不会有下文，只因大城市交通问题日益突出，难以回避，明年我还想再写一则改善北京交通现状的提案，朋友们有好建议，请在下面留言，也欢迎和我联名提出切实可行的提案。

2006 年 8 月 13 日

21 跳出与民争利的怪圈

中国正以加速度跑步的姿态冲向老龄化社会，中国政府和我们老百姓们准备好了吗？

只要稍加留意，观察一下如今京城里的家庭聚会，许多都是一桌以一两位 80 多岁老人为中心，围着几个 50、60 岁的准老人，然后是一桌 30 岁左右的年轻人，偶尔会有一个小宝宝。这就是当今中国家庭的微缩结构。有多少人忧虑过那个今天被视为宝贝疙瘩的小孩子，有朝一日必须承担这么多长辈的养老，超负荷的沉重担子是宝贝疙瘩们承受得起的吗？

权威人士说，国内人口老龄化的程度趋于恶化，中国的基本养老保险面临着沉重的支付压力，因此延迟退休等缓解国内巨大财政压力的方案才应运而生。据说，2013 年中国的养老金缺口或将达到 18.3 万亿，占国内 GDP 总值高达 35%。另外，目前社会保险的空账率持续走高，约有 1.3 万亿的空账额度。养老金的缺口已经如此巨大，招致专家们各出奇招。那么，面对即将出现的人口断层带来的更大难题，又将如何应对呢？因此，老龄化这一重大社会课题，近在咫尺无法回避，能不能交出一份合格的答卷，考验着政府与国民的心智。

有消息称，今年 10 月 16 日将开始研讨养老体系改革，就普遍关注的延迟退休等问题已有了初步共识。从提议延迟退休、以房养老，到遗产税的设想，正在孕育着的养老改革会不会紧随房改、医改、教改之套路，成为下一个吸取国民的新领域？因此需要呼吁政府拿出远见卓识，跳出与民争利的怪圈。

清华大学提出的养老改革方案是：在 2015 年后到 2030 年之间，男女的退休年龄延迟至 65 岁，消息刚一披露，招致一片骂声。众多劳动者辛辛苦苦拿着低薪苦熬到退休年龄，如若法定退休年龄被延迟的话，能不恼火吗？以房养老的模式，让老人用好不容易才拥有的产权房做抵押来领取养老金，势必威胁到传统的人伦与亲情，难怪网友们抱怨，以房养老是国家逃避养老责任的行为。再说遗产税的开征，以开征遗产税填补国家的财政缺口，同时起到平衡社会贫富差距的作用，看似一举两得，但80万的起征点无疑伤害到众多平民，不仅没有起到稳定社会、调节社会财富的作用，反而会加速富人的移民步伐以及加剧中产家庭的生活压力、精神负担。

试问：这一揽子养老改革措施，除了简单生硬惹人烦之外，究竟能起到多少积极作用呢？

资料显示，目前中国60岁及以上的人口所占比例为13.26%，而65岁及以上的人口突破7%的水平，中国已处于人口老龄化阶段，且老龄化呈现加速态势。但中国社会保障体系的配套措施尚不完善，相应的福利政策严重滞后，养老投入远低于全球的平均水平。对此我们要有清醒的认识，督促政府下大力气，真抓实干，大幅度裁减三公经费，裁剪机关与事业单位冗员，制止乱投资与重复建设，尽快取消养老金双轨制，完善养老金运营的科学性与实效性，提高社会整体效率，改善长期滞后的养老保障体系，这些才是促进养老改革顺利进行的必要内容。

如果简单生硬的一味从劳动者及他们后代的腰包掏取利益，那么即便让每个中国人都工作到80岁再退休，恐怕也无法扭转社会福利资金空缺、经济发展后劲不足等弊病，请跳出与民争利的怪圈！

2013年10月10日

22　与进京打工者同庆六一

昨天一大早，我挤地铁赶到石景山区古城北辛安庄村的同心希望家园，与希望家园的创办人马小朵女士以及进京打工者家属、孩子们一起欢度儿童节。

两年前的六一，正当我兴高采烈地先和安徒生铜像合影，再去海边与落成百岁的美人鱼铜像合影，又到哥本哈根市中心的商业步行街与童话王国的人一起嗨翻天欢庆儿童节时，我的一位妇委会朋友第一次走进这座位于城乡结合部的希望家园，幸好我没错过这次活动，特别充实，收获多多！

　　同心希望家园位于首钢旧址附近，几根大烟囱见证着曾经辉煌的首都重工业，如今这里早已无复昔日之井然有序，一大片低矮破旧的斜街陋巷是外地打工者的聚集区，我尽量挑选美好喜庆的花絮记录吧。

　　希望家园的家长和孩子们，孩子们多么可爱，虽然他们和家长都没有城市户口。今天我们带来许多书和玩具，送给这里的家长和孩子。

　　向英妹妹是一位资深干练的幼儿园园长，幼教专家，为了占用最少时间，把最简明、最重要的家教精髓传授给外来务工者的家长们，我的"亲妹子"向英赶制教材和幻灯片，忙到今晨3点才睡觉觉。她的讲课很受欢迎，家长们凝神聆听，争相提问，我默默祝愿这些孩子中将来能出现重要人才！

　　马小朵比我小14岁，是中国最早一代的打工妹，她16岁离开江苏农村进京当保姆，边打工边学习，后来遇到当时做编辑、现在的丈夫，结婚后获得北京户口，接着她南下广州，奋斗成为白领，重返北京和丈夫团聚。一路打拼，马小朵拿到了英语专业大专文凭，并在北京安家落户。有了这番经历，马小朵立志为打工者群体做些实事，她辞掉安稳的工作，做起"打工妹之家"的志愿服务员，凭着勤奋努力，两度奔赴美国接受NGO相关知识培训，2005年回国后，她成立了同心希望家园。

　　昨天一见到她，还不知道她姓甚名谁，就喜欢上淳朴热情的她，瞧，我俩都剪成最易打理的短发，有着相似的阳光心态。我们都是草根，只要有土，我们就能活；只要有口气，我们就保持微笑。

　　同心希望家园是专门服务于流动人口的妇女儿童及其家庭的民间公益组织，她们自创出几种工作形式：爱心超市（二手生活用品店)、妇女儿童活动中心、三点半课后辅导、图书角、家庭讲座。几年下来,附近的众多打工者及流动妇女成为这里的骨干。

之所以被大家亲切地称为"爱心超市",因为爱心超市的发起与坚持本着如下理念:提倡尊严消费,消除施舍感;提倡资源利用,鼓励绿色消费;为流动人口家庭提供就业机会,降低流动人口家庭的生活成本;推动不同群体间的合作。这里的生活用品全部来自高校、企事业单位及社区捐献的闲置衣物及日常生活用品,而"爱心超市"以3到6元的价格卖给打工者,经营所得用于支付运营成本,盈余部分回馈流动人口社区。

爱心超市的工作人员全部是自发组织起来的流动妇女,她们参与募捐、分类、整理、标价、消毒、出售和财务管理。在同心希望家园的博客上,会定期公布爱心超市的财务明细状况,赢得人们由衷的信任。马小朵告诉我:"几年来,爱心超市已经收集并卖出40多万件衣服,为流动人口家庭节约了数十万元的生活成本。"我感觉这才是特别伟大的数字!

2015年6月2日

补记:2017年之后,这里和京城众多打工者居住处,被北京市新领导强推的"清理低端人口"的蛮横行为迅速推平,不见往日踪迹。

23 提议公园不再收门票

难得一个大风过后雾霾消散的日子,迎着冬日暖阳来到住家附近的朝阳公园,买票后进去转转。离家这么近,园里树多人少、水面辽阔,是散步休闲的好去处,每日坚持散步经常路过却极少进来,原因寒酸却简单,只因入园需买5元门票。

在朝阳公园里转了半圈，惊讶地发现这么好的天，里面居然基本没有游人，询问售票处，原来除了节假日或公园举办活动能吸引游客以外，平日游客很少，进园者多为65岁以上的有老龄免费证和为数很少的购买过优惠年卡的人。

回望空阔无人的偌大公园，感觉非常遗憾，公园公园公众之园，本该是大众的游玩休闲之地，却因为5元门票将多数人拒之门外。其实公园管理方想创收，可以有多种方式，而像朝阳公园这种凭借天然水域、树木，没多少人工投资再建的自然景区，围墙一圈就收取门票显然有违公益原则。环顾当今世界，景区公园收取门票的国家大约只剩咱一家了吧？连藏宝最多的博物馆，大多也只是象征性地收取一点维修费，比如上月我刚参观过的巴黎卢浮宫，珍品多得好几天都看不完，门票仅为12欧元；巴黎郊外著名的凡尔赛宫的后花园都是免票的，一年四季游人都可以入内观赏路易十四到路易十六三代国王最奢华的、有众多精美雕像和喷泉的美丽大花园。

类似朝阳公园这样靠近居民社区的天然景区，请尽快取消门票吧，以方便服务民众，让人们免票进来散步消闲，充分利用市区内仅存的小湖泊和树多人少的好环境，并不会减少很多财政收入，利多弊少地使广大市民感受到一份社会关爱，何乐不为呢？

2014年12月20日

补记：朝阳公园最终在2019年秋免费对外开放，取消了售票处。

24 为"女流氓"正名

昨晚在历史研究群有人贴出文革中的一张照片，一位年轻女子站在高台上正被挂牌挨斗，大牌子上写着"女流氓"三个大字。文字说明：因为她游泳时穿的太少，被人揭发"光身子耍流氓"。

这让我想起那十年禁欲空前严峻，稍有不妥就被扣上流氓或作风败坏的大帽子，岂有此理！于是我说：这女子很美，个性前卫开放，游泳本来就不能穿长衣长裤，怎么说也够不上流氓，她遭批斗判刑只能是时代与国家的耻辱。

一位文革研究者对我说：于向真老师，现在人可能都不理解什么是"女流氓"？我说：其实我不觉得有什么女流氓。记得1969年春我进工厂后，厂里有两个最出名的"女流氓"，一个女车工，相貌中等，为人豪爽，颇有男子气，不喜与女人交往，身边一帮男哥们，近中年了也不结婚，因男友多，被戴上女流氓帽子，我进厂前她挨过批斗。从此她变本加厉，对所有女性都不搭理了。她和我都住在工厂南大楼职工宿舍，我曾主动和她搭话，她假装没听见，我就不再打扰她了，但我没见过她有什么不妥行为。

还有一个和我同车间的女钳工，我在一组，她在四组，她相貌很好看，高个子面容秀雅，说话软绵绵娇滴滴，我挺喜欢她的。她之所以被戴上女流氓帽子，也是因为异性朋友多，但她和同为女性的我关系也很不错呀。车间里有人提醒过我"少搭理她，不然别人以为你生活作风也不够好。"我一笑了之，心想，就跟她好！她好看，跟她说话我心里舒坦，她声音好听，我爱听，再说都是女工，哪里会有作风问题？哈哈，所以我俩关系一直很好。后来说她坏话的人越来越少了。遗憾的是，比我还大三岁的她，1985年6月我离开工厂时，我儿子都4岁多了，她居然还没结婚。我曾问过她原因，她说"没遇到合适的，不急。"我劝她抓紧点，她又说不急，不知何故。

另一位专家说：于老师，这话题有意思，按照现在标准还会觉得她特立独行有性格，是女中豪杰呢！说她的那些人也许才是真流氓。

第一位文革研究者问我：你说的女流氓是在正式运动中被戴上帽子的吗？有什么背景吗？关于那个年代，这方面的回忆和研究太少了。

我说：对啊，我也没看见过这类题材的研究内容。其实这个话题也很有意思，人性，才是特别有深度的题材！这个世界上，什么都会改变，唯独人性难违！

记得那名女车工是在我们进厂前一年，也就是1968年被戴上"坏分子"帽子的，听说因作风败坏加上散布落后言论，被北京机械局责令"在原单位带罪劳改"。她干活的车间紧挨我劳动的车间，工人间互有来往，听说她在全厂和车间大会上都被批斗过，也有人说她挨整与1967年工厂派性之争多少有些关联。

女钳工没被正式戴帽子，她是1970年才进厂的，只是被车间党支部内定为"作风不正派"而遭歧视，大家背后就是叫她女流氓，我维护她，当我面很少有人再这么说她了。我傻愣愣的，入团后一直是团支部委员或书记，每年厂长年初年底在全厂大会宣读的计划、总结都是我起草，工人们不轻易跟我闹别扭。我总体算是比较平顺的。

现居西雅图的湖南籍文革专家俞先生说：小时候我家附近有个西口袋胡同，胡同里有个女孩子，喜欢穿白色网球鞋，那里的孩子们管她叫"小白鞋"，说她是女流氓。她妹妹后来在房管局和我是同事，她曾未婚先孕，这下做实了话把儿，说姐妹俩都是女流氓。现在回想，可能是荷尔蒙比别人充沛一些，就落下这么个名号。姐姐我没接触过，不了解，妹妹挺聪明也挺和气，怎么琢磨都不觉得是流氓。

我对湖南籍网友说：要我说，未婚先孕也不是什么大事，哪里有那么多女流氓。是吧？

这时，被我拉进这个群的老友乔海燕说：1975年我在省一级医院进修时，公安抓了一个工厂女工，说是淫乱流氓罪，因为头颅外伤来医院就医。医院脑外科医生说此人有脑瘤，不是犯罪，医警相持不下，最后院革委会主任问医生，敢打保票不敢？答：敢，铁定！手术那天，手术室内外好多人，省公安、省军区、省革委都来了人。打开颅骨，颞叶下方果然发现有一石榴子大小的瘤子，医生说：就是这个。看后，门外人均作鸟兽散。

我给乔海燕发微信说：估计因为长了个小瘤子，导致性腺激素分泌失调，不是人品道德更不是反不反革命的问题。以此推论，改开前历次运动，特别是文革十年中，全国各地被无情揪斗羞辱过的女流氓，其中绝大多数都属于冤假错案！

2021年12月10日

25 愚人节的实话

今晨一睁眼,阳光已晃眼。连日阴沉的京城,终于掀掉灰蒙蒙的盖头,天空重新披上蓝衫,虽没听到鸟语没闻到花香,但我的猫咪姗姗正晒着久违的暖阳,愚人节的清晨多么美好!

小心翼翼地将三天前做的那罐米酒的玻璃盖子拧开,一股醇香的芬芳沁入肺腑,用小调羹剐一点尝尝,更乐了,蜜甜蜜甜的。等会儿分装两瓶,送给亲家尝尝。

去年入冬开始做米酒,用的是从早市买的江米,从超市买的小袋酒麯。前几天,在新开张的农贸市场见到标着"泰国江米"的米,价格贵些,但小贩劝我"买吧,值,不掺假。"我吃惊地问"米也掺假?不会吧。"小贩就让我看两种国产江米,长粒的和圆粒的两种江米,细看里面都掺杂有不少半透明的机米,我问"不会是你掺进去的吧?"小贩稍有不悦,说"告诉你吧,我们进的国产江米都掺假,不信你瞧瞧旁边几家。"我又看了三家卖杂粮的,国产江米果然都掺有机米,于是我折回来买了6斤泰国江米。到家再细看,清一色乳白不透明,再拿出上次我买的没用完的国产江米,两下对比,纯度区别明显。今天早晨开始吃的米酒特别香甜,用的就是不掺假的泰国江米做成的。(照片)国产江米里面掺了不少透明度高的廉价米。江米慢熟、产量低、价格高,机米快熟、产量高、便宜一些。国产江米不知何故要掺假,为这蝇头小利也值得作假?粮食如果也掺假,还有什么东西是不能掺假的呢?(照片)泰国江米,清一色乳白不透明,明显没有掺假。泰国人不懂得适当掺假既不容易被发现、又能多赚钱的简单道理吗?是泰国人傻?没有戴三块表,还是中国人精过头了?泰国人在历史上曾多么敬佩中华文化的博大精深,多么敬佩中国人的勤劳淳朴,不仅泰国,周边许多国家都曾对中华文明亦步亦趋。怎么到了2010年愚人节这天,在久违的灿烂阳光中,老于我却久久皱着眉头想不明白呢,到底是哪里出了问题,使勤劳淳朴善良的中国人热衷互害、掺假骗人？难道中国人过舶来的愚人节上了瘾，天天都过愚人节吗？这国产江米中无不掺有廉价米，是农民使用了掺假的江米种子？还是贪心的粮油批发商故意往价格稍贵的江米中掺进相对便宜的机米呢？总之我绝对不敢相信是种植江米的农民故意往米里掺假。愚人节，我写下不愚人的博文，发两张实拍的照片，给四处弥漫着的虚妄的笑声中添加一丝苦涩的对比和思考。再重复一遍那句问话：米，这种粮食类商品如果也掺假的话，还有什么东西是不能掺假的呢？

今天发博文，再怎么说也应该有点娱乐精神，让我引用大戏剧家莎士比亚的一句名言"没有一种遗产能像诚实那样丰富。"所以我想说，假如丢弃了诚实，中华文明将一无所取！嗨，还是不逗乐，算了。

2010年4月1日

26　挣脱名利的诱惑

昨晚看到一晚辈亲戚在微信群里用英语发了篇文章，看不懂却有些挂念。我老伴儿用手机一键搞定，整篇文章瞬间翻译成中文，才了解到笔者为何郁闷。我马上询问"何事不快？"晚辈回答"两年没涨薪，公司效益欠佳，提职两月仍未提薪。"哦，担心解除了，我用语音回复"职业稳定，且有职位晋升，薪金已在中高位水平，能不能再多点儿，不算个事！保持好心情啊。"晚辈回答表示已豁然。

现在的年轻人比我们以往多了竞争和压力，其中有个原因就是互比薪水，好强时难免心生纠结。我对钱财比较粗心，一辈子很少为钱苦恼过。1969年3月5日参加工作时，每月收入16元，然后18、21、34、40元，直到1980年才提一级多了7元，记得我们小两口为庆祝月薪涨到47元，专门跑到全聚德吃了顿烤鸭呢。

1985年6月，经过社会公开招聘，过三关斩150多将，我从工厂调入报社，因"中直单位不承认企业的浮动薪金"，我每月的收入从79元降为49元，但成功跳槽到自己向往的新闻战线，喜悦之情自不待言，钱多点少点不算大事，随着事业单位工资改革和原工厂工友们纷纷下岗，更促我看淡了工资的起伏。后来涨薪渐成常态，忘了是哪一年，我每月收入竟达到2000元，每月每年家里都有了余款可存，自己更不为钱粮费心了。

　　1994年，报社新来的领导在见面会上说："你们都是知识分子，报社又是团中央的纳税大户，只要大家一起努力，我保证两年内编辑记者们的月薪都能突破5000元。"新领导这番话赢得一片掌声。

　　可惜他食言了，7年后当团中央领导将他调离怨声载道的报社时，报社除了局级、处级薪酬大幅度提升以外，编辑记者们的工资和奖金依然维持在十年前的水平。其实，单位内两极分化并不是这位由上面空降的领导犯众怒的主要原因，不懂装懂、任人唯亲、胡乱决断造成报刊发行量一路下滑才是主因。我的同事们，不乏喜欢孩子、致力为孩子们办好报纸的人，如果为个人收入患得患失，投奔高收入单位的机会总会有的，我自己至少遇到过两三次。

　　从1985年进报社到2009年退休，不管是起初被每月被降薪30元，到后来每月1000、2000元，退休时月薪2600元，工作态度从来没有因收入波动过，每一期报纸都尽心竭力办出高水平、挖空心思提升趣味性，每篇文章的标题都反复思量，做到每版起码有一个"能吸引小读者眼球"的好题目。为了不误人子弟，业务上我们严格到不允许出现一个错字或哪怕一个用错的标点符号。

　　每周一，新出版的报纸散发着油墨的香味摆在办公桌上。报社有遍及全国的读报组和兢兢业业的通讯员，因非常重视各地的反馈意见，所以我经常能接到小读者、老师和家长的电话和来信，他们述说自己爱读哪篇文章，有什么收获，哪怕是给我提意见、提建议，都让我感觉到职业生涯的充实。难忘多次收到喜洋洋的来信，以前的淘气包、被戴上"差生"帽子的小读者，由于我采用了他的来稿，登刊在全国性的报纸上，及时鼓励起积极性，从此一发不可收拾，若干年后居然考上了北大、清华或浙大、武大。每次读着这样的来信，分享着感激与喜悦，我能不像个孩子般喜笑颜开吗？

还有一次，80年代长时间与我保持通信的那个当年洛阳师范一小的小姑娘，她小学三年级时我把她的一封来信刊登在《中国少年报》头版上，从此她喜欢上写作，加入小记者队伍，后来念了高校新闻系，毕业后当了省报记者，当她把自己获得主任编辑的喜讯告诉我时，我真是百感交集。当时我的职称仍然是20多年前就已经获得的中级，而1985年刊登在《洛阳日报》上那篇"中央大记者和洛阳小学生的感人友情"一文中的小学生，她的职称不经意间竟然超过我了，为自己心酸的同时，也为曾被自己鼓励过的孩子的飞快进步喜出望外，为此我高兴了好多天，也酸楚了好几年。最终当我决定不再为职称评定上的不公而伤心，准备以24年中级职称退休之时，单位职称评定小组终于提交了我副高职称的申请，在我退休前半年颁发给我一本主任编辑的证书。退休后才知道，没有这个小本本，赋闲后被聘任杂志主编的机会我就只能望洋兴叹了。

让职业生涯无怨无悔的还有在做编辑的20多年里，我为小读者们举办过各式各样趣味活动，为全国小朋友通过课外实践斩获全国性奖励证书及奖品，为老师们荣获组织奖创造了一次次良机。通过想方设法争取社会赞助，我曾被报社同事公认为"最善于策划活动"的编辑。从1986年到2008年，经我策划并负责组织的全国性少年儿童活动不下数十个。

1997年，编辑部派我参加"手拉手走遍全国"活动中的一程，乘大巴从深圳逶迤北上至呼和浩特再南下回京，我参加的是从呼市折返山西、河北、天津回北京的一程。在张家口市和大同市走访多座小学校时，在学校展览室、校长室、大队辅导员办公室的墙上和获奖证书陈列柜中，我反复惊讶地发现校方展示的众多获奖证书中，经由我策划的活动，由我设计、甚至是我填写获奖者后寄发的奖励证书，竟然占了三分之二还要多。我真的被惊到了目瞪口呆的程度，今天我第一次提起这件事，当时我突然认清了事实，多年来经我策划组织的全国性少年儿童益智活动竟然高达几十次，实在该停下来了！

那次回京后，我立刻收敛，策划活动和拉赞助的热情顿减，好事也不该做得太过。到了我临退休前几年，报社领导嘱咐我"带带新人，至少培养一个善于拉赞助、搞活动的人"，并两次指派某年轻女记者外出联系赞助商时，指定让我陪同协办。事前我实话实说，事后也指出失败的可能原因，别人信不信、肯不肯这样做就由不得我。其实我也没什么诀窍，一是根据活动范围、颁奖所需适可而止征求赞助费，能少要的就不多要，有针对性地利用活动替赞助商宣传好产品的优势所在，协助提高商标知名度；二是把单位返还给我个人的赞助提成，至少半数转手给到联络人和赞助方经办人手里，不让为孩子办实事的人白操心费力。

至于我自己，在报社上班，为孩子们服务是本职工作，通过举办活动挣点阅稿费、书写证书费用（编辑部参加者按计件付劳务费）就知足，没必要越多越不嫌多。实情是，意外拿到提成费的人为表感谢，会热心地为我报提供新的活动方案和有宣传需求的其他企业，如此循环，下一个活动很快又有眉目了。

记得有一次，我与某著名公司合办了"全国少年儿童爱牙护牙知识竞赛"，该公司提供了4万元经费，收到全国各地小读者寄来的答卷30多万份，既较大范围普及了一次护牙知识，又评出50个最佳活动奖，50位老师、1000多名小学生收获了奖品和证书，皆大欢喜。没想到，不久后报社财务又收到该公司汇过来的4万元活动费，我赶紧打了长途电话，原来那边财务出错了，一笔费用竟然汇出两次。我请财务处把钱退回去，催了好几次都没人给办，我又找报社领导"让财务处处长出面退款"，还是没办成。

实在没办法了，我只得反复与那家公司主管协商，结果对方"考虑到上次合作顺利愉快，用这笔钱再为孩子们举办一次活动，具体方案还是你来写吧"。我询问了卫生部，得知第二年"世界牙医大会"将在北京举办，考虑到我报年龄段的小读者中爱画画的人特别多，于是我策划了"全国小学生爱牙绘画大赛"。来稿不仅多、绘画水平普遍也很高，孩子们用手中的画笔，描绘了各式各样在日常生活中养成刷牙、漱口的好习惯，还有提醒家长刷牙的感人场面，评选时我们一边挑选作品一边称赞孩子们。

　　那一年，又有一批孩子喜滋滋地收到了我们寄出的获奖证书和奖品；半年后，来北京参加"世界牙医大会"的代表们，每人都得到一本特别可爱的、用获金奖的儿童画印刷的那册精美挂历。事后全国牙防组的张主任对我说：来自世界各地的牙医们非常喜欢这件小礼物，五彩缤纷且主题鲜明的中国儿童的绘画，把爱牙知识传向五大洲。那本挂历的12张儿童画，就是利用公司不小心多汇一次之款，被我策划成一场绘画比赛，从一等奖作品中精挑细选出来的佳作，中国孩子多，参赛的好作品也多，优中选优，凝结了三亿中国儿童的智慧与画技，来自全球的牙医们能不交口称赞吗？

　　人的一生非常短暂，像我这样生活简单的人日常花费很少。能在工作期间，在有能力的时候办几件有益社会的实事好事，到了晚年回想起来依然能心情愉悦，为自己没有虚度一生而欣喜，这比钻进钱眼儿里斤斤计较强多了。您说是吧？

2014年8月20日

27 宋词 短暂的最爱

　　少年时代喜欢看书，13岁半文革爆发，无书可读了。16岁那年，我意外得到一本深棕色封面、竖排版的《宋词三百首笺注》，如雪中送炭，一有空我就翻看，发现宋朝人真逗，生生将千般情万种爱都汇集到那长长短短的、异常考究的句子中，精巧到字字珠玑。一直翻看到书有些卷边时，傻傻的姑娘已有些入迷了，得空时就背上一首，大约背熟百十来首后，突然又淡漠下来，兴趣转到看外国名著上去。

　　很久不再背诵，几年后无来由的突然试着填起词来，虽然生涩未得佳句，迷恋的程度却不算轻，一如几年前背诵时的发烧，来的急退的也快，胡填乱写了十几来篇，没等写出一首自己满意的好词时，生活的压力，又不得不放弃了这个业余爱好。

1979 年结婚，第二年怀孕生子，然后一边自带孩子，一边加班加点上班，一边念电大拿文凭，一心三用。1985 年离开工厂进入报社，然后白天编报、晚上写书挣外快养家糊口，少年时迷恋过的唱歌跳舞、钩织刺绣、写诗填词啥的统统顾不上了，不知不觉间就变成现在这样一个庸碌无为的家庭妇女了，哈哈哈。

自从今年 3 月份退休后供职中华杰出女性协会会刊《剑兰》主编，刚收获会员一致好评突然遭官方打压，杂志被迫急刹车停刊以来，爱着的岗位突然丢了，这些日子脾气陡然见长，稍有不妥，很容易着急上火。意识到这点，赶紧完成去年应允的陪妈妈到鸡公山休假的承诺，借此调整改善心情。

明日要出远门了，刚才收拾路上带的东西，意外地翻出一个小本子，是 1977 年至 1978 年随身带的小记事本，里面有几首词，让我回想起迷恋填词时的往事。抄两首在这里，留作纪念吧。

《满庭芳》——答谢吾兄 1978 年 10 月 20 日晚（注：我哥哥当时在云南当兵，刚跟我嫂嫂完婚）

东风传书，万里亲情，牵动合家思念。
赠词惠意，羡咏华章灿！
遥颂天涯咫尺，伉俪谐，诸事吉安。
遥忆当年，壮志赴滇，戎装好少年。
笑对无情路，踏遍坎坷，雄心未减。
深搏亲友望，刚强稳健。
何须显位高官，做好人，不辞平凡。
待来年，兄妹相聚，欢欣无限！

再抄一首言情的，对不善婉约的我来说算是很浪漫的一篇呢。

《蝶恋花》——公主坟归来 1977 年 6 月 8 日夜

清蟾辉映翩跹柳，小园漫步，悄谐曲径幽。
锦荫重叠玉盘碎，脉脉双星灼人羞。
是仙是幻是温柔？心悸唯恐情绻不胜酬。
姗姗归程持君手，夜风轻拂理我头。

2009 年 6 月 11 日

28 依韵效颦东坡词

20 岁前醉心过宋代长短句，最心仪的一首当属东坡居士中秋欢饮、兼怀胞弟的《水调歌头》，抬眼垂首、抑扬顿挫中饱含的亲情挚爱，美语佳句洋溢着仙风妙趣，慕煞古往今来的文人墨客。

《水浒传》中张都监设计诱捕武松的血腥桥段，就是以中秋赏月时美女玉兰敲着象牙响板、歌咏东坡先生这首词，作为温馨序曲拉开激战序幕的；还记得吗？我们也有过相似的耳福，歌坛天后王菲那一曲清唱，不也曾被苏先生月夜下的柔情百转感染得如醉如痴吗？

岁岁赏明轮，今夕情何磣。依韵效东坡，对月心绪沉。

苏轼《水调歌头》（丙辰中秋欢饮达旦，作此篇兼怀子由）
明月几时有，把酒问青天。
不知天上宫阙，今夕是何年？
我欲乘风归去，又恐琼楼玉宇，高处不胜寒。
起舞弄清影，何似在人间！
转朱阁，低绮户，照无眠。
不应有恨，何事长向别时圆？

人有悲欢离合，月有阴晴圆缺，此事古难全。
但愿人长久，千里共婵娟。

今晚，向真我与2013之时局直愣愣对视，但见左一脚右一脚，镜一场梦一场，雾里看花水中望月，竟难以领悟今夕何夕。月饼太甜干红忒浓，心绪寂寥无以抒怀，索性闲吟东坡词句，再东施效颦亦步亦趋胡乱唱和粗糙一词：

《水调歌头》（癸巳中秋举杯邀月，依韵略遣心曲）

月圆黳翳游，举目雾霾天。
敢问大陆墙内，当朝号何年？
风凉闪眸遍阅，唯惧文革复至，滥罪囚牢寒。
咏句藉善影，腐魅官媒间！
封博文，惧实话，钳众言。
无力直押，真相屡被谎话圆。
人有老幼牵绊，月映酱缸秽狞，宪政憾无缘。
天佑中华醒，亿民弃奴颜。

2013年9月19日

29 在骂声中快乐成长

我是在2006年4月6日开始写博客的，7年多来无论顺利与否，一直坚持有话就说，越来越体会到写网络日记比过去在本子上写日记好多了，好就好在发出网络日记后能收获方方面面的反馈，让原本单调庸常的小日子变得热闹互动，朋友遍天下。

写博客的人，都不希望自己的园子冷清寂寞，能获得管理员的推荐，让更多读者分享，收获更多跟帖交流，就是最大的收获。观点倾向并不重要，各抒己见才可贵。刚开始发博客时，曾陶醉于观点相同的博友网友的相互鼓励与赞扬，后来我越来越重视不同观点的跟帖，比支持、赞扬的帖子更让我有所启迪和收获。

2009年到2011年间，我曾经因为制止高校某政治学副教授带头发帖高呼毛万岁、万万岁惹祸上身，很快清华研究生刘瑀瀚发表的指名道姓批判我的论文公然颠倒黑白，把我发博文制止喊万岁污蔑为"典型的网络暴力事件"，那篇黑白颠倒的论文竟然迅速被评为全国高校优秀论文奖。一时间我遭到由乌有之乡领头的群起围攻，大量骂贴劈头盖脸砸来，充斥着最下流的恶攻。我从小没挨过骂，直到那次才集中收获了诅咒和谩骂，印象中最苦恼的还不是毛粉们的敌视，竟然是来自背后、曾视为志同道合新知己的两个博友的突然背叛，其中一位女士挑头诬陷并设计逼我退出博联社网站。最初几天很痛苦，后来想开了也习惯了，有段时间看不见骂贴，反倒提醒自己"观点不够鲜明了吗？""锐气哪里去了？"，于是重整思路，锁定目标，拔剑出鞘。

至于同道朋友间的分歧、远近疏密，我能够坦然以对。同气相求是朋友，即便曾经争执得"不可开交"，也能盼到相逢一见泯恩仇的欢快场景。有些博友，在网上相互理解、支持，聚会时一见如故；有些老友，经过数年网上的激辩、对峙，依然能保持良好的交往，每次见面，笑骂随意，有"不打不成交"的快意。

据说，真正的高人从不与人相争，对颂扬、谩骂一概视而无睹、漠然以对。我不是高人，与至高境界无缘，就让自己保留几许童真，在骂声中快乐成长吧。

2013年7月14日

30 自身安全不殃及亲友

年纪大了,不愿意装孙子,也不愿意充大个儿,不得不直面严酷的现实,甩不掉的只有亲友间温情的羁绊。

昨天上午去居委会,主任没在,与副主任聊了一会儿,她把自己知道的内情无保留地告诉我,使我了解到医院被拆这件事,大家与我的看法是高度一致的。回到家写了先前不敢写的博文,配发了前天抱病去拍的一组照片,发到四家博客网站。

把这事发到网上后,感觉还是应该知会老主任一下为好。下楼再去,这次见到老主任,他告诉我,他"心里要多难过有多难过,这所医院从上世纪70年代破土动工到如今突然被拆,我一直守着它,因几次更改归属,我们一直如同后娘养的……"他向我指出水深在何处,并郑重提醒我"医院已经被拆掉,一切无法改变了,要么不吭气,要么承担可怕后果。"无需老主任点破,我明白这后果是什么。

回到家,已经十二点半,肚子饿了,却无心向饭。这次水太深了,是拼死一搏还是上岸歇息,习惯往前走,极少犹豫过,此时却内心五味杂陈,犹如徘徊在歧路。电话铃声骤然响起,是大妹妹打来的。前天我生病卧床时被邻居无意撞见,邻居与我小妹妹同在一个单位共事,病中忘了叮嘱她保密,小妹妹知道后马上打来电话,大妹妹又替我着急,话筒中极力掩饰的哽咽还是让我听了个真真切切。

安抚妹妹后,心中正摇摆的天平却呼啦一下倾倒,不敢冒险了。我自小因父母常年在外与妹妹们相依为命,姐妹心系得格外紧密,一周不见都会难受,素常健旺的我好几年也不患个病,没料到这次生个小病先是小妹妹打电话斥责我"不爱惜自己",好不容易才劝止了她给我送电热毯;大妹妹是个常生病的人,哪怕动大手术前,她总是笑呵呵的,我偶然的小小抱恙竟让她如此牵肠挂肚、以致没说几句话就哽咽成这样,我的妹呀,我的亲人们,一个个的连心肉!一旦我沉底了,你们可怎么好啊?老了老了明白一个道理,人活着不仅为自己的小家，还必须顾及亲人们，这是无可推卸的责任。

挂断电话，抹了把汪在眼里的泪珠珠，打开电脑，把一小时前发的新博文逐一删除，新浪有一网友已经转发出去，凤凰播报的点击刚过200，博客日报的审查也已经通过，怀着欣慰却只能删删删。突然发现博联社已经把它推荐为今日置顶头条。再次感激我心灵的家园，你一向是我最信任的博客网站，对我有知遇之恩，你的火眼金睛迅疾地捕抓到这一维系民生的事件的重大涵义。2009年清明节，因为制止山西某高校政治副教授带头高呼万岁，被极左们怒骂遭受群起攻之，我曾写诗"挥别博联"而闹过一次误会，是那种知己友人间不设防不得已的小纠纷，过后互不记仇。这次我因秉承社会责任为民代言，转而又因顾及亲情而主动请求撤掉头条并被迫删除博文，对此，我只能对博联社和博友们禀报实情，并致诚挚的歉意。对不起了亲友们，你们各自珍重，平安是福！

2012年11月30日

补记：那次发博客文章，被网站推荐置顶头条，因惧怕被军方迫害，无奈要求网站撤换置顶并删除掉自己写的文章，原因是解放军292医院被拆除的幕后决策者是总参谋长房峰辉上将，他为巨额回扣决定拆除医院，买地给开发商盖成价格奇高的商品房，几年后该上将落马成为贪腐将军阵营中的一员。

2021年12月13日

31 把颂扬换成祈盼

文章自古多奇狱，思想从来要自由。只准一种意见被允许表达的国家，才会有"异见份子"

上午有个老邻居来敲门，递上几十页一摞诗稿，说是自己花费两个多月的心血、四易其稿凝成的诗篇，老先生再三再四请我"修改润色"。被老先生的信任所感动，我只好点了头，并劝他先回家休息，允诺改过之后登门送还，老人感谢着离去。

粗粗看了一遍，惊诧于老者歌颂调门的高昂，不输任何年轻写手；再看一遍，尊嘱用铅笔画出十多处问号，还画出几个叉叉。一小时后，我敲响老先生家门，老先生大惊"这么快就看完了？"我把问号的含义一一说明，指出目前理论界的共识与他诗句歌颂的明显分歧；又把打叉的地方加以解释，告知解说历史必须客观，明显的荒诞删去为好。

老者认真听着，频频点头，一再谢道"说得对，是这样，我明白……"比如说到对土改的褒扬时，对着我画的那个问号，我还没说两句，老者突然红了眼圈"我家死了四口"；说到"反右""文革""初衷虽好，不幸走向反面"诗句旁我画的问号，老者含泪坦言"我是革命博物馆干部中第一批戴帽右派，不敢再想啦！"

面对着诗稿上一个个问号，一个个叉叉，老者痛苦地锁紧眉头，叹息道"难啊，真难啊，不写不行啊。这次国家级大型《XXXX》展览前言旁的这首诗歌，指定由我来写，不这样说不行啊。"看着他满头白发，一脸沧桑，恻隐之心顿生，我对老先生直言"您不必犯难，能改的地方改一改，通篇都是赞颂显得单调，末尾的颂扬不妨换成祈盼。"老先生对结尾的修改方案认可，用"祈盼""企盼"他要再加斟酌，这时我赶紧告辞，老者请留，依然犯难，我说"实在不行的话，也有办法。""快说，我该怎么办？""仅供参考，您可以说：非让我写，行，稿费不能少，还有绝对不能属上我的名字！"说完，我快速出门，把老两口的感谢声留在了厚厚的防盗门内。

2010 年 11 月 6 日

32 关注"占领华尔街"行动

近日,"占领华尔街"行动令我关注,觉得这场波及全球的运动,大概率会被载入史册,如果能向正确方向和平进展的话,将促进整个人类对公平正义的追求朝纵深和广度延展,希望也将会促进中国进步。我一向是乐观派,信息片面,理解对不对,欢迎有人反驳我。

当然,任何一项参与者众多的运动,都无可避免会有黑暗面,会产生多种负面效应,规模越大负面效应也随之增大。由美国少数青年人率先发起的这场99%的人PK1%,公开抗议人类的顽疾——贪婪的行动,就其积极意义来说,我表示赞成!

人类是勤劳智慧的,地球上的自然环境也基本上能够养活地球人的温饱,中国也同样如此,只是因为人有贪婪之心,如果贪婪膨胀且不被关进笼子里,少数人必然依仗权势(民主国家的权势有法可依,体制比我们进步,贪婪的范围更容易被限制在法律框架之内,但毕竟也遭人厌恶)剥夺多数人,造成贫富悬殊,甚至形成中国式的极其危险的两极分化,明显违背了公平正义的原则,妨碍了多数人的幸福安宁。有勇气向不公正挑战的人们(不包括混进示威队伍混吃混喝的无赖们),中国贪官们的贪婪和残忍正在源源不断地创下世界之最,美国人"占领华尔街"的行动也间接替我们表达着对不受监督的权贵们极度贪婪的愤怒的心声,所以我尊敬他们。

我们至今还无法"把权力关进笼子里",看到大洋彼岸的人已经决心要"把贪婪关进笼子里",内心感慨万千!

依我之见,美国近年来持续遭遇经济衰退,最该负责的人就是美中两国决策层的短视与自私,一个愿打一个愿挨,一个只依赖高科技、不织布不印染,就有美服皮鞋穿、有好玩具玩,掏空了本国制造业;另一个让民众累死累活耗空资源、不惜透支后代福祉、大把撒钱给外国、害的本国弱势群体捉襟见肘;东西金融寡头沆瀣一气,损害的是两国平民的根本利益。

这场发源于民主制度框架中的官民政治博弈，借助中东革命之风，发展势头如此迅猛，前途如何尚难估测。但愿这场行动能加速敲响独裁与极权的丧钟！能看到进步趋势的我们，就算生而有幸。

2011 年 10 月 16 日

补记：2015 年 9 月我在纽约旅游时，看到那片小树林中依然有几十个坚持这项诉求的人在举牌示威，我用手机拍了两张照片，发现其中还有亚洲人呢。

33 30 万吨黄尘降京城

今天早晨往窗外一看，吓我一跳，漫天黄尘遮天蔽日，整个天地浑浑噩噩。出门一看，与以往沙尘天不一样，没有刮风，令人惊叹的是一片昏黄，漫天黄尘扑面黄沙，本已泛绿的灌木墙已被染黄，灰色的水泥路面也被染黄，昨日还红艳艳的几树晚桃也褪色般变成一团团浊粉。走进停车场，又着实吃了一惊，停得满满当当五颜六色漂亮的小轿车怎么都不见了！仔细再看，差点笑出声，敢情全被黄土覆盖了，这场沙尘暴水平真高，洒得真叫匀匀实实呀！

听专家介绍，从昨夜到今晨北京市每平方米降尘 15 克，按北京总面积计算共落下 22—25 万吨黄尘。中午在报社排队打饭时，我猜这次降尘得有上百吨，排在我前面的小田说不可能，"上百吨还不得堆成山啦，哪有那么多？"傍晚专家说"有近 30 万吨，比我们预料的多多了"。

这一场降尘居然占北京市全年平均降尘总量的百分之十，难怪如此壮观。专家说这次沙尘是由蒙古国形成的气旋，经内蒙古中西部卷扬起大量尘土，降临到山西、河北和京城的。这个大气寒流竟然卷带如此大量沙尘一路撒下，造就今春北京第七次沙尘天，也是最牛的一次。这会儿我坐在家里写博客,4月中旬在室内感觉依然这么阴冷,回想去年此时穿件单衣就行了。北京春天一场接一场的寒流令人畏惧,盼望着温暖明媚的春光常驻人间。

联想起几天前那列从新疆开到北京的T70次火车,途经哈密时遭遇强沙尘暴,迎风那面的车窗玻璃几乎全被砾石飞砂打破,车厢外皮伤痕累累,车厢内遍地碎玻璃砂粒一片狼藉,电视画面让我目瞪口呆。沙尘超强的威力超乎我想象,大自然发威时,人只有敬畏而已。

这场降尘更坚定了我永远不买大宅子的决心,当然我也不具备买大房子的经济实力,并非吃不着葡萄嫌葡萄酸,而是不羡慕住大房子的富人。北京风沙太大,别说多风的春季,即便平日几天不擦,房间里地上、物件上落满灰尘,手再懒也不得不经常到处擦呀扫啊。

中国目前购房热一浪超一浪,许多人宁肯背上还贷的沉重包袱也要买大房子。如果只为图虚荣,住在超过生活需要的大面积住宅,麻烦事挺多的,光为保持清洁就把人累得够呛。当然啦,富豪靠佣人打扫房间,累不着自己,却很浪费水,北京最缺的除了正常良好的生态环境就是缺水,咱们大家还是省着点用水吧!

2006年4月17日

34 群龄平均存活不足三天

早晨看一篇文章,分析德胜洋房老板聂圣哲是不是教育家?聂圣哲是我的一位老友,他从美国归来在苏州工业园区开办"德胜洋房"公司,生产木结构洋房的一家企业,之后把主要精力放在文化传播以及培养社会急需的木工等平民教育,帮助众多农村青年走上有一技之长、能自食其力的健康道路,现任长江平民教育基金会主席。这位风格独特的企业家,因倡导摆脱应试教育的藩篱,而符合我心目中的时代楷模，是知行合一、卓有成效的教育家！

我在这篇文章下面留言：我也关注教育，因为教育是国之根本。昨天去京郊，两位供职"链家"的年轻售房员带我们老两口去看房。路上我与一位安阳小伙儿闲聊天，他是郑州大学毕业的。我说起90年代自己参观殷墟时，被妇好墓惊叹！他说上中学时学校组织去过殷墟，但对那里完全没有感觉，几乎没留下任何印象，他又说"不了解那段历史，不知道妇好是谁。"我只得换了话题，殷墟所在地的安阳学生又从以文科专长的郑州大学的毕业生，对家乡那座世界文化遗产竟然没有感觉，对贵为王后的巾帼英雄妇好不知是谁，妇好墓出土过那么多精美绝伦的玉器等贵重文物，安阳出生长大的文科大学毕业生居然没感觉，不了解。要问我对此什么感觉？算了，不说也罢。

回到家跟朋友唐燕聊起此事，唐燕对我说："前几天，我去医院探望病人，一位同病房的患者来自山东，来查房的实习医生（一名女硕士）说自己知道有个山东省，但是不知道山东在哪里，离北京远不远也不知道。"这件事更令人匪夷所思，实习医生硕士都毕业了，连自己国家的版图都稀里马虎吗？我不解地追问，唐燕告诉我："那位硕士说，她高中上的理科班，历史地理没怎么学过。"我说你就是偶尔看看中央台的天气预报，也不至于连山东在哪儿都不知道啊！她理直气壮地说，"我们医科学生忙得要命，哪有时间看电视？"

实习医生的事让我更加郁闷，拿起手机看到清华老校友群"真话119"有位清华老校友微信问我："七十多年了，还有文化吗？"除了一声叹息，我又能说什么。孙怒涛大哥当群主的真话群屡屡被封，1-100群平均存活19天，101-119群平均存活2.8天，尽管大家尽量回避"敏感话题"，经常使用错别字来替代规避"敏感词"，但是云集着明白人、能说几句真话的群被封禁的节奏却越来越频密！哎，话都不让说，人们还有好奇心吗？没有好奇心哪来求知欲望？丧失求知欲又何来进取动力？不思进取文化只能名存实亡。

2021年11月14日

后　　记

　　2021年10月的一天，几位朋友相约到京郊后沙峪看望住在那里的宋以敏阿姨，何方老辞世后，宋阿姨承续"两头真"精神，笔耕不辍，宋阿姨待我们亲如家人，分送我们何方先生的著作和她的两本新书，大家聊得特别开心。那天看到年过90的宋阿姨仍在写书出书，我受到启发，回家忙了两个多月整理出33万字。

　　自从国内博客网站被强令关闭后，我停笔数年，直到以前的博客文章陆续发表在电子期刊《记忆》中，我才受到鼓励重新写起文章。早在2006年《如焉》等那批好书被禁后，我就开始拜读胡发云先生的著作，他的小说我特别爱看，理解并认同章诒和大姐做出那句著名的评语：六朝无文，惟陶渊明《归去来辞》而已；当代亦无文，惟胡发云《如焉》而已。2017年春节，我和几位朋友到台湾旅游，在桃园机场候机时，见到最后一本《迷冬》，立即买下，把一盒凤梨酥分吃后，把那本书装在纸盒里带回北京。胡发云笔下的那场文革风暴，犹如一幅幅撼人心魄的历史图景，翔实而真切，凶险而残酷，小说塑造的人物鲜活，呼之欲出，多多和夏小布的经历，以及他们那些中学生的爱恨情仇，与我们当年何其相似，境遇相通。

　　在我的心目中，胡发云不仅是最优秀的作家，是当代中国站在思想前沿的先锋作家，也是女人能找到的最理想的模范丈夫式的好男人，只要拜读过他的大作，就知道我不是在空口恭维，所以我诚心诚意请发云老师帮我写序。提出请求时，我知道他正住在奥地利郊外，微信中看到有些朋友大老远开车去为他庆生，还住在他家，奥地利的地方行政长官亲笔签名为咱国大作家送来生日贺卡，我误以为发云老师忙过那几天就能在乡下优哉游哉，才冒昧提出帮我写序的请求。没料到他正在赶写长篇小说，我给他忙中添乱，后悔莫及。

　　胡发云老师迅速为我指出两处与历史不符的笔误，我查询后更正过来，同时生出愧疚，发云老师不仅要挤时间帮我看稿写序，还得兼任纠错。他不愧为文革史大作家，联想起我读过的《迷冬》等书，推测他曾查阅过众多文献资料，花过大心力掌握及核查史实，才能一眼挑出我文中的瑕疵，敬佩之情油然而生，连连感叹：没有人能随随便便成功。

因为在北美出书，我请求住在纽约的曾慧燕帮我写序。大忙人的她，正在帮与她同在海外华人女作家协会的文友李嘉音的英文小说《Fire Scar》中文版的《火痕——为华工立碑》写序，而且她隔天就要发一篇微信公众号，写作任务超艰巨。慧燕是顶级新闻记者，资深媒体人中数她采访过的名流政要最多。她的朋友多到难以计数，光是名人好友就数不过来，加上她一向热心，经常面临纷至沓来的朋友往来的各种事宜，所以我告知"不急，少写点"，没想到三天后我就收到她为我写的题为《仰望星空永葆童心》的序，好神速啊！我喜滋滋看完，转发给我的老同事加好友吴银妮，银妮看后对我说："一看就知道她很认真地看了每一篇，她写得相当好，对你的评价很准确，写的真就是你！"

一天后，慧燕对我说又有些新想法要补充进去，我当然没意见，偏偏赶上虎年春节，大年初一纽约天快亮时我发现她还没睡，提醒她赶快休息，才知道除夕她连天赶夜地努力回复朋友们的贺年祝福，回复的速度怎么也赶不上新收到的速度，当"仍有117个未及回复时，又收到近三百个微信贺年"，我催她赶紧睡觉不必都回，她说"不回复过意不去"。当我再次催她休息时，她说"又收到新的，要针对不同的人回复不同的贺卡"，她这么实心实意，让我既心疼又自愧不如。

我要感谢好友吴银妮，一直以来我俩无话不说、志同道合，一天突然想起用她的画做我这本书的封面，就向她索要几张以前的儿童画，银妮马上发来几十张让我挑，我选出有小星星的转给出版社，能用好友银妮的画做本书封面，我好开心！

还要感谢我五岁的孙孙王明泰小朋友，明泰聪明好学，活泼热情，因出生成长在新加坡，三岁半就开始为我们老两口当英语翻译。前日通电话时我问"奶奶写了本书，你要不要帮我写书名？"明泰马上说"要，我要帮奶奶写书名！"这本书的封面书名采用的就是他稚嫩的童体字。

最后说说这本书，6年前我被无关部门告诫"不许出书"，6年后，我将年满70岁，时不我待，于是收集到150篇小文章。对我而言，6年前出书轻而易举，只需把存在电脑里的文章转给出版社；6年后难度陡然加大，停笔数年，电脑长期不用内存已经坏掉，更没料到从2006年春到2018年，自己持续不断用真情实感写出的数百篇博客文章，因多家博客网站被关闭，十多年的心血结晶随之湮灭。仅余的新浪博客网站，除了风花雪月的小文，所有观点鲜明、情真意切的文章统统遭删除屏蔽。我当年认真写好发到博客上广受好评的《夜宿弋阳》《三代不做官》《大车工下岗记》还有多篇鲜活的人物故事，费尽周折也找不回来了，非常可惜。

老儿童新闻工作者于向真用这本以网络日记形式的书，奉献给愿意了解真相的读者们，期待与您真诚交流！

2022年2月12日

www.ingramcontent.com/pod-product-compliance
Lightning Source LLC
Chambersburg PA
CBHW051047230426
43666CB00012B/2595